U0653891

本书为教育部人文社科青年基金项目"论知识产权诉讼中的证据收集与保全"（14YJC820009）的最终研究成果

论知识产权诉讼中的证据收集

——基于比较法的视角

崔起凡　著

上海交通大学出版社
SHANGHAI JIAO TONG UNIVERSITY PRESS

内容提要

本书以知识产权诉讼中突出的"举证难"问题为导向,采用了比较分析方法、历史分析方法以及案例分析方法对知识产权诉讼中的证据收集问题进行了系统研究,涉及证据披露、证据保全、专家的使用、证明妨碍以及商业秘密保护等具体问题;针对不同问题,各章分别通过对美国、德国以及我国台湾地区知识产权诉讼以及欧盟统一专利法院的证据收集制度与实践进行比较法考察,梳理和总结域外经验与相关理论,同时反思我国知识产权诉讼中证据收集的相关立法与司法实践中存在的不足与问题,并提出完善建议。

图书在版编目(CIP)数据

论知识产权诉讼中的证据收集:基于比较法的视角/
崔起凡著. —上海:上海交通大学出版社,2020
ISBN 978-7-313-23568-8

Ⅰ.①论… Ⅱ.①崔… Ⅲ.①知识产权-民事诉讼-
证据-研究-中国 Ⅳ.①D923.404

中国版本图书馆 CIP 数据核字(2020)第 137206 号

论知识产权诉讼中的证据收集
——基于比较法的视角
LUN ZHI SHI CHAN QUAN SU SONG ZHONG DE ZHENG JU SHOU JI
——JIYU BIJIAOFA DE SHIJIAO

著　　者:崔起凡			
出版发行:上海交通大学出版社	地　　址:上海市番禺路 951 号
邮政编码:200030	电　　话:021-64071208
印　　制:常熟市文化印刷有限公司	经　　销:全国新华书店
开　　本:710 mm×1000 mm　1/16	印　　张:19
字　　数:349 千字	
版　　次:2020 年 9 月第 1 版	印　　次:2020 年 9 月第 1 次印刷
书　　号:ISBN 978-7-313-23568-8	
定　　价:88.00 元	

版权所有　侵权必究
告读者:如发现本书有印装质量问题请与印刷厂质量科联系
联系电话:0512-52219025

目　　录

引　言

一、研究背景与选题意义

（一）研究背景

与一般民事诉讼相比，知识产权侵权诉讼存在着突出的证据偏在情况，即证据相对集中于侵权人，而且证据往往众多繁杂、技术性强，难于获取并极易丧失或遭受破坏。理论界与实务界形成的共识是，知识产权诉讼中存在更为突出的"举证难"问题，这直接影响到案件审理的结果和权利人利益的保护。

知识产权证据收集制度的完善是加强知识产权保护的需要，近些年对其改革的呼声一直不断。例如，最高人民法院周强院长特别指出："有必要探索建立知识产权诉讼证据开示制度，设计合理有效的证据保全制度。"[①]《中国知识产权司法保护纲要（2016—2020）》明确提出"适时制定知识产权诉讼证据规则"的目标，2018 年中共中央办公厅、国务院办公厅（"两办"）发布的《关于加强知识产权审判领域改革创新若干问题的意见》[②]明确提出，"建立符合知识产权案件特点的诉讼证据规则"，包括"完善证据保全制度，发挥专家辅助人作用，适当加大人民法院依职权调查取证力度，建立激励当事人积极、主动提供证据的诉讼机制"，"探索建立证据披露、证据妨碍排除等规则"，"着力破解知识产权权利人'举证难'问题"。

近些年，在民事诉讼一般规则的基础上，许多国家或地区通过立法或判例确立了知识产权诉讼证据收集特别规则。比如，德国一系列知识产权法确立了资讯开示请求权、信息权制度（如《德国专利法》第 140b 条、第 140c 条），用于增强知识产权权利人收集证据的能力；在美国《联邦民事诉讼规则》之外，一些联邦地区法院制定了专利地区规则，如《加利福尼亚北区法院地区专利规则》，其中主要

---

① 罗书臻：《加强知识产权司法保护理论研究和创新，为创新驱动发展战略提供有力司法保障》，《人民法院报》2015 年 3 月 19 日，第 1 版。

② 《关于加强知识产权审判领域改革创新若干问题的意见》由最高人民法院起草，于 2017 年 11 月 20 日由十九届中央全面深化改革领导小组第一次会议审核通过，之后由中共中央办公厅、国务院办公厅印发。

内容是关于证据开示;我国台湾地区制定了"智慧财产案件审理法",其中许多条款涉及证据收集问题。

此外,一些国际法律文件,如 TRIPS 协定、《欧盟知识产权指令》(2004/48/EC)、欧盟《统一专利法院协定》及相关程序规则,先后将知识产权诉讼中的证据收集作为重要内容予以规定。

(二)选题意义

本研究的重要理论意义在于:第一,通过对域外相关立法和司法实践进行比较分析,梳理相关理论,反思我国知识产权诉讼证据收集制度的不足,构建我国相应的应然规则与理论体系。第二,为知识产权诉讼特别程序的研究向纵深方向发展提供一定理论基础,同时为民事证据的一般理论"添砖加瓦",通过"从特殊到一般",反思我国一般民事诉讼中证据收集的立法与司法实践的不足,并提出改进思路。

本研究也具有重要的实践意义。我国知识产权诉讼中存在着突出的"举证难"问题,这与我国知识产权诉讼证据收集制度的不完善存在密切关系。证据的收集是举证、质证以及认证的基础,不可避免地影响到纠纷解决的效率与公正。为破解知识产权权利人"举证难"问题,《关于加强知识产权审判领域改革创新若干问题的意见》明确提出"建立符合知识产权案件特点的诉讼证据规则",包括证据收集制度。完善知识产权诉讼中证据收集制度,是加大知识产权保护力度、有效遏制侵犯知识产权行为、落实国家创新驱动发展战略以及进一步提升知识产权领域司法公信力和国际影响力的关键。

二、国内外研究现状

(一)国内研究现状

国内关于知识产权诉讼中证据收集问题的研究已有相当的规模和基础。

关于知识产权诉讼中的证据披露,有学者以中国加入 WTO 为契机研究了 TRIPS 协定中证据披露的有关规定,在此基础上对两大法系的证据披露规则进行考察,进而初步论述了建立我国知识产权诉讼证据披露规则的必要性和进路(潘福仁、徐亚丽、徐俊,2001)。关于我国民事诉讼(包括知识产权民事诉讼)中是否确立普通法证据开示制度,国内学者近些年有过一些交锋。韩波(2009)认为,我国民事诉讼中应当确立证据开示制度,这样可以化解我国民事诉讼当事人证据收集力弱而证明责任重的矛盾。也有学者指出专利诉讼证据的特殊性、专利诉讼侵权证据收集方式在实践中的不合理性,并以北京市知识产权法院在几个案件中试行证据开示制度为例,主张在专利诉讼领域应借鉴美国经验确立证据开示制度(袁秀挺,2018)。同时也不乏对引入证据开示制度的反对者。黄松有(2000)指出,建立普通法证据开示制度的观点显得过于激进,因为证据收集制度与司法体制、相关配套制度、诉讼文化等因素密切相关,并受这些因素的影响。陈杭平(2018)指出,美国之所以确立一般性事证开示义务,与其诉答机制、具体化义务、证明责任等方面所具有的特殊性有关,而且其事证开示义务范围趋向限缩,我国尚不具备规定一般性事证开示义务的必要性和可能性,不过可参考美国事证开示方法对文书提出命令等制度予以完善。实际上,在我国民事诉讼中借鉴大陆法经验完善文书提出命令制度似乎已成为我国学者中的主流观点(比如,吴如巧,2017),也有学者针对专利侵权诉讼提出构建文书提出命令制度及其具体内容(比如,许怀远,2015)。张卫平教授(2017)在论及民事诉讼证据收集的一般规则和特别规则时,明确指出,我国民事诉讼文书提出义务制度的建构应当借鉴德国模式,采取文书提出义务限定化或特殊化的做法,诉讼法(一般规则)和实体法(特别规则)可以相互结合,据此观点,我国民事诉讼法应当确立文书提出义务的有限化,文书提出的具体事由则应尽可能通过实体法加以规定。

关于知识产权诉讼领域的证据保全,学术界尤其是一批具有相当理论水平的法官进行了关注与研究。肖海棠(2017)基于调研深入探讨了知识产权审判实践中证据保全申请的实体审查判断标准、证据保全的担保、证据保全的裁判形式与裁判效力、审查申请与执行裁定的法院内部分工、当事人在证据保全执行中的法律地位、法院选择具体证据保全措施的权限等问题,并针对各地法院不同的实践及存在的问题提出建议。此外,许多司法调研人员结合我国知识产权审判实践,指出存在的各种问题并提出建议,比如,相关法律规定过于含糊、缺乏明确标准,导致司法尺度不一(余晖,2010);证据保全适用条件的狭隘难以满足实践需要,没有规定被申请人或被告的被通知权、复审权和陈述权,制度设计上存在利益不平衡(杨建成,2007);除了诉前证据保全的法律要件及其审查标准,还涉及技术专家在诉前证据保全程序的参与以及保全后申请人不起诉的处理等问题(姚建军,2016)。

为加强知识产权诉讼中当事人证据收集的程序保障,有学者提出建立知识产权诉讼调查令制度,以保障当事人证据收集权并防止权利滥用(王琳,2013)。有学者针对司法实践中运用调查令存在的问题提出完善建议(比如,王杏飞、刘洋,2017)。作为解决"举证难"和"赔偿低"的法律工具,有法官基于实务经验探讨了证明妨碍规则在知识产权诉讼中的适用情形以及需要注意的问题(张广良,2008)。学者们对此的探讨有的偏重于理论层面,比如分析了知识产权诉讼中证明妨碍的法理基础、构成要件,证明妨碍的法律效果的多元化趋势,指出应根据具体案情来决定惩罚方式(包冰锋,2014);有的偏重于立法和司法实践的不足,比如针对新《商标法》第63条第2款分析了其贡献和不足(张泽吾,2013);还有学者指出,由于法律规定不够明确等原因,法院基本不适用新《商标法》和《专利法司法解释(二)》中的证明妨碍规则,需通过运用法律解释方法,澄清适用证明妨碍规则中可能产生的困惑(刘晓,2017)。

知识产权诉讼中使用的专家涉及专家证人(或专家辅助人)、鉴定人、技术调查官以及技术法官等。有学者对专家辅助人的诉讼地位以及专家辅助人意见的证据属性进行了理论探讨,分析了专家辅助人及相关概念的区别,探究了其所承载的特定功能(李学军、朱梦妮,2015;李永泉,2018)。一些专家指出,我国知识产权诉讼中的专家证人制度存在许多不足,应当借鉴域外经验予以完善以弥补司法鉴定的局限性,并进行了具体制度的构建,涉及专家证人的适格性标准及选定、专家证人的权利义务和责任、专家证人出庭方式、专家意见可采性标准等(比如,宋健,2013)。关于知识产权诉讼中的司法鉴定,有法官分析了审判实践中运用司法鉴定制度存在的问题,包括委托鉴定中事实问题与法律问题的混淆、鉴定过程与结论存在随意性、司法鉴定意见的审查标准与方式缺乏规范以及法院疏于对司法鉴定的实质审查等,并初步提出解决问题的途径(孙海龙,2008)。也有学者针对知识产权诉讼中具体的鉴定问题进行了分析,比如鉴定范围问题(石必胜,2013年)。有一些学者提出我国应建立和完善包括专家辅助人、司法鉴定、技术陪审员等主体在内的多元化技术查明机制,并提出具体建议(比如,宋汉林,2015)。蔡学恩(2015)专门针对技术调查官与鉴定专家分析了两者的相似与不同,进而阐明两者在诉讼中的互动关系,并为法官善用两类机制提供了建议。张玲玲法官(2016)以知识产权法院司法实践为切入点,通过解构多元化技术事实查明机制及运行模式,为进一步优化技术事实查明机制提供了完善思路。郑飞(2019)则进一步总结了"四维分享模式",认为该模式体现了对抗、教育和共享功能,拥有认识论优势,但也存在潜在风险,还需进一步细化相关规则和配套制度。

关于知识产权诉讼中证据披露与证据保全涉及的商业秘密保护,谢爱芳法官(2013)从厦门两级法院知识产权诉讼中保密令的实践尝试入手,分析了我国知识产权诉讼中商业秘密保护的立法与实践的不足,在此基础上考察美国以及我国台湾地区的立法经验,提出构建我国知识产权诉讼保密令制度的具体建议。也有学者,在阐述保密令制度所体现的利益平衡理念基础上,通过对普通法国家的立法与司法实践的比较法考察,总结保密令制度的一般内容,并通过将我国厦门司法实践与之进行对比,提出我国知识产权诉讼保密令制度的不足与完善建议(李岐、冀宗儒,2015)。还有学者分析了我国民事诉讼中商业秘密程序性保护制度的不足,并提出借鉴国外立法经验,完善立法体系、丰富制度内容(赵盛和,2015)。

近些年,司法实务界和理论界还探讨了知识产权诉讼中的其他热点问题,涉及悬赏取证(刘海洋,2015)与陷阱取证(黄砚丽,2013;刘文,2015);此外,关于商标诉讼中市场调查的研究方兴未艾(陈贤凯,2013;曹世海,2015;周琨,2017),整体上,我国关于这一主题的研究起步较晚,不过发展较快。

在我国台湾地区,对于本项课题的研究较为深入,它们通过比较分析、实证分析以及案例分析等方法探讨了广泛的主题,包括证据保全、商业秘密保护、文书提出命令、证明妨碍等。沈冠伶(2007)以比较法为视角,考察和评析了TRIPS协定、德国和奥地利证据收集制度的立法例,然后探讨我国台湾地区民事诉讼法中的证据保全制度的特色,论述在知识产权诉讼中证据保全制度如何妥善适用,并分析比较了台湾地区与德国在知识产权诉讼中的证据保全实践,对知识产权诉讼中的商业秘密保护的方式以及程序事项予以重点评析,沈教授的这篇文章是在我国台湾地区智慧法院成立和"智慧财产案件审理法"出台之前关于知识产权证据保全与商业秘密保护的经典文献。谢国廉(2007)基于民事诉讼法和"智慧财产案件审理法"的规定,初步分析我国台湾地区知识产权案件证据保全制度存在的改进空间,并考察《欧盟知识产权指令》第7条(证据保全)和第8条(信息权)的规定继而进行比较分析,提出完善我国台湾地区知识产权诉讼证据保全制度的建议。张铭晃(2007)在考察美国、英国、德国知识产权诉讼中商业秘密保护程序的基础上,提出我国台湾地区引入秘密保持命令(保密令)制度的必要性,全面梳理和阐释了我国台湾地区知识产权诉讼保密令制度的各项具体制度,并论述其与文书提出命令的关系以及秘密保护程序下的不公开审理制度。黄国昌(2008)通过梳理"智慧财产案件审理法"施行以来的司法实践,考察我国台湾地区的秘密保持命令的运作,并检讨分析存在的问题,在此基础上,从立法论和解释论的角度,就秘密保持命令制度未来的发展提出建议。吴从周(2012—2013)通过与德国知识产权诉讼的证据保全制度进行比较,考察台湾地区在大量知识产权案件中证据保全制度的司法实践以及存在的保守立场,并进行评述和提出建议。刘孔中等(2014)指出法院应秉持"智慧财产案件审理法"的强化证据保全程序的立法目的,在修正"智慧财产案件审理细则"中应增加保护被申请人利益及商业秘密的内容,提高证据保全申请的核准率,而且法院在裁定证据保全申请时不应考虑非法定因素,同时"智慧财产案件审理细则"应增加对法定要素的说明;此外还指出德国授予权利人广泛的信息实体请求权值得台湾地区参考引进。陈玮佑(2017)从德、法民事诉讼中事证开示及秘密保护的一般规范入手,继而考察德国、法国专利诉讼中事证开示及秘密保护的特别规范以及欧盟统一专利法院的相应规则,在此基础上阐述了台湾地区民事诉讼事证开示及秘密保护的一般规则和专利诉讼的特别规则,最终提出完善建议。李素华(2019)和许晓芬(2019)以比较法视角,分别考察了德国专利诉讼证据收集的相关判例与立法、法国知识产权诉讼中的证据收集规则,反思了台湾地区专利诉讼中证据披露的司法实践存在的不足,并提出建议。此外,台湾地区关于商标诉讼中市场调查的研究相比于大陆地区较早展开,并且对这一领域保持着持续的关注(刘孔中,1997;冯震宇,2013;冯震宇,2015)。

(二)国外研究现状

关于美国专利诉讼证据规则的适用,有学者阐述了专利案件特有的证据问题,指出美国一些地区的专利诉讼中法院和律师将司法判例作为重要的法律渊源,认为判例中可以提炼出关于专利诉讼的特别证据规则,并分析了专利证据规则成文化可以带来的利益以及会遇到的障碍(James Ware,2007)。也有学者专门梳理了加州北区联邦法院的专利地区规则出台的历史,指出该规则专门针对专利诉讼审前证据开示量身定做,论述了该规则在联邦最高法院司法判例中获得的认可,以及在其他联邦地区法院产生的广泛影响与"领头雁"效应,最终提出统一制订"美国专利诉讼规则",以便提升专利诉讼的效率,并且使规则适用可以不受管辖法院所处地区的影响(James Ware and Brian Davy,2009)。

关于知识产权诉讼中的证据开示,有学者阐述了证据开示的方式、时间、范围与限制,保护令以及证据开示程序的顺序等具体问题(Lester Horwitz,Ethan Horwitz,2013)。有学者通过对美国联邦法院判例的研究指出以下趋势,即如果审前证据开示不可能获取重要证据,美国法院可能准许那些驳回审前证据开示的动议,并审视了审前证据开示被驳回的情形与理由(Evan Brown,2013)。也有一些文献专门探讨了专利诉讼中的律师—当事人特免权、律师工作成果豁免以及这些特权的放弃和丧失等问题(Laurence H. Pretty,1990;Kimberly A. Moore et al.,2013)。此外,德国学者基于《德国专利法》第140c条,阐述了当事人要求对方披露证据的权利、证据披露的条件、商业秘密的保护等问题(Klaus Grabinski,2012)。

基于海量的电子储存信息带来的更为复杂、成本更高的证据开示问题,有许多学者对如何解决这类问题进行了探讨(Bradley Kuxhausen,2013;Daniel B. Garrie and Candice M. Lang,2013;Peter J. Corcoran,2013)。有一些文献涉及更为具体的问题,比如针对软件相关纠纷指出证据开示过程中当事人未能谨慎商定保密协议(包括保密令条款)将引发巨额费用的增加,并提出能够保护秘密、同时避免不必要成本的方法(Lydia Pallas Loren,Andy Johnson-Laird,2012)。关于证明妨碍规则在电子证据开示中的适用,2006年美国《联邦民事诉讼规则》修订时规定了第37(e)条,对此,许多学者进行了探讨,论述了传统证明妨碍规则对于电子存储信息的不宜适用,阐述了"善意"标准,界定了第37(e)条保护的范围,并基于司法判例探讨了该条款适用存在的问题,提出正确予以适用的建议(比如，Andrew Hebl，2008)。

有些文献对于专利诉讼中的专家证据进行了全面阐述(Kimberly A. Moore et al.，2013)。另外一些文献基于专利诉讼中复杂的技术问题，比较了当事人指定作为发明者、工程师的雇员进行作证与指定专家证人相比所具有的策略上的优势，指出了法院在对待雇员与专家证人方面存在如何区分对待的困境，并总结了哪些问题只适合专家证人，哪些问题适合雇员或发明者(Alex Reese，2013)。还有文献专门探讨法院指定的中立专家，阐述了依据美国《联邦证据规则》第706条，法官和陪审团如何通过中立专家便利地解决知识产权等复杂纠纷以及法院和当事人如何从中获益(Jeffrey Gregory Sidak，2013)。对于专利诉讼中特别专家和技术顾问，学者们分别进行了探讨(比如，Josh Hartman，Rachel Krevans，2013；Technical Advisors，2011)。此外，基于专利显著性判断的困难性及重要性，有文献讨论了专利诉讼中就显著性作证的专家如何适当发挥作用(Gregory R. Baden，2011)。

对于知识产权诉讼中的商业秘密，国外学者从不同角度或者侧重不同国别进行了研究。比如，有学者基于美国联邦巡回法院的司法实践，分析了在知识产权诉讼的证据开示中公司内部律师应否接触机密信息，并探讨了法院在作出是否开示决定时需要考虑的因素(Louis S. Sorell，1994)。有学者从日本的立法与实践入手，将其与美国的保密令制度和我国台湾地区的知识产权诉讼保密令制度进行比较分析(Takanori Abe and Li-Jung Hwang，2010)。有学者基于TRIPS协定、《欧盟知识产权指令》的商业秘密保护条款，分析了专利诉讼中的商业秘密保护问题(Charles Gielen，2009)。加拿大学者则指出在知识产权诉讼中保密令的发布需要平衡不同的利益，并在考察了美国和英国司法实践的基础上分析了加拿大的立法与相关实践，然后提出改善加拿大相关制度的可能性(Johanna Coutts，2001)。还有文献对日本、欧盟、英、德、法等国家或区域专利诉讼中的秘密审查程序进行了阐述和剖析(Christopher Heath，2017)。此外，也有文章针对专利诉讼中保密令使用的实务问题进行了深入分析(Ashish Prasad，2012)。

《欧盟知识产权指令》和欧盟统一专利法院的相关程序规则都涉及证据的收集。有文献深入调研欧盟各国对于《欧盟知识产权指令》第6—8条关于证据披露、证据保全以及信息权制度的执行，阐述各国法律之间的差异及存在的问题，并提出建议(欧洲假冒和盗版检查机构，2010)。有多位学者基于《欧盟知识产权指令》，包括第6—8条涉及证据的规定，详细阐述了荷兰、英国、德国国内立法对该指令的执行(George Cumming et al.，2008)。此外，也有文献阐述了欧盟统一专利法院的信息权制度以及所涉及的商业秘密保护问题，并与德国相关立法进行了比较分析(Ronny Hauck，2013)。

因知识产权诉讼尤其是商标诉讼中市场调查报告的实践起步较早，也比较成熟，国外关于市场调查的研究数量较多，涉及市场调查报告的法律性质、可采性、采信标准以及市场调查的实践操作等(比如，Roscoe Pound，1956；Daniel L. Kegan，1985；Irina D. Manta，2007；Kate Swaine et al.，2010)。

（三）国内外研究评述

国外已有文献表明：① 对于知识产权诉讼证据收集，近些年来相关研究成果不断增加，而且深入探讨了司法实践中的问题。② 关于美国知识产权诉讼中的证据开示制度，论者鲜有持否定立场，相关研究探讨的重点是如何使证据开示程序在不牺牲其制度目的的同时实现程序效率。③ 知识产权诉讼中的一些具体问题逐渐受到重视，比如保密令、信息权以及资讯开示请求权等。此外，由于欧美的相关立法与司法实践较为成熟，知识产权诉讼中出现并需要解决的证据收集问题，在我国现阶段法律框架下还没有突出表现出来而成为比较重要的问题，比如电子证据的披露及其涉及的特免权保护。

我国台湾地区学者在这一领域的研究表现活跃，这是因为台湾地区民事证据制度改革、理论创新起步相对较早，而且在21世纪初建立了知识产权专门法院并通过了"智慧财产案件审理法"，从而促使理论研究与立法、司法实践良性互动，不断发展。基于法律文化、诉讼模式等方面的原因，其理论成果对于大陆地区具有更多的借鉴价值。

我国相关研究虽然具有一定基础，数量也达到了一定规模，但是仍然有很长的路要走，这与我国民事诉讼及民事证据制度的立法滞后、理论研究仍处于学习、吸收欧美经验的阶段具有密切关系。相比于国外以及我国台湾地区的研究，我国存在的不足表现在以下方面：① 在该领域的研究，我国具有知识产权审判经验的法官发挥了重要作用，涌现了相当数量偏重实务的研究成果，其研究特点是以实践为基础，具有较强的针对性和务实性，然而研究视野偏窄，缺乏对国外立法、司法实践以及理论研究的全面考察；同时，没有足够多的知名证据法学者对知识产权诉讼领域的证据收集问题进行充分关注。理论上的进一步突破，不能过度依赖法官、律师等实务人士，这一领域有待国内顶尖学者发挥主导作用。② 现有相关研究更多的是"头痛医头、脚痛医脚"，不能着眼于民事诉讼包括知识产权诉讼制度改革的整体目标，并结合我国法律文化、诉讼模式将证据收集制度的设计与周边配套制度有机结合，以适应我国的法律土壤。③ 对于一些重要问题，国内学术界还没有足够重视并予以充分探讨，比如，实体法上的资讯开示请求权、信息权、商业秘密保护等问题。

三、研究思路与研究方法

（一）基本思路

通过对德国、美国、欧盟统一专利法院以及我国台湾地区知识产权诉讼中的证据收集制度进行考察，反思我国知识产权诉讼中证据收集的立法与司法实践中存在的问题与不足，并结合域外的成熟做法，提出完善我国相关立法与实践的建议。

（二）研究方法

（1）比较分析方法。比较分析是本研究的基本视角，它不仅对美国、德国以及我国台湾地区的相关立法与实践进行比较，还对国际法进行比较，比如，涉及TRIPS协定、《欧盟知识产权指令》《统一专利法院协定》的相关规定。通过比较分析和梳理总结域外的成熟经验，反思我国相关立法与实践中存在的问题与不足，然后提出立法与司法建议。

（2）案例分析法。本研究援引了一定数量的知识产权审判案例，并在此基础上梳理总结不同法域知识产权诉讼中证据收集的"判例法"与实然法。

（3）历史研究法。本研究以历史视角，考察了德国、美国以及我国台湾地区知识产权诉讼中证据收集制度的变革，分析了它们的改革趋势、特征与规律。同时，本研究也考察了我国民事证据制度的变革历史，分析改革中的成绩与不足，提出我国知识产权诉讼证据收集制度改革的宏观思路，以因应国际发展趋势。

四、研究的内容与重点、难点

（一）主要研究内容

本研究聚焦知识产权民事诉讼中的证据收集问题，涉及证据披露、证据保全、专家的使用、证明妨碍、证据收集涉及的商业秘密保护、违法收集证据以及市场调查的应用等重要的理论与实践问题。鉴于行政诉讼、刑事诉讼与民事诉讼中的证据收集问题具有较大的差异性，本研究涉及的证据收集问题仅限于知识产权民事诉讼领域，而未能扩展至其他诉讼领域。此外，因本研究着重以比较法视角分析相关的基础性问题，对于技术性、实践性较强的问题，比如电子证据收集，在不同法域中不同的证据披露制度影响下，相关实践进一步分化，难以进行具有实际意义的比较，更难以在此基础上进行经验的借鉴，而且相关问题也并非知识产权诉讼中所特有的问题，故在此不做重点深入探讨。此外，因在知识产权诉讼中的证人证言并无显著区别于一般民事诉讼的特殊性，其他相关文献对此通常着墨不多，在本研究中也不作专门的考察和论述。

（二）研究重点和难点

本研究的重点包括：① 知识产权诉讼中证据披露的范围与运行方式。普通法中的证据开示制度和大陆法国家的文书（或勘验物）提出命令制度各有利弊，而且在同一法系内部的不同法域，相关的具体制度和程序也有不同的安排，我国立法对此如何取舍和借鉴，不仅须要考察制度本身的合理性和科学性，还须要考虑我国的法律文化、诉讼模式、配套制度等各方面因素，这是一项牵一发而动全身的系统工程。如何基于我国国情，确立立法样本，并吸收不同法律制度中合理的因素是本研究面临的基本问题。② 知识产权诉讼中的证据保全。以美国为代表的普通法系，知识产权诉讼中的证据保全制度往往比较简单粗放，这与其发达的证据开示（披露）制度密不可分，其证据开示制度本身即具有一定的证据保全功能。在大陆法系，作为证据收集的一种特殊方式，证据保全制度往往比较发达，一些国家或地区通过改革突破了证据保全的传统功能，在借鉴普通法证据开示制度的基础上，赋予其证据开示的新功能。我国的证据保全制度的功能、适用条件以及程序存在哪些不足，是否以及如何实现证据保全功能的扩大化、如何完善相关制度也是我国加强当事人证据收集权程序保障的关键所在。③ 知识产权诉讼中专家的使用。两大法系在传统上分别采用不同的专家证据，即专家证人和司法鉴定，不过它们通过改革，彼此互相借鉴，在这一领域出现了一定程度的融合趋势，同时在知识产权诉讼中也纷纷引入了其他技术性事实查明机制，以协助法官正确理解案件事实。在我国知识产权诉讼中，如何借鉴域外经验完善已有的各类专家证据制度和专家辅助机制，对于我国知识产权诉讼中的事实查明是一个重要的课题。④ 知识产权诉讼中的商业秘密保护。商业秘密保护与证据收集存在矛盾关系，缺乏对商业秘密的充分保护，将成为知识产权诉讼中当事人不愿披露证据的顾虑或者借口，因此它对证据收集的范围与效果会产生不可忽视的影响。商业秘密的保护采用何种模式与方法，关系到商业秘密的保护和发现事实目标之间的微妙平衡。在我国知识产权诉讼中的商业秘密保护是实践中重要的课题，遗憾的是在我国实践中和理论上尚未予以充分重视。

本研究的难点之一在于，比较法考察涉及不同法域的相关立法与司法实践，需要全面收集整理相关文献资料，国内的已有文献缺乏关于美国、德国、我国台湾地区知识产权诉讼特别证据收集规则的论述，关于欧盟统一专利法院的证据收集规则的研究资料也寥寥无几。难点之二在于，知识产权诉讼中证据的收集问题除了具有较强的理论性，也具有较强的实务性，相关研究需要理论和实践的相互结合。该选题的理论性不仅需要研究者深入考察不同法域的相关立法与实践，在比较分析的基础上总结规律、趋势与特征，还需要通过整理和消化吸收已有文献对我国相关立法的不足进行理论总结。该选题的实践性在于,如果仅仅通过对我国立法、理论文献进行理论上的推演并不足以充分发现问题和解决问题,尤其难以把握理论上的良法如果置于我国的法律土壤中是否具有可行性。相对而言,对于我国知识产权诉讼实践中关于证据收集存在的问题,第一线的实务人士比如法官更为熟悉,只有理论结合司法实践并立足于我国的具体情况,才能发现和深入理解其中问题的关键所在,并找到解决问题的途径与方法。基于这样的考虑,知识产权诉讼中的一线法官和其他实务人士的学术观点应当予以重视,与他们的直接交流对于本研究也是必不可少。

第一章 知识产权诉讼证据收集制度的国际趋势及其因应

不同法域民事诉讼(包括知识产权诉讼)的证据收集制度不断进行改革,同时,关于知识产权保护的国际协调也在进行,其中加强权利人证据收集权的保障成为国际共识。知识产权诉讼中的证据收集制度分为两部分:一是作为一般法的民事诉讼证据收集制度,它们既适用于一般民事诉讼,也适用于知识产权民事诉讼;二是作为特别法的针对知识产权民事诉讼的证据收集制度,它们是因应知识产权诉讼证据收集的特殊性与加强知识产权保护的国际趋势而产生。本章通过考察知识产权诉讼证据收集制度的国际协调以及不同法域相关制度的变革,并在分析我国相关立法与实践的发展及不足的基础上,提出改革的宏观思路。

第一节 知识产权诉讼证据收集制度的国际协调

一、TRIPS 协定的相关规定

《与贸易有关的知识产权协定》(简称 TRIPS 协定)是 WTO 规则的重要组成部分,WTO 成员方有义务保证其国内法能够使当事人获得协定中规定的知识产权实施程序,以便对侵犯知识产权的行为采取有效行动。同时,成员方可以在各自法律框架内确定实施该协定的适当方式,在履行国际义务时具有一定弹性空间。TRIPS 协定体现了对知识产权权利人的证据收集权予以程序保障的基本要求,包含了一个基本的制度框架,同时有许多细节需要国内法予以补充,从而使证据收集得到切实的保障。

(一)证据披露

TRIPS 协定第 43 条第 1 款规定,如果一方当事人已经提供可合理获得的、足以证明其权利主张的证据,并指明在对方控制之下的与证实其权利主张有关的证据,则司法机关在适当情况下确保对机密信息予以保护的条件下,有权命令对方提供这一证据。该规定表明,当一方当事人提出必须提交法院的、对其有利的重要证据被对方当事人掌握,法院有权要求对方当事人披露该证据。不过,TRIPS 协定并没有涉及第三人的证据披露义务。

（二）信息权

TRIPS 协定第 47 条规定了知识产权权利人的信息权。据此,成员方可规定,除非与侵权的严重程度不相称,司法机关有权责令侵权人将制造和分销侵权商品或提供侵权服务的第三方的身份及其销售渠道等信息告知权利持有人。这意味着权利持有人可以依靠司法机关获得必要信息,得知侵权商业链上的其他侵权人,如侵权商品提供者、销售者以及其他涉嫌侵权者。该规定为提起潜在的诉讼和打击知识产权侵权提供了有力的法律工具。同时,因会给对方当事人带来一定的成本负担,权利人行使信息权须遵守比例原则,即不得与侵权的严重程度不相称。不过,TRIPS 协定第 47 条"成员方可规定"中使用了"可"（may）这一表述,表明这只是一种倡导和建议,成员方并非必须在国内确立该项制度。

（三）证据保全

TRIPS 协定第 50 条规定了临时措施,而证据保全是其中一种用于固定证据的临时措施。依据该条规定,司法机关有权责令采取迅速和有效的临时措施以便保存关于被控侵权的证据。这种证据保全措施可在证据存在灭失风险或以后难以取得的情况下予以适用。如果情况适当,特别是在任何迟延可能对权利持有人造成不可补救的损害时,或者存在证据被销毁的显而易见的风险时,司法机关有权采取不作预先通知的临时措施（即单方措施）。作为采取证据保全措施的条件,司法机关有权要求申请人提供任何可合理获得的证据,以使司法机关对申请人的主张获得足够程度的确认,而且司法机关有权责令申请人提供足以保护相对人利益和防止权利滥用的保证金或与此相当的担保。如果已经采取不作预先通知的临时措施,则至迟应在执行该措施后立刻通知受影响的各方。应相对人请求,司法机关应对这些措施进行审查,包括进行听证,以期在作出有关证据保全的通知后一段合理期限内,决定这些措施是否应进行修改、撤销或确认。如果案件实体程序未在合理期限内启动,那么,应相对人的请求,证据保全措施应予撤销或终止生效。如果证据保全措施被撤销或由于申请人的任何作为或不作为而失效,或如果随后司法机关认定不存在知识产权侵权或侵权的威胁,则应相对人请求,司法机关有权责令申请人就这些措施造成的任何损害向相对人提供适当补偿。TRIPS 协定中证据保全制度体现了利益平衡原则,既保障了知识产权权利人的收集证据的权利,同时通过担保、审查、救济等规定防止申请人滥用证据保全,对被控侵权人的合法权益予以平衡保护。

（四）证明妨碍

TRIPS 协定第 43 条第 2 款规定："如果诉讼的一方当事人在合理期限内自行且无正当理由拒绝提供或不提供必要的信息，或明显阻碍与知识产权执法有关的程序，则成员方可授权司法机关基于向其提供的信息，包括由于被拒绝提供信息而受到不利影响的当事方提出的申诉或指控，作出肯定或否定的初步或最终裁决，但应向各当事方提供就指控或证据进行听证的机会。"该规定体现了知识产权诉讼的诚实信用原则，要求掌握必要信息的当事人在知识产权纠纷解决中与他方保持合作，不能因违反诚实信用原则反而获得不当利益，相反应当承担不利后果。

（五）证明责任倒置

TRIPS 协定第 34 条确立了专利方法侵权诉讼的证明责任倒置规则，其规定，如果专利权的保护内容是获得产品的生产方法，司法机关应有权责令被告提供证据证明其获得相同产品的方法不同于该专利方法。因此，成员方的法律应规定，至少存在下列情况之一，除非被告提出相反证据，产品应视为通过侵犯专利方法获得：其一，如果使用该专利方法获得的产品系新产品；其二，如果存在实质的可能性表明该相同产品是由该专利方法生产的，而专利所有权人经过合理努力仍未能确定被告确实使用了该方法。就客观效果而言，该条文提供了一种证据收集的途径与机制，即在方法专利侵权案件中的特定情况下法院可要求被告提供对于权利人至关重要的证据，被告应当提供，否则将面临举证不能的不利后果。

（六）商业秘密保护

TRIPS 协议第 39 条要求成员方保护"未披露的信息"（undisclosed information）以确保有效保护公平竞争。"未披露的信息"主要是指商业秘密。该条规定涉及的商业秘密保护并不局限于实体法层面，对于知识产权诉讼中商业秘密的保护，TRIPS 协议有多个条文进一步作出了规定。

在专利方法侵权诉讼中，被告根据第 34 条证明责任倒置规则提出未侵权证据时，该条第 3 款要求成员方应考虑被告方在保护其制造和商业秘密方面的合法权益。第 42 条要求成员方向知识产权权利人以及被告提供公平和公正的知识产权民事司法程序，而且"该程序应规定一种确认和保护机密信息的方法，除非这一点会违背现有的宪法规定的必要条件"。此外，第 43 条在确立当事人的证据披露义务的同时，强调了对商业秘密等机密信息的保护，即法院命令当事人披露证据的条件是，"司法机关在适当情况下确保对机密信息予以保护"。

不过，TRIPS 协定未涉及具体的保密程序与方法，仅仅确立了知识产权诉讼中对于商业秘密予以保护的一般框架，在实践中实施商业秘密保护的具体程序和方法,很大程度上依赖于法官的裁量,在不同国家也会因制度不同有所差异。[①]

二、《欧盟知识产权指令》的相关规定

《欧盟知识产权民事执法指令》[②](简称《欧盟知识产权指令》)是欧洲议会及欧盟理事会于 2004 年 4 月 29 日通过的一项对内指令,性质属于特别国际法。该指令在 TRIPS 协定的基础上制订,旨在协调欧盟各成员国知识产权执法方面的法律法规,以便更有效地打击假冒和盗版等知识产权侵权行为。其中,第 6条、第 7 条和第 8 条涉及知识产权诉讼中的证据收集问题,目的是为确保权利人获得证明知识产权侵权及其相应赔偿数额的相关证据,以支持其诉讼主张。执行《欧盟知识产权指令》的形式和方法由成员国具体设定。不过,成员国应当确保该指令全面有效,以实现其预定目标。

（一）证据提出义务

第 6 条规定了对方当事人的"证据提出义务"。对方当事人必须提出证据的条件包括:其一,当事人提交了关于证据提出的请求(司法机关不宜主动命令),这些请求对于其权利主张具有重要性;其二,当事人已经提交了可合理获得的、足以支持其权利主张的证据,这一条件使得证据提出的请求区别于"摸索证明";其三,详细说明了对方当事人控制的证明其权利主张的证据;其四,机密信息获得了保护。在上述条件满足的情况下,有管辖权的司法机关可以命令对方当事人提出这些证据。

该条还涉及银行、财务和商业文件的提出。在同样条件下,成员国有管辖权的法院在实施商业规模侵权的案件中,根据一方当事人的申请,成员国法院应当在采取必要措施保护机密信息的情况下,裁定对方当事人提交其控制下的银行、财务和商业文件。这些文件非常重要,可以揭示被控侵权人销售侵权产品的数量及收益。没有这些信息,索赔就会变得困难。为了平衡证据提出义务人的利益,对这些重要文件的提出义务仅当存在"商业规模侵权"的情况下才能成立。何谓"商业规模侵权",该指令没有涉及,留给成员国予以规定。

（二）证据保全措施

《欧盟知识产权指令》第 7 条("证据保全措施")要求欧盟成员国执行以下若干义务:

其一,即使在案件诉讼程序开始之前,有权的司法机关以机密信息的保护为前提,可在以下情况裁定迅速且有效的临时措施,以保全涉及侵权行为的特定证

---

① Charles Gielen, Trade Secrets and Patent Litigation, in Wolrad Prinz Zu Waldeck Und Pyrmont, et al., Patents and Technological Progress in a Globalized World: Liber Amicorum Joseph Straus, Springer, 2009, p.400.

② The EU Directive on the Civil Enforcement of Intellectual Property Rights (2004/48/EC).

据：申请临时措施的当事人已提出可合理获得的证据，以支持其关于知识产权正遭受侵害或即将遭受侵害的主张。这表明证据保全的申请时间可以是诉前或者诉中。可采取的临时措施包括对侵权产品的具体描述（附样本或不附样本），扣押侵害知识产权的产品，在必要情况下，扣押用于制造或销售上述产品的原料、器具及相关文件。为确保实效，有时采取出其不意、没有给对方陈述意见机会的措施是必要的，特别是在证据保全的任何迟延可能会对权利人造成不可弥补的损害或者证据有遭受破坏的明显风险的情况下。若上述保全证据的裁定是在对方当事人尚未向法院陈述意见之前进行，最迟应在采取保全证据措施后立即通知受影响的当事人。作为对其程序权利的平衡保护，受影响的当事人可申请听证，以便在合理期限内审查该证据保全措施是否需要修改、撤销或者维持。

其二，证据保全应以担保为前提。成员国应确保，证据保全程序得以实施的前提条件是，申请人已提供适当担保以保障被告在遭受损害时获得赔偿。

其三，成员国应确保，若证据保全申请人未在合理期间向有权法院提起诉讼，保全证据裁定依被告请求应予撤销或丧失效力。

其四，在一些情况下，司法机关有权依被告请求，命令证据保全申请人就所有基于证据保全所产生的损害，承担适当的损害赔偿责任。这些情况包括：① 证据保全程序的裁定被撤销；② 申请人之作为或不作为造成裁定丧失效力；③ 日后法院认定没有发生侵害知识产权的事实；④ 日后法院认定没有侵害知识产权之虞。

其五，考虑到证人对于作证可能引来报复的担心，该指令规定，成员国可以采取措施来保护证人的身份。"可以"（may）这一措辞表明，《欧盟知识产权指令》并不强制成员国做到这一点。

（三）信息权

《欧盟知识产权指令》第 8 条规定了知识产权权利人的信息权，其立法目的在于帮助知识产权权利人调查侵权产品的来源和销售渠道。依据该条规定，成员国应当赋予权利人向法院申请发布命令的权利，要求侵权人或者第三人披露关于侵权产品或服务的来源和销售网络的信息。其中，信息披露义务人包括侵权人和第三人。第三人包括：被发现拥有商业规模侵权的产品的人；被发现正使用商业规模侵权的服务的人；被发现正提供一个商业规模的服务的人，而该服务被用于侵权行为；被上述三类人指认参与生产、制造产品或服务的人。披露的信息范围包括两类：一是侵权人的身份信息，涉及产品或服务的生产商、制造商、销售商、供应商，以及打算加入的批发商和零售商。二是关于数量和价格的信息。这些信息包括生产、制造、发送、接受或预定的所涉产品或服务的数量信息，以及得到的所涉产品或服务的价格信息。可见，信息权可以为知识产权权利人提供大量的初步信息和证据线索,发现潜在的侵权人及其基本侵权情况。

关于信息权的规定,《欧盟知识产权指令》与 TRIPS 协定有很大不同。TRIPS 协定中的信息权制度只是一项建议,《欧盟知识产权指令》中的信息权制度具有强制性,成员国有义务履行。就信息权的内容而言,TRIPS 协定只是规定了义务人提供"身份"及"销售渠道"的信息,除了这些信息之外,《欧盟知识产权指令》还要求义务人提供"数量"和"价格";TRIPS 协定中提供信息的义务人只是知识产权的侵权人,而《欧盟知识产权指令》规定侵权人和"其他人"都有对法院提供信息的义务。[①]

（四）证明妨碍规则

《欧盟知识产权指令》没有规定当事人未能遵守司法机关命令的法律后果。这些留给各成员国国内法自主规定。实际上,各国民事诉讼法通常都确立了各自的证明妨碍规则。

三、《欧盟商业秘密指令》的有关规定

关于商业秘密保护,《欧盟知识产权指令》所涉条款不多,第 6 条和第 7 条仅规定法院命令证据提出、采取保全措施时应当保护机密信息。不过,它没有进一步规定保密的程序与方法,为成员国保留了富有弹性的执行空间。

2016 年 4 月 14 日,欧洲议会及欧盟理事会通过了《欧盟防止未披露专有技术和商业信息（商业秘密）被非法获取、使用和披露的指令》[②]（简称《欧盟商业秘密指令》）,依据该指令的要求,欧盟成员国必须在 2018 年 6 月 9 日之前将该指令转化为国内法。《欧盟商业秘密指令》旨在协调欧盟各国商业秘密保护的立法,并为统一救济措施与程序提供法律基础。该指令涉及商业秘密侵权诉讼程序中的商业秘密保护规则。规定虽然比较笼统,但商业秘密本身也是一种重要的知识产权,因而该指令的相关规定对于其他知识产权诉讼程序中的商业秘密保护亦有参考价值,法官可以通过自由裁量而决定是否采用。《欧盟商业秘密指令》在序言第 24 段和第 25 段初步提出了商业秘密侵权诉讼中商业秘密保护的基本要求,在此基础上,第 9 条（"维护司法程序中商业秘密的保密性"）规定了具体规则。

《欧盟商业秘密指令》要求成员国应当确保,参与司法程序或者有机会接触司法程序中相关文件的当事人、律师或其他代表、法院公务人员（court officials）、证人、专家及任何其他人负有保密义务,不得使用或披露法院认定的商业秘密。依利害关系人的正当合理的申请,法院可以认定商业秘密;此外,成员国可以允许

---

① 余敏友、廖丽：《欧盟〈知识产权执法指令〉述评》,《欧洲研究》2009 年第 6 期,第 92—93 页。

② The EU Directive on the Protection of Undisclosed Know-how and Business Information（Trade Secrets）against Their Unlawful Acquisition, Use and Disclosure（2016/943/EU）.

有管辖权的法院主动认定商业秘密。上述人员的保密义务在司法程序结束后仍应保持有效,除非被主张的商业秘密最终经裁定不满足商业秘密的构成条件或者构成商业秘密的信息已进入公共领域。①

成员国也应当确保,有管辖权的法院可以依据一方当事人正当合理的申请,采取必要的具体措施,维护商业秘密(包括被主张的商业秘密、诉讼程序中援引的商业秘密)的保密性。成员国也可以允许有管辖权的法院主动采取这些措施。这些可能采取的措施应当至少包括:① 限制有限数目的人员接触当事人或者第三人提交的包含商业秘密的任何文件的全部或部分。② 限制有限数目的人员参加案件听证,如果商业秘密可能被泄露,同样限制接触那些听证的记录或誊本。③ 向未接触证据或参与听证的其他任何人提供任何裁判文书的非保密版本,该版本中包含商业秘密的段落应经过删除或者处理。上述接触商业秘密的有限人员的数目应当不超过为确保当事人有效救济和公平审判必要的程度,而且这些人员应当至少包括每方当事人及代表派出的一名自然人。②

依据当事人的申请并且由侵权人承担费用,有管辖权的法院可以命令采取涉及公开裁判文书的适当措施,包括公布全部或部分内容,而且应当维护商业秘密的保密性。③

关于商业秘密在诉讼程序中的保护,《欧盟商业秘密指令》对于欧盟成员国只是提出了原则性的要求,不过它涉及商业秘密的认定、保密义务主体、保密期间、保密措施等内容,因此可以说它确立了诉讼程序中商业秘密保护的基本规则和标准。

四、欧盟统一专利法院证据收集制度

为解决欧洲专利司法权不统一带来的判决结果不一致、诉讼成本较高的问题,2013 年 2 月 19 日,欧盟 25 国在布鲁塞尔签订《统一专利法院协定》,决定设立欧盟统一专利法院。欧盟统一专利法院的程序法由《统一专利法院协定》和《统一专利法院程序规则》(简称《统一程序规则》)④组成。《统一专利法院协定》对欧盟专利案件的管辖权在欧盟统一专利法院和成员国国内法院之间进行了分配。⑤ 作为生效条件,协定必须由包括英、德、法在内的至少 13 个成员国批准才能生效。英国"脱欧事件"导致协定的生效难以避免地被推迟。从欧盟专利诉讼一体化的发展趋势看,无论如何,英国脱欧无法阻止欧盟实现单一专利和统一专利诉讼

---

① 《欧盟商业秘密指令》第 9 条第 1 款。
② 《欧盟商业秘密指令》第 9 条第 2 款。
③ 《欧盟商业秘密指令》第 15 条第 1 款和第 2 款。
④ 《统一程序规则》先后修订多次,最终版本为第 18 版,文中所引用的该程序规则均为其第 18 版。
⑤ 《统一专利法院协定》第 32 条。

制度的愿望,至少会通过替代性方案,比如修改协定的生效方式,使协定生效。

欧盟统一专利法院的程序规则强调法院对案件的主动管理,法院对案件的管理体现于诸多程序规则,比如,为了查清案件事实、推进程序,法院可在诉讼的任何阶段,依职权或依申请发布程序命令,要求当事人在指定时限内采取行动、回答问题、提供解释或者证据。关于法院确定或规则规定的时限,当事人必须遵守,否则法院有权忽略当事人采取的任何行动或者提出的事实或证据。口头审理应当由审判庭直接参与并在主审法官的控制之下进行。同时,它确立了审判活动遵循辩论主义理念,尊重当事人意思自治,比如,对于某一事实陈述,如果任何当事人没有明确提出异议,将在当事人之间认定为真实。

依据该协定第 53 条和《统一程序规则》第 170 条的相关规定,欧盟统一专利法院的证据收集方法包括:询问当事人、信息提供的请求(request for information)、书证提出、证人听证、专家意见、勘验、对比测试(或试验)、经宣誓的书面证言以及证据保全。《统一专利法院协定》和《统一程序规则》详细规定了证据收集制度,包括证人证言制度、当事人专家和法院专家制度、证据提出命令制度、信息权制度、证据保全制度、商业秘密保护制度、证明妨碍制度等。此外,《统一程序规则》第 5 章第 200—202 条还规定了“其他证据”,包括法庭实验、财产冻结令,而且法院可以依职权或依合理申请发出调查函,请求欧盟以外国家的管辖法院或主管当局命令书证出示、对证人或专家进行听审。关于在欧盟范围内的跨境取证,欧盟制定的《关于民商事取证合作第 1206/2001 号条例》可予适用。作为专门性问题的查明机制,除了当事人和法院均可指定专家之外,欧盟统一专利法院确立了技术法官制度。

《统一专利法院协定》和《统一程序规则》提供了一个具有自主性和综合性的程序机制,可以预见的是,它可能最终会成为国内程序法律改革的模板。[①] 而且,它们提供了详细具体的证据收集规则,其主要内容将在此后各章进行比较法考察时详细阐述。[②]

五、简评

TRIPS 协定作为多边协议,其中关于证据收集的规定略显简略,但是已涉

[①]　Reto M. Hilty et al., Comments on the Preliminary Set of Provisions for the Rules of Procedure of the Unified Patent Court, Max Planck Institute for Intellectual Property and Competition Law Research Paper No.13 - 16, October 1, 2013, p.9.

[②]　欧盟成员主要为大陆法国家,受此影响欧盟统一专利法院的程序规则采用了接近大陆法的诉讼模式,而且证据提出命令、证据保全、信息权等制度更接近于以德国、台湾地区为代表的大陆法,此外,它还仿效德国立法例确立了专利法官制度。因此,后文进行的比较法考察,将欧盟统一专利法院的证据收集制度作为大陆法立法例对待。

及证据披露、证据保全、信息权、证明妨碍以及商业秘密保护等基本制度。TRIPS 协定体现的是成员方必须达到的"最低标准",各成员方的立法可以提供更高的知识产权保护水平。《欧盟知识产权指令》为欧盟区域内各国提供了一个标准更高的知识产权诉讼证据收集的制度框架,《欧盟商业秘密指令》则确立了商业秘密侵权诉讼中证据收集涉及的商业秘密保护基本规则和标准。这些法律文件代表了这一立法领域国际协调的成果,确立了证据收集的制度框架,允许成员方依据本国国情包括法律文化、诉讼模式以及配套制度具体履行协定或指令中的国际义务。同时,这些国际法律文件促进了国际和区域内各国知识产权权利人证据收集权的保障,从而提升了知识产权保护水平。以德国为例,为履行TRIPS 协定第 43 条、第 50 条的义务,《德国民法》第 809 条和 810 条、《德国民事诉讼法》第 142 条和第 144 条进行了调整;在《欧盟知识产权指令》出台以后,为达到其中第 6—8 条的要求,以《德国专利法》为代表的一系列知识产权法进行了修订。[①] 为履行《欧盟知识产权指令》,加强当事人收集证据的手段,法国 2007年制订的《知识产权法》中的信息权制度,取消了"商业规模"的条件限制,而且权利人可获取的信息包括"用以确定疑似侵权物或方法的来源或分销网络之文件或信息",[②] 而不限于指令中规定的范围。我国在加入 WTO 的前后,也修改了民事诉讼法、知识产权法以履行 TRIPS 协定下的义务。

欧盟统一专利法院的程序规则尚未在实践中得到运用,但是《统一专利法院协定》以及在此基础上制订的《统一程序规则》包含了详细的专利证据收集制度。与 TRIPS 协定、《欧盟知识产权指令》不同,欧盟统一专利法院证据收集制度具有全面性和系统性。它在 TRIPS 协定和《欧盟知识产权指令》的基础上,借鉴了各国立法和司法实践中的成功经验,从诉讼理念、价值追求到具体规则,顺应了国际变革趋势,为各国知识产权诉讼证据收集制度的改革与完善树立了具有借鉴价值的标杆。

第二节　域外知识产权诉讼证据收集制度的变革

通过对域外知识产权诉讼证据收集制度变革的回顾与梳理,可以发现其中的发展脉络、规律与趋势,并获得我国相关制度改革的有益启示。

---

① 李素华:《智慧财产诉讼之文书提出义务——以德国专利侵权诉讼之证据开示请求权及智慧财产法院 103 年度民专诉字第 66 号民事判决为中心》,《月旦法学杂志》2019 年第 10 期,第 195 页。

② 许晓芬:《智慧财产诉讼中之文书提出义务——以法国专利侵权诉讼上信息请求权为中心并兼评智慧财产法院 104 年度民专诉字第 94 号判决》,《月旦法学杂志》2019 年第 9 期,第 149 页。

专家证据的收集与书证、物证等其他证据的收集具有明显不同的特征,在此对域外知识产权诉讼中的专家证据制度的变革先予阐述和梳理。

实际上,各国民事诉讼中都存在专家证据(专家证人或鉴定意见)这一证据形式,证据收集制度理应包括专家证据的收集。[①] 关于专家证据,普通法和大陆法传统上分别采用专家证人制度(当事人指定专家)和司法鉴定制度(法院指定专家),其中的原因是多方面的,比如两大法系在程序正义与实体正义之间的价值取向不同,不过最主要的原因是源于两大法系诉讼模式与理念的影响。普通法国家的庭审采用当事人进行主义,在专家证人程序的启动、专家证人的指定、专家证人的询问等程序方面由当事人主导,各方通过指定和使用专家证人进行积极对抗;大陆法国家的庭审采用职权进行主义,法院指挥诉讼程序,在这一诉讼理念下,法院主导诉讼程序包括启动鉴定、指定鉴定人甚至进行询问,鉴定人发挥着法官的"辅助人"角色。可见,不同诉讼模式下,专家使用方式的不同显得水到渠成。两大法系传统的专家证据制度各有利弊,难以简单评价优劣。因此,各国在专家证据制度改革过程中,借鉴其他法系制度的合理因素,出现了一定程度的融合趋势:在大陆法国家,民事诉讼的立法与实践逐渐允许使用当事人指定的专家;在普通法国家的民事诉讼也引入了由法院指定或当事人共同约定的中立专家。在知识产权诉讼中,专家证言或者鉴定意见尚不足以帮助法官充分理解知识产权(尤其是专利)涉及的复杂技术性问题,因此各法域纷纷引入了其他技术性事实查明机制,比如我国台湾地区的技术审查官制度、德国和欧盟统一专利法院的专利法官制度等。各种专家的使用方式都有其局限性,无论是鉴定人、专家证人还是其他专家。在知识产权诉讼中,如何实现不同专家的良性互动以及各种技术事实查明机制之间的互补成为实践中十分重要的问题。

本节主要是以证据披露、证据保全等制度作为着眼点,考察域外知识产权诉讼证据收集制度的变革,并总结其中的规律、特征或者趋势。

一、美国

(一)《联邦民事诉讼规则》证据开示制度的变革

证据开示是美国民事诉讼中最重要的证据收集方式。证据开示程序在1938年正式规定于《联邦民事诉讼规则》,其中包括当事人和法官共同参加的审前会议,但没有具体规定什么时间召开。在这一程序之下,如果没有法院的命令,当事人须通过彼此间的协议"自治"地推进程序。这样,争议解决的大多时间通常花费在审前开示之中,除非法官通过命令推进程序,案件的时间进程取决于

---

① 关于这一点,具体可参见第四章的相关论述。

当事人之间的合作程度,当事人可以按照他们认为适当的期间安排证据开示。① 法官仅在当事人提出证据开示动议或者即决判决动议而进行听证时可以介入案件进程。总之,早期证据开示程序的进行比较拖沓,费用高昂,证据开示程序被滥用的弊端日渐明显。

在 20 世纪 70 年代后期,美国民事诉讼的费用和成本问题受到社会各界广泛而激烈的批评。② 为了限制宽泛的审前开示,美国律师协会诉讼部建议修改《联邦民事诉讼规则》,对其第 26 条"相关性"进行限缩性界定,并通过修改规则对证据开示施加特定性要求。③ "联邦民事诉讼规则司法会议顾问委员会"提出鼓励法院更为积极地介入民事案件管理的益处,在其建议下,1980 年《联邦民事诉讼规则》第 26(f)条特别增加规定了"日程安排会议"(scheduling conference)。④ 据此,法院可以主动或依据任何当事人的申请命令召开日程安排会议。在 1981 年,《联邦民事诉讼规则》第 26 条再次被修改,进一步加强对审前证据开示程序的司法监督。⑤ 在 1983 年该法又增加规定了第 16(b)条,要求地区法院的法官依据第 16(a)条审前会议的规定就当事人的诉请、证据开示的完成以及提出动议下达日程安排命令。⑥ 在 1990 年,为处理民事诉讼的成本与费用问题,国会通过了《民事司法改革法案》(Civil Justice Reform Act of 1990,CJRA),要求美国联邦地区法院执行关于民事司法费用与迟延的缩减计划,旨在"监督证据开示,提升诉讼管理,并确保民事争议的公正、快速以及经济地解决"。⑦

在联邦地区法院执行该计划的过程中,美国联邦最高法院于 1993 年 12 月 1 日再次修改了《联邦民事诉讼规则》,其中采纳了《1990 年民事司法改革法案》计划之下地区法院尝试的一些做法。修改后的第 16 条为初步日程安排会议(initial scheduling conference)确定了相关时限。⑧ 其中最大的亮点是《联邦民事诉讼规则》第 26 条增加规定了基本信息的强制披露(mandatory disclosure)。⑨ 这一制度改变了证据开示程序的传统运行机制,在请求对方证据开示之前,当事人

---

① James Ware and Brian Davy, History, Content, Application and Influence of the Northern District of California's Patent Local Rules, 25 Santa Clara Computer & High Tech. L. J. 965, 969 – 970 (2009).

② Leonard S. Janofsky, A.B.A. Attacks Delay and the High Cost of Litigation, 65 A.B.A. J. 1323, 1323(1979).

③ Fed.R.Civ.P.26 advisory committee's note on the 1980 amendment.

④ Id.

⑤ Fed.R.Civ.P.26 advisory committee's note on the 1983 amendment.

⑥ Fed.R.Civ.P.16 advisory committee's note on the 1983 amendment.

⑦ 28 U.S.C. § 471(2006).

⑧ Fed.R.Civ.P.16 advisory committee's note on the 1983 amendment.

⑨ Fed.R.Civ.P.26 advisory committee's note on the 1993 amendment.

据此需要主动开示己方的信息,这种主动开示具有内在的强制性;同时开示具有时限性,必须在双方当事人召开有关证据开示的会议后 10 日内进行,而依据此前的规则,在对方当事人开示证据之前,任何一方都没有义务主动向对方开示证据。

（二）专利地区规则的制订与发展

早在专利地区规则出台以前,加州北区联邦法院积极进行民事诉讼改革创新,并且在实务界和理论界享有较好的声誉。在执行《民事司法改革法案》关于民事司法费用与迟延的缩减计划中,加州北区被指定为示范地区。[①] 在 1991 年 12 月,加州北区联邦法院顾问小组发布了报告和建议。实际上,加州北区联邦法院在执行计划中的一些实践和改革成果后来被《联邦民事诉讼规则》所吸收。

在 1995 年 6 月,该联邦地区法院通过了修订后的一批地区规则(地区法院制订地区规则的权力来源是《联邦民事诉讼规则》第 83 条第 2 款),这些规则在 1995 年 9 月 1 日生效,涉及海商、争议解决、破产、民事、刑事等领域。由于专利和证券方面的地区规则建议尚未成熟,没有包含在此次修订的地区规则之中。[②]

当加州北区联邦法院的地区规则处于制订过程中,在此期间发生的"马克曼案"[③]对于专利地区规则产生了一定影响。在该案中,美国联邦最高法院认定专利权利要求的解释是一个法律问题,并指出,法官比陪审团更有可能对专利权利要求作出适当的解释,法官必须独自解释专利权利要求。法院为确定专利的权利要求范围,可以进行审前听证。举行审前听证在后来的专利侵权诉讼中成为一般实践,被称为"马克曼听证"。不过,关于马克曼听证的具体程序,无论联邦巡回法院还是联邦最高法院都没有提供具体意见。

关于司法管理、案件日程安排以及信息披露的程序被订入加州北区民事地区规则之中。[④] 这些程序被司法实践证明对于一般的民事案件是有效的案件管理工具。在 2000 年,专利地区规则顾问委员会建议对体现于这些程序的规则进行调整,以适应专利权利要求程序的独特性质。

加州北区专利地区规则规定了从提交诉请到马克曼听证这段时间专利侵权案件须遵循的程序。该规则包含了以下三个要素:一是合作,当事人必须协商制订出案件日程安排并汇报给法院;二是披露,各方当事人必须及时披露法律理由并提交支撑性的文件材料;三是司法管理,主审法官较早介入案件并且可以积极监督在权利要求解释听证之前的程序。这三个要素也是加州北区民事诉讼改

---

① David Rauma and Donna Stienstra, the Civil Justice Reform Act Expense and Delay Reduction Plans: A Sourcebook, Federal Judicial Center publication, 1995, p.3, available at https://www.fjc.gov.

② N.D. CAL. L.R (1995).

③ Markman v. Westview Instruments Inc., 517 U.S. 370(1996).

④ N.D. CAL. L.R. § 1(1995).

革试验的经验体现。

加州北区专利地区规则在 2008 年进行了修订。此后,地区规则获得联邦巡回法院的认可。联邦巡回法院在若干上诉案件中对涉及加州北区专利地区规则的适用争议进行了审查,并最终对地区规则的适用做出支持的决定。① 比如,在其中一个案件中,巡回法院指出,"考虑到审理法院对管理当事人和诉讼效率的需要,本院对于审理法院关于地区程序规则的适用给予广泛的尊重"。②

其他许多联邦地区法院比如宾夕法尼亚西区法院、德克萨斯东区法院也采用了"地区专利规则",它们大多采用加州北区的地区规则。即使在没有采用该规则的地区,许多法院采取专利案件特有的日程安排命令,或者当事人可以商定案件管理计划,仿效专利地区规则或者对专利地区规则进行变更后予以适用。

(三)联邦专利诉讼统一规则制订的前景

美国《联邦民事诉讼规则》《联邦证据规则》可以适用于专利案件,不过专利案件中证据规则的适用具有特殊性。事实上,在专利诉讼的证据领域,法院和诉讼各方有时依赖判例作为渊源,典型的例子体现于"马克曼案"判决以及巡回法院适用该案判决的大量案件中。因此,权利要求解释规则派生了一些专利证据规则,涉及物证和人证的收集。③ 影响专利地区规则向统一规则发展的主要因素是巡回法院对地区法院的司法审查标准是"权力滥用"或"明显错误"(abuse of discretion or clear error),相对于全面审查(de novo review)而言,不利于形成确定性的规则。④

制订联邦专利诉讼规则的优点在于:一是统一。部分联邦地区效仿加州北区制订专利地区规则,促成了一定程度的实然意义上的"联邦统一规则"的快速发展。⑤ 不过,地区规则之间仍然存在差异,跨地区执业的律师往往需要面对不同规则,还有些地区法院只是参照适用其他联邦地区法院的地区规则,适用规则中有较多弹性空间,而且有些法院的法官根据个人的倾向性适用程序规则。⑥ 制订统

---

① See Genentech, Inc. v. Amgen, Inc., 289 F.3d 761 (Fed. Cir. 2002); SanDisk Corp. v. Memorex Prods., Inc., 415 F.3d 1278 (Fed. Cir. 2005); Safeclick, LLC v. Visa Int'l Serv. Ass'n, 208 Fed. Appx. 829 (Fed. Cir. 2006); O2 Micro Int'l, Ltd. v. Monolithic Power Sys., Inc., 467 F.3d 1355 (Fed. Cir. 2006).

② Sandisk Corp. v. Memorex Prods., Inc., 415 F.3d 1278, 1292 (Fed. Cir. 2005).

③ James Ware, Patent Rules of Evidence, 23 Santa Clara Computer & High Tech. L.J. 749, 751 - 768(2007).

④ James Ware, Patent Rules of Evidence, 23 Santa Clara Computer & High Tech. L.J. 749, 769 (2007).

⑤ Ellisen S. Turner, Swallowing the Apple Whole: Improper Patent Use by Local Rule, 100 MICH. L. REV. 640, 640(2002).

⑥ 依据《联邦民事诉讼规则》第 83 条第 2 款的规定,在缺乏可适用的具体法律或规则的情况下,美国法官可以在可适用的法律框架内自主确定程序规范。

一的联邦专利诉讼规则可以使案件审理不受管辖法院所处地区影响。二是中立。统一制订的程序规则可以更好地平衡权利人与被控侵权人之间的利益。三是权威。制订地区规则的权力来自《联邦民事诉讼规则》第 83 条,在《联邦民事诉讼规则》框架下运行,可能因违反《联邦民事诉讼规则》或国会通过的其他法律而影响该规则的效力,制订联邦统一规则可以解决这一问题。四是效率。制订相对统一的规则可以减少或避免因当事人、法官通过博弈而确定最后适用程序的时间,提升诉讼效率。[1] 伴随着判例法的不断积累以及冲突的判例的数量增加,加强专利的统一执法的需求提高,专利地区规则可能终将被联邦专利诉讼统一规则取代。

二、德国

(一) 民事诉讼证据收集一般规则之变革

以德国为代表的大陆法系的法律传统是"任何人都不必开示对自己不利的证据"(Nemo tenetur edere contra se)和"不被强迫协助他人权利的证明"(actori incumbit probatio)。受此理念的影响,当事人在德国民事诉讼中不承担一般意义上的协力义务,因为这被认为与辩论主义相矛盾,当事人不应被强迫协助对方取得资料;同时,民事实体法规定了情报请求权,[2]如《德国民法》第 809 条规定的物的检查请求权和第 810 条规定的文书阅览权,当事人可以据此获得所需诉讼资料和信息,从而一定程度上缓解了当事人之间证据偏在的问题。

在 2002 年改革之前,《德国民事诉讼法》中的文书提出义务范围相当狭小,仅限于当事人在诉讼中引用过的文书。而实务中大量文书的强制提出主要依据实体法中的情报请求权。2002 年修订后的《德国民事诉讼法》明确规定不负证明责任的当事人与诉讼外第三人负有诉讼法上的文书提出义务,[3]而且该文书提出义务不依赖于民事实体法的规定。[4]

1976 年之前的《德国民事诉讼法》仅规定了证据有"灭失或难于使用之虞"情况下的证据保全,目的仅在于固定或保全证据。改革后的民事诉讼法规定,当事人为"确定案件的现状"也可申请证据保全,而且,原来的证据保全制度发展成为"独立证据调查程序"。通过独立证据调查程序,当事人可以在诉前获得证据

---

[1]　James Ware and Brian Davy, the History, Content, Application and Influence of the Northern District of California's Patent Local Rules, 25 Santa Clara Computer & High Tech. L.J. 965, 1014 – 1017 (2009).

[2]　情报请求权是指根据实体法的明文规定或者诚信原则,请求他方当事人提供情报或信息的权利。参见奚玮:《民事当事人证明权保障》,中国政法大学 2007 年博士论文,第 81 页。

[3]　《德国民事诉讼法》第 142 条至 144 条。

[4]　《德国民事诉讼法》第 422 和第 423 条规定的文书提出义务系以实体法上的情报请求权为前提。

并了解案件需查明的事实,这也有利于促进当事人之间达成诉前和解。独立证据调查程序使当事人有责任证明的要件事实得以特定和明确,扩充了证据收集的途径,减轻了处于不利地位的权利人的举证压力。总之,经过 1976 年改革,证据保全的实施从诉中延伸至诉前,其功能除了保全证据,还包括证据收集、证据开示、早期争点整理、促成和解等。1990 年德国颁布《司法简化法》,对民事诉讼法进行再次改革,进一步具体规定了证据保全中"确定案件的现状"所涉及的范围,包括:① 确定人身状态或物的价值的状况;② 确定人身伤害、物的损害或物的缺失是否发生;③ 确定为排除人身伤害、物的损害或物的缺失所支出的费用。

此外,德国民事诉讼法通过改革逐渐确立了法官的释明义务,特别是在 2001 年的改革中扩大了释明义务的规模,规定法官应当通过指令将法官意见告知当事人,以便当事人清楚诉讼进程并进行攻击防御。2001 年的改革也修正了关于在控诉审法院是否可以提出新的攻防方法的规定,强调第一审中当事人的诉讼促进义务。[①]

(二)《欧盟知识产权指令》颁布后知识产权法的修订

《欧盟知识产权指令》规定了成员国在相关救济、程序和措施方面必须履行的最低标准。其中第 6 条规定了对方当事人的"证据提出义务",第 7 条规定了诉前证据保全措施,第 8 条规定了针对侵权人或第三人的信息权。为达到《欧盟知识产权指令》的要求,德国在该指令颁布后进行了相应的法律修订和完善。这些修订的内容主要体现于一系列知识产权实体法而非程序法,包括《德国专利法》第 140b—140d 条,《德国商标法》第 19 条、第 19a 条,《德国著作权法》第 101 条、第 101a 条,《德国实用新型法》第 24b 条、第 24c 条,《德国外观设计法》第 42a 条、第 46 条等。以《德国专利法》为例,第 140b 条规定的是信息权,140c 条规定的是资讯开示请求权,第 140d 条规定的是针对损害赔偿计算之银行、财务或商业文件的提出请求权。商标法、著作权法等其他知识产权法也有类似规定,这些规定客观上显著强化了知识产权权利人的证据收集能力。

三、我国台湾地区

(一)民事诉讼证据收集一般规则之变革

我国台湾地区的"民事诉讼法"深受欧洲大陆法影响,包括当事人不必披露于己不利证据方面的理念和制度。为适应台湾地区经济、社会发展的需要,该法历经多次修订,尤其是在 1999 年、2000 年和 2003 年三次的全面修订。这些修法

---

① 丁启明:《译者前言》,载《德国民事诉讼法》,丁启明译,厦门大学出版社 2016 年版,第 11 页。

每次侧重的主题有所不同,2000 年主要完成了关于集中审理和证据方面的修正。① 根据审理集中化的要求,一方面,当事人必须履行协力迅速进行诉讼之义务,促使当事人将所掌握之事实、证据及相关之诉讼资料,尽可能于诉讼程序前阶段提出;另一方面,也必须扩大法官阐明义务的范围,以便法官与当事人能及早了解案情并整理、确定及简化争点,以利于试行和解,或集中调查证据,使言词辩论集中而有效率,从而促进审理集中化。② 2000 年"民事诉讼法"关于证据的改革涉及文书提出义务的范围扩大、设立文书特别协助义务、强化证明妨碍的效果以及改革证据保全制度等,提升了当事人的证据收集能力。

文书提出义务范围的扩大与文书特定义务的减轻。文书提出义务体现于"民事诉讼法"第 342—351 条。其中第 344 条规定了文书提出义务的范围。之前,旧法第 344 条规定,当事人对下列五类文书负有提出义务:① 该当事人在准备书状内或言词辩论时曾经引用的文书。② 对方当事人依法律规定,可请求交付或阅览的文书。③ 为对方当事人的利益而制作的文书。④ 就当事人间法律关系所制作的文书。⑤ 商业账簿。"民事诉讼法"在 2000 年修正以后,其第 344条③文书提出义务的范围得以扩张,主要体现在两个方面:其一,上述第一类文书修改为"该当事人在诉讼程序中曾经引用的文书",范围不限于准备书状或言词辩论的文书,还包括准备程序、调查证据程序所引用的文书。其二,第四类文书修改为"就与本件诉讼有关的事项所制作的文书",然后与第五类文书互换顺序。法律关系文书是指基于举证人与持有人的法律关系而制作的文书,比如双方之间的合同。法律修订之后,在法律关系文书的基础上,文书提出范围扩展到实体及程序上的法律关系、争点、攻击或防御方法等与本案诉讼有关的事项所作的文书。原本文书提出义务属于限定义务,经此修订,如证人义务及勘验协助义务一样成为一般义务。此外,我国台湾地区"民事诉讼法"第 342 条增订第 3 项,规定了当事人的文书特定协助义务,用以解决当事人在申请书中表明文书的标示和内容可能存在明显困难的情形。第 346 条扩大了第三人的文书提出义务范

---

① 台湾地区 2000 年"民事诉讼法"的修订与台湾地区民事诉讼法理论的发展具有密切关联,通过吸收之前民事诉讼法学研究成果,台湾地区摆脱了 20 世纪前叶抄袭性继受的模式,因应台湾地区社会的时代需求,立法趋向于本土化。台湾地区"民事诉讼法"可分为三个阶段:1945—1980 年,介绍和移植德、日法学理论的阶段;1980—2000 年,对前一阶段继受的德、日法学理论进行消化、吸收和批评的阶段,同时也在酝酿本土化民事诉讼法学理论;2000 年至今,塑造本土特色民事诉讼法学阶段。参见许士宦:《新民事诉讼法》,北京大学出版社 2013 年版,第 1 页。

② 台湾地区"司法院":《民事诉讼法部分条文对照表暨总说明》,载《民事诉讼法修订资料汇编》,五南图书出版公司 2000 年版,第 2—3 页。

③ 2000 年"民事诉讼法"第 344 条规定,当事人对下列文书负有提出义务:(1)该当事人在诉讼程序中曾经引用的文书。(2)对方当事人依法律规定,可请求交付或阅览的文书。(3)为对方当事人的利益而制作的文书。(4)商业账簿。(5)就与本件诉讼有关的事项所制作的文书。

围,同时也确立了第三人的文书特定协助义务。此外,为强化文书提出义务的强制性,第345条规定,当事人无正当理由不从提出文书之命者,法院得审酌情形认定他方关于该文书之主张或依该文书应证之事实为真实。而且,该条的立法理由进一步明确了证明妨碍的法理。[①]

证据保全功能的多元化。证据保全制度所涉及的条文是"民事诉讼法"第368—376条。证据保全制度于2000年"民事诉讼法"修正之前,与德国传统证据保全制度类似,其功能主要为保全和固定证据。修正之后的证据保全程序借鉴德国立法经验,增设了为确定事、物现状之证据保全,并规定当事人于证据保全程序中可达成协议,从而将传统证据保全改造成了独立程序,具备了证据开示、诉前证据收集、促进案件集中审理以及诉讼外纷争解决等多元化的功能。

配套制度的完善。2000年修订后的"民事诉讼法"将证据的提出从自由顺序主义改为适时提出主义,以防止诉讼延滞。其第196条规定:"攻击或防御方法,除别有规定外,应依诉讼进行之程度,于言词辩论终结前适当时期提出之。当事人意图延滞诉讼,或因重大过失,逾时始行提出攻击或防御方法,有碍诉讼之终结者,法院得驳回。攻击或防御方法之意旨不明了,经命其叙明而不为必要之叙明者,亦同。"而且,原则上二审不得提出攻击防御方法,当事人援引例外,应当予以释明。[②] 此外,"民事诉讼法"完善了阐明制度(即释明制度),为防止法律适用及促进诉讼之突袭,2000年修正后的"民事诉讼法"新增第199条之1,使得阐明由法官权力转化为法官义务,强化了争点整理程序。

(二)"智慧财产案件审理法"特别规定的出台

台湾地区"智慧财产案件审理法"的总说明指出:台湾地区"专利法、商标法等智慧财产相关法律,就权力之取得及受侵害有关之诉讼,固亦设有若干特别规定,惟实际上仍有不足,未能充分符合智慧财产案件审理之需求",以致各界认为台湾地区之"智慧财产诉讼,仍然存有诸如证据搜集手段欠缺,举证困难……未能符合社会之期待,甚至造成产业发展之障碍。"[③] 有鉴于此,"智慧财产案件审理法"第9—15条、第18条特别就证据收集、证据保全以及证据收集过程中的秘

[①] "智慧财产案件审理法"第345条立法理由。本书援引的台湾地区"民事诉讼法""智慧财产案件审理法"中法律条文的官方立法理由均来自"法源法律网"(https://www.lawbank.com.tw/)。

[②] 台湾地区"民事诉讼法"第447条规定:在上诉程序中,"当事人不得提出新攻击或防御方法。但有下列情形之一者,不在此限:一、因第一审法院违背法令致未能提出者。二、事实发生于第一审法院言词辩论终结后者。三、对于在第一审已提出之攻击或防御方法为补充。四、事实于法院已显著或为其职务上所已知或应依职权调查证据者。五、其他非可归责于当事人之事由,致未能于第一审提出者。六、如不许其提出显失公平者。前项但书各款事由,当事人应释明之"。

[③] 沈冠伶:《智慧财产权保护事件之证据保全与秘密保护》,《台大法学论丛》2007年第1期,第212页。

密保护进行了规定,从而对当事人的证据收集权直接或间接地予以强化。此外,为完善知识产权诉讼中技术事实的查明机制,减轻对鉴定的依赖,台湾地区借鉴日韩经验引入了技术审查官制度。据此,技术审查官可以辅助法官认定技术事实,同时在证据保全以及证据调查等活动中亦可扮演重要角色。比如"智慧财产案件审理法"第18条第3项规定:"法院实施证据保全时,得命技术审查官到场执行职务。""智慧财产案件审理法"第4条则规定:"法院于必要时,得命技术审查官执行下列职务:……四、于证据保全时协助调查证据。"在知识产权证据保全实施过程中,技术审查官可协助法官就证据保全的客体和范围进行专业判断,以达到证据保全的应有实效。

第三节　域外知识产权诉讼证据
收集制度的变革趋势

一、体现协同主义诉讼理念与模式

诉讼模式从不同方面深刻地影响着证据收集制度,证据收集制度的变革不可能脱离诉讼模式而进行。

有学者指出,大陆法系和普通法系在民事诉讼中均秉持当事人主义,即在诉讼请求的确定上实行处分主义,在事实主张和证据提出上实行辩论主义。[1] 当事人主义是指当事人在诉讼程序中居支配地位、起主导作用的原则。实际上,完全意义上的当事人主义体现为在诉讼程序的三个方面:在诉讼程序的启动、终结以及审理对象的确定方面,当事人享有主导权(即处分主义);当事人有责任和权能主张事实、提供证据(即狭义的辩论主义[2]);当事人主导起诉之后的程序(当事人进行主义)。两大法系诉讼模式的区别在于上述第三个方面,在普通法国家由当事人主导诉讼程序的进行,在大陆法国家由法院主导程序的进行(即职权进行主义)。

依据传统的辩论主义原理,收集证据、提供证据的责任由当事人承担,法院不得依职权调查取证。辩论主义以自由主义为法哲学基础。在自由主义民事诉讼观看来,私法自治原则适用于民事诉讼领域,因此,当事人出于利己心不提供与己不利的证据,隐匿甚至毁灭证据均无可厚非。在现代型诉讼复杂程度不断提高、证据偏在的情况相对常见的情况下,传统辩论主义已不合时宜,容易影响案件真实的发现以及程序效率,导致诉讼结果的实质不公正。

---

① 许少波:《证据保全制度的功能及其扩大化》,《法学研究》2009年第1期,第18页。
② 广义的辩论主义包括狭义的辩论主义和处分主义。

　　大陆法系国家逐渐开始反思和修补传统辩论主义[①]的不足,并提出了协同主义(也被称为"修正的辩论主义")诉讼模式。"协同主义"是指在民事诉讼中法官与当事人以及当事人相互之间协同推进程序的一种诉讼模式。在证据收集方面,它要求当事人彼此配合,承担真实义务[②]、事案解明义务[③](或者说,证据协力义务[④])以及程序促进义务[⑤],证据收集以当事人为主导,同时要求法官对案件行使释明权以及必要的指挥权和管理权,共同推进诉讼证明程序。

　　19世纪末至20世纪初德国进行了一系列民事诉讼改革,弱化自由主义的诉讼思维,职权主义的元素得到加强。此后伴随着不断的改革,修正的辩论主义诉讼模式逐渐完整呈现,体现在两个方面:一方面,明确了法官的释明义务;另一方面,当事人的真实义务和诉讼促进义务不断得到强化,[⑥]并创立了当事人的事案解明义务与证明妨碍法理,在此基础上确立和完善了文书提出义务制度、独立证据调查程序。法院可以在若干情况下依职权主动调查证据:除证人证言之外,法院可以依职权进行勘验和鉴定[⑦],讯问当事人[⑧]以及在一定范围内命令当事人提出文书[⑨]。法院可不经当事人申请而收集这些证据,但不是义务。[⑩]我国台湾地区的民事诉讼法对传统辩论主义也有所修正。民事诉讼法允许法院在必要时可委托机关、学校、商会或其他组织调查证据,允许法院在不能依当事人声明之证据形成心证,或者为发现真实认为必要时,在为当事人提供陈述意见的情况下,得依职权调查证据。[⑪]虽然原则上由当事人收集证据和提出证据,但并不完全排除法院依职权收集证据。法院依职权进行证据调查作为例外情况,可以维护公共利益,或者在双方当事人攻防能力存在差距的案件中,贯彻武器平等原

---

　　① 传统的辩论主义包括三项命题:① 直接决定法律效果发生或消灭的案件的主要事实须由当事人主张并出现在辩论中法院才能将其作为裁判的依据。② 当事人诉讼上所作的自认一般具有拘束法院的效力,法院应当将当事人无争议的事实作为裁判的基础。③ 法院能够实施调查的证据只限于当事人提出申请的证据,禁止职权证据调查。

　　② 真实义务包括真实陈述的义务和完全陈述的义务,具体内容参见《德国民事诉讼法》第138条。参见丁启明:《译者前言》,《德国民事诉讼法》,丁启明译,厦门大学出版社2016年版,第36页,脚注1。

　　③ 事案解明义务是指不论案件事实对其有利或不利,双方当事人均负有如实、完全陈述的义务以及提出相关证据资料或忍受勘验的义务。参见姜世明:《举证责任与真实义务》,厦门大学出版社2017年版,第74页。

　　④ 证据协力义务是指不负证明责任的当事人或第三人为协助法院的证据调查而应尽的公法义务,其目的在于保障裁判公正与事实发现。证据协力义务包括证人义务、当事人受讯问义务、文书提出义务及勘验协力义务等。参见占善刚:《证据协力义务之比较法分析》,《法学研究》2008年第5期,第86页。

　　⑤ 程序促进义务是指在程序推进方面,当事人负有按照法定、指定或约定的时间或期间尽快推动诉讼行进的义务。

　　⑥ 丁启明:《译者前言》,载《德国民事诉讼法》,丁启明译,厦门大学出版社2016年版,第10—11页。

　　⑦ 《德国民事诉讼法》第144条。

　　⑧ 《德国民事诉讼法》第448条。

　　⑨ 《德国民事诉讼法》第142条、第143条。

　　⑩ [德]奥特马·尧厄尼希:《民事诉讼法》,周翠译,法律出版社2003年版,第125页。

　　⑪ 台湾地区"民事诉讼法"第288条。

则,保障弱势一方的证明权,有利于发现事实、实现实质公平。这些关于证据收集的规定体现了协同主义的理念。欧盟统一专利法院倾向于采用大陆法诉讼模式,通过积极行使职权保障当事人权益,强调法官对案件的积极管理,同时其审判活动遵循辩论主义并充分尊重当事人意思自治,[①]实际上,这些同样体现了协同主义的诉讼模式。

普通法国家的传统做法,即由当事人完全主导的诉讼程序,在实际运行中往往被当事人滥用而造成诉讼迟延和效率低下,加强法院对诉讼程序的管理已成为这些国家民事诉讼制度改革的趋势。普通法系国家虽然并未明确提出协同主义理论并以此作为改革民事诉讼制度的指导理念,但其证据开示制度的建构和不间断的修正,却暗合了协同主义的法理。普通法下的当事人在诉讼过程中包括在诉前彼此承担提供证据、交流信息、积极商谈、共同促进诉讼和促使纠纷解决的义务,同时法官不断强化对案件的管理,而不再是一种完全消极中立的角色,这些正是协同主义理念的表现。

二、追求公正价值且兼顾效率

各国民事诉讼证据收集制度的总体特征与趋势是保障当事人的证据收集权,贯彻武器平等原则,以充分发现案件事实,实现司法公正。正如学者所言,"无论是大陆法上还是英美法上,设立相应的制度来保证当事人拥有足够的手段来收集证据一直是立法者所关注的焦点所在。"[②]由于知识产权诉讼中存在更为突出的证据偏在问题,为实现公正,不同法域知识产权诉讼中的证据收集制度都充分贯彻武器平等原则,要求双方当事人进行充分的证据披露。尽管在证据披露的范围方面普通法国家比起大陆法国家仍明显更为宽泛,但是两大法系相向而行,差异已大为缩小。通过贯彻武器平等原则实现的公正主要是追求诉讼的实质公正,它要求双方当事人能够相互开示证据、平等地接近证据。它不能够容忍一方当事人凭借诉讼突袭,依靠纯粹的诉讼技巧取胜,更不允许当事人为了胜诉而隐匿和毁灭证据。[③]

在大陆法国家或地区,知识产权证据收集制度往往体现为一般法(民事证据收集的一般规则)和特别法的相互结合,比如德国和我国台湾地区。民事证据收集的一般规则构成了知识产权诉讼证据收集制度的基础。对于一般规则,德国和我国台湾地区改革的重点是确立诉前证据保全等审前程序,扩大文书提出义

---

① 程雪梅、何培育:《欧洲统一专利法院的考察与借鉴——兼论我国知识产权法院构建的路径》,《知识产权》2014 年第 4 期,第 92 页。

② 黄娟:《对两大法系民事诉讼中当事人诉讼权利的比较法考察》,载《比较民事诉讼论丛》(2005 年第 1 卷),法律出版社 2005 年版,第 46 页。

③ 许少波:《民事证据保全制度研究——以法院为中心的分析》,南京师范大学 2008 年博士论文,第 111 页。

务的范围,以加强对当事人证据收集能力的保障。[①] 在此基础上,德国和我国台湾地区进一步确立了知识产权诉讼当事人的证据收集的特别规则。其中,台湾地区立法的着眼点是制订知识产权特别程序规则,体现在"智慧财产案件审理法"及其实施细则上。不同的是,德国通过一系列知识产权法(实体法)来实现对当事人证据收集权的保障,集中体现在资讯开示请求权和信息权制度之上。相比于大陆法国家,美国等普通法国家的民事诉讼制度往往为当事人的证据收集提供了更为充分的程序保障,当事人需要承担范围更广的证据开示义务,而且法院有充分的司法权威保障证据开示的进行。美国等普通法国家的民事诉讼改革实际上对证据开示的范围有所限制,一方面维持当事人强大的证据收集权,另一方面试图通过加强管理程序避免证据开示制度被滥用,防止因诉讼程序过多的"竞技性"而导致审理结果的不确定和不公正。

在追求司法公正的同时,各法域民事诉讼制度兼顾诉讼程序的效率价值,力图实现纠纷解决的快速与经济。《联邦民事诉讼规则》第 1 条规定,对该规则的执行应当以确保公正、迅速并经济地处理诉讼为目的。此外,近些年来,美国联邦地区法院纷纷制订专利地区规则,着重于加强专利诉讼的程序管理,试图推进专利诉讼的审理集中化,提高程序效率与速度。我国台湾地区的司法改革的重心是推进审理集中化。为此,一方面,扩大法官阐明义务范围,以便法官及当事人及早了解案情并整理争点,这有利于提高庭审效率;另一方面,鉴于当事人欠缺收集证据手段将导致法官难以集中调查证据、实现庭审集中化,我国台湾地区充实和加强了当事人的事证收集手段,突出表现为通过修订法律扩大当事人及第三人提出文书义务之范围,加重当事人真实和完全的陈述义务,明确证明妨碍法理、扩大申请保全证据的范围。此外,当事人诉讼促进义务的强化有助于节省诉讼进行的劳力、时间和费用。[②] 台湾地区"智慧财产案件审理法"的立法缘由也表明,"因智慧财产案件之审理,与一般诉讼相较,有其特殊性,且因智慧财产有关产品之市场更替周期短暂,故迅速审理与正确裁判具有同等之重要性。"[③]此前德国的民事诉讼改革情况与我国台湾地区也颇为相似,通过强化法官的释明义务和当事人的真实义务和诉讼促进义务,提升民事诉讼的集中审理,从而促进程序的效率,逐渐完成从古典的辩论主义向修正的辩论主义的过渡。[④] 此外,欧盟统

---

① 德国民事收集的一般规则还包括民事实体法中情报请求权的规定,比如《德国民法》第 809 条和 810 条。

② 许士宦:《新民事诉讼法》,北京大学出版社 2013 年版,第 17—18 页。

③ 谢国廉:《智慧财产案件之证据保全——我国法与欧盟法之比较》,《法令月刊》2007 年第 7 期,第 144 页。

④ 丁启明:《译者前言》,载《德国民事诉讼法》,丁启明译,厦门大学出版社 2016 年版,第 10—11 页。

一专利法院的程序也体现了追求公正且兼顾效率的价值取向,比如,《统一程序规则》第 111 条第 1 款特别强调,主审法官具有确保审理程序公正、有序及高效进行的所有权力。

总之,两大法系的证据披露制度贯彻武器平等原则,要求不负担证明责任的当事人承担真实义务和事案解明义务,赋予双方平等接近事证的权利,以便实现司法公正,同时这有利于促进纠纷通过和解加以解决,即便不能和解,亦可促进案件的集中化审理,实现诉讼程序的高效与经济。

三、一般法和特别法相结合

不同法域一般通过一般法和特别法的结合确立知识产权诉讼证据收集制度。比如,在德国,《德国民事诉讼法》《德国民法》的相关规定属于民事证据收集之一般法,知识产权法(比如《德国专利法》第 140b 条和 140c 条)作为特别法对知识产权诉讼证据收集制度进行补充和强化。在我国台湾地区,知识产权诉讼证据收集制度是在"民事诉讼法"基础上,另外制订了特别程序法即"智慧财产案件审理法"①。在美国,联邦地区法院在民事诉讼证据开示制度的基础上确立了专利地区规则,其中包括关于专利诉讼证据开示的特别规则。总体而言,针对知识产权诉讼证据收集的特点,德国及我国台湾地区特别法确立的规则主要是加强了对当事人证据收集权的保障、商业秘密的保护;而美国的专利诉讼地区规则考虑到专利诉讼证据开示涉及更多而且更复杂的证据,加强程序管理,包括对证据开示日程安排的干预。与国内法院不同,欧盟统一专利法院是一个独立的专门法院,《统一专利法院协定》和《统一程序规则》共同构成了一套具有自主性和综合性的程序规则,包括证据收集制度。

四、程序主体性的尊重与程序权保障

程序主体性与程序(权)保障两者相辅相成,是目的与手段的关系。程序主体性意味着当事人及利害关系人是程序的主体而非客体,不论立法者或法院均应致力于充实程序制度,巩固审判程序上当事人及利害关系人的程序主体地位;在司法裁判上,力求裁判所涉及的当事人和利害关系人,均应受尊重为程序的主体,而不应被当成程序的客体来对待或支配。② 依据民事诉讼中程序保障的理念,对于关涉当事人或者第三人权益、地位之事项,均应受保障而容易接近法院、平等使用司法救济程序之机会或权利;对于关涉其权益、地位之审判,均应受尊

---

① 此外,为具体执行"智慧财产案件审理法",台湾地区还制订了"智慧财产案件审理细则""法院办理秘密保持命令作业要点"。

② 邱联恭:《司法之现代化与程序法》,三民书局 1992 年版,第 112 页。

重为程序之主体,享有程序主体权,并应被赋予参与该审判程序为充分陈述事实上、法律上意见或辩论等机会,借以影响裁判内容之形成,而避免受对方突袭及防止发生来自法院之突袭性裁判,以不致在该程序上被作为受支配之客体。[①] 程序保障,在内容上除了当事人的证明权以外,还包括当事人和利害关系人的合法听审权(包括被通知权、陈述意见权、受审酌权及突袭性裁判防止等)、程序参与权、在场见证权以及程序选择权。

在美国为代表的普通法国家采用更为彻底的当事人主义诉讼模式,在诉讼程序中当事人发挥主导作用,法官的角色是消极、被动的,当事人的程序主体性得到充分尊重。即使有些普通法国家在改革中加强了法院对案件审理的管理,融入了一定职权主义色彩,当事人及利害关系人主体地位也未曾实质性地动摇,而且法院相对传统实践更为积极地介入是为更充分实现当事人及利害关系人权利的程序保障,同时寻求私法自治与法院介入之间的平衡。大陆法系的诉讼模式也采用当事人主义,尽管其法院发挥了比普通法之下更为积极的作用,当事人的程序主体性亦受到尊重。应该说,当事人主义诉讼模式体现了私法自治和自由主义原则,当事人在诉讼程序中具有主体地位。尽管各国民事诉讼融入或保留了一定的职权主义因素,但并未对当事人主体地位造成损害,只是在尊重私法自治原则和当事人程序主体地位的同时,法院尽量探寻当事人真实意图,而且为实现实质公正,在双方"武器不平等"的情况下发挥有限的能动性,为当事人的权利提供程序保障。

域外证据收集制度具体体现了对程序主体性的尊重与程序保障。以我国台湾地区"民事诉讼法"为例,在 2000 年法律修订过程中,诉讼当事人及程序利害关系人的程序主体地位受到充分尊重,并赋予程序保障。在当事人的证明权方面,对方当事人和第三人对于鉴定资料、文书、勘验物负有一般提出义务(第 337 条第 1 项、第 344 条第 1 项第 5 款、第 348 条、第 367 条),法院在必要时得询问当事人(第 367 条之 1);在证据保全制度中,"经他方当事人同意"之证据保全(第 368 条)[②]无需具备情况紧迫的条件,以此认可当事人对权利的处分,体现了对当事人程序主体性的尊重;证据保全协议制度(第 376 条之 1)允许当事人就案件事实、证据等事项达成协议,以此赋予当事人程序选择权,突出其程序主体地位,有利于实现证据保全的防免诉讼之功能;证据保全的实施程序也充分体现了程序保障的理念,具体包括被申请人的被通知权、陈述意见权(第 373 条第 1 项)、尚不明确的当事人的(法院为其指定特别代理人)的权利(第 374 条第 1

---

① 许士宦:《新民事诉讼法》,北京大学出版社 2013 年版,第 12 页。
② "经他方当事人同意之证据保全"是指一方当事人只要经过对方当事人同意,无需具备其他条件即可申请法院进行证据保全。

项)、当事人对证据保全程序中已询问的证人在言词辩论程序中申请再为询问的权利(第 375 条之 1)。在陈述意见权方面,除了上述证据保全实施环节有所涉及以外,法院依职权调查证据、选任鉴定人以及法院作出不利推定时,当事人均享有陈述意见的权利(第 288 条第 2 项、第 326 条第 2 项以及第 345 条第 2 项)。为避免突袭性裁判,法官负有释明义务(第 199 条第 2 项),应就影响裁判结果的事实认定与法律适用的观点进行阐明,以便当事人能够充分陈述意见和进行辩论。

美国、德国的知识产权诉讼程序以及欧盟统一专利法院的司法程序也都充分体现了尊重当事人及利害关系人的程序主体性与程序保障的理念。德国、我国台湾地区以及欧盟统一专利法院的相关制度总体上具有较大相似性。在美国为代表的普通法中,体现这一理念的具体制度与大陆法有所不同,这是因为诉讼模式和构造的差异使得法院的角色相对中立和消极使然,相关的具体制度将在后文进行充分论述,在此不予展开。

第四节　我国知识产权诉讼证据收集制度的变革与展望

一、我国知识产权诉讼证据收集制度的变革

(一)《民事诉讼法》及其司法解释

历史是一面镜子,通过回顾和梳理我国民事诉讼证据收集制度的变革过程,可以总结经验教训,更好地把握改革的方向。我国民事诉讼证据收集制度的发展大致可以分成以下几个阶段。

1. 中华人民共和国成立后至 1991 年之前的阶段

1949 年之后很长的一段时间,我国没有制定一部完整的民事诉讼法,也缺乏系统的民事证据收集制度。法院审理民事案件强调"依靠群众、调查研究",法院有调查收集证据的广泛权力和职责,全面控制证据与证明程序。

1979 年,最高人民法院在《人民法院审判民事案件程序制度的规定(试行)》中重申"审判人员或合议庭成员接办案件后,要在认真审阅诉讼材料的基础上,深入基层,依靠群众和基层组织对案件情况进行调查研究。……要查清案件的事实真相和问题的性质,明辨是非责任。"1982 年《民事诉讼法(试行)》第 56 条规定:当事人对自己提出的主张,有责任提供证据。人民法院应当按照法定程序,全面地、客观地收集和调查证据;第 87 条规定,审判人员必须认真审阅诉讼材料,进行调查研究,收集证据。有关单位有义务协助人民法院进行调查。1984年,最高人民法院《关于贯彻执行民事诉讼法试行若干问题的意见》规定:"全面、

客观地收集和调查证据,认真地审查证据,准确地判断证据,对于提高办案质量,具有特别重要的意义。……人民法院收集和调查证据,应当深入群众,依靠有关组织,认真查清纠纷发生的时间、地点、原因、经过和结果,不受当事人提供材料范围的限制。"虽然《民事诉讼法(试行)》及其司法解释规定了当事人应提出证据,但是没有规定当事人未能提出证据的法律后果;强调法院的调查收集证据责任,法院应当在证据收集中发挥主导性和主动性作用,甚至职权调查的范围可以超越当事人的事实主张。这一阶段的证据收集制度实际上采纳的是"超职权主义"诉讼模式,对于法官而言,调查收集证据既是权力,也是义务,而当事人的证明责任在很大程度上被忽略了。出于对"客观真实"的追求,法院将资源大量投入案件的证据收集上,导致诉讼效率低下。

2. 1991—2002 年之前

为适应计划经济体制向市场经济体制的转变,提升诉讼效率,1991 年《民事诉讼法》出台。其中第 64 条规定:"当事人及其诉讼代理人因客观原因不能自行收集的证据,或者人民法院认为审理案件需要的证据,人民法院应当调查收集。"据此,法院原本享有的主动收集证据的绝对"自由裁量权",被附加了两项限制性条件。此后,《关于适用〈中华人民共和国民事诉讼法〉若干问题的意见》(简称《1992年民诉意见》)第 73 条将法院调查取证的范围限定于以下四种情形:当事人及其诉讼代理人因客观原因不能自行收集的;人民法院认为需要鉴定、勘验的;当事人提供的证据互相有矛盾、无法认定的;人民法院认为应当由自己收集的其他证据。1998 年《最高人民法院关于民事经济审判方式改革问题的若干规定》在《1992 年民诉意见》基础上进行了调整,对法院调查收集证据的权力限制略有增强。①

1991 年《民事诉讼法》及此后的两部司法解释试图弱化职权主义色彩,强化当事人的证明责任,初步确立了我国此后民事诉讼趋向辩论主义改革的基本方向。然而,《民事诉讼法》第 64 条中的"客观原因"具体所指不明,人民法院"认为审理案件需要的证据"和"认为应当由自己收集的其他证据"的规定充满弹性,导致当事人举证和法院查证的界限不明。此外,在强化当事人证据收集义务的同时,并没有为其证据收集提供必要的程序保障。实践中,轻当事人举证、重法官职权调查的问题习惯性地存在,很大程度上残留了职权主义,而辩论主义的引入却徒有其表。而且,当事人和法院因举证容易发生"扯皮",也为滋生司法腐败提供了空间和温床。

---

① 《最高人民法院关于民事经济审判方式改革问题的若干规定》规定法院调查取证的情形包括:当事人及其诉讼代理人因客观原因不能自行收集并已提出调取证据的申请和该证据线索的;应当由人民法院勘验或者委托鉴定的;当事人双方提出的影响查明案件主要事实的证据材料相互矛盾,经过庭审质证无法认定其效力的;人民法院认为需要自行调查收集的其他证据。

3. 2002—2012 年新《民事诉讼法》出台之前

在推动我国民事诉讼模式由职权主义转向辩论主义的呼声之下,在 2001 年 12 月,《最高人民法院关于民事诉讼证据的若干规定》(自 2002 年 4 月 1 日起施行,简称《旧证据规定》)得以通过。

《旧证据规定》第 15 条界定了法院依职权启动证据调查程序的情形,包括:涉及可能有损国家利益、社会公共利益或他人合法权益的事实;涉及依职权追加当事人、中止诉讼、终结诉讼、回避等与实体争议无关的程序事项。其第 17 条规定了法院依当事人申请启动证据调查职权的情形,包括:申请调查收集的证据属于国家有关部门保存并须人民法院依职权调取的材料;涉及国家秘密、商业秘密、个人隐私的材料;当事人及其诉讼代理人确因客观原因不能自行收集的其他材料。可见,《旧证据规定》进一步明确了法院在收集证据方面的权责,法院依职权调查取证受到强力的限制,据此法院调查取证通常只能依据申请而非依据职权。此外,《旧证据规定》通过对证明责任分配、举证时限与证据失权、证据交换等内容的规定进一步强化了当事人的证明责任。同时,它初步提供了当事人收集证据的程序和救济,比如证明妨碍制度,为当事人的证据收集权提供了一定的程序保障。

这一阶段的改革强调诉讼模式向辩论主义转型,与之配套的是强化当事人的证明责任,不过,对当事人收集证据的权利及其程序保障仍未给予充分的重视。此外,第 17 条第 3 款"客观原因"之措辞赋予法院较大的自由裁量权,在实践中存在不同的理解和适用,法官调查取证的意愿往往不足。其原因在于以下几个方面:2002 年以后司法改革的趋势是辩论主义,当规定不明确时,法官倾向于不去调查取证;司法资源的有限性致使法院不愿积极为当事人调查取证,无论是依职权或是依申请;而且,对于法官不当拒绝当事人的调查取证申请,缺乏责任追究机制。[①]

4. 2012 年至今

2012 年新《民事诉讼法》及其司法解释进一步推进证据收集制度的改革,重点是对此前已确立的制度进行充实和完善,包括落实司法实践中的成熟经验。首先,新《民事诉讼法》增加了关于诉前证据保全的规定,此前《民事诉讼法》仅规定了诉中证据保全。其次,2012 年《民事诉讼法》第 79 条在立法上第一次明确确立了专家辅助人制度,而 2015 年出台的《最高人民法院关于适用〈中华人民共和国民事诉讼法〉的解释》(简称《民诉法解释》)第 122 条规定了专家辅助人在诉讼中的申请、活动方式以及有关费用的承担;第 123 条进一步规定了专家辅助人

---

① 张友好:《书证收集与程序保障》,中国检察出版社 2010 年版,第 304 页。

的询问以及专家辅助人的活动范围,同时也明确了鉴定人出庭制度。再次,《民诉法解释》确立了书证提出命令制度。最后,新《民事诉讼法》及其司法解释对证据失权规则进行了调整。新《民事诉讼法》第64条第2款规定:当事人逾期提供证据的,人民法院应当责令其说明理由;拒不说明理由或者理由不成立的,人民法院根据不同情形可以不采纳该证据,或者采纳该证据但予以训诫、罚款。《民诉法解释》第101条①和102条②只是在形式上保留了举证时限,作为其内核的证据失权制度却被剥去了,只是以训诫、罚款以及费用补偿作为替代。③

2012年新《民事诉讼法》及其司法解释对证据收集制度主要是在原来法律框架下的微调,对当事人的证据收集权有所强化,而有些制度只是对司法解释或特别法的认可,比如专家辅助人制度;有些制度只是对知识产权等特定领域的立法经验或司法解释的确认与推广,比如诉前证据保全制度,并未从根本上改变当事人证明责任重而证据收集能力弱的状况。关于举证时限的证据失权规则的调整失当,原因在于法院对社会压力的承受度较弱,同时也体现了我国民事诉讼过于着重实体公正的价值取向,这不利于诉讼效率的提高和事实的查明。

2019年10月《最高人民法院关于修改〈关于民事诉讼证据的若干规定〉的决定》(自2020年5月1日起施行,简称《新证据规定》)出台。它在借鉴大陆法国家先进立法经验的基础上,很大程度上完善了此前确立的书证提出命令制度,系统规定了书证提出命令的申请条件、审查程序、书证提出义务范围以及不遵守书证提出命令的后果。同时,它在《旧证据规定》相关条款的基础上,对鉴定制度进一步予以完善。

总之,这是证据收集制度进一步完善和调整的阶段,重点是进一步加强对当事人证据收集权的程序保障。不过,改革的力度仍然不够充分,民事诉讼包括知识产权诉讼中证据收集制度的完善处在新一轮改革的关键节点上。

(二)知识产权诉讼证据收集的特别立法及司法实践

1. 知识产权法中诉前证据保全的先行先试

2012年之前的《民事诉讼法》只明确规定了诉中证据保全。不过此前,诉前证据保全已经在知识产权领域先行先试。2001年10月27日修正的《商标法》

---

① 《民诉法解释》第101条规定:"当事人逾期提供证据的,人民法院应当责令其说明理由,必要时可以要求其提供相应的证据。当事人因客观原因逾期提供证据,或者对方当事人对逾期提供证据未提出异议的,视为未逾期。"

② 《民诉法解释》第102条规定:"当事人因故意或者重大过失逾期提供的证据,人民法院不予采纳。但该证据与案件基本事实有关的,人民法院应当采纳,并依照民事诉讼法第65条、第115条第1款的规定予以训诫、罚款。当事人非因故意或者重大过失逾期提供的证据,人民法院应当采纳,并对当事人予以训诫。当事人一方求另一方赔偿因逾期提供证据致使其增加的交通、住宿、就餐、误工、证人出庭作证等必要费用的,人民法院可予支持。"

③ 任重:《改革开放40年:民事审判程序的变迁》,《河北法学》2018年第12期,第36页。

第 58 条对商标侵权行为的诉前证据保全进行了规定。2001 年 10 月 27 日修正的《著作权法》第 50 条对诉前证据保全作出了与《商标法》类似的规定。依据 2001 年 6 月 7 日《最高人民法院关于对诉前停止侵犯专利权行为适用法律问题的若干规定》第 16 条,法院执行诉前停止侵犯专利权行为的措施时,可以根据当事人的申请,同时进行证据保全。2008 年 12 月修正的《专利法》第 67 条增加规定了诉前证据保全制度。此外,2002 年《关于诉前停止侵犯注册商标专用权行为和保全证据适用法律问题的解释》第 1 条、2002 年《关于审理著作权民事纠纷案件适用法律若干问题的解释》第 30 条第 2 款补充规定了诉前证据保全制度。而且,2001 年《计算机软件保护条例》第 27 条和最高人民法院 2006 年《关于审理涉及计算机网络著作权纠纷案件适用法律若干问题的解释》第 7 条第 2 款,继续扩大诉前证据保全适用于知识产权诉讼的范围。

2. 确定赔偿数额的书证提出命令制度

我国知识产权法,比如《商标法》第 63 条第 2 款和 2016 年《最高人民法院关于审理侵犯专利权纠纷案件应用法律若干问题的解释(二)》(简称《专利法解释二》)分别针对商标诉讼和专利诉讼中赔偿数额确定中的书证提出义务及证明妨碍规则做出了规定。此外,在《专利法》《著作权法》的修订草案中也规定了类似的规则。

3. 知识产权诉讼地方性司法文件

为了解决知识产权诉讼中"举证难"问题,各省市地方法院,比如深圳市中级人民法院①、浙江省高级人民法院②、江苏省高级人民法院③、广东省高级人民法院④等进行了积极的探索。在调研基础上,许多法院制定了地方性司法文件。其中一些文件对证据问题进行了综合规定,如 2005 年北京市高级人民法院《关于知识产权民事诉讼证据适用若干问题的解答》。有些文件专门规定了证据保全,如 2014 年浙江省高级人民法院民三庭《关于知识产权民事诉讼证据保全的实施意见》、2013 年宁波市中级人民法院《关于知识产权民事诉讼证据保全的若干规定》、2012 年上海市高级人民法院《关于知识产权案件诉讼证据保全若干问题的意见》。还有一些文件规定了司法鉴定与专家证据,如 2005 年北京市高级人民法院《关于知识产权司法鉴定若干问题的规定(试行)》、2012 年四川省高级人民法院《关于知识产权案件专家证人出庭作证的规定(试行)》、2009 年厦门市中级人民法院《关于知识产权审判专家辅助人制度的若干规定》、2013 年浙江省

---

① 参见《深圳市中级人民法院关于知识产权案件证据保全工作的调研报告》。
② 参见《浙江省高级人民法院关于知识产权民事诉讼中证据保全的调研》。
③ 参见《江苏省高级人民法院关于知识产权审判证据规则有关问题的调研》。
④ 参见《"探索完善司法证据制度破解知识产权侵权损害赔偿难"试点工作座谈会纪要》(2013 年 5 月 17 日)。

高级人民法院《知识产权审判技术专家工作办法(试行)》等。

这些地方性司法文件的性质不仅不是法律,也不属于司法解释,不过在具体知识产权审判工作中发挥着规范和指导作用。它们效力层级较低、缺乏权威性,不同的地方性司法文件,各自为政,不成体系,更为重要的是,在既有的法律框架约束下,这些司法文件体现为在规则具体化方面的小修小补,难有大的作为。

二、知识产权诉讼证据收集制度改革的必要性

首先,作为一般法的民事诉讼证据制度存在先天不足,知识产权诉讼证据收集的立法与司法解释也不完善,地方性司法文件在固有的法律框架下的小修小补,难以实质性突破知识产权诉讼中的"举证难"困境。这些不足突出表现为我国民事诉讼中当事人证明责任重而证据收集力弱之间的冲突,需借鉴两大法系的成功经验,结合我国国情,通过改革进一步加强民事诉讼程序中当事人证据收集权的程序保障。

其次,知识产权证据收集制度的改革是强化知识产权保护、实施国家知识产权保护战略的需要。知识产权诉讼的司法领域近些年改革呼声一直不断。为解决知识产权诉讼中突出的"举证难"问题,近年来最高法院提出通过探索运用调查取证、证据保全、举证妨碍等诉讼制度来对取证能力不足的权利人进行救济。[①] 最高人民法院周强院长特别指出:"有必要探索建立知识产权诉讼证据开示制度,设计合理有效的证据保全制度。"[②]司法实践中,最高人民法院不断在司法政策及实践中鼓励证明妨碍规则在知识产权诉讼中的适用,比如最高人民法院《2013年中国法院知识产权司法保护状况》强调:强化举证妨碍制度的运用……提高损害赔偿计算的科学合理性。在知识产权诉讼实践中,各级法院也不乏一批运用证明妨碍的案件。[③] 2018年《关于加强知识产权审判领域改革创新若干问题的意见》明确提出,应坚持开放发展原则,借鉴国际成功经验,"建立符合知识产权案件特点的诉讼证据规则",其核心内容就是证据收集,包括"完善证据保全制度,发挥专家辅助人作用,适当加大人民法院依职权调查取证力度,建立激励当事人积极、主动提供证据的诉讼机制","探索建立证据披露、证据妨碍排除等规则","着力破解知识产权权利人'举证难'问题"。但此类国家政策或

---

① 《最高人民法院副院长奚晓明在全国法院知识产权审判工作座谈会上的讲话——充分发挥知识产权审判职能作用为推进社会主义文化大发展大繁荣和加快转变经济发展方式提供有力司法保障》(2011年11月28日),载《知识产权审判指导》(2011年第2辑),人民法院出版社2012年版,第12页。

② 罗书臻:《加强知识产权司法保护理论研究和创新,为创新驱动发展战略提供有力司法保障》,《人民法院报》2015年3月19日,第1版。

③ 洪颖雅:《事实和规范之间:举证妨碍规则在知识产权诉讼赔偿中的适用》,载贺荣主编:《司法体制改革与民商事法律适用问题研究》,人民法院出版社2015年版,第1170页。

者司法体系的重视,以及法院和法官的积极能动性始终不能从制度根本上解决问题,制度的现代化需要顶层设计,也需要具体制度的完善。

我国知识产权审判领域对于证据收集制度改革的呼声,其直接的出发点都是为加强知识产权权利人的利益保护。整体而言,TRIPS 协定和《欧盟知识产权指令》都是知识产权保护制度,其中的证据收集制度的直接目的就是保护知识产权,如果权利人的证明权无法得到充分保障,知识产权就无法得到保护,这会影响到企业或个人的创新动力,并影响我国创新驱动战略的落实。

再次,知识产权证据收集制度的改革需求,源于知识产权诉讼证据的特殊性导致的更为突出的"举证难"。它具体表现在以下几个方面:其一,偏在性。知识产权侵权行为多发生在侵权人所在地,侵权证据也往往处于侵权人控制之下,极易被侵权人转移、隐匿或破坏。由于知识产权侵权这些固有的特征,权利人收集侵权证据往往会遇到更多障碍。其二,知识产权侵权证据具有无形性和隐蔽性,不易被发现。知识产权是基于智力成果产生的专有使用权,但是智力成果具有无形性,不容易被控制,对于无体财产,基于其"易于扩散性"的特点,决定了侵权方式不是传统的占有,而是剽窃、假冒、篡改、擅自使用等方式,它可以同时为许多人所使用,各个主体之间的实际使用行为互不排斥,因而知识产权很容易遭受侵权,且侵权事实不像有体财产权的侵犯那样容易被发现。其三,某些知识产品的高度技术性特征决定了知识产权证据收集的专业化要求。例如,权利人为证明专利侵权需利用技术知识对侵权物品、生产方法等进行比对,提供比对资料,被控侵权人若主张公知技术抗辩也要检索收集大量对比技术材料,用以证明涉案技术已属公知公用技术,法院实施证据保全时对相关技术问题是否理解准确和认识到位,采取的保全措施是否合理、周全,都是实践中需要面对的问题。其四,关于侵权赔偿数额的证据具有复杂性,在知识产权侵权中,权利人应当证明其实际损失、侵权人的侵权获利。但权利人的实际损失难以证明,主要表现为销售产品的销量减少、产品价格下降、市场份额占有率降低等,除了与侵权可能有关,还可能与其自身的经营策略、宣传、战略布局、季节性变化、产品对消费者的吸引力、品牌效应、后期维护等诸多因素有关。关于侵权人的侵权获利,可以通过侵权人销售的产品数量、价格或者利润予以确定,但关于记载侵权人侵权获利的直接证据材料,如财务账册、审计报告、进出货单、年检报表、利润表等材料,权利人依赖侵权人的配合,而不是提交普遍存在残缺、作假的情况的账册资料。据几年前的统计,97%以上的专利侵权案件都适用法定赔偿标准判赔,[①]其重要

---

① 张维:《97%专利侵权案件判决采取法定赔偿》,载"中国法院网"2013 年 04 月 16 日,http://www.chinacourt.org/article/detail/2013/04/id/948027.shtml,访问日期:2020 年 2 月 13 日。

的原因之一就是无法获取准确确定赔偿数额的证据。

最后,知识产权诉讼证据收集制度的改革也是与国际接轨、因应国际发展趋势的需要。在域外,尤其是美国证据开示制度为当事人证据收集权提供了充分保障,大陆法国家或地区通过民事诉讼制度改革不断加强集中审理制,功能性借鉴普通法证据开示制度,提升对当事人证明权的保障,而且在此基础上进一步立法强化知识产权权利人的证明权保障。[①] 如果我国知识产权诉讼证据收集制度不能与国际接轨,因应国际发展趋势,将影响到国外知识产权权利人的认可,进而影响外资进入我国市场的积极性以及在国际经贸关系中作为大国的形象和影响力。

三、我国知识产权诉讼证据收集制度改革的宏观思路

（一）诉讼模式与理念的选择：协同主义

在具体建构我国民事诉讼证据收集制度之前,需明确民事诉讼的基本理念。我国的诉讼模式的改革仍然在路上,应当进一步变革原有的职权主义模式。

整体而言,大陆法系和普通法系的民事诉讼传统上均秉持当事人主义,不过,两大法系的民事诉讼改革,在诉讼模式上已经不约而同地调整理念和模式,选择了协同主义。

我国民事诉讼模式和证据收集制度的改革不能简单地抛弃或彻底否定职权主义,从而走向另外一个极端——完全自由放任的当事人主义。纯粹的当事人主义模式容易产生诉讼迟延、费用高昂等影响程序效率的问题,我国民事诉讼应当以协同主义作为诉讼模式和理念。"实践证明,片面强调当事人主义诉讼观是与中国民事审判的现状和发展不相适宜的,也与社会主义司法制度必须保障全社会实现公平与正义的目标不相契合。"[②]当事人主义和职权主义各有利弊,需要灵活交错运用。比如,处分主义产生的弊端,可通过加强法院的释明予以修正;辩论主义存在的缺陷,可以通过法院释明、当事人的真实义务、法院与当事人协同发现事实(比如文书提出命令)等方式予以弥补;在程序的进行方面,当事人进行主义产生的问题,需要加强法官对程序的管理予以弥补,由法官与当事人共同控制程序运行。当事人主义和职权主义的灵活交错运用实际上是协同主义的客观表现。总之,我国民事诉讼改革,应力图达到当事人主动性与法官适度控制

---

① 后文对德国以及我国台湾地区知识产权诉讼证据收集制度的强化将予以详细论述。此外,日本知识产权诉讼中也存在"举证难"问题,同样需要法律工具予以解决,有学者提出期望立法机关借鉴美国证据开示制度加强证据收集。See Takanori Abe and Li-Jung Hwang, Protective Order in Japan Waves from U.S., towards Taiwan, in Bernd Hansen and Dirk Schossler-Langeheine, Patent Practice in Japan and Europe, Wolters Kluwer, 2010, p.234.

② 黄松有:《中国现代民事审判权论》,法律出版社 2003 年版,第 32 页。

之间的平衡，在协同主义诉讼理念的基础上完善民事证据收集制度。

（二）改革样本选择：大陆法抑或普通法

"在一种法文化中培育起来的制度，要顺利地移植到另一种法文化中去是非常困难的。"①受到诉讼体制、具体制度和法律文化等多方面的影响，以美国证据开示为代表的普通法制度在我国的移植会面临许多困难。这是因为：其一，普通法国家施行绝对的集中审理主义，而我国现行诉讼体制仅采用相对的集中审理制度。其二，普通法国家的证据开示制度是以当事人为中心，这与其根深蒂固的"对抗制"诉讼文化和历史传统融为一体，甚至与其自由主义、个人主义的思想传统也有一定关系；而我国法律文化的根基是"和合"、以国家和社会为本位。相比而言，大陆法比如德国、我国台湾地区的证据收集制度因诉讼模式、法律文化和配套制度相对接近，更容易为我国借鉴。②

大陆法的民事诉讼证据收集制度更适合作为我国的改革样本，同时我国对普通法的具体制度也不应持完全排斥态度。两大法系的制度并非泾渭分明、格格不入，本身可以互相借鉴。比如，英国的证据开示近年来进一步缩小了文书开示的范围，并加强了法院对证据开示的管理，与大陆法系进一步靠拢。日本不仅在立法中借鉴了美国证据开示的某些做法，实务中也出现了类似证据开示的尝试。③德国、我国台湾地区等地的证据保全制度实际上借鉴了普通法证据开示制度，在某种程度上吸收了证据开示制度的部分功能。除此之外，台湾地区继日本之后，引入了原本属于普通法国家的保密令制度。可见，我国知识产权诉讼可以同时吸收大陆法和普通法的一些成功经验。同时，我们也不能一直在这些国家身后跟跑，而是应该在消化、吸收以及批判的基础上有所创新。

在借鉴域外先进制度的同时，我国应重视本土资源的作用。重视自身原有的诉讼制度和法律文化，在此基础上引入域外制度的合理因素，而不是简单全盘照抄。制度改革是为解决自身制度的缺陷而主动吸收其他制度的优点，通常不是180度急转弯或者颠覆性的变革。同时，引入新规则时须重视制度的配套性。"一种制度、做法或规则，往往是在其他因素的配合下发挥作用的，离开了与之配套的制度、做法或规则，就很难保持它的价值"；"任何成功的经验都有其生长的特殊土壤和与之相配的条件，离开了特定历史条件和文化背景，离开了相应的社会基础和人文环境，成功的经验也会把改革引入歧途。单纯强调接轨、照搬，最

---

① ［意］莫诺卡佩莱蒂：《福利国家与接近正义》，刘俊祥等译，法律出版社2000年版，第6页。
② 本研究主要以大陆法作为比较分析的对象（从欧盟国家的构成、规则内容看，欧盟统一专利法院的证据收集规则主要受到大陆法影响，体现大陆法的特征），也有基于这一理由的考虑。
③ 熊跃敏：《民事审前准备程序研究》，人民出版社2007年版，第134—136页。

终会失去民族特色。"①

（三）知识产权诉讼证据收集制度的价值：追求公正兼顾效率

公平与效率是民事诉讼中最重要的程序价值。美国、德国以及我国台湾地区民事诉讼（包括知识产权民事诉讼）中证据收集制度的改革，即体现了兼顾公正与效率的价值追求。

从公正价值角度而言，鉴于知识产权侵权诉讼存在突出的证据偏在问题，我国知识产权诉讼证据收集制度的重心在于加强对当事人证据收集权的程序保障，通过强化当事人、第三人的证据协力义务，贯彻武器平等原则，避免证据突袭，从而实现全面的事实查明和公正裁判。证据收集制度的另外一个价值维度是效率。我国民事诉讼改革的方向是实现审理集中化（庭审实质化），庭审集中化体现了对程序效率的追求，实践证明并行审理不利于程序效率的提高。证据交换、证据失权、书证提出命令和法院调查取证制度都可以服务于审理集中模式，提升诉讼效率。

协同主义诉讼模式的实施将有助于公平与效率价值的实现。它可以促进当事人在证据披露中积极合作，遵守诚实信用原则，履行事案解明义务，及时查明事实，促成纠纷的非诉讼解决。在纠纷解决中，法院也应发挥相对积极的角色，通过行使必要的释明权、庭审指挥权，明确当事人的证明责任、主导证据收集程序的进行，避免纯粹的当事人进行主义模式产生程序延迟和费用高昂等问题。

（四）立法模式：一般法抑或特别法，实体法抑或程序法

我国民事诉讼证据收集制度尚有诸多不足，知识产权立法所做的零星补充（比如《商标法》第 63 条第 2 款）对于缓解知识产权诉讼"举证难"的作用有限。为完善知识产权诉讼证据收集制度，需要改革民事诉讼的一般立法，同时也需考虑加强特别立法，以充分保障知识产权权利人的证据收集权，并平衡保护相关利害关系人的利益。正如德国、我国台湾地区的立法与实践，在知识产权诉讼的证据收集制度的改革过程中，应妥善处理一般法和特别法的关系。

按照立法的基本法理，《民事诉讼法》作为一般法本应当确立证据收集的一般规则，从而使所有民事诉讼法律规范形成一个完整的、严密的、合乎民事诉讼本质和规律要求的逻辑体系。此外，特别法应针对知识产权诉讼中证据收集的特殊性进一步做出补充规定，加强对当事人和利害关系人权利的程序保障。

知识产权诉讼中证据收集之特别法可以考虑采纳实体法模式，比如德国，通过一系列知识产权单行法做出特别规定；特别法也可以考虑采纳特别程序法模

---

① 刘立宪、张智辉主编：《司法改革热点问题》，中国人民公安大学出版社 2000 年版，第 12 页。

式,比如美国、我国台湾地区。总体而言,在我国知识产权诉讼中证据收集特别法采用程序法模式更为简便易行,更符合我国理论界和实务界的既有法律思维,立法和司法的成本较低。不过,也不宜过分拘泥于这一模式,实体法也可以是一个补充性的选项,比如《商标法》第 63 条第 2 款关于书证提出申请与证明妨碍的相关规定,也具有可行性。

关于知识产权诉讼中的证据收集,一般规则与特别规则的分野并非绝对地泾渭分明,有些规则可以规定在一般法,也可规定在特别法之中。比如,普通法国家作为民事诉讼一般规则的保密令制度,在日本、我国台湾地区仅仅适用于知识产权诉讼之中。对于《民事诉讼法》没有及时确立的某些重要证据收集制度,立法者可以考虑在特别法中予以先行规定。

在一些具体规则向一般法推行之前,通过特别法的先行先试,不失为一种权宜之计。作为务实的选择,一些重要制度可以先在特别法领域进行尝试,在积累了一定的立法和司法经验后,再推行至一般民事诉讼领域。比如诉前证据保全,其始于知识产权诉讼和海事诉讼,现已推广开来,体现于民事诉讼一般法之中。借鉴国外成熟经验而来的制度,如果符合知识产权诉讼中证据收集的规律,可以通过知识产权特别法的形式确立并不断予以完善。当然,像诉前证据保全制度的确立符合民事诉讼的一般需要,当初在特别法中进行规定,只能是过渡阶段的选择,这里仍然需要掌握一个微妙的分寸。"一般法不一般,特别法不特别"的功能错位现象是法治不完善的表现,不是所有问题都要由特别法来解决,否则会给特别法造成不能承受之重。

(五) 程序主体地位与程序保障的强化

我国民事诉讼证据收集制度的变革正在从职权主义甚至超职权主义向辩论主义转变,当事人的程序主体地位得以逐步增强。不过,当事人程序主体地位不彰、职权主义底色过重的问题一直存在,当事人及其他利害关系人甚至在某些方面或在一定程度上作为程序上受支配之客体对待,其程序权利缺乏保障。比如,当事人的证据收集权缺乏程序保障,往往面临"举证难"困境,同时实践中调查令对于证据持有人的权利没有提供平衡保护。

依据程序保障原理的要求,证据收集制度的主导思想应是以公权力保障当事人的陈述意见权、证明权和程序选择权等程序权利的实现;法院是为辅助当事人实现证明权而介入证据收集的,法院所作的各种判定虽是自主的和独立的,但必须以赋予当事人、申请人或利害关系人妥切的程序保障为前提。[①] 知识产权

---

① 许少波:《民事证据保全制度研究——以法院为中心的分析》,南京师范大学 2008 年博士论文,第 94 页。

诉讼证据收集制度的完善需妥善解决程序主体性和程序保障问题,在证据收集制度中体现这一理念。

本 章 小 结

TRIPS 协定的相关规定涉及证据披露、信息权、证据保全、证明妨碍、商业秘密保护等,为证据收集确立了基本的制度框架,为世界范围内知识产权诉讼证据收集权的保障划定了一条底线。《欧盟知识产权指令》为欧盟区域内各国提供了一个标准更高、内容更为具体的知识产权诉讼证据收集制度,而《欧盟商业秘密指令》则确立了证据收集涉及的商业秘密保护基本规则和标准。这些国际法律文件促进了国际或区域内各国知识产权权利人证据收集权的保障,并提升了知识产权保护水平。尽管欧盟统一专利法院的证据收集制度尚未在实践中得到运用,不过它具体、完整,可以合理预见的是,它将为各国知识产权诉讼证据收集制度的完善提供一个颇具价值的参照。

在德国、我国台湾地区知识产权诉讼证据收集制度的变革中,当事人、第三人的证据协力义务得到强化,当事人的证据收集权的程序保障有了明显提高,同时推进了程序的集中化,扩大了法官的释明义务范围,强化了当事人的真实义务和程序促进义务。不同的是,在德国,知识产权诉讼证据收集特别规则体现于一系列知识产权实体法(比如《德国专利法》第 140b—140d 条),而不像我国台湾地区采取特别程序法的模式。在美国知识产权诉讼中,证据开示的范围有所限制,在保障当事人证据收集权的同时,试图避免证据开示遭到滥用,尤其是联邦地区法院通过地区规则加强法院对诉讼的干预与管理以提升程序效率。因存在一些客观上的障碍,美国联邦最高法院和巡回法院尚未推行统一的联邦专利诉讼规则,尽管学术界和实务界提出了这样的建议,不过未来可期。从宏观角度看,域外知识产权诉讼证据收集制度的改革趋势表现在:不约而同地选择了协同主义的诉讼模式;追求公正且兼顾效率;立法模式上一般法和特别法相结合;强化当事人及利害关系人的程序主体地位及程序保障。

我国证据收集制度处在不断完善之中,已取得了长足进步。我国民事诉讼从职权主义向辩论主义转变过程中,当事人的证明责任得到明确,不过当事人的证据收集权仍然缺乏程序保障。知识产权实体立法补充规定了书证提出命令、证明妨碍规则,各地法院的司法实践对解决知识产权诉讼"举证难"问题也有所尝试,制订了一些司法性文件,不过,知识产权诉讼证据收集制度仍不完善。知识产权诉讼中的证据收集具有特殊性,加之证据偏在导致的"举证难"问题尤为突出,我国相关制度亟待通过借鉴域外经验予以改革完善。就宏观思路而言,我国应在诉讼模式与理念上从职权主义转向协同主义,追求公正且兼顾效率价值,强化当事人及利害关系人的程序主体地位以及程序保障,以大陆法作为改革的借鉴样本同时吸收普通法的合理因素。同时,在改革中,还应理顺一般法(民事诉讼法)和特别法(知识产权法或者知识产权特别程序法)之间的关系,使得两者互相弥补,相得益彰,共同构成完善的知识产权证据收集制度。

第二章　知识产权诉讼中的
证据披露

　　相比于一般民事诉讼，知识产权侵权诉讼更为明显地存在着证据偏在问题。我国民事诉讼法以及知识产权法的相关规定存在诸多不足，当事人的证明权缺乏以当事人主导为制度基础的程序保障，[①]从而进一步加重了知识诉讼中的"举证难"情况。当事人收集证据的关键在于对方当事人或第三人依照法律或者法院命令进行的证据披露。证据披露也可称为"证据开示""证据提出"，不同法系或法域习惯上使用的术语不同，"证据披露"在此用作这些类似术语的统称。本章基于对域外知识产权诉讼证据披露制度的考察，尝试为破解我国知识产权诉讼"举证难"问题提供一些思路。

第一节　美国知识产权诉讼中的
证据开示制度

　　美国民事诉讼证据开示的一般制度体现在《联邦民事诉讼规则》之中，证据开示制度的适用并不区分案件类型，同样适用于知识产权诉讼；同时，专利诉讼司法实践中发展出一些关于证据收集的判例法。此外，美国许多联邦地区法院采纳了专利地区规则，比如加州北区地区规则，这些规则包含了一些针对专利诉讼证据开示的特别规定。

一、《联邦民事诉讼规则》中的证据开示制度

　　美国采取绝对的集中审理主义，将诉讼程序明确区分为审前准备程序和开庭审理程序，其证据收集制度（证据开示）完全是以当事人为中心。尽管近年来普通法国家加大法官对案件的管理和控制的力度，但这并未从根本上动摇当事人在民事诉讼中的中心地位。这种以当事人为中心的证据收集制度与其根深蒂

---

　　① 邵明：《民事诉讼法理研究》，中国人民大学出版社 2004 年版，第 240 页。

固的"对抗制"诉讼文化和历史传统是融为一体的。

（一）证据开示的范围与限制

美国《联邦民事诉讼规则》第26（b）（1）条规定，当事人都可以要求对方当事人开示与任何当事人的主张和抗辩有关联的、不受特免权保护的任何事项，而且，在具备正当理由的情况下，法院可命令当事人开示与诉讼标的有关联的任何事项。实际上，证据开示的相关性标准，在2000年规则修订之前是"与诉讼标的有关联"，而在修订之后成为"与主张和抗辩有关联"（在新标准下只有当法院认为具备充分理由才能适用"与诉讼标的有关联"标准）。可见，证据开示范围在规则修订后有一定的收窄。无论如何，如果情况表明开示可以合理地导出具有可采性的证据，被要求开示的相关信息在审理时不需要具有可采性。[①]《联邦民事诉讼规则》第26（b）（2）（C）条规定：在法定情况下，法院必须依申请或自行限制证据开示的范围与次数，[②]这些情况包括：① 证据开示系不合理地重复或本可以更方便、更容易或者更经济的方式取得相同信息；② 开示申请人已获得充分机会取得开示信息；③ 证据开示的负担或成本超过它可能带来的利益。在证据开示过程中，如果当事人发现先前针对重要争点提供给对方的回复或信息有所缺漏或并不正确，则有义务予以更正，并提供正确信息。[③]

证据特免权是证据开示的例外。关于特免权，《联邦证据法》第501条只做了原则性的规定：除联邦宪法、国会制定法和联邦最高法院根据授权确定的规则另有规定外，关于证人、个人、政府、州或有关政治组织的特免权适用普通法上的原则，由联邦法院根据理性和经验加以解释。这些特免权主要包括：律师—当事人特免权、丈夫—妻子特免权、医生—病人特免权、心理医生—心理病人特免权、牧师—忏悔者特免权、新闻工作者特免权、反对自我归罪特免权、关于政府秘密的特免权。[④]

《联邦民事诉讼规则》第26条明确规定了律师—当事人特免权和律师工作成果豁免。律师—当事人特免权规定于《联邦民事诉讼规则》第26（b）（4）（C）条，是指在当事人的律师和当事人之间秘密进行的信息交流免于开示的权利。该制度的目的是保护律师与当事人之间的信任关系，促进当事人与律师之间充分和坦白的沟通。主张特免权需要满足的基本条件是：与当事人进行信息交流之人必须具有律师执业资格或者是律师的助手，而且是以律师身份进行信息交

---

① Kimberly A. Moore et al., Patent litigation and strategy (4th edition), Thomson West, 2013, p.194.

② 《联邦民事诉讼规则》第26（b）（2）（C）条。

③ 《联邦民事诉讼规则》第26（e）（1）条。

④ 参见约翰·W.斯特龙：《麦考密克论证据》，汤维建译，中国政法大学出版社2004年版，第149—272页。

流;该信息交流是因律师受其当事人(委托人)通知后开始,信息交流现场没有陌生人,而且双方交流目的是为获取法律意见、法律服务或法律程序的协助。[①] 关于专利申请过程中发明人与其专利律师[②]之间的信息交流是否适用律师—当事人特免权,在美国司法实践中曾产生争议。从 United Shoe Machinery 案[③]开始形成的一般立场认为,专利申请过程中专利律师的相关意见不属于法律专业范畴,不受到律师—当事人特免权保护。不过,这一立场后来被推翻。在 Sperry案[④]中,美国联邦最高法院认为,专利律师在专利申请中为发明人提供的服务,比如针对发明创造的可专利性或者专利权利要求书的撰写,与其法律专业知识与技巧相关,应同样受到律师—当事人特免权保护。[⑤]

律师工作成果豁免规定于《联邦民事诉讼规则》第 26(b)(3)条,是指律师为开庭审理而准备的诉讼资料和法律意见,有条件地承认免于开示的豁免。"工作成果"可区分为两类:一类是为准备诉讼获得的事实性工作成果(如复印的文书、录取的证言);另一类是在准备诉讼过程中形成的主观感受或看法,即意见性工作成果。对于事实性工作成果,对方须举证阐明满足"实质需要"和自行收集"过于困难"两个特殊要件,才可能取得法院的开示许可;如果是意见性工作成果,则基本上可以绝对地免于开示。[⑥]

除了特免权以外,其他拒绝开示的理由还包括被要求开示的证据不具有相关性,证据开示请求过分加重负担,但只适用于证明责任过重或可以其他方式提供信息的情况。[⑦] 此外,《美国联邦证据规则》第 403 条规定:证据虽然具有关联性,但其证明价值明显不及所含有的不公平的偏颇、导致争点混淆,或有误导陪审团的危险,或被认为是不当拖延、费时或不必要的重复举证时,也可以被排除。该项例外规定实际上赋予了法官一项权力,即当法官相信,如果允许某一证据的提出,引起的负效性大于其应有的证据价值时,其可以排除该证据。如果被请求开示的证据属于该规则中应被排除的证据,被申请人也可以将其作为拒绝提出的理由。

(二)证据开示方法

在美国知识产权诉讼中,当事人可以在开庭审理之前使用以下四种方法向

---

① Wayne F. Reinke, Limiting the Scope of Discovery: The Use of Protective Orders and Document Retention Programs in Patent Litigation, 2 ALB. L.J.SCI. & TECH. 175, 177(1992).

② 美国专利律师的业务主要集中于非诉讼和专利申请领域。

③ United States v. United Shoe Machinery Corp., 89 F. Supp. 357 (D. Mass. 1950).

④ Sperry v. Florida ex rel. Florida Bar, 373 U.S. 379(1963).

⑤ James Y. Go, Patent Attorneys and the Attorney-Client Privilege, 35 SANTA CLARA L. REV. 611, 620(1995).

⑥ 陈杭平:《"事案解明义务"一般化之辨——以美国"事证开示义务"为视角》,《现代法学》2018 年第 5 期,第 165 页。

⑦ [美]杰弗里·C.哈泽德,[美]米歇尔·塔鲁伊:《美国民事诉讼法导论》,张茂译,中国政法大学出版社 1998 年版,第 119 页。

对方当事人或诉讼外第三人收集证据。

1. 录取证言

录取证言(depositions)是指一方当事人在开庭审理前询问对方当事人或第三人而取得的证言。在同一证据开示程序中,除非法院同意,录取证言最多可以进行 10 次。如向对方当事人录取证言,须发出通知并合理送达,通知中应当载明时间、地点以及记录方式。如录取证言的对象是诉讼外第三人,须通过法院向证人送达传票,强制其接受当事人的询问。[①] 录取证言主要以口头询问的方式进行(如果证人离法院距离遥远,可采取书面询问方式),无需经法院许可,地点通常选于律师事务所。在录取证言程序中,一般由法院速记员作为公证人,主持宣誓并记录证人证言,双方当事人律师可以参加。在开庭审理时,录取证言作为审前固定的证据,可以用于有效质疑同一证人口头证言的可信性。如因证人死亡或证人与法院距离遥远等原因不能出庭作证,当事人可直接使用录取证言。当事人可以依据《联邦民事诉讼规则》第 30(b)(6)条对公司进行录取证言。在依据该条规定做出的通知中,请求方须明确指出其希望获知的某一类或某几类事项。被通知的对方当事人如为公司,必须指定一些工作人员代表公司就通知中列出事项的信息进行作证。与个人的录取证言不同,依据该条进行的录取证言属于该公司的自认。

2. 质问书

质问书(interrogatories)是一方当事人向对方当事人提出的书面质问,只适用于当事人之间。对方当事人有义务以书面形式答复,签字并宣誓,表明愿为伪证负法律责任。《联邦民事诉讼规则》第 33 条限制双方当事人通过质问书提出的问题数量最多为 25 个,不过该书面限制可能依联邦地区法院的诉讼规则、当事人合意或法院裁定而改变。[②] 质问书通常用于澄清争议事项、弄清证人或相关文件的信息,或者了解对方主张的案情和证据,然后在此基础上可以决定进行录取证言、要求书证开示。对方当事人在收到质问书后的法定期间应予以答复。法院依据申请可延长答复或进行异议的期间。如当事人既不答复质问书又不提出异议,法院可签发命令强制其答复。许多联邦地区法院制订了专利地区规则,明确规定双方交换"理由书"(观点的书面主张)的时间表。关于"理由书"的质问是有益于澄清专利诉讼中"非侵权""恶意""间接侵权""非显而易见性""损害"等问题的依据。[③]

3. 请求提供文书和实物

美国《联邦民事诉讼规则》第 34 条规定,要求提供文书和实物是收集对方当

---

① 《联邦民事诉讼规则》第 45(d)条。
② Kimberly A. Moore et al., Patent litigation and strategy (4th edition), Thomson West, 2013, p.206.
③ Id.

事人控制下的书证或物证的手段。如果要求查阅对方当事人的书面材料,在请求书上应记载欲查阅文件的目录;如果要求诉讼外第三人提供诉讼的相关信息,需要依据第45条规定向第三人发出传票以强制其提供文件。① 对要求提供书证或物证的请求书,被请求人应以书面方式进行答复,表示同意提供,或者予以拒绝并阐明理由,②如不答复则视为放弃异议。接到请求书后不答复的,请求方可向法院申请采取强制答复、进行处罚、驳回诉讼或者做出缺席判决等措施。《联邦民事诉讼规则》关于书证的数量没有设定限制,在专利诉讼中当事人之间交换成千上万页文件的情况比较常见。这些书证涉及当事人业务的方方面面,包括产品研发、客户服务、营销与销售、会计、法律事务等。

在美国专利侵权诉讼中,原告申请开示的文件主要包括:① 被控侵权产品的相关文件,尤其是研发资料;② 为计算损害赔偿而需要的被控侵权产品的生产、销售以及成本利润等信息,如果被告主张产品所涉技术系独立开发并许可他人使用,系争专利的许可协议有助于计算赔偿数额;③ 关于涉诉产品取得商业成功的证据,这不仅可以用于评估损害数额,也可以用于证明专利技术的非显而易见性;④ 被告基于在先技术而主张专利无效的情况下,关于在先技术的相关资料等。被告申请开示的文件主要包括:① 原告主张的侵权产品的详细型号;② 系争专利的构想形成日及据以实施日的相关证据;③ 系争发明提出专利申请案前,所有关于披露、销售或使用系争专利技术内容的纪录;④ 原告掌握的与系争专利有关的先前技术信息。关于未体现于涉诉专利审查档案的现有技术的样品或文件,这些文件可能有助于支持被告提出不正当行为抗辩,尤其是专利权人在申请专利时明知却未向专利机构披露的现有技术;③⑤ 与系争专利相关的许可协议以及系争专利商业上成功与否的相关资料;⑥ 专利的其他相关信息,比如关于因在外国申请专利而产生的优先权的证据等。

4. 请求自认

在证据开示中,自认请求书(request for admissions)可以用于有效减少争议事项。当事人须如实、及时回答对方发来的自认请求,对相关事实的真实性、法律对事实的可适用性、文书或其他证据的真实性等事项逐一予以承认或否认,或者详细说明没有足够信息予以肯定或否定。④ 当事人承认的事项视为已获得证明,除非法院依申请允许撤销或修改,否则当事人在庭审时不得作相反主张。如果当事人不回复请求书,或者逾期未作答复,视

---

① Kimberly A. Moore et al., Patent litigation and strategy (4th edition), Thomson West, 2013, p.207.
② Kevin M. Clermont, Principles of civil procedure (2nd edition), Thomson West, 2009, p.72.
③ Kimberly A. Moore et al., Patent litigation and strategy (4th edition), Thomson West, 2013, p.208.
④ Id., p.209.

为全部承认。①

(三) 证据开示机制

1. 证据开示会议与日程安排

在依据《联邦民事诉讼规则》第26(f)条进行证据开示会议并商定开示计划之前,证据开示并非必须进行。当事人应依第26(f)条规定尽快举行证据开示会议,商讨证据开示的日程安排以及开示内容。所有诉讼当事人或其代表皆有义务参与证据开示会议,并基于善意原则商讨证据开示计划。会议结束后,诉讼当事人应在14天内将双方讨论出的证据开示计划以报告书形式提交法院。②

2. 初步披露与披露申请

初步披露(initial disclosure)是当事人向对方当事人进行的无需等待开示申请的主动披露。披露的信息范围在《联邦民事诉讼规则》第26(a)(1)条作了具体规定。根据联邦地区法院的专利地区规则进行的理由书和信息的强制交换也属于初步披露。除非法律另有规定或法院另有命令,或者因当事人对初步披露持有异议而法院就初步披露另有决定,一般而言,当事人必须在证据开示会议或者此后的14天之内进行初步披露。在送达其他正式开示申请前,当事人应当彼此进行初步披露。通过初步披露,当事人可以了解关键的证人和关键的书证、物证的种类和地点,为接下来的录取证言和开示申请提供基础。初步披露的范围应当是合理调查能获得的所有证据。不过,依据第26(e)条,如果当事人在案件审理过程中能够获得不同的信息,有义务进一步披露以补充或更正信息。

当事人可以通知对方当事人及所有利害关系人,提出证据开示申请。如果证据开示申请已送达,对方当事人有3个选项:在规定时间按要求开示;申请延长时间;申请保密令。如果接到送达的当事人拒绝配合,依据《联邦民事诉讼规则》第37条的规定,申请方当事人可以向法院申请向对方强制开示或者进行惩罚。③不过,在寻求法院介入之前,申请人必须尝试通过协商解决。第37(a)(1)条要求申请人提供相关证据,证明其依据善意原则与对方协商,或尝试进行协商,而对方仍然未进行证据开示。④

3. 第三方开示

《联邦民事诉讼规则》第45条规定要求第三方进行证据开示通过传票进行。当事人向第三方寻求开示的证据种类可以是证言或者书证,第三方有权提出异

---

① 陈杭平:《"事案解明义务"一般化之辨——以美国"事证开示义务"为视角》,《现代法学》2018年第5期,第161—162页。

② 《联邦民事诉讼规则》第26(f)(2)条。

③ Kimberly A. Moore et al., Patent litigation and strategy (4th edition), Thomson West, 2013, p.205.

④ 《联邦民事诉讼规则》第37(a)(1)条。

议。异议理由与当事人开示的情况下相似,包括特免权或工作成果豁免、不具有相关性、负担过重等。

4. 费用承担与惩罚

《联邦民事诉讼规则》第 37(a)(5)条规定:法院对于证据开示过程中当事人提出的各项申请除了具有准许和驳回的裁量权外,对于申请所需费用的承担也有决定的权力。此外,第 37(b)条对证据开示过程中行为不当的当事人规定了若干惩罚措施,以保证证据开示的顺利进行。证据开示程序中的惩罚区分为未下达强制开示令之前和下达强制开示令之后两种情况。未下达强制开示令前的惩罚主要采取命令违规当事人支付申请强制开示的费用、补偿相应损害的形式;对于下达强制开示令后仍拒绝开示的当事人,将面临更为严重的法律后果,主要包括:① 证据失权;② 认定有关事实成立;③ 简易判决;④ 蔑视法庭罪。[①]

二、专利地区规则中的证据开示规定

(一) 地区规则的适用

美国专利诉讼当事人之间寻求的开示不仅涉及必要证据,也涉及每一方持有的法律理由(contentions)。质问书在固定对方当事人的观点与主张方面有一定作用,不过,当事人要求对方解释法律理由的质问书频繁发生会造成程序烦琐与成本增加。为了解决这个问题,加州北区法院在 2000 年确立地区规则,规定了交换理由书及相关信息的时间表。[②] 其他一些联邦地区法院也采纳了类似的专利地区规则。在未采纳专利地区规则的情况下,当事人在依据《联邦民事诉讼规则》第 26(f)条进行的会议中可以约定予以适用,法官也可以行使裁量权予以参照适用。司法实践中,在没有采纳专利地区规则的联邦地区法院的证据开示程序也深受专利地区规则的影响。

此外,依据"加州北区法院地区规则"第 2.1 条("程序适用")的要求,当事人在案件管理初期会议中依据第 26(f)条进行协商时,除了该 26 条涉及的事项以外,当事人应当在向法院提交的报告书中包含以下事项:① 专利地区规则规定的义务和截止时间的修改建议,以确保地区规则适合个案的具体情况。② 任何关于权利要求解释的开示范围与日程安排,包括法院允许的专家证人的披露与开示。③ 权利要求解释听证(马克曼听证)的形式,包括法院是否听取口头证言,证据提交顺序,以及预计的审理时长。④ 关于争议的技术问题,各方当事人准备如何协助法院予以理解。

---

① 张卫平:《外国民事证据制度研究》,清华大学出版社 2003 年版,第 186 页。
② Kimberly A. Moore et al., Patent litigation and strategy (4th edition), Thomson West, 2013, p.212.

（二）专利地区规则规定的披露

这些地区规则规定了当事人关于专利案件的法律理由与证据的披露程序。依据专利地区规则进行的披露，与初步披露（initial disclosure）的性质相同，属于向对方当事人进行的无需等待开示申请的披露。除此之外，当事人还可以向其他当事人提出开示申请，要求对方进一步开示。双方当事人的披露内容主要涉及三个方面的争议事项：专利侵权、专利无效以及权利要求解释。①

1. 专利权人的侵权主张与证据披露

专利权人应当在侵权理由书（infringement contentions）中披露其关于专利侵权的主张。权利人须指出其认为构成侵权的每个产品或方法。专利权人应使用一张权利要求对照表（claim chart）②，陈述权利要求中的每一个技术特征（limitation），并且完整、准确地指出涉诉产品或方法符合专利权利要求中的每个技术特征，无论依据是书面表述或是等同理论。

专利权人应当披露其控制下关于专利的文件资料，具体包括：① 权利人与第三方之间涉及专利发明的合同、发票、广告、营销资料、报价单、共同开发协议等相关文件，关于涉诉专利的产品或方法的销售或销售报价、公开使用的文件。② 与证明专利的构想、付诸实施、设计与开发有关的文件。③ 涉诉专利的审查档案（file history）。④ 拥有专利权的凭证。⑤ 关于涉诉专利技术运行的任何文件。这些文件资料可能对专利有效性产生不利影响，被控侵权人希望通过权利人披露而取得。

2. 被控侵权人的专利无效主张与证据披露

在收到专利权人的具体侵权主张以后，被控侵权人会获得一段时间用于搜寻现有技术以及关于专利无效的信息，然后须以权利要求对照表的形式提供专利无效理由书（invalidity contentions）。被控侵权人应当详细阐述现有技术的公开或应用满足权利人所主张的权利要求中的所有技术特征。

被控侵权人也应当提供其拥有的书证或其他信息，主要包括表明争议产品如何制造和操作的文件，比如源代码、说明书、原理图、流程图以及公式。这些对于权利人证明专利侵权而言实际上是必要的证据，被控侵权人应予开示。

3. 当事人的权利要求解释主张与证据披露

如果法院认为有必要进行独立的马克曼听证，法院通常会要求当事人指出

---

① Complex Litigation Committee of the American College of Trial Lawyers，Anatomy of a Patent Case，Federal Judicial Center，2009，pp.65-68.

② 权利要求对照表的作用是将专利权利要求的技术特征加以分解，使得在专利侵权案中与被控侵权产品或方法之间的比对更为容易和直观。

可能存在争议的权利要求用语(claims terms),而且通过权利要求对照表的方式确定每一个这样的用语,并且列出每方当事人对这些用语所建议的解释以及支持建议性解释的证据。这一程序有助于缩小争议,使得法院能够聚焦于存在争议的用语。

由于当事人建议的用语解释通常表明了他们在案件中的观点和理由,因此地区规则确立了"三步法"程序,用于完成权利要求对照表,并确保没有任何一方处于不利地位:首先,当事人就有争议的用语进行会谈。这种做法迫使当事人之间通过交流弄清案件争议点所在。其次,当事人同时交换各自对用语建议的定义,这样每一方都无法依据对方建议的定义调整本方立场。最后,当事人再次会谈以确定他们能否就更多用语的解释达成一致意见,然后制作用于提交法院的权利要求对照表。

根据地区规则,除了指明体现于专利的审查档案本身的内部证据,当事人还须完整披露在权利要求解释过程中使用的外部证据,包括词典、论文与专著,证人书面证言和专家意见。关于证人和专家证人,当事人应当提供一份书面证言,包括列举关于权利要求的任何观点。

(三) 地区规则建议的开示命令与日程安排

专利地区规则中日程安排要求当事人在特定时限进行特定披露,这有助于推动案件审理的集中化,实现程序效率。尽管不同地区规则的日程安排可能不尽一致,也可因当事人约定或法院命令而改变,但总体上具有相似性。表 2-1 提供的日程安排是美国司法中心对地区规则的总结,对于司法实践具有一定的参考价值。

表 2-1　地区规则建议的开示命令与日程安排[①]

时　间	事　项　安　排
起始日	案件管理会议
10 日内	权利人披露其主张的权利要求及初步的侵权理由书,提供关于侵权的权利要求对照表,提交与专利的先前销售、构想、付诸实施、设计与开发有关的文件以及专利的审查档案
55 日内	被控侵权人披露初步的专利无效理由书,提供专利无效的权利要求对照表,提交足以表明每一涉诉产品或方法运行的规格、源代码、图表、公式和流程图,提交关于被援引的在先技术的文件副本

---

① Complex Litigation Committee of the American College of Trial Lawyers, Anatomy of a Patent Case, Federal Judicial Center, 2009, p.69.

时　间	事　项　安　排
65 日内	交换需要解释的用语和权利要求构成要件（element）
85 日内	同步交换权利要求的初步解释
115 日内	当事人共同提交"联合的权利要求解释和审前报告"
145 日内	完成关于权利要求解释的开示
160 日内	权利人提出权利要求解释的诉求书，对方在诉求书送达后 14 天内送达答辩书，权利人在答辩书送达后 7 天内送达再诉求书

（四）理由书的修改

为鼓励及时、充分的披露，地区规则限制当事人修改初步和最终的侵权理由书和专利无效理由书。当事人仅当提出了正当理由并经法院允许的情况下才可进行修改。在不会给对方造成不当损害的情况下，属于正当理由的典型情况包括：法院给出的权利要求解释与寻求修改的一方当事人所建议的解释不同；最近发现了早些时候尽管努力搜寻仍未发现的材料与现有技术；最近发现了关于涉诉产品或方法的非公开信息，这些信息在侵权理由书送达之前虽已尽力却仍未发现。

第二节　德国知识产权诉讼中的证据披露制度

德国知识产权诉讼中的证据披露制度不仅包括民事诉讼法上的文书或勘验物提出命令制度，还包括实体法上的情报请求权制度。传统上德国民事诉讼法只允许依据实体性规范从对方当事人获取证据，[①]在知识产权诉讼证据收集中实体法也发挥着极其重要的作用。

德国知识产权诉讼证据收集制度受到欧盟在知识产权实施方面的区域协调的影响。《欧盟知识产权指令》规定了成员国在相关救济、程序和措施方面必须履行的最低标准，其第 6 条规定了对方当事人的"证据提出义务"，第 8 条规定了针对侵权人或第三人的信息权。为满足《欧盟知识产权指令》的要求，德国在该指令颁布后进行了相应的法律修订和完善。

---

① George Cumming et al., Enforcement of Intellectual Property Rights in Dutch, English and German Civil Courts, Kluwer Law International，2008，p.230.

一、民事诉讼之一般规则

(一)《德国民法》相关规定在知识产权诉讼中的适用

《德国民法》涉及文书或勘验物[①]的提出命令制度。其第 809 条赋予当事人要求物的占有人出示该物以供检查的权利,即物的检查请求权[②];第 810 条赋予当事人要求文书占有人允许其查阅该文书的权利,即文书阅览权。[③]

不过,该法典第 809 条仅在非常少的知识产权侵权案件中得到适用,如1985 年"压力棒案"[④]。在该案中,德国联邦最高法院在对该条解释与适用时,要求权利侵害的证明达到"明显程度的可能性",而且这种检查被限于"物的外观检查",不及于"物的拆卸、测试、操作"。为此,有些学者甚至认为它难以满足TRIPS 协定的要求。[⑤] 由于法院顾虑该条规定可能被用作窥探对方商业秘密的工具,其要求侵害具有"明显程度的可能性",才能支持检查侵权产品的权利请求。[⑥]

在 2002 年联邦最高法院处理的一些著作权案件中,第 809 条得以继续适用。在"传真卡案"[⑦]中,联邦最高法院认为著作权权利人可以援引《德国民法》第 809 条,要求对涉及侵权的物品(即软件)进行检查。在该案中,"压力棒案"的立场得到了调整,联邦最高法院不再要求权利侵害具有"明显程度的可能性",只需达到"一定可能性"即可。除此之外,作为认可物的检查提出请求权的条件,系争证据需无法合理期待通过其他途径取得,另一方的保密利益也须得到保障。总之,关于《德国民法》第 809 条,在司法实践中法院会考虑依据诚信原则、比例原则以及秘密利益保护原则而予以限缩适用。

关于该法典第 810 条的适用,除了要求请求权人具有"法律上利益"之外,还要求该文书"为权利人利益制作"或者"记载当事人一方与他方之间法律关系"。在知识产权侵权诉讼中,这样的文书几乎不可能存在,因而难以依据该条规定请求持有人提出文书。

---

① 德国、我国台湾地区没有"物证"这一证据形式,其规定的"勘验物"相当于我国的"物证"。

② 《德国民法》第 809 条("物的检查")规定:"对物的占有人就该物享有请求权的人,或者希望确证这种请求权是否属于自己的人,如果检查该物对自己有利益时,可以要求占有人向自己出示该物以供检查或者允许检查。"

③ 《德国民法》第 810 条("证书查阅")规定:"对查阅他人占有的证书有合法利益的人,在该证书与自己的利益有关时,或者该证书能够证明自己与他人之间成立的法律关系时,或者该证书记载自己与他人之间、双方中的一方与共同中介人所采取的法律行为的谈判内容时,可以要求占有人允许其查阅证书。"

④ Druckbalken, BGH GRUR 1985, S.512.

⑤ Thomas Dreier, Durchsetzung von Rechten des geistigenEigentums, GRUR Int, 1996, S.205, 217.

⑥ George Cumming et al., Enforcement of Intellectual Property Rights in Dutch, English and German Civil Courts, Kluwer Law International, 2008, p.233.

⑦ Faxkarte, GH GRUR 2002, S.1046.

（二）《德国民事诉讼法》相关规定在知识产权诉讼中的适用

《德国民事诉讼法》第 422 条（"民法中的提出义务"）和 423 条（"引用时的提出义务"）是关于文书提出义务的规定。第 422 条规定："依照民法中的规定，举证人可以要求交出或提出证书时，对方当事人有提出证书的义务。"可见，援引第 422 条是以民事实体法上文书提出请求权的存在为前提，该条规定只是实现了从实体权利到程序权利的转换。第 423 条规定，对方当事人在诉讼中为举证而引用在他自己手中的文书时，有提出此项文书的义务，即使只在准备书状中曾经引用的，也有提出的义务。该条的适用仅以文书提出义务人在书状中曾经自行引用的情况为要件，如果其避不引用，依据该条规定则不能有效要求其予以提出。当事人请求对方提出文书的申请，应明确相关内容：① 申请提出的文书；② 该文书应证之事实；③ 对文书内容应尽量完全说明；④ 主张文书为对方占有所根据的事由（应表明得以支持申请人主张该文书为对方当事人所占有事实的情况，比"释明"要求要低）；⑤ 释明对方当事人提出文书义务的原因。如果对方当事人不承认占有被请求的文书，法院可提出询问，程序参照当事人询问的规定进行。对方当事人将被通知亲自到场，并被询问关于对方当事人占有文书的情况与文书的下落，如果对方当事人拒绝回答或者拒绝到场，则法院可推定申请人提供的文书副本为正确文书，或者认定申请人关于文书的性质与内容的主张已经得到证明。经过询问，如果法院确信对方当事人占有系争文书，法院应命其提出。

同时，该法规定了第三人提出其占有的文书的义务，第三人在有与非举证方当事人相同的情况时，也负有提出文书的义务。如果第三人拒绝提出，举证方当事人只可通过另行起诉的方式强制其提出。当事人请求第三人提出文书的申请应予明确的内容包括：① 申请提出的文书；② 对文书内容应尽量完全说明；③ 释明文书之所以在第三人手中的原因；④ 释明对方当事人提出文书义务的原因。有必要强调的是，其中"释明文书之所以在第三人手中的原因"要求申请人承担释明义务，要比请求对方当事人提出文书的相应义务要求更高。

2002 年修订后的新《德国民事诉讼法》在证据披露方面有了突破，第 142 条（"命令提出文书"）[①]和 144 条（"勘验和鉴定"）[②]规定了法院在必要时得依职权

[①]　《德国民事诉讼法》第 142 条第 1 款规定：法院可以命令当事人一方或第三人提出他所持有的而由一方当事人引用的文书，以及家谱、地图、设计图纸和其他图纸等。该条第 2 款和第 3 款分别涉及命令提出文书的例外情况和文书的翻译。

[②]　《德国民事诉讼法》第 144 条第 1 款规定：法院可以命令进行勘验，并可命令鉴定人进行鉴定。法院可以要求当事人或第三人在一定期限内将勘验对象交给法院。法院可以要求当事人容忍第一句规定的对勘验或鉴定对象的查看，只要这种查看不是在住所中进行。该条第 2 款和第 3 款分别涉及勘验物提出义务的例外和勘验或鉴定的程序。

命令当事人一方或第三人提出文书或勘验物。通过修订,虽然文书提出义务范围得以扩大,但是在知识产权诉讼中适用第 142 条和第 144 条仍然存在不足。法院自由行使该权力的空间有限,不能在一方当事人尚未进行"具体化陈述"或尚未"引用系争文书"的情况下,仍然命令文书持有人提供证据。具体化陈述可以提供案件重要事实,在此基础上法院可以判断证据提出的必要性,在具体化陈述进行之前,法院一般无命令另一方当事人提出文书或其他资料的空间;强调"引用文书"是为将裁判基础资料限于当事人提出的内容,防止法院自行扩张审理范围。至于引用的具体程度,需要进行个案判断,原则上以当事人对该资料的说明足以使法院判断文书是否以及如何有助于事实认定为准。[①] 这些规定难以满足《欧盟知识产权指令》第 6 条规定的从对方当事人获取证据的要求:首先,这两个条文赋予了法院一定的自由裁量权,这意味着当事人获取证据的权利依赖于法庭的决定,程序保障不够充分;其次,对于不执行法庭命令的当事人,法院能采取的应对措施只有不利推定,缺乏强制措施;最后,关于《欧盟知识产权指令》第 6 条规定的申请人要求出示银行、财务和商业文件的权利,德国法院通常不太愿意依据第 142 条予以支持。[②]

《德国民事诉讼法》规定了第三人文书和勘验物提出命令制度的两种例外情况:其一,如果期待第三人提交文书属于不合理要求;其二,根据《德国民事诉讼法》第 383—385 条第三人享有拒绝作证权(特免权),第三人可以拒绝提供相应证据。

依据《德国民事诉讼法》第 383 条第 1 款,第三人有权拒绝提出证据的个人原因包括:① 是当事人的未婚配偶;② 是当事人的配偶或以前的配偶;③ 现在是或者过去是当事人的直系血亲或直系姻亲,或三亲等以内的旁系血亲,或二亲等以内的旁系姻亲;④ 教会的人员关于在教会工作中受人信赖而被告知的事项;⑤ 由于职业上的原因,现在从事于或过去曾经从事过定期刊物的编辑、出版或发行工作,或广播工作的人,关于文稿和资料的著作人、投稿人或提供材料的人的个人情况,以及关于这些人的活动的内情,但以这些都是涉及编辑工作中的文稿、资料和报道的为限;⑥ 由于职务、身份或者职业上的关系而知悉一定事项的人,由于从事情的性质上或依法律的规定应保守秘密的事项。

依据《德国民事诉讼法》第 384 条,第三人的拒绝事由包括:对于某些问题的回答,将会对第三人或者与第三人有亲属关系的人(第 383 条第 1 款前 3 项),

---

① 陈玮佑:《民事诉讼上事证开示与秘密保护之比较研究——以专利侵权事件为例》,《台北大学法学论丛》2017 年第 4 期(总第 104 期),第 152 页。

② George Cumming et al., Enforcement of Intellectual Property Rights in Dutch, English and German Civil Courts, Kluwer Law International, 2008, pp.234 - 238.

直接造成财产权上的损害;对于某些问题的回答,将会对第三人或者第三人的亲属引起不名誉或使其因犯罪或违警行为而有受追诉的风险;对于某些问题,第三人非将其技术或职业上的秘密公开就不能回答的。

二、知识产权法之特别规则

虽然德国民事诉讼法上规定的文书或勘验物的提出义务范围相对较窄,但是其民事实体法规定的情报请求权弥补了这种不足。《德国民事诉讼法》第809条的物的检查请求权和第810条规定的文书阅览权都属于情报请求权。除此之外,在知识产权法中,资讯开示请求权和信息权同样属于这一权利,它们客观上进一步增强了知识产权权利人的证据收集能力。

（一）资讯开示请求权制度

为了弥补《德国民法》和《德国民事诉讼法》的不足,以便有效实施《欧盟知识产权指令》第6条,德国知识产权法规定了当事人的资讯开示请求权,从实体法层面强化了文书和勘验物提出命令制度。资讯开示请求权的立法目的在于,通过检查或查阅义务人提出的相关物证、书证,确认是否存在侵权以及侵权的相关情况,进而决定是否提起侵权诉讼。对于资讯开示请求权,德国多部知识产权立法都有规定,比如《德国专利法》第140c条、《德国商标法》第19a条、《德国著作权法》第101a条、《德国实用新型法》第24c条、《德国外观设计法》第42a条。这些规定的内容基本相同,以下仅以《德国专利法》(第140c条)为例予以说明。

《德国专利法》第140c条共5款内容,明确涉及资讯开示请求权的权利主体和相对人、可请求开示的资讯范围、资讯开示请求权提出的时间和条件、相关程序以及相对人的权利。

具有资讯开示请求权主体资格的不仅有专利权人,还有其他依法获得权利的人,包括专利被授权人、质权人以及其他合法获得专利权的人。资讯开示请求权的相对人是"任何有足够可能性违反第9条至第13条规定的实施专利发明的人"。

关于资讯开示的范围,包括文书或物,如果侵权达到商业规模具有充分的可能性,相对人有义务提出的文书扩展到银行、财务和商业文件。

依据《德国专利法》第139条第1款,专利权人可在面临他人有侵害行为危险时以侵害防止请求权为由提起诉讼,不以实际发生专利侵权为必要条件。在这种情况下提起诉讼时,权利人即可依据第140c条行使资讯开示请求权。如果确有充分证据证明实际发生专利侵权,依据第140c条行使的资讯开示请求权就更不存在法律障碍。《德国专利法》第140c条第5款明确使用的"侵害之威胁"的表述,也印证了在权利有遭受侵害危险的情况下,权利人即可行使资讯开示请求权。

援引《德国专利法》第 140c 条的资讯开示请求权需满足以下条件：其一，证明专利侵权的充分可能性。"充分可能性"的要求比德国联邦最高法院要求的"明显程度的可能性"要低，具有"某种程度的可能性"即可。作为一个前提，这里涉及专利有效性问题，德国通说认为，受理资讯提出请求的法院，仅在专利权的无效认定具有"极高盖然性"的情况下，①法院才会因此不予准许。② 其二，资讯提出对于证实权利人主张的必要性。专利权人需要阐明，为获得类似的重要证据，即使通过努力也无法找到更适合的途径。其三，符合比例原则。据此法院适用该条规定时需要权衡双方当事人的利益，包括当事人的保密利益。其四，如果相对人主张相关资讯具有机密性，法院应当采取必要的保护措施。

为保障文件和勘验物提交义务的履行，该法明文规定法院可以作出具有强制性的假处分命令。而且，不同于《德国民事诉讼法》第 935—945 条有关假处分的规定，其假处分的适用不需要具备"紧迫性"条件。

《德国专利法》第 140c 条明确规定了相对人利益的保护，体现在以下几个方面：其一，相对人机密信息的保护。第 140c 条第 1 款第 3 句规定，如果被控侵权人主张提出的资讯具有机密性，法院应基于个案采取必要措施予以保护。第 140c 条第 3 款规定，法院在通过假处分的方式实现相对人的资讯提出义务时，应采取必要措施保护商业秘密，尤其是未在事前听取被申请人意见而准许假处分时尤其如此。其二，损害赔偿权。为避免权利人滥用资讯开示请求权，依据该条第 5 款的规定，如果事后表明并无侵权行为或侵权威胁，被控侵权人因履行资讯提出义务所产生的损害，可向权利人请求赔偿。其三，在涉及刑事案件时，相对人享有依据第 140b 条第 8 款③拒绝允许他人利用其所告知的资讯的权利。

关于《德国专利法》第 140c 条的解释与适用，德国司法系统积极回应《欧盟知识产权指令》的立法目的，即强化知识产权之权利行使，以达到鼓励创新研发及创作之目的。德国司法实践中对于权利人主张资讯开示请求权的条件，比如专利有效性的预判、专利侵权的"充分可能性"标准、资讯提出对于证实权利人主张的必要性、资讯提出请求权是否符合比例原则等，均采取较为宽松立场。而且，在资讯开示请求权行使涉及的机密信息问题上，不将其看作是资讯开示请求权的例外，不因涉及机密信息即考虑拒绝权利人的资讯提出请求，而只是要求法

---

① 在德国，专利侵权和专利无效由不同法院进行审理。

② 李素华：《智慧财产诉讼之文书提出义务——以德国专利侵权诉讼之证据开示请求权及智慧财产法院 103 年度民专诉字第 66 号民事判决为中心》，《月旦法学杂志》2019 年第 10 期，第 201 页。

③ 《德国专利法》第 140b 条第 8 款规定：在刑事诉讼或者依据《社会治安法》进行的程序中，针对义务人提供信息之前义务人或其特定亲属的行为提起的控诉，只有经义务人同意，才可以利用其告知的信息。

院对被提出的资讯采取适当的保护措施。也就是说,对于机密信息的保护采取的是相对保护模式,而非绝对保护模式。德国联邦最高法院(BGH)在 2012 年的一起判决①中,在适用《德国专利法》第 140c 条时,将其与《德国民事诉讼法》(ZPO)第 142 条("命令提出文书")及第 144 条("勘验和鉴定")相结合。也就是说,当第 140c 条资讯开示请求权的条件得以满足时,法院有义务适用 ZPO 第 142 条和第 144 条,命令不负证明责任的对方当事人提出书证或者提交物证用于勘验或鉴定。这样,法院负有义务通过命令书证或勘验物的提出,以便厘清个案事实。若法院违反该项义务,构成对当事人审判权的侵害,从而成为上诉第三审的事由。②

（二）信息权制度

《欧盟知识产权指令》第 8 条规定了知识产权权利人的信息权,其立法目的在于帮助权利人从侵权人或第三人那里调查侵权产品的来源、销售渠道以及价格等信息。在 1990 年,德国颁布《打击假冒产品法》,以"一揽子立法模式"将信息权一次性纳入多部知识产权法中。《欧盟知识产权指令》第 8 条的制订本身是受德国立法经验的启发。不过,在德国为执行指令而修订法律之前,已有的信息权制度与指令相比存在一定差距:其一,信息权的客体并不涉及涉案物品或服务的价格信息,而只涉及名称、地址和数量。其二,提供信息的义务能否适用于第三人存在很大疑问。③ 为执行《欧盟知识产权指令》第 8 条的信息权制度,德国修订了一系列知识产权法的相应规定,比如《德国专利法》第 140b 条、《德国著作权法》第 101 条、《德国商标法》第 19 条、《德国实用新型法》第 24b 条、《德国外观设计法》第 46 条。这些规定的内容基本相同,以下以《德国专利法》第 140b 条为例予以说明。

《德国专利法》第 140b 条授予专利权人针对侵权人和第三人的信息权。其中第 1 款规定专利侵权人应立即提供关于所使用的产品的来源及销售渠道的信息;第 2 款规定,在显然存在侵权或者被侵权人已对侵权人提起诉讼的情况下,被侵权人可以对曾以商业规模从事下列行为的任何人提出告知信息的要求:持有侵权产品的人;使用侵权服务的人;提供用于侵权行为之服务的人;依据前三项所列之人的陈述,参与制造、生产、销售系争产品或提供系争服务的人。

---

① BGH GRUR 2013, 316 - Rohrmuffe.

② 李素华:《智慧财产诉讼之文书提出义务——以德国专利侵权诉讼之证据开示请求权及智慧财产法院 103 年度民专诉字第 66 号民事判决为中心》,《月旦法学杂志》2019 年第 10 期,第 203—204 页。

③ George Cumming et al., Enforcement of Intellectual Property Rights in Dutch, English and German Civil Courts, Kluwer Law International, 2008, pp.247 - 248.

提供信息的义务人必须详细提供以下信息：其一，该产品制造人、供应人、先前占有人、营业性质的买受人及销售点的姓名（名称）、地址；其二，制造、供应、接收或订购该产品的数量，以及为系争产品或服务支付的价格。"显然侵权"是指"侵权行为如此明显，以致不太可能发生错误判断、依法官裁量而得出不同判断以及不太可能因此对被申请人造成不当负担"的情形。[①] 该法条没有明确界定何为"商业规模"，可以理解为出于直接或间接经济或商业利益之行为，不包括最终消费者的善意行为，至于是否从事法定意义下的职业、是否在市场交易、是否重复为之，均非所问。[②] 区分达到商业规模与否是基于成本负担方面的考虑，即如此制度设计可以大幅增强权利人收集证据的手段，在诉讼中有效对抗侵权人，同时又不致于将沉重的证据提出负担施加于小规模侵权的行为人。[③]

为行使信息权，专利权人须提供专利直接侵权或间接侵权的证据，仅仅主张专利侵权的风险不足以确立信息权。[④] 信息权的行使不得违反比例原则，即法院需要权衡双方利益作出决定。如果信息提供义务人故意或重大过失提供错误或不完整的信息，那么被侵权人有权要求因此所受损害的赔偿。在显然侵权的案件中，法院可依据《德国民事诉讼法》第935—945条规定的假处分程序，强制义务人提供信息。与《欧盟知识产权指令》仅要求在诉讼程序中提供信息相比，这为专利权人提供了更强大的法律工具，即可以在诉前通过临时措施及时收集必要的信息。

基于利益平衡的考虑，提供信息的义务人享有相应的权益保障：其一，特定情形下拒绝提供信息的权利。如果依据《德国民事诉讼法》第383—385条规定享有拒证权（特免权），负有信息提供义务的第三人可以拒绝提出对涉案侵权人不利的证据。如果他们据此向法院提出拒绝作证，法院可以根据请求，在要求提供信息的争议审结之前，中断审理针对侵权人的诉讼。其二，提供信息之义务人并不负担提供系争信息的必要费用，而是可向要求提供信息的被侵权人主张费用的支付。其三，禁止自证其罪特免权和刑事归罪的亲属特免权。《德国专利法》第140b条第8款体现了"禁止利用原则"，以及对信息提出义务人这些特免权的保护。该款规定，在刑事诉讼程序或依据德国《社会治安法》进行的程序中，针对义务人提供信息之前义务人或者其特定亲属（《德国刑事诉讼法》第52条第

---

① 刘孔中等：《专利证据保全及智慧财产权人资讯实体请求权之研究》，《月旦法学杂志》2014年第3期，第103页。

② 同上，第102页。

③ 谢国廉：《智慧财产案件之证据保全——我国法与欧盟法之比较》，《法令月刊》2007年第7期，第155页。

④ Johann Pitzet al., Patent Litigation in Germany, Japan and the United States, Hart, 2015, p.43.

1 款范围内的人)①的行为提起的指控,只有经过义务人的同意才能使用。其四,责任限制权利。② 第三人为履行误以为存在的信息提供义务而提供真实信息,可能侵害他人权利或违反自身义务(比如公开了保密信息),因而承担相应的侵权或违约责任。在这种情况下,信息提供人仅当知悉其没有提供信息义务时起才需对第三人承担赔偿责任。其五,关于网络服务提供者的信息提供义务及其限制。依据《欧盟知识产权指令》第 8 条第 1 款和第 2 款 a 项,权利人通过网络服务提供者发现著作权或商标权的侵权人的身份信息,显然需要合理解释。网络服务提供者披露相关的客户信息与《德国基本法》第 10 条所保护的秘密通讯权以及欧盟数据保护规则相冲突。不过,《欧盟知识产权指令》第 8 条明确规定信息权的行使不应对相关强制性规定造成影响,同时欧洲法院的判例法允许成员国在财产权与隐私权之间达成一个公正的平衡。《德国专利法》第 140b 条第 9 款和第 10 款体现了对隐私权的平衡保护:当相关信息只能通过使用电讯数据而提供,被侵权人必须在先向州法院提出申请、承担审判费用并在获得一个有关使用电讯数据的授权令之后,才能取得相关信息(其他关于个人数据保护的规则与条款不受影响)。这样,《德国基本法》第 10 条关于通讯秘密的基本权利受到了一定的限制。

第三节　欧盟统一专利法院的
证据披露制度

一、证据提出命令制度

《统一专利法院协定》第 59 条和《统一程序规则》第 190 条第 1 款规定了证据提出命令制度。据此,如果一方当事人已经提供了可合理获得且表面合理的证据(plausible evidence)支持其主张,并且为证实这些主张,详细说明证据在对方当事人或第三方的控制之下,法院可依据详细说明了这些证据的合理申请,"以保护机密信息为条件",命令对方当事人或第三人出示证据。依据一方当事人的申请,法院在上述相同的条件下还可以命令对当事人出示银行、财务或商业文件。为保护机密信息,法院可以命令证据应仅向受适当保密条款约束的某些指定人员披露。

---

① 《德国刑事诉讼法》第 52 条第 1 款规定的亲属包括:"1. 被指控人的订婚人;2. 被指控人的配偶,即使婚姻关系已不再存在;3. 与被指控人现在或曾经是直系亲属或者直系姻亲,现在或者曾经在旁系三亲等内有血缘关系或者在二亲等内有姻亲关系的人员。"

② 《德国专利法》第 140b 条第 6 款规定:"根据第 1 款、第 2 款没有告知义务的人如果提供了真实信息,仅在他提供信息时知道他并没有告知义务的情况下,对第三方负有责任。"

出示证据的申请可以在书面程序或审前程序[①]中提出。在书面程序或审前程序中，给予对方当事人或第三方陈述意见机会以后，特别法官助理（judge-rapporteur）可以发布证据出示命令。就证据出示作出决定前，法庭应充分考虑对方当事人或第三方的利益。第三人依据《统一程序规则》第179条第3款[②]、第287条和第288条[③]可以行使特免权。当事人不服证据出示命令的，可以提出上诉。

二、信息权制度

《统一专利法院协定》第67条和《统一程序规则》第191条确立了信息提供命令制度，即信息权制度，规定依据申请人提出的具有合理理由且符合比例原则的申请，法院可命令当事人或者第三人向申请人提供其控制下的相关信息。这些信息包括：关于产品或方法的来源和销售渠道，生产、制造、交付、接收或订购侵权产品的数量和价格，参与产销侵权产品或使用侵权方法的任何第三人的身份。除此之外，依据《统一程序规则》第191条的规定，当事人或第三人应当提供的信息还包括为合理推进当事人案情之目的合理必要的其他信息。这里的"第三人"是实施了以下行为的人：被发现以商业规模拥有侵权产品或以商业规模使用侵权方法；被发现提供用在侵权活动中具有商业规模的服务；根据前述两类人的陈述，参与侵权产品或方法的生产、制造或销售或者侵权服务的提供。可见，与德国知识产权法相比，欧盟统一专利法院要求提供的信息范围更广，有利于权利人及时发现侵权线索和证据。同时，欧盟统一专利法院针对第三人信息权的行使条件也相对宽松。针对第三人的信息权的行使，根据《德国专利法》第140b条第2款规定，权利人需要满足的条件包括"在显然存在侵权或者被侵权人已对侵权人提起诉讼的情况下"以及四类"第三人"的行为均需要达到"商业规模"，而《统一专利法院协定》第67条第2款并未特别要求"显然存在侵权"或者"已提起诉讼"，而且"第三人"中的第三类也没有"商业规模"要求。

---

① 欧盟统一专利法院的一审程序包括书面程序（written procedure）、审前程序（interim procedure）、开庭审理程序（oral procedure）、损害裁决程序（procedure for the award of damages）以及费用决定程序（procedure for cost decisions）。在审前程序中，法院可以与各方当事人举行审前会议。参见《统一程序规则》第10条。

② 《统一程序规则》第179条第3款涉及亲属特免权、国内准据法下的职业关系特免权或其他保密义务、国内准据法下的禁止自证其罪特免权和刑事归罪的亲属特免权。

③ 《统一程序规则》第287条和第288条分别涉及律师—当事人特免权和诉讼特免权（Litigation privilege）。两者不同之处在于，律师—当事人特免权保护的对象是当事人与律师（包括专利律师）之间秘密交流的信息；而诉讼特免权保护的对象是当事人、律师（包括专利律师）与第三人之间为获得用于诉讼或其他程序如行政程序的证据或信息而秘密交流的信息。

此外,《统一程序规则》第 191 条还规定,证据提出命令制度中的一些规定①准用于信息权。为保护机密信息,法院可以命令相关信息仅应向受适当保密条款约束的某些指定人员披露,针对第三人的信息提供命令也须合理考虑第三人利益。信息提供义务人也享有与证据提出义务人相同的特免权。此外。第三人对于信息提供命令不服,同样享有上诉权。

第四节　我国台湾地区知识产权诉讼中的证据披露制度

我国台湾地区民事诉讼法是在借鉴德、日立法经验的基础上制订并有所创新。2000 年 2 月通过修正后的"民事诉讼法"对证据披露制度进一步完善,体现了保障当事人证明权的立法理念。我国台湾地区知识产权诉讼证据披露制度包括"民事诉讼法"中的文书提出义务、文书特定协助义务以及"智慧财产案件审理法"关于证据披露的特别规定。

一、"民事诉讼法"之一般规则

(一) 文书提出命令制度

根据"民事诉讼法"第 344 条规定,当事人对下列文书负有提出义务:① 该当事人在诉讼程序中曾经引用的文书。② 对方当事人依法律规定,可请求交付或阅览的文书。③ 为对方当事人的利益而制作的文书。④ 商业账簿。⑤ 就与本件诉讼有关的事项所制作的文书。②

我国台湾地区民事诉讼法的改革,致力于弥补大陆法系证据收集手段不够完备的缺失,事实上将文书提出义务明确确立为一般义务,这一点与德国民事诉讼法不同。文书提出义务涉及的第一类,"该当事人在诉讼程序中曾经引用的文书",是指当事人在准备书状、准备程序、调查证据程序或者言词辩论以言辞引用的文书,而 2000 年修法前的规定仅限于"准备书状内或言词辩论时,曾经引用"的文书。③ 关于第二类文书,对方当事人依实体法上的规定享有请求交付或阅览的权利,文书持有人如果不提出该文书,申请人原本可以依据该实体法规定提出诉讼请求,在最终获得胜诉判决的情况下,由对方主动履行交付义务或者通过

---

① 《统一程序规则》第 190 条第 1 款第 2 句,第 190 条第 5 款、第 6 款。

② 这是 2000 年修订后的规定,扩大了文书提出义务的范围。此前 1968 年台湾地区"民事诉讼法"第 344 条规定的文书提出义务范围包括:"一、该当事人于准备书状内或言词辩论时,曾经引用者。二、他造依法律规定,得请求交付或阅览者。三、为他造之利益而作者。四、就当事人间法律关系所作者。五、商业账簿。"

③ 姜世明:《新民事证据法论》,厦门大学出版社 2017 年版,第 3—4 页。

强制执行获得该文书。不过，与其采取另外从诉讼到执行的迂回方式，显然不如文书提出命令制度的运行来得便捷高效。第三类为利益文书，指该文书虽为举证人利益而作，但非为举证人所持有，故持有此项文书之人，亦有提出义务。为对方当事人的利益而制作的文书，兼指为双方当事人或对方当事人以及第三人利益之情形在内，不限于专为当事人利益而作的情形。第五类，"就与本件诉讼有关的事项所制作的文书"，凡与本件诉讼有关之一切事项均属此类情况，这也是台湾地区 2000 年修法时扩大文书提出义务范围的主要体现，是其确立文书提出义务一般化的标志。有台湾地区学者指出，"当事人就其实体上及程序上之法律关系、争点、攻击或防御方法等与本件诉讼有关之事项所作之文书，当事人均负有提出之义务"。① 也有不同观点认为，在我国台湾地区，第五类情形的适用需要进行利益平衡，应当避免一般情况下对非负担证明责任的当事人造成过度期待以及摸索证明的滥用，在适用时应当进行限缩解释，比如适用于证据偏在的情况，并依据诚实信用原则予以限制较为妥当。②

2000 年"民事诉讼法"扩大文书提出义务范围，目的在于贯彻当事人诉讼资料使用平等原则，及便于发现真实并整理争点，以达到审理集中化的目标，此等理念或法理根据，亦与证据开示程序的指导理念具有共通性。③

依据"民事诉讼法"第 342 条第 1 项和第 2 项的规定，"声明书证，系使用他造所执之文书者，应声请法院命他造提出。前项声请，应表明下列各款事项：一、应命其提出之文书。二、依该文书应证之事实。三、文书之内容。四、文书为他造所执之事由。五、他造有提出文书义务之原因。"

诉讼外第三人也负有一般性文书提出义务，依据"民事诉讼法"第 347 条，对于当事人的申请，只要法院认为"应证之事实重要"且"声请正当"，在给予第三人必要陈述机会的情况下，"应以裁定命第三人提出文书或定由举证人提出文书之期间"。关于第三人文书提出义务的范围，依据"民事诉讼法"的规定，第三人仅就当事人依法律规定可向第三人请求交付或阅览的文书、为当事人利益而制作的文书、商业账簿及就与本件诉讼有关事项所制作的文书为限，负有提出的义务。当事人要求第三人履行文书提出义务的，须释明文书为第三人持有的事由及第三人有提出义务的原因。

当事人和第三人的文书提出义务存在例外。有关证人特免权的规定（与《德国民事诉讼法》383—385 条的规定类似）准用于第三人的文书提出义务。"民事

---

① 姜世明：《新民事证据法论》，厦门大学出版社 2017 年版，第 4 页。
② 同上，第 22 页。
③ 许士宦：《证据收集与纷争解决》，新学林出版股份有限公司 2005 年版，第 346 页。

诉讼法"第306条、307条规定了证人的特免权,包括公共利益特免权①、亲属特免权、禁止自证其罪特免权、职业关系特免权等。另外,如果申请提出的文书属于"就与本件诉讼有关之事项所作者,"涉及当事人或第三人之隐私或业务秘密,如予公开,有致该当事人或第三人受重大损害之虞者,当事人可拒绝提出,同样地,第三人在这种情况下也有拒绝提出文书的权利。

从文书提出义务的范围来看,第三人文书提出义务较轻于当事人,这主要是考虑到"第三人一方面被勉强牺牲劳力、时间甚至费用(提出文书之费用未必全部能弥补),另一方面受强制为自己所不欲之提出,不但可能遭受经济上损害,甚或自由、人格权亦蒙受相当损伤。此等财产权、自由权之限制或侵害,除为促进司法权之适当行使,以增进公共利益外,并为确保当事人之诉讼权、平等权"。②

（二）文书特定协助义务制度

台湾地区2000年"民事诉讼法"第342条增订第3项确立了文书特定协助义务制度,规定在当事人申请书中表明文书的标示和内容明显有困难时,法院可以命令对方当事人或第三人为必要的协助,其与日本民事诉讼法中的文书特定程序的目的相同,具体规定也大同小异。

"文书特定协助义务"是指申请人为表明文书的名称、特征、内容明显有困难时,持有文书的对方当事人或第三人予以陈明,提供协助的义务。如果对申请文书提出命令的当事人严格要求履行文书特定化的义务,在其申请提出文书而有表明困难的阶段即遭裁定驳回,将可能使其实体权利无证明的机会。文书特定协助义务是证据协力义务的具体体现,为协同发现案件事实、促进诉讼,当申请人已尽必要努力仍然无法对文书予以特定,持有文书的当事人或第三人应当提供必要的协助,即承担文书特定协助义务。比如,提出文书目录,由申请人挑选。当事人和第三人的文书特定协助义务是对法院的诉讼审理所应负的公法上义务。台湾地区的文书特定协助义务制度系借鉴日本的文书特定程序而来。它有助于贯彻当事人间武器平等原则及保障平等接近证据的权利、机会,从而巩固、伸展当事人的程序主体地位。③ 在台湾地区,如果文书持有人不依法院命令履行其文书特定协助义务,法院可以依据证明妨碍规则予以处理,比如对于当事人进行不利推定,对第三人处以罚款。

---

① 台湾地区"民事诉讼法"第306条(公务员为证人)规定:"以公务员或曾为公务员之人为证人,而就其职务上应守秘密之事项讯问者,应得该监督长官之同意。前项同意,除经释明有妨害国家之利益者外,不得拒绝。"同时,第350条规定:"机关保管或公务员执掌之文书,不问其有无提出之义务,法院得调取。第306条之规定,于前项情形准用之。"同时,该条规定:法院为判断有无拒绝提出的正当理由,在必要时可以命其提出文书,直接阅览文书记载内容。

② 许士宦:《证据收集与纷争解决》,新学林出版股份有限公司2005年版,第349页。

③ 同上,第355页。

二、"智慧财产案件审理法"之特别规则

"智慧财产案件审理法"第 10 条规定：文书或勘验物之持有人，无正当理由不从法院之命提出文书或勘验物者，法院得以裁定处新台币 3 万元以下罚款；于必要时并得以裁定命为强制处分。这里增加规定了知识产权文书提出命令的强制性后果，以此加强对当事人收集证据的程序保障。

我国台湾地区"民事诉讼法"一般规定的不足之处在于未对证据披露命令赋予强制力，而这正是立法者欲借"智慧财产案件审理法"第 10 条消弭的问题。按本条的立法理由，民事诉讼的当事人若不遵从法院命令提出文书或勘验物，法院仅得依第 345 条第 1 项的规定，"审酌情形认他造关于该证据之主张或依该证据应证事实为真实。不过，法院究竟在何程度得认定为真实并不确定。如证据仍存在时，不如直接或间接强制促其得诉讼中显现，更为有效"。[①] 作为一种可供当事人选择的强有力的法律工具，强制处分的引入无疑增强了知识产权案件中发现真实的可能性。

此外，"智慧财产案件审理法"规定了证据保全制度、商业秘密保护（尤其是保密令）制度、技术审查官制度，对知识产权诉讼中的证据收集制度予以强化。

第五节　域外知识产权诉讼证据
披露制度之评析

一、域外知识产权诉讼证据披露制度中的利益平衡

各国证据披露制度的改革贯彻利益平衡理念，而不是不顾代价、最大限度地追求客观真实。现代民事证据制度所追求的应当是程序利益与实体利益、诉争利益与诉争标的之外利益的平衡。美国、德国以及我国台湾地区的知识产权诉讼与欧盟统一专利法院的证据披露制度无不体现了利益平衡的理念。

总体而言，域外国家或地区在相关制度改革的过程中相互借鉴、相向而行，赋予当事人证据收集权的程序保障是其民事诉讼（尤其是知识产权侵权诉讼）证据披露制度的基本特征。

大陆法系国家或地区受传统诉讼理念的影响，对方当事人与诉讼外第三人提供证据义务的范围相当有限。由于现代型诉讼案件大量增加，在这些诉讼中

---

① "智慧财产案件审理法"第 10 条立法理由。

明显存在证据偏在的情形,基于武器平等的诉讼理念,德国、我国台湾地区等对证据披露制度进行改革,其重点是扩充证据提出义务的范围,并为当事人取得相关信息与证据提供法律保障。[①] 台湾地区在 2000 年修订"民事诉讼法"时确立了文书提出义务的一般化。虽然《德国民事诉讼法》中文书提出义务范围相对狭窄,不过德国实体法(尤其是通过修订一系列知识产权法)规定了诸多情报请求权,大大增强了当事人证据收集的能力。而且,在文书提出命令等制度的基础上,德国、台湾地区的证据保全制度通过改革增加了一定的证据开示功能(证据保全问题将在后文设专章论述),这反映了大陆法制度对普通法证据开示制度及其理念的借鉴,一定程度上出现了接近普通法证据开示程序的迹象。

普通法系的证据开示程序有利于当事人获取更为充分的证据认定事实,大量案件在审理前因双方证据优劣局面已分而达成和解。同时,证据开示范围的宽泛容易被当事人滥用,造成程序拖延和成本高昂。不过,普通法证据披露的范围也在调整之中。从历史上看,美国证据开示义务的范围有所缩减。

各法域在知识产权诉讼制度中加强当事人收集权保障,同时充分保护负有证据披露义务的对方当事人和第三人的利益。这体现在以下几个方面:

其一,当事人或第三人证据披露义务的例外。为了防止对社会重大利益或社会关系造成侵害,普通法国家赋予当事人和第三人特定情形下的特免权,[②]德国、我国台湾地区、欧盟统一专利法院将特免权制度适用于负有证据(包括信息)提出义务的第三人。不过,以美国为代表的普通法国家不承认商业秘密特免权。与此不同,在台湾地区当事人或者第三人可以个人隐私和商业秘密作为例外事由,拒绝履行证据提出义务;在德国第三人的保密利益也可依法构成文书提出义务的例外,而对于当事人的保密利益的维护,法院只能基于自由裁量权加以考虑并决定。[③] 此外,许多立法例规定了其他例外,比如,在德国如果期待第三人提交文书属于不合理要求,第三人也可以将此作为其文书提出义务的例外。

其二,强调商业秘密的保护。关于知识产权诉讼中证据披露涉及的商业秘密保护,美国、德国、我国台湾地区、欧盟统一专利法院普遍予以重视,尽管采取的保护模式与具体方法存在较大差异。知识产权诉讼中的商业秘密保护制度比较复杂,牵涉较广,对于这一问题,后文将设专章论述,在此不予具体展开。

---

①　熊跃敏:《大陆法系民事诉讼中的证据收集制度论析》,《甘肃政法学院学报》2004 年第 4 期,第5 页。

②　尽管特免权理论基础的认识相同或相近,不过,在不同的法系之间、在同一法系的不同国家之间特免权制度存在一定的差异。

③　关于德国、我国台湾地区知识产权诉讼中当事人和第三人以商业秘密为由拒绝提出证据的权利,可参见第六章的具体论述。

其三,证据提出请求需要符合相对严格的条件,比如比例原则①,以防止滥用权利,不当侵害相对人的利益。以德国为例,援引《德国专利法》第140c条的资讯开示请求权需满足的条件包括:证明专利侵权的充分可能性,资讯提出对于证实权利人主张的必要性,符合比例原则,法院应当采取必要的保密措施。义务人开示的资讯范围包括文书或物,仅当侵权达到商业规模具有充分的可能性,义务文书才扩展到银行、财务和商业文件。根据《德国专利法》第140b条第2款的规定,在显然存在侵权或者被侵权人已对侵权人提起诉讼的情况下,被侵权人可以对曾以商业规模从事相关行为的任何人提出信息告知的请求。这里要求"显然存在侵权""商业规模",体现了对信息权行使须符合比例原则的限制。再如,欧盟统一专利法院的程序规则要求,在法官发布证据提出命令之前,应当充分考虑对方当事人和第三人的利益;信息提供申请应当符合比例原则,针对第三人的信息提供命令须合理考虑第三人利益。在美国证据开示程序中,录取证言、质问书依法存在次数的限制,同时允许在法院同意情况下的一定灵活性。如果证据开示系不合理地重复或本可以更方便、更容易或者更经济的方式取得相同信息,开示申请人已获得充分机会取得开示信息,或者证据开示的成本高于利益,法院必须依申请或自行限制证据开示的范围与次数,这些规定实际上也是比例原则和利益平衡原则的体现。

最后,负有证据披露义务的对方当事人或第三人享有的其他权利。对于证据披露的请求或命令,作为正当程序方面的权利,对方当事人或第三人对披露范围享有陈述意见权或异议权,甚至对披露范围的裁定享有上诉权,比如欧盟统一专利法院的相关规定。当事人或第三人在一定情况下享有费用和损失的赔偿请求权,比如,在德国,滥用资讯开示请求权,给相对人造成损失的,相对人享有损害赔偿权。此外,在德国,提供信息之义务人因提供信息而产生诉讼的必要费用,可向要求提供信息的被侵权人主张。在我国台湾地区,为打消第三人因提出文书而需另行支付费用的顾虑,"民事诉讼法"明确规定第三人可以请求申请人支付该项费用。②

需强调的是,因为案外第三人与案件无直接利害关系,本不应承担过重的负担,因此在各国民事诉讼立法中第三人的利益相比于负有证据披露义务的对方

---

① 比例原则来源于德国公法领域,包括三方面内涵:适当性、必要性和衡量性。适当性是就目的而言,指行为适合于目的实现;必要性是就手段而言,指行为不能超越实现目的的必要限度;衡量性(狭义的比例原则)是就手段和目的的关系而言,指行为造成的损害与达成目的所获得的利益相比较小,对于实现目的而言,行为具有必要性。在证据收集领域,比例原则是指证据收集行为应兼顾目标和相对人的权益,使两者处于适度的比例关系。

② 吴如巧等:《论文书提出命令制度适用范围的扩张》,《重庆大学学报(社会科学版)》2017年第1期,第98页。

当事人受到了特别的"关照"。比如,在德国,如果期待第三人提交文书属于不合理要求,第三人可以拒绝文书提出命令;关于信息权的行使,如果相对人是第三人而不是当事人,必须满足的限制条件是"显然存在侵权或者被侵权人已对侵权人提起诉讼",而且侵权行为必须已达商业规模,以免因提供信息而给义务人施加过重的负担。关于特免权的主体,无论是德国、我国台湾地区还是欧盟统一专利法院,特免权的权利人原则上只限于第三人,不及于当事人,商业秘密特免权除外。

从现代司法文明角度看,法官在行使关于证据披露的自由裁量权时,也"应依各事件类型,斟酌持有人拒绝提出之事由,该文书作为证据之重要性,取代可能性,他造接近证据之程度等因素,兼顾证明权保障、真实发现、促进诉讼、当事人间公平诸诉讼法上基本要求,始能妥适调整当事人两造之利害而平衡各种利益"。[1] 由于追求不同利益之间的平衡,不能一味强调保障当事人的证据收集能力,这就意味着客观真实有时难免有所牺牲,证据收集制度不能不顾代价地追求客观真实。

二、普通法证据开示制度的特征及与大陆法比较

首先,普通法中的证据开示可以帮助双方当事人发现大量证据和信息,包括对本方有利和不利的证据。证据开示对证据相关性的要求较低,开示涉及的证据范围宽泛,足以涵盖德国文书(勘验物)提出命令制度、情报请求权制度涉及的证据或信息。因此,证据开示制度可以更充分地实现"武器平等",从而有利于发现真实,很多纠纷在进入诉讼之前即可得到解决。由于证据开示对当事人证据收集权的充分保障,尽管存在被滥用的可能,其制度内核从未被抛弃,而只是不断地进行调整和改良。大陆法以文书提出命令为中心的证据收集制度,一定程度借鉴了证据开示制度功能上的优点,不过,两者在证据提出义务范围上仍有质的差别。台湾地区学者认为,不同法域的法院在知识产权国际化的背景下存在竞争,证据披露制度上的劣势影响了知识产权权利人选择台湾地区法院作为起诉法院的意愿,相比于普通法的证据开示,台湾地区知识产权诉讼中的文书提出在范围、规模乃至进行方式上受到很大限制。[2]

其次,普通法的证据开示制度具有更为强大且多元化的功能,包括:① 整理争点。双方通过证据开示,确认部分事实达成共识,得以厘清或缩小争点。② 收集证据。证据开示通过几种不同方法从对方或第三人获得证据。③ 证据保全。通过证据开示,双方在案件准备阶段即已固定案件所涉主要证据,不能根

---

① 许士宦:《证据开示制度与秘密保护程序》,台湾大学 1999 年博士论文,转引自姜世明:《新民事证据法论》,厦门大学出版社 2017 年版,第 7—8 页。
② 李素华:《从智慧财产法院 105 年度民商诉字第 36 号民事判决谈专利及营业秘密诉讼之证据保全与证据开示》,《万国法律》2019 年第 226 期,第 20 页。

据自身利益再随时决定是否提供证据。④ 促进和解。通过证据开示，双方不仅明了各自的主张和抗辩，也清楚了证据上的优势与劣势，对审理结果可以进行相对准确的预判，大多数案件实现了纠纷的非诉讼方式解决，只有少数进入庭审阶段。⑤ 庭审准备。通过证据开示，防止案件审理中的证据突袭，避免当事人不当利用诉讼技巧，造成对方措手不及，从而影响法官对事实的判断。⑥ 促使诉讼的顺利进行。证据开示程序可以作为取得必要证据的工具，保障诉讼程序在证据充分的基础上顺利进行，实现庭审的集中化。虽然大陆法的文书提出命令制度也具有上述部分功能，比如整理争点、收集证据、促进和解，但是功能效果仍不能与普通法证据开示制度相提并论。

再次，在程序进行方面，普通法国家的证据开示制度体现的是当事人进行主义，即由当事人主导程序进行。当事人进行主义的缺陷是容易出现诉讼迟延、增加诉讼成本，以致引发实体不公。因此，在民事诉讼尤其知识产权诉讼中，法官的管理职能在证据开示程序中有不断增强的改革趋势。整体而言，大陆法国家在程序进行方面与普通法存在明显不同，它们采纳的是由法院主导程序的职权进行主义。

最后，证据开示制度及其改革使得竞技型对抗制转向公平型对抗制（即信息对称的对抗制），从而有利于实现实体正义。传统的竞技型对抗制以竞技理论为基础、以法官的消极中立为基本特征。在后工业社会时代，诉讼数量的激增、争议类型的复杂化，当事人实施诉讼行为能力的现实差异容易导致程序的不公，使得程序技巧泯灭实体正义，法官消极中立的正当性受到质疑。公平型对抗制导入了法官的诉讼指挥权与和解促进权的因素，强调当事人之间的对话、沟通以及诚信合作。这些因素的导入，在很大程度上缓解了竞技型对抗制下易产生的程序正义与实体正义的冲突，使对抗制从信息不对称状态步入信息对称状态。① 与普通法国家民事司法改革的轨迹不同：大陆法国家的法律传统是"任何人都不必开示对自己不利的证据"和"不被强迫协助他人权利的证明"，现通过改革，亦完成对传统辩论主义的修正，要求当事人承担真实义务、事案解明义务，而且这些义务涉及的范围和强度逐渐得到提升。比如，2000 年修订的台湾地区"民事诉讼法"扩大了文书提出义务范围，而且"智慧财产案件审理法"通过惩罚措施的规定进一步强化了违反文书提出义务的强制性效果。

三、大陆法知识产权诉讼证据披露制度：法系内部的考察

（一）大陆法证据披露制度的基本特征

德国、我国台湾地区文书（勘验物）提出命令制度有助于促进当事人间的武

---

① 韩波：《民事证据开示制度研究》，中国人民大学出版社 2005 年版，第 87 页。

器平等,可为当事人进行争点及证据整理作充分的准备,有助于发现真实,促进审理集中化,提高诉讼效率。在改革完善民事诉讼一般规则基础上,德国通过一系列知识产权法的修订,引入资讯开示请求权和信息权,不仅扩大了文书提出义务的范围,而且扩充了证据收集的途径。台湾地区于 2000 年修订了文书提出命令制度,扩充了义务文书的范围,从而实现了文书提出义务甚至事案解明义务的一般化,而且通过知识产权特别程序法创设的特别规则,加强了文书提出命令的强制性效果。总之,德国、我国台湾地区在立法上的改革措施,强化了当事人证据收集的程序保障,有利于解决现代型诉讼包括知识产权诉讼的证据偏在问题,实现程序正义和实体正义的平衡。欧盟统一专利法院的证据提出命令制度、信息权制度主要吸收了德国的立法经验,呈现出与德国知识产权诉讼证据披露规则相类似的特征。

无论在德国、我国台湾地区的知识产权诉讼,还是在欧盟统一专利法院的司法程序中,证据提出命令制度都体现了其在证据收集程序上的职权进行主义。举证人向文书持有人(包括当事人和第三人)收集文书,必须通过法院发出文书提出命令的方式进行,而不能直接向他们收集,法官自始至终主持、控制着准备程序的进行。职权进行主义这种运作方式有利于防止程序拖延,实现促进诉讼与发现真实之间的平衡。

(二) 大陆法内部的制度差异

1. 立法模式的不同

在德国,知识产权诉讼证据披露制度分别体现于程序法和实体法。2002 年修订后的《德国民事诉讼法》虽然规定了法院在必要时得依职权命令对方当事人提出文书或勘验物,但并未确立文书提出义务(事案解明义务)的一般化,实际上法院自由行使该权力的空间有限,不能在一方当事人尚未进行"具体化陈述"或尚未"引用系争文书"的情况下,仍命令文书持有人提供证据。《德国民事诉讼法》也没有确立第三人文书提出义务的一般化。不过,《德国民法》上的文书阅览权和物的检查请求权实际上扩大了文书和勘验物的提出义务范围,在此基础上,一系列知识产权法补充了资讯开示请求权和信息权的规定,进一步强化当事人或第三人的文书提出义务,使得知识产权领域的事案解明义务具有了一般化的特征。

在我国台湾地区,知识产权诉讼证据收集制度规定在"民事诉讼法"和特别程序法(主要是"智慧财产案件审理法")中。2000 年修订后的"民事诉讼法"第 344 条、第 367 条确立的文书和勘验物提出命令及相关制度,在事实上确立了事案解明义务的一般化。在此基础上,"智慧财产案件审理法"强化了拒绝文书、勘验物提出义务的法律责任,为知识产权诉讼中的当事人证据收集权提供了更为充分的程序保障。

欧盟统一专利法院在性质上是专门性的法院,《统一专利法院协定》及《统一程序规则》构成了该法院适用的具有自主性和综合性的程序制度,证据提出规则也比较系统完整。《统一程序规则》是对《统一专利法院协定》中程序规则的具体化和补充,两者不是特殊规则与一般规则的关系。欧盟统一专利法院的证据提出命令制度对于当事人或第三人证据提出义务范围没有证据种类上的限制,甚至明确规定了法院依申请可以命令出示的证据包括银行、财务或商业文件,当事人或第三人的证据提出义务在性质上也明显具有一般化的特征。

2. 辅助性制度不同

德国知识产权法、欧盟统一专利法院的程序规则确立了信息权制度,台湾地区没有引入信息权制度,而是确立了文书特定协助义务制度。信息权制度和文书特定化协助义务制度的共性在于,在证据(文书)提出命令制度基础上强化了当事人证据收集权的程序保障。在德国知识产权诉讼中,当事人通过《德国专利法》等实体法规定的信息权,可以从被控侵权人或第三人那里获得广泛的信息或证据线索,包括潜在的侵权人的身份信息、侵权商品或服务的数量和价格,所以信息权可以成为查明知识产权侵权相关事实强有力的工具。依据欧盟《统一专利法院协定》与《统一程序规则》,专利诉讼的当事人也享有类似的信息权。台湾地区确立的文书特定协助义务制度,可以减轻权利人的文书特定化负担,使对方当事人或第三人协助当事人完成文书或勘验物的提出申请,克服申请文书提出命令所遇到的障碍。可见,信息权制度和文书特定协助义务制度各有优势,前者主要侧重于提升当事人获取信息的渠道;后者是在当事人已经大致"锁定"了文书范围之后,协助当事人准确界定相关证据的基本信息,以便当事人进一步要求文书的提出。

3. 第三人违反文书提出义务的救济不同

德国民事诉讼中对于无正当理由不服从文书提出命令的第三人,依据德国法律规定只能通过另行起诉的方式强制该第三人提供文书。可见,对于第三人违反文书提出的义务,德国法采用私法模式。与此不同,我国台湾地区和欧盟统一专利法院采用了直接惩罚的公法模式。台湾地区"民事诉讼法"规定,第三人不服从文书提出命令,可以对其采取罚款或者必要时可以采取强制处分措施等。在欧盟统一专利法院的司法程序中,如果第三人拒绝提供证据,法院可以对其处以不超过5万欧元的罚款;欧盟统一专利法院还可以依据《统一程序规则》第202条向具有管辖权的国内法院发送调查函,由后者依据其国内法协助获得书证的出示。

（三）德国立法例与台湾地区立法例：优劣之分

关于德国、我国台湾地区证据披露制度的优劣之分，台湾学者有不同看法。持"相当论"的一些台湾地区学者认为，依据我国台湾地区"民事诉讼法"第344条（"文书提出义务"）、367条（"物之勘验提出义务"）等规定，当事人和第三人负有广泛的证据协力义务，而且，"智慧财产案件审理法"第10条第1—3项的规定加强了对于当事人和第三人拒绝履行义务的救济与惩罚手段。因此，台湾地区证据披露义务的相关立法足以涵盖德国诉讼法和实体法上证据披露的范围。[①] 在法源依据方面，台湾地区知识产权诉讼中文书或勘验物提出的立法难谓有任何不足。[②]

有些学者对台湾地区现有立法持"不足论"，认为德国法上广泛的实体请求权模式可以协助权利人更好地证明侵权人所受侵害，而且这种模式通过实体法具体规定了权利人可请求提供产品的来源、销售渠道信息甚至银行、财务或商业文件等信息，以及信息提供义务人故意或重大过失提供错误或不完整信息之损害赔偿责任；而台湾地区"民事诉讼法"及"智慧财产案件审理法"对此均未规定。因此，为谋求改善权利人的证据收集权，除可以考虑在程序法中予以强化之外，也可以考虑借鉴德国经验在实体法中充实信息或证据取得的请求权。[③] 也有学者指出，"智慧财产案件审理法"未能引入信息权制度颇为遗憾，因为"民事诉讼法"第344条中"就与本件诉讼有关之事项所作者"的含义能否包含侵犯知识产权的商品或服务的来源与销售网络的所有相关信息存在疑问。而且，如果这些重要信息未制作成文书，则不属于文书提出义务的范围，权利人将无从得知相关信息。[④]

也有学者认为，在台湾地区，权利人收集证据能力不足的问题不在于立法而在于司法，即既有法律条文仍有相当大的落实空间，质疑法院是否愿意适用既有法律条文，是否愿意通过个案演绎及诠释，确立既有法律条文具体适用的要件与内涵。台湾地区"智慧财产法院"对法律的保守适用，不乏是因为考虑证据提出过程可能涉及义务人商业秘密的保护。事实上，机密信息保护问题并非命令证据提出的"构成要件"，而是证据提出后的"执行"层面的问题。[⑤]

---

① 沈冠伶：《智慧财产权保护事件之证据保全与秘密保护》，《台大法学论丛》2007年第1期，第219页。
② 李素华：《智慧财产诉讼之文书提出义务——以德国专利侵权诉讼之证据开示请求权及智慧财产法院103年度民专诉字第66号民事判决为中心》，《月旦法学杂志》2019年第10期，第209页。
③ 刘孔中等：《专利证据保全及智慧财产权人资讯实体请求权之研究》，《月旦法学杂志》2014年第3期，第100—101页。
④ 谢铭洋：《智慧财产案件之证据保全——我国法与欧盟法之比较》，《法令月刊》2007年第7期，第146—148页。
⑤ 李素华：《智慧财产诉讼之文书提出义务——以德国专利侵权诉讼之证据开示请求权及智慧财产法院103年度民专诉字第66号民事判决为中心》，《月旦法学杂志》2019年第10期，第209页。

关于德国和台湾地区的文书提出命令制度,孰优孰劣,难有定论。它们有不完全相同的立法传统,这些制度都是在各自原有制度体系的基础上的完善。不过,台湾地区通过借鉴或创新确立的制度,在司法实践中法院谨慎和保守地予以适用受到了广泛的批评,这也是不争的事实。这与台湾地区作为大陆法系,在证据披露方面一定程度上受到传统保守理念("任何人都不必开示对自己不利的证据")的影响不无关系。德国民事诉讼法在文书或勘验物的提出规则方面,同样体现了这种保守的理念,在司法实践中,当事人承担有限的文书或勘验物提出义务,法官谨慎行使命令对方当事人提出文书的权力。不同的是,德国立法者另辟蹊径,通过设立实体法上的情报请求权,一定程度上克服了举证方面传统理念的不足,客观上达到了对当事人证据收集权的充分保障。

第六节　我国知识产权诉讼证据披露制度的不足与完善

一、我国知识产权诉讼证据披露制度的现状

在民事诉讼中,证据收集方式无非以下几种: ① 当事人及其代理人自行收集证据。在证据收集过程中,如果证据持有人(包括当事人或第三人)拒不提交其占有的证据,那么当事人须通过法院收集所需证据。② 依当事人申请,法院调查收集证据或者命令证据持有人提交证据。③ 法院依职权调查收集证据。在辩论主义原则支配之下的司法实践中,当事人是民事诉讼取证和举证的主体,法院依职权收集证据是非常少见的情况。具体而言,我国现行民事诉讼证据披露制度主要包括以下内容。

(一) 书证提出命令制度

在借鉴大陆法立法经验的基础上,我国民事诉讼法也确立了证据(书证)提出命令制度。《旧证据规定》第 75 条[①]规定了当事人的证据提出义务,如果当事人拒绝履行该义务,法院即可进行不利推定。《民诉法解释》第 112 条规定:"书证在对方当事人控制之下的,承担举证证明责任的当事人可以在举证期限届满前书面申请人民法院责令对方当事人提交。申请理由成立的,人民法院应当责令对方当事人提交,因提交书证所产生的费用,由申请人负担。对方当事人无正当理由拒不提交的,人民法院可以认定申请人所主张的书证内容为真实。"可见,《民诉法解释》和《旧证据规定》都建立了以不利推定作为保障的证据(书证)提出

---

① 《旧证据规定》第 75 条规定:"有证据证明一方当事人持有证据无正当理由拒不提供,如果对方当事人主张该证据的内容不利于证据持有人,可以推定该主张成立。"

命令制度。

《新证据规定》第45—48条进一步完善了书证提出命令制度，界定了书证提出义务的范围和证据种类，^①而且，电子数据和视听资料准用书证提出命令制度。^②它对书证提出申请与审查的程序做出了补充规定：申请书应当载明申请提交的书证名称或者内容、该书证证明的事实及事实的重要性、对方当事人控制该书证的根据以及应提交书证的理由；对方当事人否认控制书证的，法院应根据法律规定、习惯等要素，结合案件的事实和证据作出综合判断。法院审查书证提出申请时，应当听取对方当事人的意见，必要时可以要求双方当事人提供证据、进行辩论，这体现了对被申请人正当程序权利的尊重。此外，它进一步确立了法院审查申请的判断标准：如果当事人申请提交的书证不明确、书证不具有必要性和重要性，不属于书证提出义务的范围，或者书证未在被申请人控制之下，法院不予准许。法院认定书证提出申请成立或者不成立的，裁判文书分别适用裁定和通知的形式。最后，《新证据规定》规定了对方当事人不遵守书证提出命令的法律后果，即区分情况分别推定当事人主张的书证内容和该书证待证明的事实为真实。^③

此外，为解决侵权诉讼赔偿数额问题，2013年修正后的《商标法》^④和2016年公布的《专利法解释二》^⑤先后规定，法院可以责令侵权人提供由其掌握的相关账簿、资料。

（二）法院调查取证制度

依据《民事诉讼法》64条第2款，当事人及其诉讼代理人因客观原因不能自行收集的证据，或者人民法院认为审理案件需要的证据，人民法院应当调查收集。这是法院依申请调查取证和依职权调查取证的法律依据。《民诉法解释》第94条进一步界定了"不能自行收集的证据"的范围和申请法院调查收集证据的

---

① 《新证据规定》第47条规定："下列情形，控制书证的当事人应当提交书证：（一）控制书证的当事人在诉讼中曾经引用过的书证；（二）为对方当事人的利益制作的书证；（三）对方当事人依照法律规定有权查阅、获取的书证；（四）账簿、记账原始凭证；（五）人民法院认为应当提交书证的其他情形。"

② 《旧证据规定》第99条第2款第2句规定："关于书证的规定适用于视听资料、电子数据；存储在电子计算机等电子介质中的视听资料，适用电子数据的规定。"

③ 《新证据规定》第48条。

④ 《商标法》第63条第2款规定："人民法院为确定赔偿数额，在权利人已经尽力举证，而与侵权行为相关的账簿、资料主要由侵权人掌握的情况下，可以责令侵权人提供与侵权行为相关的账簿、资料；侵权人不提供或者提供虚假的账簿、资料的，人民法院可以参考权利人的主张和提供的证据判定赔偿数额。"该规定的内容在2019年修正《商标法》时得以保留。

⑤ 《专利法解释二》第27条规定："权利人因被侵权所受到的实际损失难以确定的，人民法院应当依照专利法第六十五条第一款的规定，要求权利人对侵权人因侵权所获得的利益进行举证；在权利人已经提供侵权人所获利益的初步证据，而与专利侵权行为相关的账簿、资料主要由侵权人掌握的情况下，人民法院可以责令侵权人提供该账簿、资料；侵权人无正当理由拒不提供或者提供虚假的账簿、资料的，人民法院可以根据权利人的主张和提供的证据认定侵权人因侵权所获得的利益。"

条件;第 95 条补充规定了不准许调查取证申请的情形;第 96 条限定了"人民法院认为审理案件需要的证据"的范围;第 97 条作出了关于调查收集证据的操作性规定。

（三）证据交换制度

我国通过借鉴普通法证据开示制度,确立了证据交换制度,该制度早期体现在《旧证据规定》第 37—40 条中。《民事诉讼法》第 143 条规定,人民法院对于受理的案件分别情形予以处理,"需要开庭审理的,通过要求当事人交换证据等方式,明确争议焦点"。《民诉法解释》第 224、225 条从审前准备程序的角度规定,法院可以在答辩期通过证据交换、召集庭前会议等方式做好审理前准备;庭前会议中可以组织交换证据。《新证据规定》第 56—59 条,在《旧证据规定》证据交换制度的基础上略作修改和补充:通过证据交换进行审理前准备的,证据交换之日举证期限届满;证据交换时间可由当事人商定并经法院认可,或者由法院指定。当事人申请延期举证经法院准许的,证据交换日期相应顺延。证据交换应在"审判人员"的主持下进行,通过证据交换,确定无争议的事实和证据、有争议的证据,并记录在卷,从而确定争点。在《新证据规定》中,《旧证据规定》关于证据交换次数(一般不超过两次)的硬性规定被删除,证据交换次数可由法官根据案件情况予以确定。《新证据规定》还进一步规定了因逾期举证确定罚款数额的主要考虑因素,包括主观过错程度、导致诉讼延迟的情况以及诉讼标的的金额。

（四）调查令制度

调查令是法院授权当事人或其律师向证据持有人直接调查收集证据的命令。自从 2001 年《上海法院调查令实施细则》颁布从此在上海全市范围正式实施调查令之后,江苏、新疆、安徽、浙江、陕西、四川、重庆等省市地方法院先后制定调查令的司法文件,据统计,截至 2018 年年底,约有 26 个省级行政区、20 个市级行政区、9 个县区级行政区制定和实施了关于调查令的地方性司法文件。[①] 实际上,调查令是作为法院调查取证的一种变通操作方法,其法律依据是《民事诉讼法》第 64 条、《民诉法解释》第 94 条以及《律师法》第 35 条的规定。调查令体现了法院与律师之间成立了类似行政委托的司法委托法律关系,司法委托的客体就是《民事诉讼法》第 67 条规定的法院调查收集证据的实施权。[②] 调查令的强制性来源于法院的权力,因此它明显具有公权属性。在司法实践中,调查令的应用客观上发挥了一定的积极作用,减轻了法院在调取证据上人力和财

[①] 曹建军:《论民事调查令的实践基础与规范理性》,《法学家》2019 年第 3 期,第 29 页。

[②] 同上,第 41 页。

力的负担,也一定程度上改善了当事人取证的效果。

调查令制度和大陆法的文书提出命令制度在证据收集功能方面存在相似之处,即在保障当事人证据收集权的同时,无需法院工作人员前往证据所在地进行现场调查,节省了司法资源。同时,两者也存在不同:一是从审查程序上看,调查令的审查是书面审查,申请主体单方参与,被调查人如有异议,异议只能在调查令实施阶段获知此事之后提出;法院对文书提出申请进行审查时须听取被申请人意见,必要时可以要求双方当事人提供证据、进行辩论,如涉及国家秘密、商业秘密、隐私,须采取"不得公开质证"等保护措施。① 二是取证程序方面存在不同。调查令由律师在其有效期内持有并据此调取证据,再将证据交予法院;而在文书提出命令制度下,由法院责令对方直接提交证据。②

二、我国知识产权诉讼证据披露制度存在的不足

(一) 书证提出命令制度的不足

1. 书证提出命令涉及的证据种类缺乏合理界定

《旧证据规定》第 75 条的规定既没有限定证据的种类,也没有限定证据的范围,持有证据的当事人的证据提出义务没有边界的设定。这一规定过于简单和粗疏,呈现强烈的职权主义色彩,导致实际运用中的混乱。③

《民诉法解释》第 112 条规定,当事人可以申请人民法院责令对方提交"书证"。条文中的用语是"书证",因此它确立的只是"书证提出命令制度"。在大陆法系比如德国、我国台湾地区的民事诉讼中,文书提出命令的对象是"文书",那些直接记载信息资料,包括电子数据的对象如磁带、光盘、硬盘等都属于文书范畴。我国《民事诉讼法》将证据分为 8 种法定的种类,书证作为一类证据与其他证据有明确的界分,就可能导致上述许多证据被纳入视听资料或电子证据的范畴,从而不能适用《民诉法解释》规定的书证提出命令制度。此外,在大陆法国家或地区,勘验物的提出准用文书提出命令制度,我国民事诉讼法及相关司法解释没有这样的规定。在《民诉法解释》的基础上,《新证据规定》将"书证"扩大适用于视听资料和电子数据,④不过仍然不能适用于物证。当事人无法收集的物证,因不能准用书证提出命令制度,只能申请法院调查收集。不过,申请法院调查取证的门槛较高,获得准许的几率很低,或者即使获得准许,也会增加法院的负担,使得司法资源的分配变得更为紧张。

---

① 《新证据规定》第 46 条。
② 曹建军:《论民事调查令的实践基础与规范理性》,《法学家》2019 年第 3 期,第 36 页。
③ 张卫平:《当事人文书提出义务的制度建构》,《法学家》2017 年第 3 期,第 35 页。
④ 《新证据规定》第 99 条第 2 款第 2 句。

2. 书证提出命令涉及的证据范围过窄

不仅《旧证据规定》第 75 条没有涉及证据范围,2015 年《民诉法解释》也只要求申请人举证证明"书证在对方控制之下",对文书特定化未作实质性的要求,这容易造成法院在审查判断时的专断和滥权。《新证据规定》将书证提出义务范围明确限定为 5 种情形,实际上借鉴了日本、我国台湾地区的立法例,并有所调整,①总体上值得肯定。在当事人证据提出义务范围上,与台湾地区"民事诉讼法"第 344 条相比,《新证据规定》第 47 条规定的前 4 种情形基本相同。两者的不同在于,台湾地区"民事诉讼法"规定的第五种情形为"就与本件诉讼有关之事项所作者",《新证据规定》规定的第五种情形是"人民法院认为应当提交书证的其他情形"。《新证据规定》中第五种情形的表述赋予了法院宽泛的自由裁量权。这一方面存在导致专断的可能性,使得此前的问题在一定程度上得以保留和延续;另一方面按照我国既有司法实践的理念,总体上法院以谨慎严格标准适用这一规定的可能性很大。从已有公开的表态可以看出,最高人民法院第一审判庭对此的意见是:"由法院命令提出书证在民事诉讼中属于极为例外的情形,需要严格限制其适用,特别是对于本条前四项之外的情形,更需要在审判实践中逐步探索。"②台湾地区"就与本件诉讼有关之事项所作者"被认为确立了文书提出义务的一般化,是在 2000 年修法之前规定的"法律关系文书"基础上的范围扩充。相比之下,《新证据规定》确立的书证提出范围明显要窄于台湾地区现行制度。而且,可以合理预期的是,未来司法实践中的书证提出义务范围与 2000 年台湾地区修法前的情况相比,也难以匹敌。

现有文书提出命令制度仍然存在的另一缺陷是,证据提出命令例外制度的缺失,尤其体现在特免权上。特免权制度体现了对某些社会价值和社会关系的保护,为世界各国普遍认可。多年以来,我国很多学者呼吁将特免权制度纳入证据立法,③不过,至今该项制度在我国仍未整体上得到确立。伴随着将来我国民事证据收集制度的完善,我国当事人有能力收集的证据数量将大幅度增加,例外制度缺失带来的利益失衡会进一步凸显出来。

《新证据规定》同时规定,涉及国家秘密、商业秘密、当事人或第三人隐私或者存在法律规定应当保密的情形的,书证提交后不得公开质证。遗憾的是,这个规定只是"老调重弹",尽管《新证据规定》曾经考虑借鉴台湾地区的立法经验(即

---

① 最高人民法院民事审判第一庭编著:《最高人民法院新民事诉讼证据规定理解与适用(上)》,人民法院出版社 2020 年版,第 451 页。

② 同上,第 455 页。

③ 参见江伟:《中国证据法草案(建议稿)及立法理由书》,中国人民大学出版社 2004 年版,第 143—147 页。

台湾地区"民事诉讼法"第 344 条第 2 项），将商业秘密作为当事人拒绝提出书证的理由。不过，最高人民法院认为我国尚未确立特免权制度，不公开质证的规定可以保障秘密不被外泄，最后未予采纳。[①] 实际上，《新证据规定》在这一问题上没有实现任何突破，没有确立特免权制度或者证据提出命令制度的其他例外。

3. 书证提出的申请与审查程序

法院发布文书提出义务命令时，应当赋予当事人必要的程序保障，文书提出义务的裁判根据必须通过严密的法律审理程序才能获得，这一程序是文书提出义务的审理裁判程序。[②]《旧证据规定》缺乏相关程序的规定。《民诉法解释》规定法院在申请人的"理由成立"时，可发布文书提出命令，但"理由成立"的情形并未予以明确，易导致法官裁量时的专断。特别是在没有"法定"的原因或理由的情形下，该制度在具体实施中很容易受到书证持有人的抵制，尤其是在我国目前司法公信力不高的情形下，当事人会对此不满，甚至会挑战法官的权威。[③]

《新证据规定》补充规定了书证提出的申请与审查程序，这也是该司法解释的亮点之一。不过，"申请书应当载明申请提交的书证名称或者内容"这一要求值得商榷，相比于大陆法系的德国或我国台湾地区尚有不足。根据《德国民事诉讼法》对于文书提出申请内容[④]的要求，申请人应当尽可能表明其所申请的文书的外在表征如制作人、日期等数据（须使对方当事人对于其所指文书无所疑惑，仅泛称往来书信或业务文件并不足够）及内容，以避免申请人的摸索证明并且可用于判断该证据的重要性，[⑤]台湾地区的立法借鉴德国而来，[⑥]可以认为两者司法实践中的要求也颇为相近。按照《新证据规定》，"书证名称"与"书证内容"系并列关系，申请人提供一项即可，要求相对较低，这容易诱发申请人的摸索证明。此外，当对方当事人否认控制书证的情况下，依据《新证据规定》，人民法院应当根据法律规定、习惯等因素，结合案件的事实、证据，对于书证是否在对方当事人控制之下的事实作出综合判断。在实践中，法院在审查文书申请时，可据此分别依据合同、法律、习惯以及诚实信用原则认定被申请人是否有制作、保管文书义务，对文书存在以推定或证明责任转换的方式予以认定；如果被申请人有不同主张，比如已过保管期限或者具有免制作文书的正当理由，则由被申请人承担证明责任，或者被申请人主张该文书已经废弃、灭失、毁损、转移的，也应当对其主张

---

① 最高人民法院民事审判第一庭编著：《最高人民法院新民事诉讼证据规定理解与适用（上）》，人民法院出版社 2020 年版，第 456—457 页。
② 张卫平：《当事人文书提出义务的制度建构》，《法学家》2017 年第 3 期，第 35 页。
③ 同上。
④ 《德国民事诉讼法》第 424 条第 1 款。
⑤ 姜世明：《新民事证据法论》，厦门大学出版社 2017 年版，第 13 页。
⑥ 台湾地区"民事诉讼法"第 342 条第 2 项。

承担相应的证明责任。该规定具有实践上的合理性。不过,从操作性上看,这样的规定仍然较为抽象和模糊,法官可能会采取保守和谨慎态度,在申请人主张的情况不具有高度或充分的盖然性时,容易作出对申请人不利的判定。此外,对于法院作出的裁判文书,申请人或者被申请人如果不服,如何寻求救济,现有立法和司法解释仍然付之阙如。

4. 第三人文书提出命令制度的缺失

第三人文书提出命令制度的缺失,导致当事人从第三人获取证据缺乏程序保障。我国民事诉讼制度包括《民诉法解释》第 112 条缺乏针对第三人的书证提出命令制度,《新证据规定》就此也未作突破。当事人通常只能向法院申请调查取证的方式来获取第三人持有的书证。然而,申请调取证据的条件比较严格,门槛较高。

虽然《民事诉讼法》第 72 条规定知道案情的公民有作证义务,但是缺乏强制性措施保障其落实。而且,与第三人证据提出义务对应的是,关于其相应权利和利益的保护,我国证据收集制度缺乏关注,尤其是没有规定特免权。因为与案件审理无利害关系,第三人的证据提出义务应当区别于当事人,考虑适当予以减轻负担,尽量减少对第三人利益的损害,从而实现个人权利保障与案件真实发现的适当平衡。否则,第三人难有履行证据提出义务的积极意愿,甚至进行抵制,容易造成相关规定流于形式。

此外,关于违反文书提出命令的法律后果,这是构成文书提出命令制度中的关键一环,应当依据证明妨碍规则予以处理。我国知识产权诉讼中证明妨碍规则适用的不足与完善,后文设专章予以论述,在此不予展开。

(二) 法院调查取证制度的局限性与不足

在依职权调查取证方面,我国民事诉讼制度改革过于限制了法院的权力,体现了理想化的辩论主义诉讼模式。实际上,我国法院这方面的权限明显小于德国、日本等大陆法国家,存在"矫枉过正"之嫌,实践中这样的立法限制也产生了一些问题。一方面,法院根据证明责任判决的案件增多;另一方面,在一些案件中当事人已尽力举证的情况下,案件事实仍然真伪不明,即使已完成了"盖然性占优"(未满足"高度盖然性")的证明,此时法官会面临进退两难的尴尬境地。事实上,在我国司法实践中,法院时常会偏离上述职权调查的限制性规定,依职权向案外人调取证据,尽管这些证据并不是用来查明涉及国家利益、社会公共利益或者第三人合法权益的事实。① 根据一些法官的实证研究,"非依法"进行的职

---

① 李浩:《回归民事诉讼法——法院依职权调查取证的再改革》,《法学家》2011 年第 3 期,第 119—121 页。

权调查取证(即法官根据办案需要偏离法律规定而自行决定调查取证)的数量庞大,比例已占法院调查取证总数的 87.4%。[①] 非法职权调查的乱象不仅严重损害法治,当事人的权益也难以得到平衡保护,法院的职权调查取证应当回归法律框架之内进行。这一情况固然有法律传统方面的原因,同时它也反映了法院为弥补当事人证据收集能力不足、试图实现案件实体公正的现实需要。法院依职权调查的权限应当反思,至少是在"举证难"更为突出的知识产权诉讼中予以适当调整。事实上,2018 年 2 月"两办"发布的《关于加强知识产权审判领域改革创新若干问题的意见》,提出建立符合知识产权案件特点的诉讼证据规则,其中就包括了"适当加大人民法院依职权调查取证力度"。

在法院依申请调查取证方面,现有立法也存在一些问题,包括:① 未适当保护被申请人的权利和利益。现有立法没有规定另一方当事人对法院调查取证提出异议的权利和保障程序,因为一方当事人申请调查收集证据必然涉及另一方的利益,所以应当允许其针对该申请向法院陈述意见、提出异议。② 法律没有明确限定调查收集证据的法官的身份。案件承办法官依申请调查收集证据的,对于如此收集到的证据容易"先入为主",影响其中立性。③ 条件严格,门槛较高。由于申请法院调查取证有严格的适用范围以及审查标准,法官因案多人少、司法资源有限,申请法院取证的成功并不具有广泛性。而且,在许多情况下,当事人通过法院向第三人收集证据,难以获得证据收集的程序保障。

(三)证据交换制度存在的问题

我国民事诉讼证据交换制度存在的主要问题包括:① 适用的案件范围未予明确规定。在现有法律框架下,证据交换不是必经程序,证据交换原则上以当事人的申请为条件,除非案件复杂或涉及大量证据,否则法院将不会组织证据交换。② 交换的证据范围未予明确规定。实践中当事人提交的通常是对本方有利的证据,而不涉及对本方不利证据的提交。这与美国证据开示制度不同,难以发挥证据交换制度应有的功能,比如整理争点、全面收集证据、避免突袭以及促进和解等。③ 证据交换程序的主持者未予限定。法律条文中使用了由"审判人员"主持,这在理解上存在争议,"审判人员"是指立案法官还是审理法官,是专指员额法官还是助理法官亦可?总之,"审判人员"的表述过于宽泛。④ 未明确规定未遵守证据交换程序的法律后果。

(四)调查令制度具有不规范性和局限性

我国民事诉讼立法缺乏关于调查令直接而明确的规定。在已经存在法院调

---

① 高伟、蔡青、纪胜利:《乱象与规制:民事诉讼中法官庭外调查实证研究》,载《全国法院第二十六届学术讨论会论文集》,2015 年,第 693—694 页。

查取证、书证提出命令制度的情况下,调查令制度与其之间的关系不甚清晰,有待整合。目前,调查令在制度上呈现出地方法院"各自为政"的状态,在许多具体规定上存有差异,具体表现在调查令适用的证据种类、调查令申请主体、适用的相对人、调查令的审查以及违反调查令的责任追究等方面。[①]

调查令可以充分发挥当事人及其代理人的取证积极性,减轻法院负担。不过,调查令具有诸多弊端,这使得调查令制度遭遇了一些反对的声音[②]:调查令的法律属性存在争议,被认为"公权私授",在实践中频遭抵制;有失法院的中立性,当事人的代理人受托行使法院的权力,以法院和当事人的双重身份和面目实施证据调查行为;保密令所承载的权力容易被滥用,持令的代理人难以像法官出面调查取证那般中立、公正以及克制地收集证据,容易侵害证据持有人或第三人的利益(比如隐私、商业秘密)或者国家秘密,而且律师可能实施伪造、变造、泄露调查令或证据等行为,这些会对司法公信力造成负面影响;法院需花费时间和精力监督管理调查令的执行、回收和归档,如果调查令的执行遭遇被调查人提出异议或未予积极配合等情况,法院介入仍然不可或缺,取证的效率因此而大打折扣。

(五) 信息权制度的缺失

信息权制度具有适合于知识产权侵权诉讼的特点和优点。信息权是知识产权权利人查明侵权相关事实的重要工具,权利人通过该制度可以收集所需的重要信息。义务人提供的相关身份信息可以帮助权利人确定谁对侵权行为负责,以便采取法律措施。关于销售网络的信息可以帮助权利人找到侵权产品或服务,并确保这些产品或服务被排除于供应链,甚至在产品服务进入市场前可以通知批发商或零售商停止销售行为。关于数量和价格的信息可以形成索赔的基础。尽管这些中间商不一定要为侵权承担责任,但从中间商获取这些信息还是必要的,他们提供的信息会比侵权人更为可靠。德国知识产权法、《欧盟知识产权指令》、欧盟统一专利法院的证据收集规则,先后规定了信息权制度,事实证明该制度有助于知识产权权利人获得维护利益所需要的广泛信息。[③]

我国缺乏针对当事人或第三人的信息权制度,导致知识产权权利人对于寻求应有的广泛信息渠道缺乏法律依据。虽然我国《专利法》第 70 条规定,不知情

---

① 王杏飞、刘洋:《论我国民事诉讼中的律师调查令》,《法治研究》2017 年第 3 期,第 119—120 页。

② 同上,第 120 页。

③ European Observatory on Counterfeiting and Piracy, Evidence and Right of Information: Analysis, Recommendations and Best Practices, in Evidence and Right of Information in Intellectual Property Rights Cases, 2010, p.2.

的专利侵权产品的使用者、销售者、许诺销售者,可以在证明"合法来源"的情况下,免于承担赔偿责任,[①]但是它与信息权制度存在诸多明显的差别,以《德国专利法》为例,信息权制度规定了行使条件("显然存在侵权或者被侵权人已对侵权人提起诉讼"和"已达商业规模")、信息内容(比如,产品制造人等第三人的名称、地址、侵权产品的数量、价格)、信息义务人的范围、信息权行使的限制(比例原则)、信息义务人的过错责任、对信息提供义务的强制执行,等等。相比之下,《专利法》第70条显然难以实现信息权制度强大的证据收集功能,而且也未能为当事人、其他利害关系人的权利提供程序保障。

此外,现行法律框架下证人证言的收集难以实现信息权制度的目的,原因在于:① 就获取证人证言的适用条件而言,应证事实应予以特定,通常不能借由证据调查而进行摸索证明,而信息权的行使无此限制。② 就法律效果而言,我国第三人作证义务的履行缺乏法律保障,而信息权的行使可以通过临时措施强制义务人提供信息,义务人提供虚假或不完整信息将承担赔偿责任,这有利于保障当事人获得真实有效的证据材料。信息权的行使对象也可以是被控侵权的当事人,在我国现行法律框架下,通过对当事人的询问获取有效信息缺乏法律保障。

三、我国知识产权诉讼证据披露制度的改革方向

(一) 应否引入美国式证据开示制度

有一种代表性观点认为,我国民事诉讼中应当确立证据开示制度,以化解当事人证据收集力弱而证明责任重的矛盾。[②] 也有观点认为,基于专利诉讼证据的特殊性、专利诉讼侵权证据收集方式的不合理性,在专利诉讼这一特定领域应当借鉴美国经验确立证据开示制度,并且指出北京市知识产权法院在几个案件中试行证据开示制度取得一定效果,以此作为论据支持其观点。[③]

实际上,建立证据开示制度的观点过于激进,证据收集制度与司法体制、相关配套制度、诉讼文化等因素密切相关,并受这些因素的影响。[④] 美国法下广泛的开示义务,与其诉答机制、具体化义务、证明责任等方面所具有的特殊性有关。而且,其事证开示义务范围趋向限缩。牵一发而动全身,我国不具备引入证据开示的条件,在周边制度未发生大的变革,证据收集制度的实质性改变未必能收到

---

① 我国《专利法》第70条规定:"为生产经营目的的使用、许诺销售或者销售不知道是未经专利权人许可而制造并售出的专利侵权产品,能证明该产品合法来源的,不承担赔偿责任。"
② 韩波:《论证据收集力强弱与证明责任轻重》,《证据科学》2009年第2期,第208—209页。
③ 袁秀挺:《专利侵权诉讼举证制度之审视与重构》,《中国发明与专利》2018年第10期,第58—60页;宋亦淼:《专利侵权诉讼证据开示制度研究》,《中国发明与专利》2017年第1期,第91—92页。
④ 黄松有:《证据开示制度比较研究》,《政法论坛》2000年第5期,第113—115页。

预期的效果,反而可能会带来新的混乱。大陆法系的德国和我国台湾地区在民事诉讼包括知识产权诉讼中进行了积极改革,从普通法中吸收和借鉴合理因素,不过,从未试图颠覆原有的制度,而只是给予些许的改良,道理即在这里。

同时,更多的观点认为,在我国民事诉讼中完善文书提出命令制度[①],其中包括针对专利侵权诉讼提出建立文书提出命令制度。[②] 而且,早在 2015 年 12 月 25 日,时任最高人民法院院长王胜俊向全国人大常委会报告知识产权审判工作时即提出:"进一步完善知识产权相关立法,增设文书提出命令制度,强化侵权行为人的文书提出义务,切实减轻知识产权权利人举证负担。"[③]

（二）事案解明义务一般化的确立

即使我国选择文书提出命令制度,也存在不同的立法例可供参考。德国和我国台湾地区都确立了文书提出命令制度,不过它们的民事诉讼法相关规定分别代表了案件解明义务的限定化和一般化。当然,在德国,除了民事诉讼法的文书提出命令制度外,民事实体法的情报请求权制度,尤其是一系列知识产权法中规定的资讯开示请求权与信息权制度,实际上大大扩展了义务人证据披露的范围,达到了近似于事案解明义务一般化的法律效果。

在我国民事诉讼规定了书证提出命令制度的情况下,在知识产权领域确立案件解明义务的一般化,具有必要性。这是因应知识产权保护国际趋势的需要,更是维护武器平等原则和解决"举证难"问题的必要手段。知识产权保护关系到我国创新驱动发展战略的实施,而知识产权诉讼中存在着更为突出的"举证难"问题,更有必要通过确立事案解明义务的一般化以加强权利人的证据收集能力。以美国为代表的普通法国家的证据开示（披露）制度为当事人的证据收集提供了充分的程序保障,而德国等大陆法国家或地区也通过特别法强化证据收集制度。即使德国民事诉讼法没有像我国台湾地区那样确立事案解明义务的一般化,但是它通过一系列知识产权法以及判例和法理达到了类似的法律效果。《欧盟知识产权指令》、TRIPS 协定作为知识产权方面的国际协调成果,不约而同地为证据收集权的保障划定最低标准,实际上就是把知识产权诉讼中的证据收集视为知识产权保护制度的重要部分。我国应当借鉴域外的立法与司法经验,加强知识产权保护,确立知识产权诉讼中事案解明义务的一般化。

此外,知识产权诉讼领域确立事案解明义务的一般化具有一定的现实基础。

---

① 比如,张卫平:《当事人文书提出义务的制度建构》,《法学家》2017 年第 3 期,第 33—44 页;吴如巧等:《论中国文书提出命令制度适用范围的扩张》,《重庆大学学报》2017 年第 1 期,第 98—99 页。

② 比如,许怀远:《在侵犯专利权民事诉讼中建立文书提出命令制度初探》,《专利法研究（2013）》,知识产权出版社 2015 年版,第 41—48 页。

③ 许怀远:《在侵犯专利权民事诉讼中建立文书提出命令制度初探》,载《专利法研究（2013）》,知识产权出版社 2015 年版,第 41 页。

我国知识产权审判人员、审判组织专门化的程度逐步提升,为实施证据披露之特别规则提供了组织条件。比起一般的民事诉讼,大多知识产权案件中当事人诉讼能力更强,且我国知识产权诉讼代理呈现专业化发展的趋势,知识产权案件有律师代理的比例已经相当高,在浙江等发达地区,这个比例已经达到 80%—90%,[①]这也是在知识产权诉讼中确立事案解明义务一般化的有利条件。为解决原告"举证难"和"赔偿低"的痼疾,许多省市地方法院制订了司法性文件,涉及如何充分发挥书证披露制度、调查令制度以及证明妨碍规则的功能,以扩大权利人从证据持有人收集证据的范围。一些地方法院已经试行特别的证据披露规则,比如:北京市知识产权法院近些年试行知识产权诉讼证据挖掘(证据开示)制度,设置完善的程序和规则,通过赋予当事人披露相关事实和证据的义务,确保最大限度地查明案件事实;[②]珠海横琴法院在知识产权审判中也试行证据开示制度,以提高知识产权司法保护的力度和水平。[③]这些试行的"证据开示制度"很难说属于普通法意义上的证据开示制度,但是这些尝试起到了一定示范和引领的作用,为知识产权诉讼领域确立事案解明义务的一般化积累了经验,提供了实践基础。

在知识产权诉讼中,实现事案解明义务的一般化有以下路径可供选择:一是仿效我国台湾地区"民事诉讼法",确立事案解明义务的一般化。二是民事诉讼法确立事案解明义务的有限化或限定化,在此基础上补充以特别法,间接实现事案解明义务的一般化的效果。第二种路径下,特别法也可以有两种立法模式,即知识产权实体法模式(比如德国)和知识产权特别程序法模式。

关于在一般民事诉讼中确立事案解明义务一般化,在我国理论上存在反对的观点。有学者认为,我国尚处于从职权主义诉讼模式向当事人主义诉讼模式转型的过程中,当事人主义诉讼模式所要求的一些基本原则还没有充分确立,文书提出义务的一般化会使我国民事诉讼回归到义务泛化的职权主义的老路,所以我国民事诉讼中事案解明义务应当采用限定化立场。[④]在现阶段,这一观点无疑是妥当的,不过,在此限定化立场的基础上,可以通过特别法实现知识产权诉讼中事案解明义务的一般化,即我国相关立法可采用上述第二种路径。

有学者进一步提出,我国民事诉讼文书提出义务制度的建构应当借鉴德国

---

① 杜仪方、庞飞霞:《我国民事诉讼部分实行强制代理问题探析——以知识产权诉讼为分析视角》,《现代物业(中旬刊)》2011 年第 12 期,第 134 页。

② 蔡长春:《知识产权司法保护力度增大　侵权赔偿额度提高》,《法制日报》2016 年 12 月 6 日,第 2 版。

③ 王轲:《横琴法院试行"证据开示"破解原告"举证难"》,载"南方网"2016 年 8 月 9 日,http://zh.southcn.com/content/2016-08/09/content_153367436.htm,访问日期:2020 年 2 月 20 日。

④ 张卫平:《当事人文书提出义务的制度建构》,《法学家》2017 年第 3 期,第 34 页。

诉讼法与实体法相结合的做法，《民事诉讼法》应当采取文书提出义务限定化的做法，在此基础上，文书提出义务的具体事由应尽可能通过实体法加以规定。① 知识产权诉讼中的文书提出义务或事案解明义务的一般化，通过民事诉讼法和知识产权法相结合予以实现，该立法模式是上述观点在知识产权诉讼中的具体化。一些知识产权实务界人士认可这种观点，认为事案解明义务的一般化如果规定于民事诉讼法会对固有诉讼理念造成冲击，而规定于知识产权实体法则有利于发挥立法的指引作用，且便于法官理解立法本意和适用法律；同时，在商标法中，事案解明义务可以和赔偿阶段的书证提出命令一起规定在注册商标专用权保护一节之中，其他知识产权也可参照这一立法模式。② 不过，从立法传统与法律观念（实体法和程序法的"二分法"）、立法成本（涉及多部知识产权法的修订）以及立法技术（通过实体请求权实现证据披露的效果，实体规则与程序规则之间需要整合）方面考虑，德国的实体法模式都难以为我国借鉴。

另外一个可供选择的做法更为可行，即民事诉讼一般法确立限定化的文书提出义务，通过特别程序法扩充文书提出义务范围从而确立一般化的文书提出义务。就立法传统与法律观念、立法成本以及立法技术而言，采纳这种模式更为简便易行，立法成本较低。而且，知识产权特别程序本身区别于一般民事诉讼，随着审判人员、审判组织的专门化的提高，制订知识产权特别程序法也是必然趋势。总之，这种立法模式相对水到渠成，也谈不上会造成"对固有理念的冲击"的不良后果。通过在知识产权诉讼领域中确立事案解明义务一般化的先行先试，并在知识产权诉讼实践中积累司法经验的基础上，为将来在民事诉讼中推广事案解明义务一般化创造条件。

（三）证据披露程序的运作方式

关于两大法系的民事诉讼均采取了当事人主义，不过在运作方式（程序进行方式）上存在明显不同，即由当事人主导程序进行的当事人进行主义和由法院主导程序的职权进行主义。我国应当采取后一运行方式，即主要依靠当事人自己收集证据，但法官在此过程中要进行程序上的引导和管理，并保障当事人的证据收集权利。一方当事人希望强制对方当事人或诉讼外第三人披露有关证据时，应按规定向法院提出书面申请，如果申请符合法定条件，法院则发出证据提出命令，要求证据持有人向法院披露有关证据；否则，法院驳回申请。

采用这种运作方式的合理性在于：一是职权进行主义运作方式有利于在确保发现真实的前提下，兼顾诉讼效率，符合国际民事诉讼改革的潮流。二是普通

---

① 张卫平：《当事人文书提出义务的制度建构》，《法学家》2017 年第 3 期，第 33 页。
② 孙艳：《知识产权侵权诉讼中的事案解明义务》，《人民司法》2016 年第 22 期，第 100 页。

法系的民事诉讼,由于赋予当事人不经过法院审查就可直接向对方收集证据的权利,容易导致诉讼延滞。美国的改革经验表明,法官管理权的加强,作为职权主义因素的增加,是实现司法公正和迅速、经济地解决民事纠纷所必需的做法。职权进行主义运作方式节约了当事人收集证据的成本,避免了完全由当事人主导的证据开示所带来的程序拖延。三是证据收集的这种运作方式符合我国的历史传统和国情。对方当事人、诉讼外第三人对于当事人及其代理人的调查取证往往不予积极配合,只有法院命令其提出证据,才能够较为顺利地达到证据收集的目的。

四、我国知识产权诉讼证据披露制度的重构——以文书提出命令制度为中心

我国知识产权诉讼中的证据披露制度完善,可以在民事诉讼法之一般规则基础之上制订知识产权特别程序法之"补强规则"。对于那些《民事诉讼法》应予确立而没有确立的规则和专门适用于知识产权诉讼的规则,作为权宜之计,均在知识产权诉讼特别程序法中先予以规定。

(一) 知识产权诉讼中文书提出命令制度的完善与适用

1. 文书提出命令涉及的证据种类

我国立法应当扩大知识产权诉讼中文书提出义务的证据种类,明确规定文书提出命令制度适用的证据,不仅包括书证以及电子数据、视听资料等准文书,还包括物证。这实际上也是大陆法系比如德国、我国台湾地区的通行做法,应予借鉴。

2. 明确文书提出义务的范围及例外

在借鉴台湾地区等地立法经验的基础上,《新证据规定》第47条第1款明确限定了书证提出义务范围。其中第五项,作为兜底条款,赋予了法官广泛的自由裁量权。《新证据规定》没有采纳台湾地区文书提出义务一般化的立法例,也未遵循严格的文书提出限定主义。这种折中模式存的问题在于:其一,根据证明妨碍的法理,当事人的证据保存义务,自"可合理预期诉讼将发生"时即已产生,这种折中模式让民事当事人无法准确预期书证提出义务的界限,也无法确定其保存义务的范围,同时也为当事人恶意毁弃文件提供了更多的操作空间。其二,无法满足民事诉讼尤其是知识产权诉讼中对克服证据偏在问题的需要。《新证据规定》采用这一立法模式,其官方理由之一是我国民事诉讼模式尚处于转型阶段,当事人主义诉讼模式的辩论原则和处分原则在实践中尚未得到充分贯彻,书证提出义务一般化可能使得我国民事诉讼中的证据收集重回义务泛化的职权主义老路;官方理由之二是由法院命令提出书证属于极为例外的情形,所以需要严

格限制。① 第一点理由不能成立,因为我国民事证据收集中法院介入的方式,原则上不应再是直接出面收集证据,在书证提出命令制度下,法院通过救济与惩罚措施促使当事人提出案件所需的必要证据。而且,知识产权诉讼审判专业化和专门化发展为适用不同的证据收集制度提供了基础条件,相关配套程序制度也应同步推进,在知识产权审判领域完全可以确立不同于一般民事诉讼的司法环境、法律文化和证据收集制度。而第二点理由体现的理念显然已不符合现代社会民事诉讼发展的国际趋势,更不能满足知识产权诉讼的需要。

我国可以通过知识产权诉讼特别程序立法,更为彻底地借鉴台湾地区的立法经验,即将"就与本件诉讼有关的事项所制作的文书"作为义务文书的第五项内容替代现有关于授权法院决定的规定,并将该文书提出义务解释为"文书提出义务一般化"的确立。从解释论角度来看,在修改现有规定之前,对于《新证据规定》中的"人民法院认为应当提交书证的其他情形",知识产权案件审理法官应当采取较为积极和开放的适用态度,以尽量满足知识产权诉讼中对当事人证据收集权保障的需要。

此外,应确立和完善文书提出命令的例外制度,规定可以拒绝文书提出的具体情形。借鉴德国、我国台湾地区的立法经验,区分当事人和第三人两种情况,其中第三人享有范围较宽的特免权;而对于当事人文书提出的特免权进行严格限制。当事人主要享有文书提出的商业秘密特免权,即涉及当事人或第三人的隐私或商业秘密,公开有致当事人或第三人受重大损害的风险的文书,当事人有权拒绝(不过"为对方当事人的利益制作的书证""对方当事人依照法律规定有权查阅、获取的书证""账簿、记账原始凭证"除外,这些最基本的书证如需商业秘密保护,仍应当披露,同时采用其他保密方法,比如不公开审理)。此外,申请的文书确已丢失或损坏,书证的证明价值与提出文书需付出的成本不成比例,也应成为文书提出义务的例外。

3. 完善申请与审查制度

申请人应当对文书的标示和内容要点予以特定化。《新证据规定》第45条仅要求申请中说明"书证名称或者内容",相比于德国、我国台湾地区的相应规定,实际上降低了对申请人的文书特定化义务的要求。对于申请书中的相应内容应当修改为:申请中应当载明申请提交的书证(文书),并说明该书证(文书)的内容,使法院能够判断待证事实和证据的重要性,并避免摸索证明。同时,如果申请人无法满足书证特定化的要求,可通过文书特定化的程序予以补救,具体

---

① 最高人民法院民事审判第一庭编著:《最高人民法院新民事诉讼证据规定理解与适用(上)》,人民法院出版社 2020 年版,第 455 页。

而言,可借鉴台湾地区确立对方当事人的特定化协助义务,如果对方当事人不履行该项义务,那么法院可按照证明妨碍规则进行处理。

关于申请人所主张的书证存在与否的认定,《新证据规定》要求法院考虑多个因素作出综合判断,仍有不足。需强调两点:其一,申请人因主张对方当事人控制书证而相应承担证明责任,但是这一程序事项,只要申请人提供初步证据即可,而不能依据高度盖然性进行认定,否则实践中文书提出申请通常难以获得准许。如果对方当事人否认控制该书证,可以借鉴德国立法例,法院有权启动当事人询问程序,具体可在《民诉法解释》第110条①基础上补充规定。在这种情况下,对方当事人应当到庭,法院可就相关文书的占有及下落情况进行询问,如果当事人拒绝到庭或回答问题,可推定申请人关于文书的性质与内容的主张已得到证明。基于询问,并结合案件涉及的相关事实、证据,法院作出综合判断,而且在此情况下法官可以根据自由心证认定结果,立法或者司法解释对于法官这一权力应当予以明文规定。其二,文书提出申请是否准许,法院均应以裁定方式作出。如法院准许申请,文书提出命令须具有明确性,使义务人明了未予遵循的后果,并保障其对效果的辩论权。②

关于书证提申请裁定的救济,存在着不同的立法例。在台湾地区,法院就文书提出申请所作的裁定在性质上属于诉讼指挥之裁判,举证人与文书持有人均不能对其独立提出抗告以声明不服。③ 欧盟统一专利法院则侧重救济的实效性,允许不服裁定的当事人上诉。在我国知识产权诉讼中,对于本方不利的书证提出裁定,申请人或证据持有人应被允许在裁定作出后一定时间内提出复议。从效率与实效性的平衡角度出发,考虑到已经给予当事人就文书提出与否充分发表意见的机会,应不允许上诉。此外,复议的对象法院规定为原审法院更为适合,以避免诉讼拖延。同时,建议借鉴我国台湾地区的立法经验,明确规定,如果法院拒绝书证提出申请,除应及时作出裁定之外,应在判决书中载明驳回之意见,并予以说明理由。这样可以加强法院在审查文书提出申请方面的责任感,缓解其行使裁量权的随意性,也可为知识产权案件中文书提出命令制度之运行提供数据,增强相关信息的透明度。

4. 第三人文书提出义务制度的确立

在借鉴德国、我国台湾地区立法经验的基础上,我国知识产权诉讼制度应将

---

① 《民诉法解释》第110条规定:人民法院认为有必要的,可以要求当事人本人到庭,就案件有关事实接受询问。在询问当事人之前,可以要求其签署保证书。保证书应当载明据实陈述、如有虚假陈述愿意接受处罚等内容。当事人应当在保证书上签名或者捺印。负有举证证明责任的当事人拒绝到庭、拒绝接受询问或者拒绝签署保证书,待证事实又欠缺其他证据证明的,人民法院对其主张的事实不予认定。

② 姜世明:《新民事证据法论》,厦门大学出版社2017年版,第24页。

③ 占善刚:《证据协力义务之比较法研究》,中国社会科学出版社2009年版,第102页。

文书提出义务主体扩大至第三人，以实现对当事人证据收集权更为充分的程序保障。申请第三人文书提出的，须向法院提出申请。关于申请书的内容、法院审查的标准以及文书提出义务的范围①等，原则上准用关于当事人文书提出命令制度的对应规定。在发布文书提出命令之前，应当向第三人提供陈述意见的机会。同时，明确规定第三人的文书特定化协助义务。如果第三人不服从法院命令、拒绝履行该义务，也按照证明妨碍规则处理，比如进行罚款、拘留。

在我国确立了第三人的文书提出命令制度之后，当事人据此申请文书提出并主张第三人控制文书的，应当提供初步证据，如果第三人否认对文书控制的，法院在审查文书申请时，可分别依据合同、法律、习惯以及诚实信用原则认定被申请人是否有制作、保管文书义务，对文书存在以推定或证明责任转换的方式予以认定。因考虑避免给第三人造成过重负担，在这种情况下，不宜采用第三人询问制度，这与类似情况下针对当事人可适用询问制度有所区别。

与第三人的文书提出义务相适应，我国法律也应承认第三人享有对文书提出申请的异议权，尤其应当规定证人特免权制度适用于第三人的文书提出义务。第三人享有的特免权或其他例外理由应相较于当事人宽松。第三人文书提出义务的例外情形包括：涉及公务人员职务上应保守秘密的文书；基于职务、身份或执业上的关系②而持有的、依事情性质或依法律规定应保守秘密的文书；因记载的事项，可能使证据持有人或与证据持有人具有近亲属关系的人直接发生财产损害、引起不名誉或有承担刑事责任风险的文书；内容涉及证据持有人或其他人的隐私或商业秘密，公开有致证据持有人或其他人受重大损害的风险的文书（不过，"为当事人的利益制作的文书""当事人依照法律规定有权查阅、获取的文书""账簿、记账原始凭证"除外，这些书证如需商业秘密保护，仍应披露，同时采用其他保密方法，这一点与负有文书提出义务的当事人相似）。此外，申请的文书确已丢失或损坏、文书提出请求给第三人造成了过重的负担的情况，也属于例外，法院在行使自由裁量权时，应适当考虑第三人的利益而作出决定。

（二）知识产权诉讼中法院调查取证制度的完善

鉴于知识产权诉讼领域存在更为突出的"举证难"困境，总体上应当强化法院依职权调查取证的权力。同时，在我国的文书提出命令制度得以完善之后，依申请调查取证制度的适用范围应相应缩减。

法院依职权调查取证的权限应予以适当恢复。除了现有制度规定的为保护社会公共利益、案外人的利益等若干适用情形以外，立法可以赋权法院在符合以

---

① 《新证据规定》第47条第1款第1项（"控制书证的当事人在诉讼中曾经引用过的书证"）明显不适用于作为书证提出义务人的第三人。台湾地区"民事诉讼法"对此也明确进行了规定。

② 比如律师、专利代理、医生等特定职业工作者。

下条件之一时依职权调查取证：为核实一方提交的重要证据的；各方当事人向法院提交了相互矛盾的证据无法认定的；案件重要事实真伪不明的。同时为限制法院滥用权力和平衡保护各方当事人的利益，可以借鉴台湾地区经验，在法院依职权调查取证之前应当给予当事人就调查取证的必要性陈述意见的机会。[①] 法院可依职权调查收集的证据包括：① 鉴定或勘验物证、现场，鉴定、勘验等证据方法本身的性质与其他证据不同，具有审查判断其他证据的功能。在大陆法系比如德国、我国台湾地区，民事诉讼一般规则原本就认可法院依职权决定鉴定、勘验的权力。② 询问当事人。法官为查明案情，可以不经其他当事人申请，询问当事人有关情况，并以当事人的陈述作为证据资料。③ 书证、物证和视听资料、电子证据。这些证据往往是知识产权诉讼中最主要的证据形式，为扩充取证的来源与手段，没有理由予以排除。

法院依申请调查取证制度也应予以改进。首先，保障被申请人的权利，建立异议制度。法院决定调查取证的，应在实施之前及时通知被申请人，后者有提出异议的权利。如果情况紧迫或者证据有遭受破坏的风险，当事人可以申请证据保全措施（法院采取证据保全措施之前可不给予相对人陈述意见的机会），而非法院调查取证。法院审查异议理由之后，认为异议理由成立的，法院撤销调查取证的决定（比如依据特免权规则进行的保护），或者法院仍坚持调查取证，同时应当采取保护当事人利益的措施（比如异议理由为商业秘密保护而且理由确实成立的，调查取证时应采取不公开审理或者其他适当的保密措施）。其次，调查主体的限定。应明确规定，调查取证由案件承办法官以外的法官负责，调查后将调查所得的证据交给双方当事人，并由申请方当事人在法庭出示，由对方当事人进行质证。

法院调取的证据，无论依职权或是依申请，应当在听审过程中说明来源、取证方式和证明目的，当事人对于证据调取情况有疑问的可以进行提问，法官应当作出必要的解释或回复。[②]

从长远来看，随着配套制度的改革完善，法院依申请决定调查取证应更为谨慎。在今后文书提出命令制度得以完善以后，如从对方当事人或第三人收集书证、物证，当事人应以文书提出命令作为基本法律工具。在当事人证据收集权的保障方面，除非确实需要法院到场不可的特殊情形，法院一般的角色不是冲锋在前的"战士"，而是应通过确立司法权威而成为后盾，仅当出现妨碍证据收集的行

---

① 台湾地区"民事诉讼法"第 288 条规定："法院不能依当事人声明之证据而得心证，为发现真实认为必要时，得依职权调查证据。""依前项规定为调查时，应令当事人有陈述意见之机会。"

② 高伟、蔡青、纪胜利：《乱象与规制：民事诉讼中法官庭外调查实证研究》，载《全国法院第二十六届学术讨论会论文集》，2015 年，第 700 页。

为时,法院出面予以救济或处罚,保障证据收集的顺利完成。

（三）证据交换制度的完善

此外,还需要完善证据交换制度。首先,证据交换制度适用的案件范围。原则上,在适用普通程序的知识产权案件中,证据交换程序应设置为强制性的前置程序,因为知识产权案件往往案情复杂、涉及证据较多,除非当事人之间协商确定不适用证据交换程序。对于适用简易程序的知识产权案件,无须一定适用证据交换程序,具体由法院根据个案情况决定。其次,进行交换的证据范围。当事人之间证据交换的范围不限于对己方有利的证据,也包括对己方不利的证据。在我国民事诉讼法已确立了书证提出命令制度的情况下,应当考虑将其与证据交换制度相衔接。当事人提出符合法定要求的文书提出申请,经法院审查同意,对方当事人在证据交换时也应一并提交。当事人在起诉状、答辩状或者庭前会议中可向法院申请命令对方当事人进行文书的提出。事实上,一些法院的实践已经与此契合,比如北京知识产权法院在受理案件后制作"知识产权民事案件举证须知",并发放给当事人,其中第 7 条规定:"证据在对方当事人控制之下的,承担举证责任的当事人可以在举证期限届满前书面申请法院责令对方当事人提交。申请理由成立的,法院应当责令对方当事人提交,因提交证据所产生的费用,由申请人负担。"[①]在审前会议中当事人也可提交书证提出申请,经被申请人发表意见,法院审查并裁定准许的情况下,可以命令被申请人在指定期限内提交,或者通过当事人商订或法院决定另行组织会议进行证据交换,举证期限相应顺延。再次,审理案件的主持。为便于审理案件的法官提早知悉案情,更好地衔接审前和审理两个程序,提高当事人的积极性和对案件的合理预期,促进案件的审理效率,由审理案件的法官主持证据交换更为适合。证据交换程序属于案件审理的组成部分,原则上助理法官不具备相应资格,但应允许员额法官予以授权。最后,违反证据交换程序的处罚措施。这一问题与举证时限规则密切有关。当事人未将其控制下的证据进行交换的,如果该证据为于己有利的证据,按照举证时限规则区分情况分别处理,即证据失权、训诫或者罚款。其中,未按证据失权处理、需再行组织证据交换的案件,有过错的当事人应该承担因此而增加的交通、食宿等必要费用。如果当事人未能按照文书提出命令在指定时间提出于己不利的证据,则按照证明妨碍规则处理,由过错当事人承担不利后果。

（四）知识产权诉讼引入信息权制度

知识产权诉讼中的信息权制度具有一定的优点,我国现有制度难以实现信息权制度的目的与功能,前文已经予以论述。我国知识产权诉讼也应当引入信

---

① 孙艳:《知识产权侵权诉讼中的事案解明义务》,《人民司法》2016 年第 22 期,第 100 页。

息权制度。信息权制度主要包括以下内容：信息披露义务人（包括侵权人和第三人）、披露的信息范围、信息披露的申请与审查（法院须考虑信息权的行使不得违反比例原则，尤其需要考虑第三人的利益）、信息披露义务人对故意或重大过失提供错误或不完整的信息导致的损害负赔偿责任等。此外，关于文书提出命令制度的相关规定，比如商业秘密、特免权的保护规则，证明妨碍规则，可准用于信息权的行使。

（五）调查令制度的定位与完善

在目前我国书证提出命令制度存在明显缺陷（突出表现为不能适用于持有证据的第三人）的情况下，调查令制度有其存在的合理性。不过，不同地方法院在调查令制度上的"各自为政"，容易导致司法实践的混乱。作为权宜之计，有必要统一规范和完善调查令的基本制度。对此，我国学术界已进行了相当多的讨论并提出了完善建议。[①] 需强调的是，调查令执行中持令人的倾向性、主动性与法院权力的强制性的结合，将损害司法的中立性和权威性。我国民事诉讼法没有确立特免权制度以及完善的商业秘密保护制度，被调查人的利益更容易受到损害，而且他会感觉其程序主体地位未被尊重、程序不公，因而难免或多或少、公开或隐蔽地拒绝配合调查。事实上，英国搜查令（安东·皮勒令）的执行制度值得借鉴。为避免损害法院的中立性角色，搜查令的执行主要由中立的监督律师（supervising solicitor）负责。监督律师负责送达和解释搜查令，告知当事人的基本权利和义务。当监督律师确信无法完全依照调查令行事，可以作出变通决定，当某些重要和必要的证据未列入证据搜查清单，监督律师也可临时将其列入。同时，监督律师负有向法院如实汇报的义务。在执行过程中，监督律师发挥组织和监督的作用，相对容易取信于被申请人，而且被申请人的商业秘密、特免权信息可以受到适当保护，这些都有助于搜查令顺利执行。[②] 此外，欧盟统一专利法院的证据保全的实施，是由法院指定独立专家负责，同样有利于维护法院的中立性。可以说，我国现阶段调查令的应用不利于司法权威的维护，也不利于当事人之间的利益平衡。我国知识产权诉讼中的调查令，应借鉴英国搜查令中监督律师的作用，由法院依据案情决定是否指定中立的特别律师负责执行。该律师应遵从法院的委托行使权力，遇到临时情况应进行汇报和请示，同时该特别律师有义务根据执行中的具体情况平衡保护被申请人的权利（尤其是隐私和商业秘密）。

[①] 关于民事调查令制度的具体构建，可以参见王杏飞、刘洋：《论我国民事诉讼中的律师调查令》，《法治研究》2017年第3期，第128—129页。

[②] 唐丹：《借安东·皮勒禁令鉴我国民事诉前证据保全制的构建》，《前沿》2010年第16期，第100—101页。

民事调查令本质上是法院调查取证,在功能上和文书提出命令制度相似,理论基础都是当事人或第三人的证据协力义务,存在着适用上的竞合关系。从长远来看,调查令制度应当与改革后的其他制度完成整合。在我国文书提出命令制度得以完善(尤其是扩大适用于第三人)、法院调查取证制度相应予以调整之后,调查令原有的制度功能主要应由文书提出命令制度承载。调查令的使用应仅保留在法院依申请或职权调查取证制度调整后的有限情况之内,当被调查人的正当利益容易受到侵害时,应由法院委托中立的特别律师代行职权,作为法院亲自出面调查取证的替代方式。

(六)配套制度的完善

文书提出命令制度的完善需要配套其他制度,否则难以发挥预想的功能。这些配套制度包括答辩失权制度、审前准备程序制度、证据失权制度与法官释明制度。在我国这些制度或者付之阙如,或者尚待完善。

1.构建我国的答辩失权制度

只有双方当事人诉辩主张不断交锋,案件的争议焦点才能逐渐清晰并固定下来。依据我国《民事诉讼法》第125条第2款、《旧证据规定》第32条的规定,被告逾期答辩或不提交书面答辩不影响法院审理,也不会产生对其不利的法律后果,这导致实践中被告开庭审理时才进行答辩的情况屡见不鲜。虽然《新证据规定》第49条强调,被告应当在答辩期届满前提出书面答辩并阐明其对原告诉讼请求、所依据的事实和理由的意见。不过,它并没有进一步规定违反的法律后果。在被告怠于答辩的情况下,法官难以在庭审前初步确定案件的争议焦点,影响对方当事人证据披露范围的确定并阻碍证据交换程序的推进。我国知识产权诉讼中应当确立以下内容的答辩失权制度:首先要设定提交答辩的合理期限,其次要确定答辩的形式和内容,最后要明确不答辩或逾期答辩的法律后果。[①]

2.完善审前准备程序

审前准备阶段包括答辩期满后至开庭审理之前。无论大陆法系还是普通法系,都有独立的审前程序(或审前准备程序),德国和我国台湾地区也是如此。[②]《民事诉讼法》和《民诉法解释》对组织证据交换、召开庭前会议等做了一些规定。但是这些规定过于简单粗放,不能发挥审前程序应有的功能。其中,争点整理程序作为审前准备程序的重要部分,是保证证据交换制度得以顺利进行的前提,同时也有赖于审前准备程序整体上的有效运行。由于我国案件审理具有类似于大陆法系的立法例特点,我国在完善争点整理程序时,应主要借鉴大陆法系的做

---

① 宋亦淼:《专利侵权诉讼证据开示制度研究》,《中国发明与专利》2017年第1期,第95页。
② 德国的审前程序实际上包括首次辩论期日和书状审查两种制度;我国台湾地区的审前程序由准备性言词辩论期日程序、书状先行程序、准备程序和自律性争点整理程序四种制度构成。

法,适当参考普通法系国家审前程序的相关规定,建构审前准备程序。①

3. 加强证据失权制度

我国 2012 年《民事诉讼法》和《民诉法解释》在对举证时限加以规定的同时,也对逾期举证的后果作了调整,放宽了《旧证据规定》中举证时限制度的严厉性。这是为了解决严格举证时限制度与我国法治发展不同步的矛盾而做出的权宜之策。由于举证时限制度比较宽松,难以对当事人产生提交证据的充分压力,当事人提交证据具有相当的随意性,对程序的安定性和诚信原则的贯彻造成了很大的损害,也无法保障庭审实质化的实现。当下我国知识产权诉讼需要完善证据失权制度,为庭审的顺利推进做好准备。证据失权制度完善的关键在于两个方面:其一,明确构成要件,即"故意或重大过失"造成逾期举证即导致失权,不能仅仅因证据"与案件基本事实有关"而作为例外对待,这违反《民事诉讼法》的立法本意,严重损害司法权威性和诉讼程序的效率价值。不仅如此,它还会产生系列连锁反应:因不能确立严格的证据失权制度,以庭前会议和证据交换为内容的审前准备程序将会形骸化,无法有效形成争点,证据交换制度的应有功能和价值也将落空。其二,赋予当事人就是否适用失权规则充分的辩论机会,落实当事人的程序主体地位和程序保障。

4. 完善法官释明制度

法官具有释明权、庭审程序的指挥权,同时释明也是一种义务。法官释明义务的强化,是德国、我国台湾地区庭审集中化改革的主要内容。在借鉴德国、台湾地区的经验基础上,我国应当通过立法加强法官对于审前准备程序的启动、展开以及诉讼资料交换中的主导作用,包括进行期日准备工作,与当事方讨论法律和事实争议,积极促成双方及时和完整地进行陈述;在证据交换程序中,晓谕双方当事人进一步明确诉讼标的,并指示当事人围绕该诉讼标的交换证据;同时,法官应充分告知当事人证据交换的基本流程、作用及法律效果。②

本 章 小 结

德国知识产权诉讼证据披露制度分别体现于民事诉讼法和实体法(民法、知识产权法)之中,包括文书或勘验物提出命令制度和实体法上的情报请求权制度。《德国民事诉讼法》并未一般性地确立事案解明义务。该国证据披露制度的特色在于,在程序法之外,通过实体法上的情报请求权制度补强当事人的证据收

---

① 丁朋超:《试论我国民事审前证据交换制度例外规则的完善》,《证据科学》2017 年第 2 期,第 191 页。

② 王慧:《我国民事证据交换制度的反思与完善》,《重庆理工大学学报》2017 年第 12 期,第 99 页。

集能力。不仅《德国民法》规定了文书阅览权或物的检查请求权,而且通过修订一系列知识产权实体法,规定了资讯开示请求权和信息权,大大加强了当事人证据收集权的保障。我国台湾地区的民事诉讼法借鉴德国立法经验确立了文书、勘验物的提出命令制度,并通过创新具有了自身的制度特色。其文书和勘验物的提出范围超出了《德国民事诉讼法》的相关规定,事实上已确立了事案解明义务的一般化。不仅如此,我国台湾地区还借鉴日本立法经验,确立了当事人和第三人的文书特定化义务制度,以减轻当事人文书提出申请的特定化负担。在此基础上,我国台湾地区"智慧财产案件审理法"针对知识产权诉讼进行了一些特别立法,尤其加强了文书提出义务违反的法律后果,包括罚款和强制处分,为当事人证据收集权的实现提供进一步程序保障。

美国证据开示制度之下,当事人和第三人有广泛的证据披露义务,这有利于充分发现案件事实。为防止证据开示制度的滥用,克服证据开示可能产生的效率低、成本高等弊端,美国民事诉讼证据开示制度不断改革。在此基础上,针对专利诉讼证据的复杂和数量庞大,美国大多联邦地区法院确立了"专利地区规则",大力推进审理程序的集中化,提升专利诉讼的效率。

欧盟统一专利法院的证据披露制度整体上受德国立法、《欧盟知识产权指令》影响较多,也规定了证据提出命令制度和信息权制度。其中,当事人的证据提出义务并不特别限定于文书或勘验物,证据种类广于德国、我国台湾地区。

两大法系知识产权诉讼中的证据收集制度相互借鉴、相向而行,都体现了利益平衡的理念:一方面强调对当事人证据收集权的保障;另一方面,对证据持有人尤其是第三人的利益给予平衡保护。相比于大陆法的文书提出命令等制度,美国式证据开示制度可以更充分地实现武器平等,发现真实,具有更为强大和多元化的功能。不过,证据开示程序由当事人主导,容易产生费用高昂、程序迟延从而引发实体不公的弊端。普通法证据开示制度通过改革加强了法官对程序的管理和指挥,它正在从竞技型对抗向公平型对抗转变。大陆法系内部的证据披露制度具有一定共性,但是在立法模式、辅助性制度、第三人违反文书提出义务的救济等方面存在不同,不过各有特点,难谓优劣。

我国知识产权诉讼证据披露制度存在诸多不足,尤其是对当事人的证据收集缺乏程序保障。我国应当在"协同主义""武器平等"等诉讼理念之下,借鉴德国、我国台湾地区的成功经验,确立事案解明义务的一般化,并由法院主导并推进程序。具体而言,我国知识产权诉讼中应当确立或完善当事人文书或勘验物提出命令制度(包括特免权制度)、法院调查取证制度、证据交换制度,引入信息权制度,合理定位并完善调查令制度,同时须进行相关配套制度的改革和完善。

第三章　知识产权诉讼中的
　　　　　证据保全

证据保全是法院依职权或依当事人的申请在诉前或诉中针对证据采取的保全措施。证据保全与财产保全、行为保全同属于临时措施,同时也是证据收集的一种特殊方法,[①]客观上它们具有证据收集的功能和效果。依据保全的时间不同,可将证据保全划分为诉前证据保全和诉中证据保全。大陆法证据保全的传统功能主要是固定和保全证据,而现代的证据保全除具有保全证据功能外,还具有确定事实、开示证据、促成裁判外纠纷解决等功能。[②]

我国知识产权诉讼中存在突出的"举证难"问题,其主要原因之一是证据保全制度的不完善。本章从考察域外相关立法入手,运用比较分析的方法,针对我国知识产权诉讼中证据保全制度与实践的不足,提出完善建议。

第一节　美国知识产权诉讼中的
　　　　　证据保全制度

在美国民事诉讼法中虽然有证据保全的规定,不过显得比较简单粗放,这种制度很难与大陆法系国家或地区系统完善的证据保全制度相提并论。美国民事诉讼证据保全制度的简单粗放与其证据开示制度有关。证据开示尤其是诉前证据开示本身就可以在诉讼较早阶段及时固定证据,具有一定的证据保全功能。

一、诉前证据开示制度

依据《美国民事诉讼规则》,诉前证据开示的启动要求申请人向法院提出申请并得到准许。诉前证据开示的适用条件包括:① 申请人是合格的当事人,而

[①]　许少波:《民事证据保全制度研究——以法院为中心的分析》,南京师范大学 2008 年博士论文,第 106 页。

[②]　沈冠伶:《证据保全制度——从扩大制度机能之观点谈起》,《月旦法学杂志》2001 年第 9 期(总第 56 期),第 53—59 页。

且案件尚未进入诉讼阶段;② 申请人与案件有利害关系;③ 申请人须说明开示证据的理由以及与案件的关联性,提供被申请人的信息等。法院在审查之后认为请求开示的证据确实有必要或者可以避免诉讼迟延,一般会签发诉前证据开示命令。[①]

二、录取证言制度

录取证言具有对证人证言予以固定与保全的功能。《美国民事诉讼规则》对录取证言的规定主要集中在第 27—32 条。

《美国民事诉讼规则》第 27 条对"诉讼之前录取证言"的规定,不仅明示了其保全证据的功能,而且还使证据开示的范围扩展到了诉讼系属之前。期望就有关可能在联邦法院予以审判的事项进行证据保全的人,可以向预期的对方当事人居住地区的联邦地区法院提出书面申请,该申请应写明申请人的姓名并表明下列事项:① 申请人预期将成为联邦法院诉讼案件的当事人,但目前尚未起诉或被起诉;② 申请人对预期的诉讼标的有诉的利益;③ 申请人期望用证据证明的事实和保全证据的理由;④ 申请人预期的对方当事人的姓名或其特征以及所知道的住址;⑤ 被询问人的姓名、住址和申请人期望获得的证言内容。在申请中还应当请求法院签发命令,授权申请人对申请书上记载的被询问人录取证言,以保全证据。[②] 如果确信保全证言可以避免诉讼迟延,那么法院会依据申请发布命令指定或特定应被录取证言的人,并确定询问的主题和录取证言所采取的方式(口头或书面)。[③] 法院发布命令后,当事人及其律师就可以在法院任命或指定的官员面前录取证言。

《联邦民事诉讼规则》第 32 条规定,录取证言可被任何当事人用于反驳或者弹劾被录取证言的人出庭作证时的口头证言,或者用作《联邦证据规则》所允许的任何其他目的。同时,由于被录取证言的人的死亡、距离法院较远或在国外,因年龄、疾病、体弱或被监禁而不能出庭作证等原因,录取证言可以被任何当事人以任何目的使用,不论被录取证言的人是否为当事人。对于不按要求宣誓和回答问题的被录取证言的人,命令录取证言的联邦地区法院可将其视为藐视法庭予以处罚。

第二节 德国知识产权诉讼中的证据保全制度

德国的知识产权诉讼证据保全制度体现于民事诉讼法和实体法两部分,前

---

① 《联邦民事诉讼规则》第27(a)(3)条。
② 《联邦民事诉讼规则》第27(a)(1)条。
③ 《联邦民事诉讼规则》第26(a)(3)条。

者确立了"独立证据调查程序",构成民事诉讼证据保全制度的基本框架和主要内容;后者主要体现于一系列知识产权实体法,这些规定实际上是为实施《欧盟知识产权指令》第 7 条关于诉前保全证据的要求而特别制订的。

一、民事证据保全的功能与适用条件

1990 年《德国民事诉讼法》的修订扩大了证据保全的功能,将证据保全的适用延伸到诉讼系属之前,而且称之为"独立证据调查程序"。独立证据调查程序体现在《德国民事诉讼法》第 458 条中,其立法目的有三:及时澄清或发现事实;避免诉讼;提高当事人和解的意愿。

独立证据调查程序涉及两项规定:其一,在诉讼系属前或系属后,经他方同意以及证据有灭失或碍难使用之虞者,一方当事人得向法院申请勘验、询问证人或鉴定人出具鉴定报告。其二,在诉讼系属前,就确定下列事项有法律上利益时,得请鉴定人出具书面鉴定报告:① 人身状况、物的状况或价值;② 人身或物受损或瑕疵的原因;③ 排除人身或物受损或瑕疵的费用。在这两项规定中,前者体现了传统的证据保全功能,后者是关于"确定现状型"证据保全,它具有证据开示的功能。

对于"确定现状型"证据保全,如果通过鉴定确定上述事项可协助避免法律争讼,那么推定具有"法律上利益"。不过,"法律上利益"并非仅限于法律明示的范围,而应作较宽泛的理解。有学者认为,如果物或价值状态能够构成申请人对他人或他人对申请人请求权的基础,那么它也属于具有"法律上利益"。[1] 当然,如果根本无法辨明法律关系、可能的诉讼相对人或者请求权的情形,那么不能认为具有"法律上利益"。也就是说,仅通过证据保全进行摸索证明或仅对法律问题有异议的,不属于存在"法律上利益"。[2]

德国"确定现状型"证据保全在证据方法上受到了更多限制,即仅限于申请鉴定人出具书面鉴定报告,不包括询问证人和书证保全。有学者认为,德国法上虽在此明文排除书证的保全,但在实务上则承认可以勘验或提起确认文书真伪之诉以排除文书伪造或变造,或经由讯问鉴定人之方式而间接了解书证内容。[3] 而且,文书提出义务在德国实体法和程序法上的要件有相当周密的规定,关于一些实质上武器不平等的案件类型,对弱势当事人的文书阅览权,学说及实务上也予以承认,并佐以证据法上的效力,因而对于文书,利用证据保全的必

---

[1]　姜世明:《新民事诉讼法论》(第 2 版),学林文化事业有限公司 2004 年版,第 60 页。

[2]　同上。

[3]　沈冠伶:《证据保全制度——从扩大制度机能之观点谈起》,《月旦法学杂志》2001 年第 9 期(总第 76 期),第 62 页。

要性相对较弱。① 关于"确定事物现状"的证据独立调查程序在证据方法上不包括询问证人,立法目的是为避免对第三人造成不必要的负担,而且通过情报请求权的行使,权利人已经可从当事人或第三人获得广泛的资讯,包括有机会获取较为充分的证人证言。

二、民事证据保全的一般程序

(一)证据保全的管辖②

德国民事证据保全的管辖分为三种情况:其一,诉前管辖。根据《德国民事诉讼法》第 486 条第 2 款的规定,在诉讼尚未系属时,申请证据保全应向申请人将来起诉时对本案有管辖权的法院提出,并且该种管辖实行管辖恒定的原则,当事人一旦向该法院提出了证据保全的申请,而法院也因此实施了证据保全,在以后的诉讼程序中,申请人不得主张该法院无管辖权。其二,诉中管辖。在诉讼已系属时,证据保全由受诉法院管辖。其三,急迫情形下的管辖。根据《德国民事诉讼法》第 486 条第 3 款的规定,在有急迫危险时,申请也可以向证人或鉴定人所在的、或应勘验或应鉴定的物所在的初级法院提出。"急迫"原则上应理解为证据有灭失或难以使用之虞时的紧迫型证据保全情形。③

(二)证据保全的申请

按照《德国民事诉讼法》第 487 条的规定,证据保全的申请主要应当记载或表明以下内容:① 对方当事人;② 应证明的事项;③ 应保全的证据;④ 申请证据保全的理由。证据保全的理由包括两个方面:一是该具体申请符合证据保全实质性条件;二是该申请归受理法院管辖。对这两种理由的主张,申请人只要能够达到释明的程度即可。

(三)证据保全的裁判

在德国,对于证据保全的申请,法院在作出裁定前,无需经过言词辩论程序。如果法院认为当事人的申请符合相关条件和程序,在作出准许保全的裁定中,应当表明准予调查的待证事实,应指出应接受讯问的证人或者被指定的鉴定人的姓名。对于准许之裁定,当事人不得声明不服。

(四)证据保全的实施

在具体情况许可的前提下,应将裁定与申请的缮本送达对方当事人,并且通知对方当事人在规定的适当调查证据期日到场,以便对方当事人在证据调查期

---

① 姜世明:《新民事诉讼法论》(第 2 版),学林文化事业有限公司 2004 年版,第 53 页。
② 在德国,专利及实用新型的侵权案件由杜塞尔多夫、曼海姆等 12 个地区法院审理。
③ 许少波:《民事证据保全制度研究——以法院为中心的分析》,南京师范大学 2008 年博士论文,第 48 页。

日能行使听审、辩论和陈述意见的权利。如果对方当事人不明，为了保护对方当事人的权利，同时避免以后不必要的麻烦，节约司法资源，法院可以为其选任特别代理人以代其行使法定权利。调查证据的记录由作出证据保全裁定的法院予以保存。如果预期能够通过和解达成一致的协议，法院可以传唤双方当事人展开口头商谈、辩论。和解协议达成后应记入法庭笔录，以使其产生法律效力。因为这一环节的设置，该程序具有了独立解决纠纷、预防纠纷的功能。

在知识产权诉讼证据保全的实施程序中，如被申请人主张其本应提出的书证或勘验物涉及商业秘密保护，法院可运用"杜塞尔多夫程序"，即指定鉴定人进行阅览和检查，鉴定人有义务保守所有商业秘密，被告可以到场，而原告不能亲自到场，原告律师包括其专利律师可以到场，但必须保守相关商业秘密，法院在决定鉴定人是否应向原告提交调查结论时，需要考虑商业秘密的保护。[①]

需强调的是，一旦依据《德国民事诉讼法》第 485 条及以下规定开始独立证据调查程序，就不得进行该法第 935 条以下的假处分程序。

三、知识产权法中证据保全之特别规则

德国知识产权诉讼证据保全之特别规则与《欧盟知识产权指令》的执行有关。《欧盟知识产权指令》第 7 条规定了在实体案件起诉前可采取的保全证据措施，包括对侵权物品、用于生产和销售这些物品的材料和工具以及有关文件进行详细记录并进行扣押。《德国民事诉讼法》第 485 条规定的独立证据调查程序本身尚不能满足《欧盟知识产权指令》第 7 条的要求，这是因为该条没有规定获取证据的方法，更没有规定法院有权获取样品或者有权对侵权产品进行扣押。也就是说，当法院命令文书或勘验物的提出或保全，法院欠缺强制执行的法律依据。虽然《德国民事诉讼法》第 142 条、第 144 条规定了法院在必要时得依职权命令对方当事人提出文书或勘验物，但它只能在实体案件的审理中适用。尽管《德国民法》第 809 条规定，权利人可以从被控侵权人那里获取其控制的物品，它只是在最近几年才被德国联邦法院所允许适用，尚没有涉及《欧盟知识产权指令》第 7 条的判例。[②]

为有效执行《欧盟知识产权指令》第 7 条，德国对其一系列知识产权法进行了修订，具体涉及《德国专利法》第 140c 条第 3 款、《德国商标法》第 19a 条、第

---

① Klaus Grabinski, Inspections and Access to Evidence in Patent Litigation: German Approach, 10th Annual Conference on Intellectual Property Law & Policy at Fordham IP Law Institute, April 12th 2012, New York.

② George Cumming et al. Enforcement of Intellectual Property Rights in Dutch, English and German Civil Courts, Kluwer Law International, 2008, p.242.

128 条和第 135 条、《德国著作权法》第 101a 条、《德国实用新型法》第 24c 条、《德国外观设计法》第 46a 条、《德国植物新品种保护法》第 37c 条、《德国半导体产品拓扑图法》第 9 条第 2 款等。法院可以据此作出具有强制性的假处分命令,在独立证据调查程序中可命令被控侵权人提出文书或勘验物,并且可以强制执行。

以《德国专利法》为例,其第 140c 条规定了专利权人的资讯开示请求权。该权利对应的是对方当事人或第三人的文书或勘验物的提出义务,其中第 3 款明确授权法院可以通过发布具有强制性的假处分命令而保全证据。而且,不同于《德国民事诉讼法》第 935—945 条有关假处分的规定,《德国专利法》第 140c 条第 3 款的适用不需要具备"紧迫性"条件,但法院应采取必要措施保护商业秘密,在事前未听取被申请人意见而准许假处分申请的情况下尤其如此。《德国专利法》第 140b 条规定了权利人的信息权,其第 7 款进一步规定通过法院发布假处分命令实现该项权利,从而保全证据。与《德国专利法》第 140c 条第 3 款不同,第 140b 条第 7 款的适用以存在"明显侵权"为前提条件,而且该假处分是依据《德国民事诉讼法》第 935—945 条进行,须具备"紧迫性"这一要件。为达到假处分的目的所必要的命令,由法院依自由裁量作出决定。[①]

第三节　欧盟统一专利法院的证据保全制度

一、证据保全制度的功能与适用条件

《统一专利法院协定》第 60 条第 1 款规定,提出证据保全申请的申请人,如果提供了所有可合理获得的证据支持其权利已受侵害或有受侵害之虞的主张,法院有权在保护机密信息的条件下迅速有效地采取措施,以保全与被诉专利侵权具有关联性的证据,即使案件实体程序尚未开始之前。当事人申请证据保全,须要满足以下条件:① 在实体审理程序开始之前或期间,专利权人的权利已受侵害或有受侵害之虞。② 专利权人必须提出证据保全申请,而且须提出所有可合理获得的证据。在欧盟统一专利法院的规则下,法院只能依申请而不能依职权命令采取证据保全措施。③ 以机密信息得到保护为前提条件,法院有权迅速有效地采取保全措施。这里强调了为被申请人的商业秘密提供平衡保护的重要性。

可见,欧盟统一专利法院并未像德国那样确立"确定现状型"证据保全,仍然坚持了传统的证据保全制度。不过,依据欧盟统一专利法院的相关规则,法院可以发布命令进入被控侵权人的经营场所进行勘验,还可以采用冻结令的方式进

---

① 《德国民事诉讼法》第 938 条第 1 款。

行证据保全。这些措施的适用条件与证据保全相似,为当事人及时固定和收集必要证据提供了具有强制力的法律工具。

二、证据保全的程序

(一) 证据保全申请

证据保全在实体审理程序开始之前或期间,当事人可以向法院申请证据保全或现场勘验。证据保全申请应当包括双方当事人的基本信息、涉诉专利的细节、申请的具体措施(包括已知的或有合理理由怀疑的证据准确位置)、关于保全措施必要性的理由、支持其申请的事实与证据,如果实体审理程序尚未开始,申请书应当额外包含关于这一将要启动的诉讼的简明描述。如果申请单方措施(即未经听证的保全措施),那么申请人应当阐明不给予对方当事人提供听证的理由,而且有义务披露可能影响法院决定是否准许的所有材料。

(二) 证据保全申请的审查与决定

关于证据保全申请,法院有权做出以下决定:通知被申请人并要求其在规定时间内提出异议并阐明理由、事实和证据;传唤双方当事人参加口头听证;仅传唤申请人单方参加听证;以及在未经听取被申请人意见的情况下就申请做出决定。在决定证据保全措施时,考虑的因素包括:采取措施的紧迫性;不去听取被申请人意见的理由是否充分合理;证据遭到破坏或者以后难以取得的可能性。在极其紧急的情况下,申请人可以向常任法官(standing judge)[①]提出证据保全申请而无需满足形式要求,常任法官可以决定需遵循的申请程序,包括要求提供随后的书面申请。如果法庭决定传唤双方当事人,应当尽快确定庭审时间;如果对证据保全申请的决定不服,当事人可以提出上诉。

(三) 证据保全命令

法庭可就证据保全措施发布命令,这些措施包括:详细描述(附样本或不附样本);扣押侵权商品;在适当的情况下,扣押用于生产或销售侵权商品的材料或工具以及任何相关文件;命令电子数据的保全与披露,包括进入电子数据所需密码的披露。为保护当事人或第三人的商业秘密、个人数据或其他机密信息,法院可限制或禁止证据的收集或使用,包括命令证据披露对象仅限于受适当保密条款约束的某些指定人员。

(四) 证据保全的实施

证据保全措施应当立即实施。作为决定证据保全的条件,法庭可以命令申

---

① 欧盟统一专利法院的每个法庭的常任法官系依据《统一程序规则》指定,其职责是审理紧急案件。参见《统一专利法院协定》第 19 条第 3 款和《统一程序规则》第 345 条第 5 款。

请人提供担保。法院应在证据保全命令中指定独立公正的专业人员或专家负责证据保全的实施,被指定的专业人员或专家应在规定时限内向法院提交依据执行地国家的法律而采取保全证据措施的书面报告。无论如何,申请人的雇员或负责人在措施执行时不得在场。

（五）单方措施（未经听证的证据保全）

倘若保全措施的延误可能造成难以弥补的损害、证据会遭到破坏或者以后难以取得的明显风险,则法院可以在不听取被告意见的情况下决定证据保全。在这种情况下,相对人仍然享有陈述意见的机会和要求审查的权利,包括：在证据保全执行完毕后被申请人立即获得通知；在证据保全执行完毕后 30 日内,被申请人可以要求对该证据保全命令进行审查,法院应当依被申请人的要求毫无延迟地命令进行听证以审查证据保全措施,可以根据情况变更或撤销系争证据保全命令。如果证据保全命令被变更或撤销,法院应要求那些获得机密信息披露的人员继续保密。

（六）损害赔偿

如果保全措施被撤销、因申请人的原因这些证据保全措施失效或者案件经审理认定不存在专利侵权或专利侵权的威胁,法院可依被申请人的申请,命令申请人进行损害赔偿。

（七）勘验

《统一专利法院协定》第 60 条第 3 款明确规定,法院可依申请人的申请命令特别指定人员对经营场所进行勘验。为保护相对人的机密信息,依据同条第 4 款,申请人被明确禁止到场,不过可以指定一名独立的专业人士（如普通律师或专利律师）作为代理出面,该代理人的姓名应在法院命令中明确指出。法院可依据《统一专利法院协定》第 58 条和《统一程序规则》第 199 条第 1 款命令证据披露的对象限于受适当保密条款约束的指定人员。勘验对象除了经营场所（premises）外,还可以是产品、设施、方法以及现场情况（local situation）。证据保全的相关规定准用于对勘验。

（八）财产冻结令

《统一程序规则》第五章（“其他证据”）第 200 条规定了财产冻结令,这意味着财产冻结令可以作为“其他证据”的收集方式而存在。不仅如此,财产冻结令也可作为一种证据保全的特殊方式。如果当事人提供了所有可合理获得且表明合理的证据支持其权利已受侵害或即将受到侵害的主张,无论诉讼程序启动之前或之后,法院可以命令一方当事人不得将位于其管辖区域的任何财产或特定财产转移出去,或者不得买卖无论是否处于其管辖区域之内的任何财产。《统一程序规则》关于证据保全的规定应准用于财产冻结令。

此外,需要强调的是,欧洲统一专利法院的上述证据保全制度体现了对商业秘密保护的重视。首先,证据保全措施的适用强调以机密信息得到保护为前提条件。其次,在就证据保全申请做出决定时,法院可要求调查资料披露的对象限于受保密条款约束的指定人员。最后,在证据保全的执行包括现场勘验的过程中,申请人的雇员或负责人被禁止到场,申请人只能指定中立人士代为行使权利。

第四节　我国台湾地区知识产权诉讼中的证据保全制度

我国台湾地区"民事诉讼法"规定了证据保全制度,在此基础上,"智慧财产案件审理法"作为特别法针对知识产权诉讼进一步强化了证据保全制度。

一、民事证据保全的功能与条件

依据2000年修订后的"民事诉讼法"第368条的规定,我国台湾地区证据保全的适用有四种情形:证据有灭失或碍难使用之虞;经他方同意;就确定事、物之现状有法律上利益并有必要;法院认为有必要时依职权进行。其中第三种证据保全即"确定现状型"证据保全,是在借鉴德国立法经验的基础上引入的新规定。"确定现状型"证据保全的要件包括:实施证据保全的目的是为了确定事、物的现状;必须有法律上的利益;有进行证据保全的必要。[①]"确定现状型"证据保全的证据方法限于勘验、鉴定和书证,这和传统证据保全在证据方法上未作限制不同。

依据该条规定的修订说明,扩大证据保全程序功能的立法目的在于:"如能使欲主张权利之人,于提起诉讼前即得搜集事证资料,以了解事实或物体之现状,将有助于当事人分析纷争之实际情况,进而成立调解或和解,以消弭诉讼,达到预防诉讼之目的。此外,亦得藉此赋予当事人于起诉前充分搜集及整理事证资料之机会,而有助于法院于审理本案诉讼时发现真实及妥适进行诉讼,以达审理集中化之目标。"

关于"法律上的利益"和"证据保全的必要",有台湾地区学者认为,证据保全制度的目的,并非完全在于避免诉讼,只要当事人保全证据所要调查的事实将来有可能构成实体法上的权利,即可认为有法律上的利益并有证据保全的必要,以

---

① 姜世明:《新民事诉讼法论》(第2版),学林文化事业有限公司2004年版,第74页。

兼顾保护当事人的程序利益及实体利益。[①] 也有学者认为,法院就必要性解释时,应注意为达到防免诉讼及发现真实与促进诉讼的目的,申请人所为证据保全的申请,是否已不存在其他相同有效而对相关当事人损害较少的手段。若申请人对诉讼的防免与诉讼的促进在个案中仍有可期待的方法采用时,则似无需承认其利用此一原本应带有暂时性、过渡性、例外性之保全制度的合理性。[②]

台湾地区的司法实践为"必要性"判断提供了一定的依据。"最高法院"认为,在判断"必要性"时应平衡考虑以下因素:纷争之类型,申请人与他方对事证的独占程度,综合接近证据程度,武器平等原则以及利益权衡原则。[③] 不过,这五项指标仍然抽象,且各指标孰轻孰重,实难有客观标准,操作上也不容易。[④]

二、民事诉讼证据保全的程序

(一)证据保全的管辖权

台湾地区"民事诉讼法"第 369 条规定:"保全证据之声请,在起诉后,向受诉法院为之;在起诉前,向受讯问人住居地或证物所在地之地方法院为之。遇有急迫情形时,于起诉后,亦得向前项地方法院声请保全证据。"

(二)证据保全的申请

证据保全程序的启动可以分为两种情况:一是依当事人申请启动;二是法院依职权启动。依据"民事诉讼法"第 370 条的规定,保全证据的申请应表明下列事项:他方当事人(如不能指定他方当事人者,说明不能指定的理由);应当保全的证据;依该证据应证明的事实;应当保全证据的理由。依第 372 条的规定,法院依职权启动证据保全程序只能在诉讼系属之后。"确定现状型"证据保全应当是在诉前启动,因此该类型的证据保全应当只能由当事人申请。

(三)证据保全的裁定

依"民事诉讼法"第 371 条规定,无论是否准许证据保全,一律使用裁定形式;作出裁定的法院是受理当事人申请的法院;法院作出准许证据保全的裁定,应当对该证据及应证事实予以表明;法院驳回证据保全申请的裁定,允许当事人提起抗告;而法院准许证据保全的裁定,则当事人不得声明不服。由于被申请人不得单独就施以强制力的裁定提起抗告,法院必须谨慎而为,不得逾越必要程序而违反比例原则。即使遇到具有紧迫性的情形,不适合对方在证据保全裁定前

---

① 许士宦:《起诉前之证据保全》,《台大法学论丛》2003 年第 6 期,第 184—185 页。
② 姜世明:《新民事诉讼法论》(第 2 版),学林文化事业有限公司 2004 年版,第 61 页。
③ 台湾地区"最高法院"2016 年度台抗字第 774 号民事裁定。
④ 赖安国、沈泰宏:《智慧财产证据保全制度——探讨实务上对于"确定事物现状型"证据保全必要性之判断》,《全国律师》2018 年 10 月,第 9 页。

陈述意见,基于程序地位平等保障的理念,也应在裁定后尽快给予对方陈述意见的机会。

（四）证据保全的执行

台湾地区"民事诉讼法"第 373、374 以及 375 条对于当事人的程序权利予以了充分保障:在证据调查期日,法院应当通知申请人到场;除紧急情况或有碍证据保全的情况外,法院应当在证据调查期日前,将申请书、笔录及裁定送达给被申请人,并通知其于证据调查期日到场;法院应当保障在证据调查期日到场的当事人有机会陈述意见;为了保障当事人关于证据调查的权利,被申请人不明或调查证据期日来不及通知被申请人时,法院应当为其选任特别代理人;调查证据的笔录,由作出保全裁定的法院保管,但诉讼系属其他法院的,应当送交该法院。

（五）证据保全协议

依据"民事诉讼法"第 376 条的规定,当案件尚未系属,在保全证据程序期日到场的双方当事人,可以就诉讼标的、案件事实、证据及其他事项达成协议,法院应当将该协议记明于笔录;当事人就诉讼标的达成协议时,法院应将当事人协议的法律关系及争议情形记明于笔录,并且按照协议内容当事人应当为一定给付的,该协议可以成为执行依据;达成协议的,法院应当在 10 日内以笔录的形式正式送达给当事人。

三、"智慧财产案件审理法"之特别规则

（一）证据保全的管辖权

与证据保全的民事诉讼一般规则不同,"智慧财产案件审理法"第 18 条规定:保全证据之申请,在起诉前,向应系属之法院为之,在起诉后,向已系属之法院为之(第 1 项);[①]法院认为必要时,得嘱托受讯问人住居所或证物所在地地方法院实施保全(第 7 项)。关于"应系属之法院"可否为普通法院,该条规定的立法理由指出:"知识产权于起诉前实施证据保全,常涉及专业上知识,且现行各地方法院亦无技术审查官之配置,有由智慧财产法院自行实施之必要,爰明订起诉前之证据保全,向应系属之法院声请,而智慧财产法院认为有必要时,始得嘱托受讯问人住居所或证物所在地地方法院实施保全。"[②]据此可知,台湾地区知识产权证据保全的管辖权归属于专门的知识产权法院。不过,这一立场遭到了一些批评,因为智慧财产法院的人力有限,执行保全证据的位置可能较远,且保全

---

　　① 这与台湾地区"民事诉讼法"诉前保全管辖的规定不同。依据该法第 369 条的规定,在起诉前申请证据保全的,考虑到便于管辖,由受讯问人住居地或证物所在地的地方法院管辖。

　　② "智慧财产案件审理法"第 18 条立法理由。

案件的执行较为复杂,不利于保全制度的实施,应当将管辖法院扩及普通法院。①

(二) 证据保全的证据方法

"智慧财产案件审理法"第 18 条第 2 项规定,法院实施证据保全时,得为鉴定、勘验及保全书证。该项规定容易造成误解,结合其官方立法理由,实际上仅"确定现状型"证据保全在证据方法上限于鉴定、勘验及保全书证,紧迫型证据保全在证据方法上不受限制。② 所以该规定基本上重复了"民事诉讼法"第 368 条第 1 项的内容,在"确定现状型"证据保全涉及的证据方法上,仍将证人或当事人讯问这类证据方法排除于知识产权案件证据保全程序之外。有台湾地区学者表达了遗憾,认为这不符合知识产权案件对明了侵权产品来源、流向以及数量的需求。③ 不过,也有台湾地区学者指出,"在立法上,此一类型乃就其证据方法限缩为鉴定、勘验及保全书证三者,而不包括当事人讯问及人证,以免当事人滥用此一制度而损害他造之权益。"④

(三) 证据保全执行效果的强化

"智慧财产案件审理法"第 18 条第 4 项规定:"相对人无正当理由而拒绝证据保全之实施时,法院得以强制力排除之,但不得逾必要之程度,必要时并得请警察机关协助。"依据该条规定的立法理由,原"民事诉讼法"规定的证据保全程序,在相对人拒绝而无正当理由时,法院并不得实施强制处分,虽可通过不利推定减轻权利人举证困难,但是不如强制措施更具实效,而且台湾地区知识产权法已废除刑事责任,对于侵害知识产权的物品无法由检察官实施搜索扣押。所以,当相对人无正当理由阻止证据保全执行时,法院可以通过强制力排除之,在必要时可以请求警察机关协助排除相对人对于证据保全执行的不当妨碍。

(四) 技术审查官参与证据保全实施程序

"智慧财产案件审理法"第 18 条第 3 款规定,法院实施证据保全时,得命技术审查官到场执行职务。证据保全程序通常是由法官、书记官加上律师共同进入厂区或置放欲保全的证据的处所,申请人或拥有专业知识的其他代理人则不得进入;但因法官、书记官及律师通常不具备相关专业背景,同时亦有可能受到相对人误导,"智慧财产案件审理法"第 18 条第 3 项规定了技术审查官的参与,而且依据该法第 4 条的规定,在证据保全时协助调查证据是"法院于必要时,得

---

① 吕光:《智慧财产权案件证据保全实务》,《全国律师》2013 年 10 月,第 38—39 页。
② 沈冠伶:《智慧财产权保护事件之证据保全与秘密保护》,《台大法学论丛》2007 年第 1 期,第 222 页。
③ 谢国廉:《智慧财产案件之证据保全——我国法与欧盟法之比较》,《法令月刊》2007 年第 7 期,第 148 页。
④ 姜世明:《新民事诉讼法论》(第 2 版),学林文化事业有限公司 2004 年版,第 56 页。

命技术审查官执行"的职务之一。

此外,"智慧财产案件审理法"特别强调了证据保全涉及的商业秘密保护。在证据保全的裁定和执行中,法院须兼顾保护被申请人的商业秘密。"智慧财产案件审理法"第18条规定了法院可限制或禁止实施保全时在场之人,并就保全所得之证据资料命令为保管及不予准许或限制阅览;第11—15条规定了秘密保持命令(保密令)制度,法院可依申请根据案情需要发布保密令。

第五节　域外知识产权诉讼证据
保全制度之评析

一、证据保全制度与其他制度之交叉与融合

从比较法的视角看,大陆法的证据保全制度和普通法的证据开示制度逐渐呈现彼此交叉和融合,这是因为它们可以在某种程度上具有对方制度的基本功能。不仅如此,某些大陆法国家的证据披露制度(比如信息权、资讯开示请求权)除了具有证据开示功能,还具有与证据保全的竞合与并用关系。在特定法域之内,证据披露制度和证据保全制度应该作为一个整体考察,否则得出的结论难免有失片面和主观。

(一) 证据保全制度的证据开示功能

经过1976年和1990年两次大幅度修订后,《德国民事诉讼法》明确规定了当事人和法院可以"为确定事物之状态"而申请和进行证据调查,从而确立了"独立证据调查程序",这已完全突破了传统证据保全,具有了证据开示的功能,并且可以促进当事人利用其诉前所得证据和信息进行自主协商解决纠纷,从而在部分情况下避免了诉讼。我国台湾地区在修订民事诉讼法时,主要借鉴德国经验改造证据保全制度,通过增设为确定事、物现状之证据保全类型并增订当事人于证据保全程序中达成协议的条款,也已基本实现了将传统证据保全制度改造为具有独立程序地位并且集合证据开示、证据保全和证据收集功能于一体的法律工具。

德国、我国台湾地区知识产权诉讼中的证据保全(尤其是"确定现状型"证据保全)在适用条件上的放宽以及在执行强制性的增强,在文书(勘验物)提出命令制度的基础上,进一步强化了证据持有人的证据协力义务。它扩展证据保全的功能,包括吸收证据开示功能,实际是对普通法证据开示制度的借鉴,加强了对当事人证据收集的程序保障。值得我国诉讼制度改革予以借鉴的一点是,两大法系的文化背景、制度传统和具体国情不同,大陆法系包括知识产权诉讼在内的民事诉讼,只能功能性地借鉴普通法的证据开示制度,而不可能

进行简单移植。[①]

欧盟统一专利法院的证据保全制度采取了相对保守的态度，并没有规定"确定现状型"证据保全。这实际上是欧盟各国博弈和妥协的结果，同时也试图平衡知识产权诉讼中权利人与证据持有人之间的利益，因为它在证据保全制度的功能保持相对保守的同时，确立了其他制度，以强化证据的保全、收集与开示。通过吸纳德国立法、《欧盟知识产权指令》的经验确立的信息权制度，欧盟统一专利法院拓宽了专利权人收集证据的渠道，增强了其收集证据的能力。不仅如此，相比于德国的信息权制度，权利人有权从当事人或第三人获得信息范围更广，除了产品来源、产销数量、交易价格或参与产销者的身份等信息之外，还包括"为合理推进当事人案情之目的合理必要的其他证据"。[②] 欧盟统一专利法院的信息权制度本身除具有证据收集功能之外，也有利于当事人在诉前及时采取必要的固定证据措施，从而具有某种程度的证据保全功能。不仅如此，当事人通过对被控侵权人经营场所的勘验、申请冻结令固定相关财产，都可增强其保全证据、收集证据的能力。

（二）证据开示制度的证据保全功能

总体而言，证据开示制度要求双方当事人及早相互披露范围宽泛的证据，客观上有利于固定证据，因此具有一定的证据保全功能。美国基于法庭权威保障的双方当事人广泛的诉前证据开示制度具有较强的证据保全功能，证据开示制度中的录取证言是对证人证言的证据保全，在此基础上法官可以行使其固有权力采取适当的证据保全措施，该权利的行使具有灵活的弹性空间。美国证据保全制度远不如大陆法国家那般发达与完备，这与其功能强大的证据开示制度密不可分。

从这个意义上讲，如果我国知识产权诉讼的证据披露制度主要借鉴大陆法文书（勘验物）提出命令制度的话，与此相适应，为完善我国证据保全制度，大陆法国家的立法例更适合作为我国改革的样本。

（三）假处分与证据保全的竞合与并用

德国、我国台湾地区的假处分[③]和证据保全属于两种不同的临时措施，存在诸多不同：一是保全对象方面，证据保全的对象为证明权这一程序上的权利；假处分的保全对象为实体法请求权。二是申请要件方面，德国通说认为，证据保全

[①] 许少波：《证据保全制度的功能及其扩大化》，《法学研究》2009 年第 1 期，第 22—23 页。

[②] 《统一程序规则》第 191 条。

[③] 假处分是指债权人为保全金钱以外债权之强制执行而采取的临时性保全措施，包括一般假处分和定暂时性状态假处分，具体可参见台湾地区民事诉讼法的规定。台湾地区"民事诉讼法"第 532 条第 1 款规定："债权人就金钱请求以外之请求，欲保全强制执行者，得声请假处分。"第 538 条规定："于争执之法律关系，为防止发生重大之损害或避免急迫之危险或有其他相类之情形而有必要时，得声请为定暂时状态之处分。"台湾地区的假处分制度借鉴于德国，《德国民事诉讼法》对应的规定体现于第 935 条和第 940 条。

申请不需要证明胜诉可能性以及证据的关联性、重要性或必要性,台湾地区也是如此;假处分申请则需要证明胜诉可能性。三是强制力效果方面,根据德国、我国台湾地区的民事诉讼法一般规则,证据保全措施不能强制执行;而假处分可以进行强制执行。[①] 因为证据保全措施依据民事诉讼一般规则不能强制执行,为弥补这一不足,台湾地区"智慧财产案件审理法"补充规定了证据保全的强制执行和惩罚机制,《德国专利法》第140b条和第140c条实际上也赋予了证据保全的强制性效力。

不过,证据保全与假处分也存在竞合或并用的可能性。如果实体法上规定了某种情报请求权(比如,文书阅览权或物的检查请求权),这种实体权利的实现可以根据需要运用假处分得以保障,假处分客观上可以实现对文书或勘验物的证据保全。可见,如果这种实体请求权的对象(文书或物)被用作证据,那么证据保全或假处分两者可以择一采用,权利人可申请法院命令相对人予以提出。[②]

作为一种实体权利,情报请求权在德国民商立法中有较多的规定,同时在不同法域的民事实体法中也获得了不同程度的认可,比如:我国台湾地区"公司法"第229条规定股东享有簿册查阅请求权,我国《公司法》第33条[③]也有类似规定。在德国知识产权诉讼领域中,除了《德国民法》第809条("物的检查请求权")、第810条("文书阅览权")可资利用之外,德国知识产权法中的信息权、资讯开示请求权(比如《德国专利法》第140b条和第140c条)都属于这个范畴。在德国,"确定现状型"证据保全的证据方法仅限于鉴定,而且独立证据调查程序没有强制力,功能因而受到限制。不过,在德国知识产权诉讼实务中,证据保全与假处分制度常常可以并用,且可以一个裁定合并为之,以达到开示事证的目的,补充证据保全制度之不足。此种并用证据保全与假处分的方式,可有效地强制相对人提出文书或忍受检查。[④] 为执行《欧盟知识产权指令》第7条关于通过强制措施实现证据保全的要求,在德国知识产权法规定的信息权和资讯开示请求权制度中,假处分可以作为一种具有强制力的临时措施。在符合知识产权法规定的条件或要求时,[⑤]权利人可依据《德国民事诉讼法》第935—945条通过假

---

① 沈冠伶:《智慧财产权保护事件之证据保全与秘密保护》,《台大法学论丛》2007年第1期,第240—241页。

② 同上,第241页。

③ 《公司法》第33条规定:"股东有权查阅、复制公司章程、股东会会议记录、董事会会议决议、监事会会议决议和财务会计报告。"

④ 沈冠伶:《智慧财产权保护事件之证据保全与秘密保护》,《台大法学论丛》2007年第1期,第242页。

⑤ 比如,《德国专利法》第140b条第7款要求"在侵权明显的情况下"可通过假处分获取信息。第140c条第3款规定通过假处分命令文件出示或物的检查,应当采取必要的保密措施。在这两款规定中的假处分程序,仍然依《德国民事诉讼法》第935—945条的规定进行。

处分的命令获得相关信息或者文书出示（或物的检查），从而实现保全证据的功能。

欧盟统一专利法院的财产冻结令本是一种针对财产的临时禁令，是源于普通法国家的保全措施，要求相对人不得转移、买卖财产。该财产冻结令也可发挥类似德国上述假处分的证据保全作用。《统一程序规则》第 5 章标题为"其他证据"，其中第 200 条规定了财产冻结令，表明财产冻结是作为一种证据形式；而且，财产冻结令准用关于证据保全的规定，意味着财产冻结令可以用作保全证据的工具。这与德国上述立法中假处分的运用可以说是异曲同工。

二、大陆法知识产权诉讼证据保全制度中的利益平衡

不同法域的证据保全制度都关注当事人以及利害关系人之间的利益平衡。一方面强化对当事人证据收集权的保障，另一方面维护正当程序，尤其强调保护持有证据的当事人或第三人的利益。

我国台湾地区"民事诉讼法"第 373 条对当事人的被通知权、陈述意见的权利予以保障；第 374 条规定，如果被申请人不明或调查证据期日来不及通知被申请人时，法院须为其选任特别代理人以保障被申请人的程序权利。"民事诉讼法"第 375 条之 1 规定：当事人就已于保全证据程序讯问之证人，于言词辩论程序中申请再为讯问时，法院应为讯问（但法院认为不必要者，不在此限）。此外，"智慧财产案件审理法"第 9 条、第 18 条以及第 11—15 条关于商业秘密尤其是保密令进行了周密的规定，据以保障当事人的保密利益；第 18 条第 2 项将证人证言、当事人讯问这类证据方法排除于知识产权案件证据保全程序之外，以免当事人滥用这一制度，使得案外第三人遭到过多无端打扰，也体现出平衡保护第三人利益的立法目的。

德国立法中的利益平衡保护理念，体现了在以下几个方面："确定现状型"证据保全在证据方法上不包括询问证人和书证保全，以免给案外第三人造成过重负担。依据《德国民事诉讼法》第 491 条规定，法院应传唤相对人在证据调查期日到场并参与证据调查以保护其权利；《德国民事诉讼法》第 494 条规定法院可以为尚不明确的对方当事人选任特别代理人。[1] 依第 493 条第 2 款的规定，调查证据的结果之效力是以对方当事人到场或者受到及时传唤为前提。[2] 在知识产

---

[1] 《德国民事诉讼法》第 494 条规定："举证人未指明对方当事人时，如举证人释明，未能指明对方当事人并非由于自己的过失，应准许其申请。准许申请后，法院可为不明的对方当事人选任代理人，以便在调查证据时保护对方当事人的利益。"

[2] 《德国民事诉讼法》第 493 条第 2 款规定："对方当事人未在独立的证据程序的期日到场，只在对方当事人受到及时的传唤时才能使用其结果。"如果对方当事人没有被及时传唤，则他有权在应用该证据调查结果的主诉程序的言词辩论中对该瑕疵提出责问。

权诉讼证据保全的实施程序中,如被申请人主张其本应提出的书证或勘验物涉及商业秘密保护,法院可运用"杜塞尔多夫程序"。在该程序中,法院指定负有保密义务的鉴定人对所涉证据进行鉴定并提供鉴定意见,原告不得亲自到场,不过原告律师包括其专利律师可以到场,但必须保守相关商业秘密,法院在决定鉴定人是否应向原告提交鉴定意见时需要考虑商业秘密的保护。此外,法院依据《德国专利法》第 140c 条第 3 款为保障资讯开示请求权而实施假处分时,应采取必要措施保护商业秘密,在事前未听取被申请人意见而准许假处分的情况下尤其如此。《德国专利法》第 140b 条第 7 款要求义务人提供信息的假处分措施没有明确涉及商业秘密保护,不过依据《德国民事诉讼法》第 938 条,"为达到假处分的目的所必要的命令,由法院依自由裁量作出决定",因此法院可以根据个案情况决定是否以及如何采取保密措施。

在欧盟统一专利法院的证据保全程序中,法院就证据保全发布命令,为保护当事人或第三人的商业秘密、个人数据或其他机密信息,可限制或禁止证据的收集或使用。为保护相对人的商业秘密,在证据保全执行时,申请人的雇员或负责人在措施执行时不得在场。在法院采取单方措施的情况下,相对人享有陈述意见的机会和要求审查的权利,依据相对人的申请,法院应当毫无延迟地命令审查听证,可以根据情况变更或撤销系争的证据保全命令。这些规定都体现了对对方当事人和第三人利益的平衡保护。

综上,知识产权诉讼证据保全中相对人利益的平衡保护,主要集中于两个方面:其一,机密信息(包括商业秘密、个人隐私以及特免权信息)的保护。其二,程序权保障。证据保全程序中的程序保障,在内容上主要体现为保障证据保全申请人和相对人的合法听审权(包括被通知权、陈述权、受审酌权及突袭性裁判防止等)、程序参与权和在场见证权。

三、大陆法知识产权诉讼证据保全制度的具体比较

如上所述,由于我国知识产权诉讼无法采纳普通法证据开示制度,为加强当事人证据收集的能力,在证据保全制度方面,有必要更多借鉴德国、我国台湾地区以及欧盟统一专利法院而不是美国的立法经验。所以,在此仅对这三种立法例进行比较分析。

(一)证据保全种类与适用条件的比较

我国台湾地区借鉴德国立法经验,在以下三种情形下当事人可申请证据保全:证据有灭失或碍难使用之虞、经他方同意以及为确定事物现状。欧盟统一专利法院仅规定了有灭失或碍难使用之虞的证据保全而未规定"确定现状型"证据保全,不过"东边不亮西边亮",其信息权制度中当事人或第三人有义务披露的

信息超出德国知识产权法和《欧盟知识产权指令》规定的身份、销售网络、数量以及价格信息,在此之外还包括"为合理推进当事人案情之目的合理必要的其他信息",据此权利人收集证据和保全证据的程序保障得以加强。

在程序启动方面,台湾地区法官可依职权启动证据保全程序;在德国独立证据调查程序和欧盟统一专利法院的程序中,证据保全程序只能经当事人申请而启动,法官不得依职权启动。可见,德国、欧盟统一专利法院更为彻底地采纳了传统的辩论主义理念,而我国台湾地区的法官角色更为积极主动,价值取向更侧重于实现争议解决的实体公正。

我国台湾地区 2000 年修订"民事诉讼法"时借鉴和引入了德国"确定现状型"证据保全。但是,两者的适用条件有一定的差别:其一,在"确定现状型"证据保全的证据方法上,德国法将该证据保全的证据方法限定于书面鉴定,台湾地区规定的证据方法较为宽泛,包括鉴定、勘验和保全书证,不过同样将证人及当事人讯问排除在外。其二,在"确定现状型"证据保全的对象上,德国确定了事物状态的三种具体情况,我国台湾地区则仅作了极具弹性的规定,即"事、物之现状"。其三,适用条件不同。德国民事诉讼法要求申请人具有法律上利益,而且明确规定"有助于避免诉讼的进行"的情形可推定为具有法律上利益,不过,德国通说并不认为法律上利益仅限于立法明示的范围,而应对其作较宽泛的理解。在我国台湾地区,立法规定了申请人对确定事物状态必须有法律上的利益,而且同时具有"证据保全的必要"。台湾地区关于法律上利益的解释相对更为宽松,而"证据保全的必要"的认定为法院行使自由裁量权提供了更多空间。

(二) 证据保全具体程序的比较

1. 证据保全的管辖权

在德国,无论起诉前还是起诉后,证据保全的管辖权原则上归于应系属或已系属的法院,情况紧急的,作为例外可以向证据所在地法院提出申请证据保全;在台湾地区知识产权诉讼中,证据保全的管辖权归属于应系属或已系属的法院,而且该管辖权不变,有管辖权的法院可通过委托管辖,交由证据所在地法院具体实施证据保全措施。欧盟统一专利法院关于证据保全的管辖权具有特殊性,与各国国内法院没有可比性。它依据《统一专利法院协定》行使欧盟范围内专利案件的管辖权。它对自己享有管辖权的案件也享有证据保全的管辖权,不过在其证据保全的实施涉及强制性措施时,它需要成员国法院的协助。

2. 证据保全申请

德国要求申请人对法院有管辖权的事项予以释明,这是我国台湾地区所没有的要求。但是,在实质内容上它们又是基本相同的,要求当事人申请记载的共同事项包括：对方当事人；申请所要保全的证据；保全证据所要证明的事实；申请保全证据的理由。欧盟统一专利法院对于证据保全申请的要求较为严格，除了上述信息外，证据保全申请还应当包括涉诉专利的细节、申请的具体措施（包括已知的或有合理理由怀疑的证据准确位置），如果实体审理程序尚未开始，应当额外包含关于这一将要启动的诉讼的简明描述；如果申请单方措施，应当阐明不给予对方当事人提供听证的理由，而且须披露可能影响法院决定是否准许的所有材料。

3. 担保与赔偿

《欧盟知识产权指令》第 7 条第 2 款和第 4 款，分别规定了成员国应确保证据保全程序实施的前提条件是提供适当担保，并明确规定了损害赔偿的具体情形。在台湾地区知识产权诉讼中，证据保全申请人不需提供担保，也未涉及损害赔偿，这被一些台湾地区学者认为是其知识产权诉讼制度之不足。[①]《德国民事诉讼法》也没有规定证据保全的担保，但依据《德国专利法》第 104b 条和第 140c 条行使信息权和资讯请求权，均可以通过假处分方式而保全证据，法院可以依法要求申请人提供担保，[②]而且，因为假处分针对的是财物而且具有强制性，如给对方当事人造成损失应依法予以赔偿。[③] 在欧盟统一专利法院的程序中，作为决定证据保全的条件，法庭可以命令申请人提供担保。为避免权利人滥用证据保全制度，如果事后表明并无侵权行为或侵权威胁，被控侵权人因证据保全措施所产生的损害，可向权利人请求赔偿。

4. 证据保全的实施

德国和我国台湾地区分别通过特别法对知识产权中证据保全措施赋予或者加强了强制执行力，以保障证据保全命令的切实执行。欧盟统一专利法院的证据保全程序中，因法院指定的专业人员或专家须依据执行地国家的法律具体采取保全措施，证据保全命令的执行力依赖欧盟《统一专利法院协定》成员国的相关制度。此外，在商业秘密保护方面，在欧盟统一专利法院的程序和我国台湾地区知识产权诉讼中，明文规定申请人不能亲自到场参与证据保全的实施过程，目的是保护被申请人的商业秘密，防止被申请人非善意地窥探和侵犯。德国知识产权诉讼中也有类似功能的规定，比如《德国专利法》第 140c 条第 3 款（涉及证

---

① 沈冠伶：《智慧财产民事诉讼之新变革》，《月旦民商法杂志》2008 年第 3 期（总第 21 期），第 37 页。另有台湾学者认为，申请人就证据保全提供担保的制度值得台湾地区参考，因为适当的担保可以保障被告在遭受损失时获得赔偿。参见谢计廉：《智慧财产案件之证据保全——我国法与欧盟法之比较》，《法令月刊》2007 年第 7 期，第 153 页。姜世明：《专利侵权事件之证据保全及假处分程序》，载《任意诉讼及部分程序争议问题》，元照出版有限公司 2009 年版，第 200 页。

② 《德国民事诉讼法》第 921 条。

③ 《德国民事诉讼法》第 945 条。

据收集中的假处分)施加给法院采取必要保密措施的义务,尤其是假处分没有给相对人提供事先听证机会的情况下更是如此。在依据该规定实施假处分(证据保全)时,法院可以不允许专利权人亲自在场。关于证据保全实施中技术性事项的解决,台湾地区知识产权诉讼中技术审查官可以依据法律明文规定介入证据保全的实施,发挥辅助法官的重要作用;德国法律并没有技术审查官的设置,只是在特定专利诉讼中设置技术法官(技术法官和法律法官的权力和义务相同)①,在证据保全实施过程中,鉴定人往往被委任就专门性问题进行勘验或鉴定。与德国的制度与实践相似,欧盟统一专利法院设置有专利法官,而没有技术审查官,在证据保全命令的执行中,法院应指定独立公正的专业人员或专家负责证据保全,并在规定时限内向法院提交采取保全证据措施的书面报告。

5. 促进诉证据全的诉讼外纠纷解决功能

台湾地区"民事诉讼法"在 2000 年改革之后,其第 376 条之 1 规定了证据保全协议制度,它具有独立解决纠纷、预防纠纷的功能;《德国民事诉讼法》第 492 条第 3 款,明确规定了法官在独立证据调查程序中促进诉讼和解的职责,是 1990 年《司法简化法》增设的条款,有利于实现非讼机制纠纷解决。事实上,由于德国、我国台湾地区对证据保全功能的改造,与普通法证据开示所具有的整理并简化争点、促进和解的功能是一致的,在发挥当事人主体地位的前提下有利于诉讼外解决纠纷,从而节省诉讼成本,提高诉讼效率。

6. 证据保全的裁判及其救济

《德国民事诉讼法》第 490 条规定,对证据保全申请,法院以裁定的形式作出准许或驳回的判断,在通常情况下,不进行言词辩论(第 1 款)。对于驳回保全申请的裁定,申请人可提起上诉(第 567 条第 1 款第 2 项);对许可裁定,申请人不得声明不服(第 490 条第 2 款)。台湾地区"民事诉讼法"第 371 条规定了与德国立法基本相同的内容。在欧盟统一专利法院,对于保全证据申请的决定不服,当事人可以提出上诉。

(三)证据保全的立法模式与具体方法之比较

我国台湾地区的知识产权诉讼证据保全制度,是在民事诉讼一般规则的基础上,补充以知识产权诉讼特别程序规则。作为特别规则,"智慧财产案件审理法"对证据保全执行效果予以强化,规定相对人如无正当理由而拒绝证据保全的实施,法院在必要限度内得以强制力排除之,必要时得请警察机关协助。鉴于知识产权诉讼证据保全的专业性,赋予技术审查官在证据保全实施程序中参与其

① 郭寿康、李剑:《我国知识产权审判组织专门化问题研究》,《法学家》2008 年第 3 期,第 60—61 页。

中的法律角色,"智慧财产案件审理法"第11—15条以及第18条专为知识产权诉讼规定了特有的秘密保护制度。

德国知识产权诉讼证据保全制度,是在民事诉讼法基础上,通过民事实体法包括民法、知识产权法予以补充和加强,这也是德国知识产权诉讼证据收集立法模式的整体特色。《德国民事诉讼法》中证据保全的证据方法受到较大限制,传统紧迫型证据保全限于勘验、询问证人和鉴定人,"确定现状型"证据保全仅限于书面鉴定,证据保全的力度相对较为有限。不过,由于《德国民法》第809、810条设定了物的检查请求权和文书阅览权,知识产权法规定了资讯开示请求权和信息权,知识产权权利人有权要求当事人或第三人提出书证或勘验物的范围较广。为维护自身权利,可以在行使这些权利的过程中,向法院申请假处分以获取相应的文书或物件。在德国知识产权诉讼实践中,证据保全与假处分往往可以并用,而且以一个裁定合并为之,以达到开示事证目的,补充民事证据保全一般制度的不足。[①]

欧盟统一专利法院证据保全规则体现于《统一专利法院协定》和《统一程序规则》,《统一程序规则》的规定是对《统一专利法院协定》证据保全规则的具体化,两者共同确立了全面、系统的证据保全制度。由于该法院是处理专利诉讼的专门法院,其证据保全制度并不存在民事诉讼之一般规则与知识产权之特别规则之分。在证据保全的实施中,法院指定独立公正的专业人士或专家具体负责,可采取的证据保全措施受到执行地国家法律的限制。此外,法院依权利人申请可采取对被控侵权人经营场所的现场勘验、财产冻结令等方式保全专利侵权证据。

<h1 style="text-align:center">第六节　我国知识产权诉讼证据
保全制度的不足与完善</h1>

一、我国知识产权诉讼中证据保全的立法现状

为履行WTO规则下的条约义务,基于TRIPS协定中的证据保全规定,我国先后修订了知识产权法。我国在加入WTO之前,民事诉讼法只规定了诉中证据保全。修订后的知识产权法以及相关司法解释陆续确认了诉前证据保全,而且最终在2012年《民事诉讼法》规定了诉前证据保全。在我国知识产权案件中,当事人申请诉前证据保全的情况已较为常见,法院在一般情况下也会予以准

---

① 沈冠伶:《智慧财产权保护事件之证据保全与秘密保护》,《台大法学论丛》2007年第1期,第242页。

许。与诉前财产保全或者诉前禁令可能造成较大负面影响不同,诉前证据保全只为有效地固定和保存证据,①一般提取少量原材料或者产品、半成品,即使保全错误通常也不会产生严重后果,法院对于诉前证据保全申请通常采取较为宽松的态度。

(一) 民事诉讼法的规定

在 2012 年修订之前,《民事诉讼法》仅仅规定了诉中证据保全。《旧证据规定》涉及证据保全申请提出的时间、证据保全的担保、证据保全的方法,此外依据其第 23 条第 3 款规定,"法律、司法解释规定诉前证据保全的,依照其规定办理"。这一条文为诉前证据保全制度的确立预留了可能的空间。事实上,这确实为此后几部知识产权实体法就诉前证据保全进行特别立法,提供了法律依据。《新证据规定》重申了该款内容。

《民事诉讼法》第 81 条第 2 款和第 3 款规定:"因情况紧急,在证据可能灭失或者以后难以取得的情况下,利害关系人可以在提起诉讼或者申请仲裁前向证据所在地、被申请人住所地或者对案件有管辖权的人民法院申请保全证据。""证据保全的其他程序,参照适用本法第九章保全的相关规定。"可见,该法原则性规定了诉前证据保全。此前,《商标法》等知识产权法已经规定了诉前证据保全,不过不正当竞争、植物新品种侵权、商业秘密侵权等类型案件中的诉前证据保全仍缺乏明确的法律依据,《民事诉讼法》增加的规定弥补了这些法律缺失。同时,第 81 条规定证据保全具体程序准用保全(财产保全和行为保全)制度。《民诉法解释》关于证据保全的规定着墨不多,主要是在第 98 条涉及证据保全的申请时间和担保。

《新证据规定》第 25—29 条对于证据保全进一步作出规定。第 25 条增加规定了对申请书具体内容的要求(应载明需要保全的证据的基本情况、保全理由以及采取何种保全措施)和申请保全的时限;第 26 条规定了证据保全须提供担保的具体情形以及担保方式、数额的确定;第 27 条规定了法院可以采取的保全措施种类并提出"制作笔录"的新要求,而且要求法院应当选择对证据持有人利益影响最小的保全措施;第 28 条重申了证据保全导致的赔偿责任;第 29 条规定了法院对诉前保全之证据的移交。

(二) 知识产权法的规定

2001 年 10 月 27 日修正的《商标法》第 58 条对商标侵权行为的诉前证据保全进行了规定。此后,最高人民法院在 2002 年 1 月公布的《关于诉前停止侵犯注册商标专用权行为和保全证据适用法律问题的解释》第 1 条对诉前证据保全

---

① 蒋志培主编:《知识产权民事审判证据实务》,中国法制出版社 2008 年版,第 80 页。

的条件和程序做了规定;第 2 条规定了诉前证据保全的管辖问题;第 3 条第 2 款规定了书面申请状的内容。此后,诉前证据保全规定于 2013 年和 2019 年《商标法》第 66 条。①

根据 2001 年 6 月 7 日颁布的《关于对诉前停止侵犯专利权行为适用法律问题的若干规定》,专利纠纷的诉前证据保全申请要求与诉前禁令同时提出。2008 年 12 月修正的《专利法》第 67 条正式增加了诉前证据保全制度。据此,专利权人或者利害关系人可以申请诉前证据保全措施,法院采取保全措施时可以责令申请人提供担保。法院应当自接受申请之时起 48 小时内作出裁定,裁定采取保全措施的,应当立即执行。申请人自法院采取保全措施之日起 15 日内不起诉的,法院应当解除该措施。

2001 年 10 月 27 日修正的《著作权法》第 50 条对著作权侵权行为的诉前证据保全规定了与《商标法》类似的内容;2002 年 10 月 12 日公布的《关于审理著作权民事纠纷案件适用法律若干问题的解释》第 30 条第 2 款规定,在著作权侵权纠纷中法院采取诉前证据保全措施,参照《关于诉前停止侵犯注册商标专用权行为和保全证据适用法律问题的解释》的规定办理;2001 年 12 月 20 日公布的《计算机软件保护条例》第 27 条和最高人民法院 2006 年 11 月 20 日修订的《关于审理涉及计算机网络著作权纠纷案件适用法律若干问题的解释》第 7 条第 2 款分别把诉前证据保全范围进一步延伸到了计算机软件保护领域和网络侵权纠纷中。关于诉前证据保全的制度现规定于 2010 年《著作权法》第 51 条,其内容与《专利法》第 67 条基本相同。

（三）总结

综上,我国知识产权诉讼证据保全制度散见于《民事诉讼法》、知识产权法以及相关司法解释之中。

我国知识产权诉讼中证据保全的适用前提条件是：情况紧急,证据可能灭失或者以后难以取得,该制度的功能主要是固定证据。依据申请时间,证据保全可分为诉前证据保全和诉讼中证据保全。就诉中证据保全而言,法院可以依申请或依职权做出裁定,而诉前证据保全裁定只能由法院依利害关系人的申请做出。对于诉前证据保全,《民事诉讼法》做出了原则性规定,法律、司法解释有特别规定的,依照特别规定办理,即特别法优先适用。因此,《著作权法》《商标法》等知识产权法就诉前证据保全的规定,可继续予以适用。

诉中证据保全的管辖权归于行使案件管辖权的法院;至于诉前证据保全,

---

① 《商标法》第 66 条规定:"为制止侵权行为,在证据可能灭失或者以后难以取得的情况下,商标注册人或者利害关系人可以依法在起诉前向人民法院申请保全证据。"

"证据所在地、被申请人住所地或者对案件有管辖权的人民法院"都享有管辖权。法院采取诉前证据保全措施后,当事人向有管辖权的其他法院提起诉讼的,采取保全措施的法院应当根据当事人的申请,将保全的证据及时移交受理案件的人民法院。

关于申请人的主体资格,诉中证据保全的申请人为案件当事人;诉前证据保全的申请人为利害关系人,不仅包括当事人,还包括其他利害关系人,比如知识产权的继承人、许可合同中的被许可人等。证据保全申请应当载明需要保全的证据的基本情况、申请保全的理由以及采取何种保全措施等内容。《民诉法解释》第98条第1款规定:"当事人依法申请证据保全的,可以在举证期限届满前书面提出。"其中,"可以"的措辞没有明确否定举证届满后提出证据保全申请的可能性。《新证据规定》第25条第2款则将"可以"替换为"应当",明确表明了原则立场。申请证据保全并非一定提供担保,是否提供担保由法官依具体案情做出裁定。根据《民诉法解释》第98条第2款和《新证据法规定》第26条第1款的规定,采取限制保全标的物使用、流通等保全措施或者证据保全可能造成证据持有人损失的,法院应当责令申请人提供相应的担保。《新证据法规定》进一步规定,担保方式和担保数额由法院根据保全措施对证据持有人的影响、保全标的物的价值、当事人或者利害关系人争议的诉讼标的金额等因素综合确定。

在证据保全措施实施中,法院可以要求当事人或者诉讼代理人到场。根据当事人的申请和具体情况,法院可以采取查封、扣押、录音、录像、复制、鉴定、勘验等方法进行证据保全,并制作笔录。在符合证据保全目的的情况下,人民法院应当选择对证据持有人利益影响最小的保全措施。

民事诉讼法规定了证据保全的裁定解除与赔偿责任。关于诉前证据保全,申请人在法院采取保全措施后30日内不依法提起诉讼或者申请仲裁的,法院应当解除保全措施。申请证据保全错误造成财产损失,当事人请求申请人承担赔偿责任的,人民法院应予支持。关于不服裁定的救济,《民事诉讼法》(第九章)第108条规定:"当事人对保全或者先予执行的裁定不服的,可以申请复议一次。复议期间不停止裁定的执行。"因为证据保全参照《民事诉讼法》第九章的规定适用,所以不服证据保全裁定的救济仅限于复议一种方式。

因法官的参与,经保全的证据在证据资格方面一般不会有问题,实践中很少有当事人就证据资格提出异议。其证明力与公证证据相当,高于一般书证,不过经保全的证据仍然应当进行质证。[①]

---

① 秦善奎:《知识产权民事审判证据实务研究》,知识产权出版社2018年版,第366页。

二、我国知识产权诉讼证据保全制度存在的问题

我国知识产权诉讼证据保全制度仍然存在诸多不足,证据保全应有的功能与作用尚未充分发挥。

（一）证据保全的功能单一

我国证据保全制度的功能仅限于保全证据,目的是通过该措施便于此后的事实查明和诉讼程序的顺利进行,尚未确立"确定现状型"证据保全。事实上,以1973 年《法国民事诉讼法》及 1977 年《德国民事诉讼法》修订为标志,大陆法系均开始了对证据保全功能的扩大化改革,这种证据保全功能扩大化趋势代表着对当事人证明权保障的强化。通过借鉴普通法证据开示的立法经验,德国、台湾地区的证据保全制度被赋予了一定的证据开示功能,同时它还具有收集证据、促成诉讼外纠纷解决等多种功能。

此外,我国《民事诉讼法》及《民诉法解释》对审前准备程序作了一定的规定,不过整体而言尚未达到体系化,我国立法应当强化诉前证据保全制度,这有助于及早确定事实、整理争点从而弥补审前程序的不足。除了证据保全和证据收集功能,证据保全制度促成诉讼外纠纷解决的功能也不容忽视,此一功能的加强有利于快速定纷止争,同时起到程序分流、减轻法院负担的作用。

（二）申请条件及其审查标准不明确

我国《民事诉讼法》对于保全申请的要件及其审查缺乏明确和完善的规定。在我国民事诉讼中,"证据可能灭失或者以后难以取得"是证据保全申请的实质条件。该标准过于模糊,设立的门槛较低,几乎所有知识产权案件均具备这一要件,在实践中也存在被主观化解释的倾向。[①] 在知识产权诉讼实践中,关于证据保全申请条件与审查范围是否应包含"当事人无法通过其他手段获得该证据"这一要求存在争议。对于证据保全申请的审查,实务界有观点认为为了增强操作的规范性应当增加这一额外条件,[②]有些法院在实践中也确实采纳了该条件。[③] 同时,这种做法在商标侵权领域的司法解释中也有明文规定,即《对诉前停止侵犯注册商标专用权和保全证据适用法律问题的解释》第 3 条第 2 款规定,商标纠纷的诉前证据保全申请书应当包含"当事人及其诉讼代理人因客观原因不能自行收集的具体说明"。有些法院增加上述这一条件的原因是认为它符合

---

① 秦善奎:《知识产权民事审判证据实务研究》,知识产权出版社 2018 年版,第 351 页。
② 张广良:《知识产权民事诉讼热点专题研究》,知识产权出版社 2008 年版,第 68 页。
③ 对于证据保全进行必要性审查时,有些法院考虑的因素除了证据的关联性、证据在对方控制之下外,还包括:证据可否由当事人自行通过购买等方式自行取得;证据可否由当事人申请公证保全。参见杨建成、黄雪梅、刘婕:《知识产权民事诉讼证据保全制度理论探析》,《人民司法》2007 年第 21 期,第 97—98 页。

立法本意,可以减轻法院压力,也不会影响当事人权利的保护。有些法院则未要求该条件,理由是"当事人无法通过其他手段获得该证据"属于法院调查取证的条件,而证据保全与法院调查取证属于相互独立的程序,不同制度的适用条件不应混淆。[①] 也有学者指出,由于增加这一额外条件,我国对证据保全的实质性条件要求非常苛刻,进一步影响了其应有功能的发挥。[②] 这种理解与适用上的分歧,不利于法律的稳定性和权威性,应予以统一。

在知识产权诉讼中,申请人应当提供初步证据,证明满足证据保全的申请条件即可。与申请行为保全和财产保全不同的是,申请证据保全无需证明实体胜诉的可能性,在法院审查证据保全申请时,不宜要求申请人能够充分证明侵权的存在。不过,知识产权审判实践中,有些法院在决定采取证据保全措施时,审查初步证据恰恰会考虑侵权成立可能性这一因素,却浑然不觉此做法的不当性。[③]

（三）证据保全的实施程序与方法有待完善

根据《民事诉讼法》的规定,证据保全参照财产保全适用查封、扣押、冻结等方法。从表面上看,这些保全措施可以对证据予以固定,然而实际上却无法真正发挥保全证据的效果。[④] 此外,证据保全和财产保全的保全对象不同,诉前证据保全的申请与实体的胜诉可能性不具有密切关系,审查标准相对较低;诉前财产保全则是为了保障请求权人的实体请求权,审查时需要考虑申请人胜诉的可能性,审查标准较为严格。[⑤] 所以,在知识产权诉讼的证据保全程序中,简单地"参照适用"缺乏足够的合理性与可操作性。

《旧证据规定》第24条（对应《新证据规定》第27条）对于证据保全的方法采取了列举的方式,列举之后用了"等"这一措辞,表明该条无意穷尽所有的证据保全措施。司法界一种具有代表性的观点认为,关于证据保全的范围,立法和司法解释没有限制性规定,原则上各种证据形式均可以成为证据保全的对象,可以根据证据形式和具体情况的不同,采取不同的保全方法。[⑥] 关于知识产权诉讼中的证据保全方法是否包括采取搜查手段,现有立法并没有明确规定,依据上述观点结论是肯定的。司法界另一种观点认为,搜查涉及侵犯当事人的隐私权、财产权等问题,而知识产权作为私权主要涉及的是私人利益而非公共利益,在法无明

---

① 肖海棠等:《知识产权民事诉讼证据保全的适用》,《人民司法》2007年第19期,第70—71条。

② 许少波:《民事证据保全制度研究——以法院为中心的分析》,南京师范大学2008年博士论文,第92页。

③ 余晖:《知识产权诉讼证据保全制度研究》,《人民司法》2010年第9期,第93页。

④ 段文波、李凌:《证据保全的性质重识与功能再造》,《南京社会科学》2017年第5期,第83页。

⑤ 丁朋超:《试论我国民事诉前证据保全制度的完善》,《河南财经政法大学学报》2015年第6期,第116页。

⑥ 沈德咏:《最高人民法院民事诉讼法司法解释理解与适用（上）》,人民法院出版社2015年版,第333页。

文规定的情况下,法院在这种情况下不宜采取过激措施。[①] 也有持这种观点的法官认为证据保全措施不应包含搜查手段,理由有三:其一,《民事诉讼法》第248条规定了执行程序中的搜查令制度,适用的情况是执行阶段当事人权利义务关系已经明确,而证据保全程序显然不是这样的;其二,搜查手段缺乏充分必要性,释明、教育、证明妨碍规则的压力通常可以使得证据保全得以最终执行;其三,搜查可能侵犯被申请人的基本权利,轻易不应实施。[②] 事实上,这些反对理由并不充分。知识产权作为私权并不能成为排除搜查手段正当性的理由,因为证据保全措施具有强制性,本身就存在侵害相对人隐私、商业秘密以及财产权的可能性。证据保全实施中的搜查方法作为"最后一手",确实不能轻易采用,鉴于知识产权诉讼中存在更为严重的证据偏在性,在其他证据保全方法难以达到保护权利人利益的极端情况下,搜查相对人的经营场所可能是没有其他办法的情况下采取的必要措施,法官需要在具体案件中基于利益衡量,将其作为一种"例外"予以采取。我国应当通过知识产权特别程序法明确认可搜查手段作为证据保全措施,同时规定搜查措施需要符合严格的条件。

(四) 当事人权利缺乏程序保障

域外知识产权诉讼重视证据保全过程中当事人(尤其是被申请人)权利的程序保障。比如,《德国民事诉讼法》第491条规定了当事人在场见证权;第494条规定了"特别代理人"制度,以解决证据保全因相对人不明确时相对人的利益保障;第494条之1规定了申请人在实施诉前证据保全的情况下,由法院指定诉讼提起期间以及在此期间申请人未提出诉讼的费用承担,以免申请人滥用权利、侵害相对人的利益。我国《民事诉讼法》的相关规定未充分体现当事人权利的程序保障,尤其体现在证据保全程序中被申请人的被通知权和陈述权没有获得重视。事实上,TRIPS协定第50条第4款也特别强调了法院在采取了单方措施后,被申请人的被通知权、要求复审权(包括陈述意见权)。我国台湾地区和德国的证据保全制度也都有这样的规定。《新证据规定》第27条第1款(《旧证据规定》第24条)关于法院采取保全措施时当事人或诉讼代理人到场的措辞是"可以",而不是"应当",说明了法院要求当事人参加程序的随意性。在实务中,为防止被申请人故意拖延时间以转移、篡改相关证据,法院通常不会给相对人准备的机会,相对人没有充分机会对证据保全程序提出自己的意见。[③]

当事人对于法院证据保全决定的救济不够充分。《民事诉讼法》第108条规

[①] 肖海棠等:《知识产权民事诉讼证据保全的适用》,《人民司法》2007年第19期,第74页。
[②] 秦善奎:《知识产权民事审判证据实务研究》,知识产权出版社2018年版,第363—364页。
[③] 丁朋超:《试论我国民事诉前证据保全制度的完善》,《河南财经政法大学学报》2015年第6期,第117页。

定,当事人对证据保全裁定不服的,仅可以申请复议一次,而且复议期间不停止裁定的执行。在司法实践中,证据保全的裁判形式存在混乱。对于证据保全申请的准许都采用裁定形式;对于证据保全不予准许,有的使用通知,有的使用裁定。① 对于法院的保全准许与驳回,只允许当事人提出复议,这不足以对当事人的程序权利实现救济。在德国、我国台湾地区,法院针对证据保全使用的裁判文书,无论准许与否,均使用裁定形式,而且对于不予准许的裁定,允许当事人提出上诉。

（五）证据保全的裁判外纠纷解决功能不够重视

在证据保全程序中,当事人对纠纷的经过有所掌握,并大致明晰了权利义务关系,在权衡诉讼的成本与收益之后,可能会采取调解、和解等纠纷解决方式而避免正式进入诉讼程序。与普通法国家的证据开示一样,德国、我国台湾地区的证据保全制度作为独立程序,强调其诉讼外解决纠纷的功能。《德国民事诉讼法》第492条第3款②、我国台湾地区"民事诉讼法"第376条第1款就当事人双方在诉前证据保全过程中就诉讼标的、事实、证据或其他事项成立协议时的引导予以规定。即使当事人双方达成协议后依然进行了诉讼,此类协议依然会在明确争点、促进诉讼效率、减轻法院负担方面产生积极作用。遗憾的是,我国法律未将诉讼外纠纷解决的理念贯彻于证据保全程序中,未能充分发挥证据保全制度在诉讼外解决纠纷方面的应有功能。

（六）证据保全程序中未充分保护特免权和商业秘密

证据保全实施过程中会涉及特免权信息的保护问题,而我国缺乏完善的特免权制度。证据保全实施过程中,尤其是单方申请的证据保全,商业秘密也容易遭到泄露,事实上,有些竞争对手可能恶意提起侵权诉讼并申请证据保全,意在不当获取对方商业秘密。我国民事诉讼中商业秘密保护制度不够完善,在证据保全制度中商业秘密保护未予以特别强调。关于申请人在证据保全执行过程中的地位问题,存在着其是消极的见证人、积极的指认人还是协助执行人的不同看法。对此,司法实践中具有代表性的观点是,当事人有配合执行的义务和到场的权利,申请人由于对证据保全的情况更为熟悉,在执行过程中积极指认,有利于保全程序的顺畅和效率。③ 不过,这样的做法非常方便申请人窥探竞争对手的

---

① 比如,浙江省高级人民法院民三庭《关于知识产权民事诉讼证据保全的实施意见》第10条规定:"人民法院准许当事人证据保全申请的,应采裁定书形式;不准许当事人证据保全申请的,应当以书面或者口头通知形式告知申请人,并说明理由。采用口头通知方式的,应当制作笔录。"另外可参见上海市高级人民法院《关于知识产权案件诉讼证据保全若干问题的意见》第14条。

② 《德国民事诉讼法》第492条（"证据调查"）第3款规定:"在预期可以达成一致时,法院可传唤双方当事人进行口头讨论;和解应记入法律记录。"

③ 肖海棠等:《知识产权民事诉讼证据保全的适用》,《人民司法》2007年第19期,第73条。

商业秘密,在涉及被申请人商业秘密的情况下,申请人本应当予以回避。

（七）证据保全实施中缺乏充分的专业支持和技术保障

知识产权尤其是专利侵权具有很强的专业性,在证据保全中需要根据侵权方式及侵权客体的不同而做出不同的执行方式,执行人员往往因不具备相应的专业能力,采取不适当或者错误的执行方式,结果没有起到保全的效果。[①] 除此之外,在知识产权诉讼案件中,证据保全的具体执行部门在不同法院的司法实践中缺乏统一性,基于不同的考虑,不同法院的执行部门可能是立案庭、执行庭或者知识产权审判业务庭,由于知识产权证据的复杂性和特殊性,裁执分离可能因具体执行人员缺乏知识产权领域的证据保全经验更容易出现证据保全瑕疵。[②] 欧盟统一专利法院通过指定公正中立的专业人士或者专家负责专利诉讼中证据保全的实施,我国台湾地区知识产权诉讼中根据需要指派技术审查官参与其中,这些措施为证据保全提供了专业支持。我国实践中,当事人往往自行寻找技术专家向法庭出具专家意见,其客观公正性难以保障,而且其意见表达习惯于使用专业术语,难以为法官充分理解和接受。[③] 不仅如此,如果技术专家介入证据保全实施并提供技术支持,那么技术专家如何产生、如何协助审判人员、约束机制如何建立、报酬如何支付等问题需要具体规定予以明确。

此外,证据保全措施实施过程中相对人往往持消极态度,拒绝配合甚至阻挠另一方或法院进行证据保全。这些属于证明妨碍行为,应当通过知识产权诉讼中证明妨碍规则的适用予以解决。

三、我国知识产权诉讼证据保全制度的完善

我国知识产权诉讼证据保全制度的完善可以从其他法域的立法经验中获得有益的启示。

（一）证据保全的类型与条件的完善

现代证据保全制度除了保全证据还应具有其他多元功能,如证据收集权的强化（促进证据收集与证据开示）、集中审理的促进、诉讼外纠纷解决的达成。[④] 为拓展证据保全的功能,扩大当事人收集证据的范围和途径,促进案件集

[①] 曹纪庚、李军灵:《知识产权侵权诉讼的证据收集问题探析》,《中国检察官》2016年第1期,第73页。

[②] 秦善奎:《知识产权民事审判证据实务研究》,知识产权出版社2018年版,第360页;杨建成、黄雪梅、刘婕:《知识产权民事诉讼证据保全制度理论探析》,《人民司法》2007年第21期,第99页。

[③] 姚建军:《申请诉前证据保全应在法律规定的边界内行使——陕西西安中院裁定催化公司申请华浩轩公司侵害专利权诉前证据保全案》,《人民法院报》2016年9月8日,第6版。

[④] 段文波、李凌:《证据保全的性质重识与功能再造》,《南京社会科学》2017年第5期,第84—85页。

中审理,在建构我国证据保全制度时,引入"确定现状型"和"经他方同意型"证据保全制度势在必行。这些制度可以在知识产权诉讼特别程序法中先行先试,待条件成熟之后,再推广至民事诉讼的一般领域。此外,传统的紧迫型证据保全的适用条件也应予完善。

1."确定现状型"证据保全

为防止申请人对"确定现状型"制度的滥用,应将由此给相对人和第三人造成的损害缩减至必要限度,从多个方面作出限制性规定。

申请时间。德国将确定事物状态之证据保全限定在诉前,台湾地区则没有明确规定。我国应将其限定在诉前。这主要是因为"确定现状型"证据保全的目的在于帮助当事人能够尽早获悉纷争事实及状况,以达到避免诉讼、预防诉讼及促进诉讼以实现案件集中化审理的目标。在诉讼提起后,如果证据有灭失可能或以后难以取得的"紧急情况",当事人可申请紧迫型证据保全,在其他情况下,对事物状态的确定完全可以通过其他证据收集程序进行,而没有必要再适用"确定现状型"证据保全程序。

证据方法。从德国和我国台湾地区的立法例看,尽管其"确定现状型"证据保全的证据方法范围宽窄不同,不过都采取了谨慎的态度。"确定现状型"证据保全的立法目的在于开示纠纷当事人的证据。为开示证据而申请保全书证的,原则上应仅限于纠纷当事人。第三人的文书提出义务是对法院承担的公法上的义务,如果为第三人持有的文书确有保全必要的,应限于证据有灭失或以后难以使用的情形,否则造成第三人不必要的负累。[①] 同理,第三人的证言或持有的物证不应在"确定现状型"证据保全的范围之内。我国"确定现状型"的证据方法,应借鉴我国台湾地区的做法,将此类证据保全的证据方法应当排除当事人陈述(当事人询问)和证人证言,而包括鉴定结论、勘验笔录以及当事人持有的书证、物证以及视听资料。这样可以避免申请人对"确定现状型"证据保全的滥用,平衡保护相对方当事人和第三人的正当权益。

保全对象。一般认为,基于预防诉讼和集中化审理目的,台湾地区"确定现状型"证据保全的范围至少已涵盖德国法所规定的情形。在我国,确定事物状态之证据保全的确定对象应指向所有的事物状态,不仅包括事物发生变化的事实和价值状态,还包括事物发生变化的原因以及由此引起的费用。其理由在于,预防诉讼、减免诉讼历来是我国民事诉讼和传统法律文化所追求的目标,并且加强集中化审理也已成为我国民事审判制度改革的导向。[②]

---

① 台湾地区"高等法院"2001年度抗字第三〇九二号民事裁定。

② 许少波,《民事证据保全制度——以法院为中心的分析》,南京师范大学2008年博士论文,第137页。

法律上利益。为防止当事人滥用该项制度、摸索证明以及造成法院不堪重负，证据保全需要设定一定条件，德国和我国台湾地区都要求申请人对确定事物状态之证据保全须有法律上的利益，这一点应为我国立法采纳。同时，促进和解、避免诉讼并非确定事物状态之证据保全的全部目的，促进诉讼、保障案件集中化审理也是该类证据保全的重要指导指标，所以这些均应可以用来判断当事人"法律上利益"是否具备。

2."经他方同意型"证据保全

我国知识产权诉讼中也应确立"经他方同意型"证据保全。"经他方同意型"证据保全是基于双方的自愿，而非"情况紧急""无法通过其他手段获得证据"等情形。该类证据保全的引入，有利于发挥双方当事人的主动性，在诉前确定案件事实关系，并可以在一定程度上发挥诉讼外解决纠纷的制度功能。它集中体现了对当事人的程序主体性的尊重，通过保障其程序选择权、处分权，可以实现双方当事人实体利益和程序利益的平衡保护。对方当事人同意的形式可以是书面或口头，意思表示可以向法院或当事人作出，一经作出，原则上不得撤销。

3. 紧迫型证据保全

如果证据保全是为避免证据灭失或以后难以取得，那么申请须具备的条件包括：① 情况紧急；② 提供侵权的初步证据；③ 申请保全的证据与待证事实具有相关性，至于证明力大小，不在证据保全阶段法院的审查范围，而是属于实体审理阶段的审查任务；④ 当事人无法通过其他手段获得证据。最后这一条件的设置，有利于防止申请人滥用权利、恶意打压竞争对手或者通过证据保全窥探竞争对手的商业秘密，适当减轻法院负担，减少对司法资源的浪费。此外，法院也可以依职权做出这一类型的证据保全。

（二）证据保全程序的完善

1. 证据保全的管辖

"确定现状型"证据保全制度的引入使得我国证据保全的管辖制度应当予以调整。我国诉前证据保全管辖连接点众多，虽然可以方便利害关系人提出证据保全申请，选择其认为最适合的保全地点，但是这也助长了当事人选择客观上不适合的法院，[①]尤其是在引入"确定现状型"证据保全之后，这种弊端可能表现得更为突出。我国可以借鉴德国经验完善管辖权制度，规定诉中证据保全的管辖权属于已系属的法院；诉前证据保全的管辖权属于应系属的法院；对于紧迫型证据保全，管辖权属于证据所在地法院或者应系属的法院。理由在于：其一，将知

---

① 秦善奎：《知识产权民事审判证据实务研究》，知识产权出版社 2018 年版，第 354 页。

识产权诉讼中证据保全管辖权原则上赋予有管辖权的法院,审理证据保全和案件实体纠纷合二为一,有利于节约司法资源,尤其是在增加"确定现状型"的证据保全的情况下。其二,有利于防止在管辖连接点众多的情况下当事人选择客观上不适合的法院。[①] 其三,我国原有证据保全制度中的诉前证据保全申请,通常属于紧迫型的证据保全,仍然可以由证据所在地法院或者应系属的法院管辖,新旧制度之间冲突较小。

2. 证据保全的申请

证据保全申请的内容应当包括:① 对方当事人;② 需要保全的证据;③ 依该证据应证明的事实;④ 应当保全证据的理由。关于"对方当事人"信息的提供要求,可以借鉴台湾地区立法经验,规定"如不能指定对方当事人者,说明不能指定的理由",这样权利人不会因暂时难以明确侵权人身份信息而维权受阻,有利于为申请人及时收集和固定证据提供程序便利。在对方当事人不明的情况下,法院应为其指定特别代理人,以维护其正当程序权利。

3. 保全证据的方法

就证据方法的范围而言,德国独立证据调查程序中的传统证据保全仅限于勘验、讯问证人和鉴定人,"确定现状型"证据保全仅限于鉴定。这主要是因为,德国立法及实务对文书提出义务有着成熟周密的规定,无需以独立证据调查程序予以补充或强化。我国台湾地区则取德、日折中规定,区分证据保全的不同类型,在传统证据保全中,所有的证据方法未作限制,而为确定事物现状的证据保全则限于鉴定、勘验和书证。我国《民事诉讼法》对当事人证据收集权的保障欠缺较大,为使证据保全的功能得到最大程度发挥,适宜根据证据保全的不同类型对证据方法采纳较为宽松的态度,对于紧迫型证据保全和"经他方同意型"证据保全,在证据方法上不予限制,对于"确定现状型"证据保全,证据方法则有所限制,对此前文已经阐述。关于通过搜查手段保全证据的可行性,鉴于国内知识产权侵权泛滥成灾、难以有效遏制而且权利人"举证难"困境突出的现状,应借鉴英国的搜查令制度,通过适当的利益平衡,立法设置严格的申请条件和程序,将这种严厉的手段作为应付极端情况下的证据保全工具。[②]

---

① 秦善奎:《知识产权民事审判证据实务研究》,知识产权出版社 2018 年版,第 354 页。

② 我国立法应当规定,运用搜查手段保全证据需要满足的申请条件包括:有较为充分的证据证明申请人的权利遭受或可能遭受侵害;申请人遭受现实或潜在的损害非常严重;有充分证据证明被申请人占有或可能占有重要证据;有初步证据显示重要证据面临销毁和隐藏的风险。作为极端严厉的证据保全方法,其适用的条件还应当包括其他保全方法无法实现证据保全的合理效果。同时,在搜查程序中法院必须平衡保护被申请人的利益,尤其提供隐私、商业秘密的保护和程序权保障。关于英国搜查令的立法与司法实践的论述可参见唐丹:《借安东·皮勒禁令鉴我国民事诉前证据保全制的构建》,《前沿》2010 年第 16 期。

4. 程序主体性的尊重与程序保障

在证据保全尤其是诉前证据保全实施程序中,被申请人的程序保障应予以重视,主要体现为证据保全程序中当事人的获得适当通知的权利、在场见证权、陈述意见的权利、获得代理的权利等。首先,应当要求在证据保全申请中将对方当事人予以特定化,并且规定如未能指明,则必须说明正当理由;如果对方当事人不明确或者来不及通知对方当事人,法院应当为其指定特别代理人,以维护对方当事人的利益。其次,原则上,证据保全尤其是在"确定现状型"的证据保全中,在做出裁定后,应当及时通知对方当事人,送达保全申请的副本,保障其对证据保全要件事实及法律观点有陈述意见的机会。即使当情况紧急而裁定后不予通知对方当事人,在证据保全实施后也应当给予当事人表达意见以及复审的机会。再次,在证据调查程序中,应当充分保障相对方当事人的在场见证权。除紧急情况外,应当在证据调查期日之前将法院裁定送达对方当事人,给予其在场见证并陈述意见的权利,避免对方当事人不在场时程序进行不合法,以至侵害其利益。为防止申请人借证据保全恶意窥探相对人的商业秘密,证据保全申请人不宜在场,应给其代理人(或者法院为其指定的特别代理人)在场见证、参与证据保全实施的权利。最后,关于救济权利,可以借鉴德国和我国台湾地区的经验,关于证据保全申请准许与否的裁判均应采用裁定形式,对于准许的裁定不允许复议或上诉,以防止证据自然灭失可能性的增大,或者避免给相对人拖延时间、为恶意破坏证据提供更多操作的空间,从而影响证据保全的效果;对于法院驳回证据保全申请的裁定,鉴于直接关系到当事人能否获取关键的证据以及证明权是否得到充分保障,应允许当事人提起上诉。

5. 引导当事人达成和解协议

诉前证据保全的功能之一是促进诉讼外纠纷解决的实现,引导利害关系人达成和解协议即是该功能的具体体现。诉前和解有利于疏解诉源,减轻法院负担,同时也具有避免纠纷扩大、促进纠纷彻底解决的功能。证据保全过程中的和解协议是以双方共同行使程序选择权为基础而达成的,须尊重当事人的主体地位并依靠双方自愿进行,不过法院可予以引导并促成。我国知识产权诉讼应当增强当事人在诉前证据保全过程中的和解导向,认可并引导当事人在证据保全程序中就诉讼标的、事实、证据或其他事项达成协议,赋予该协议法律效力,即使不能完全解决纠纷,至少可以减少争点,从而节省司法资源和诉讼成本,提高诉讼效率。[①]

---

① 许少波:《台湾地区民事证据保全制度改革及其借鉴意义》,《当代法学》2007 年第 2 期,第 148—149 页。

6. 技术专家的介入

许多涉及技术秘密的证据保全案件,引进技术专家协助制度可能帮助审判人员准确把握申请人取证的目的、内容,减少因证据保全给被告正常生产经营带来的不利影响,提高法院证据保全措施的成功率。[①] 由于证据保全会涉及较强的专业技术问题,技术审查官或者其他相关专家参与这类案件的证据保全具有必要性。建议制定专家参与证据保全尤其是"确定现状型"证据保全的制度,并严格规定他们在证据保全程序中的权利义务,确保专家中立、公正,保守商业秘密。

7. 特免权和商业秘密保护的加强

在我国知识产权诉讼中,商业秘密保护力度不足,尤其体现在针对对方当事人的商业秘密保护上。[②] 在知识产权诉讼的证据保全中,法院应当重视当事人之间的商业秘密保护,签订保密协议,法院应在利益衡量的基础上采取适当的保密措施,包括在证据保全实施中,不允许申请人直接到场,避免被申请人的商业秘密被恶意窥探。随着我国知识产权诉讼证据收集制度的完善以及诉讼体制的整体成熟,可以考虑进一步引入保密令制度。此外,特免权保护不仅在证据披露过程中是个重要问题,在证据保全中也同样如此。所以,在此需要再次强调我国应当及早确立完善的特免权制度。

本 章 小 结

德国和我国台湾地区确立了完善的民事证据保全制度,在此基础上,德国通过知识产权法而台湾地区通过知识产权特别程序法对证据保全制度进一步予以强化。与德国、我国台湾地区不同,在美国,证据开示制度具有强大的多元功能,不仅用于证据收集、证据开示,而且证据开示本身(尤其是诉前证据开示)也具有一定的证据保全功能,这在一定程度上促成了其证据保全制度相对简单粗放。欧盟统一专利法院的证据保全制度具体完善,详细规定了证据保全的程序规则,不过它未能通过规定"确定现状型"证据保全制度,突破证据保全的传统功能。

两大法系证据保全制度存在某种程度的融合:德国、我国台湾地区的证据保全制度具有了证据开示功能,而美国的证据开示制度也具有一定的证据保全功能。假处分作为与证据保全平行的另一临时措施,存在与证据保全竞合和并

---

① 郭伟:《论证据保全措施在商业秘密侵权案件中的适用及完善》,《电子知识产权》2014 年第 11 期,第 89—90 页。

② 赵盛和:《论我国民事诉讼中商业秘密程序性保护制度的完善》,《知识产权》2015 年第 5 期,第 80—81 页。

用的情形,可以拓宽证据保全的渠道并强化证据保全的效果。这种情况尤其以德国最为典型,《德国民法》第 809、810 条规定了物的检查请求权和文书阅览权,知识产权法规定了信息权、资讯开示请求权,为实现这些实体请求权,当事人可以根据需要并用假处分与证据保全两种措施。欧盟统一专利法院也明确认可采取财产冻结令的方式(禁止财产转移和买卖)进行证据保全,这一点与德国上述立法存在异曲同工之处。同时,不同法域的证据保全制度都关注双方当事人以及第三人的利益平衡:一方面强化当事人的证据收集权,另一方面保障各方当事人或第三人的各项权利,包括机密信息的保护、合法听审权、程序参与权以及在场见证权。大陆法的证据保全制度对于我国具有更为明显的借鉴意义,同时德国和我国台湾地区知识产权诉讼以及欧盟统一专利法院适用的证据保全制度在适用条件与具体程序上亦存在微妙的差别,有必要予以比较与鉴别。

我国知识产权诉讼中证据保全制度处在不断完善过程之中,尚存在一定问题和不足,包括:证据保全的功能单一,申请条件与审查标准不明确,证据保全的实施程序与方法有待完善,当事人权利缺乏程序保障,对证据保全的诉讼外纠纷解决功能不够重视,证据保全措施执行中缺乏充分的技术支持等。我国知识产权诉讼证据保全制度应当在借鉴域外立法经验的基础上,针对上述存在的问题采取对策,引入“确定现状型”和“经他方同意型”证据保全制度,对证据保全的适用条件和具体程序的诸多方面予以改进。

第四章 知识产权诉讼中专家的使用

各国民事诉讼中都存在专家证据（专家证人或鉴定意见）这一证据形式，证据收集制度理应包括专家证据的收集。以我国为例，《新证据规定》第二部分（"证据的收集与保全"）规定了鉴定程序的启动、鉴定人的指定、鉴定人的义务、鉴定材料的提交、鉴定书的内容、鉴定费用以及重新鉴定等，这些即属于专家证据的收集问题。当然，证据收集制度无法包容专家证据的所有问题，比如鉴定意见的质证规定在《新证据规定》的其他部分。

随着科技的发展，诉讼中专家证据的使用越来越广泛，发挥的作用越来越突出，这一点在知识产权诉讼中表现得尤为明显。为查明知识产权诉讼中的技术性事项，各国立法分别在其传统的专家证据制度基础上进行改革创新，强化事实查明机制。专家的使用也是我国知识产权诉讼中的重点和难点问题。早在2008年实施的《国家知识产权战略纲要》第46条即已提出，针对知识产权案件专业性强等特点，须建立和完善司法鉴定、专家证人、技术调查等诉讼制度。《2010年中国保护知识产权行动计划》重申了上述制度应逐步予以建立与完善。2018年"两办"发布的《关于加强知识产权审判领域改革创新若干问题的意见》提出建立符合知识产权案件特点的诉讼证据规则，再次强调在知识产权诉讼中"发挥专家辅助人作用"，以及"充分发挥技术调查官对有效查明技术事实、提高知识产权审判质量效率的积极作用，增强技术事实认定的中立性、客观性和科学性"。

本章在考察域外知识产权诉讼中专家使用的立法与实践的基础上，对我国相关立法与实践进行反思，并提出完善建议。

第一节 美国知识产权诉讼中专家的使用

美国知识产权诉讼中的技术事实查明采用专家证人（即当事人专家）、法院专家、特别专家、技术顾问以及专利法官相结合的多元模式。

一、专家证人

（一）专家证人的选任

根据《布莱克法律词典》，专家证人是指"因知识、技能、经验、训练或教育而有资格对证据或事实问题提供科学、技术或者其他专业意见的证人"，也称技术证人。[①]《联邦证据规则》第 702 条对专家证人的要求也是如此，即必须是因知识、技能、经验、训练或教育而成为"专家"。可见，在美国，专家证人只要在特定领域具有特长，对法官形成判断具有辅助作用即可，在学历或资格证书方面没有硬性要求。[②]

专家证人通常由当事人指定或选任。当事人及其律师通常应当在诉讼较早阶段选择专家证人，以帮助当事人在证据开示阶段理解其获取的信息并形成用于提问对方当事人的最佳问题。

美国知识产权诉讼中的专家证人可以是企业雇员、技术专家、专利律师或者损害赔偿专家（通常为会计师或经济学家）。[③] 依据职能角色的不同，美国的专家证人可分为作证专家（testifying experts）与非作证专家（non-testifying experts）。后者仅为庭审做准备工作；前者出庭作证，在需要的情况下，可以寻求非作证专家在专业知识、技能或经验上的协助和补强。通常，当事人不能对非作证专家进行质询或者录取证言，除非依据《美国民事诉讼规则》第 35（b）条的规定（涉及专家证人进行身体或精神的检查而得出的报告书），或者经释明（showing）存在极其特殊的情况使得当事人通过其他方式获取相同事项的事实或观点不具可行性。[④]

（二）专家报告的要求

1. 专家报告的内容

当事人必须在特定时间内向对方披露技术专家的身份。[⑤] 在披露的同时，当事人必须随附该技术专家撰写并签字的书面报告。依据《联邦民事诉讼规则》第 26 条，专家报告应包括 6 个部分：① 关于所有见解的完整陈述以及支持这些见解的依据和理由；② 用于形成这些见解的事实或资料；③ 用于支持这些见解的所有证物（exhibits）；④ 专家证人的资格，包括 10 年内的著述清单；⑤ 近 4 年

---

① Bryan A. Garner. Black's Law Dictionary (8th edition)，Thomson West，2004，p.4947.

② Sundance，Inc. v. DeMonte Fabricating Ltd.，550 F.3d 1362 (Fed. Cir. 2008).

③ Kimberly A. Moore et al.，Patent litigation and strategy (4th edition)，Thomson West，2013，pp.268 - 280.

④ 《联邦民事诉讼规则》第 26（b）（4）（B）条。

⑤ 《联邦民事诉讼规则》第 26（a）（2）（A）条。

内担任专家证人的案件清单;⑥ 在本案担任专家证人获得的报酬。① 经法院同意可以不提供专家报告,在这种情况下,当事人应当在披露中具体陈述两方面的事实:技术专家将作证的事项;专家将证明的事实与意见的总结。②

2. 专家报告的科学标准

依据《联邦证据规则》第 702 条,专家意见所依据的理论必须是"科学的、技术的或者其他专业的知识"。"多伯特案"和"Kumho 案"提供了是否符合"科学的、技术的或者其他专业的知识"的认定标准。

在"多伯特案"的判决中,美国最高法院确立了判定专家意见中相关理论或技术之科学性和可采性的几项因素:① 该理论能否被检验或者已经被检验(即具有可证伪性、可反驳性、可检验性);② 是否经同行审查并且公开发表;③ 该理论在运用中已知或潜在的错误概率;④ 在相关科学领域是否被广泛接受。③ "Kumho 案"进一步完善了上述标准。联邦最高法院指出,上述标准不仅适用于科学知识,也适用于技术知识或其他特殊的知识。④ 地区法院可以(may)考虑"多伯特因素"以判断专家证言是否可靠,不过它是一种具有弹性的判断标准,法院不需要考虑其中所有的因素,这些因素的考虑是有益的,但不是决定性的;而且法院应根据不同案件就各项因素做不同的取舍。⑤ 当然,在大多数案件中,试验所依据的科学方法是没有明显争议的,争议主要是试验是否按照适当程序进行操作。

3. 专家依据的事实和资料

《联邦证据规则》第 702 条要求专家意见必须基于"充分的事实或资料"。关于"事实或资料"的来源,在 Monsanto 案中,CAFC 指出专家证人不需自己准备待分析的事实或资料,《联邦证据规则》第 702 条允许专家证人依据他人制作的科学测试报告来进行分析,这也属多数法院的见解。⑥ 关于专家所依赖的原始资料是否需要为可采性证据,依据《联邦证据规则》第 703 条的规定,如果专家赖以形成意见的事实或数据在该领域被合情合理地依赖,该事实或数据不必具备证据法上的可采性。⑦

关于专家依据的资料的披露,《联邦证据规则》第 705 条规定,专家可以证明待证事实无须先证明他所依赖的基础性的事实或资料,除非法庭另做要求。不过,在交叉询问中专家可能被要求披露这些事实或数据。

---

① 《联邦民事诉讼规则》第 26(a)(2)(B)条。
② 《联邦民事诉讼规则》第 26(a)(2)(C)条。
③ Daubert v. Merrell Dow Pharms., Inc., 509 U.S. 579, 593 – 95(1993).
④ Kumho Tire Co. v. Carmichael, 526 U.S. 137, 148 – 49(1999).
⑤ Kumho Tire Co. v. Carmichael, 526 U.S. 137, 150 – 151(1999).
⑥ Monsanto Co. v. David, 516 F.3d 1009, 1015 (Fed. Cir. 2008).
⑦ Kimberly A. Moore et al., Patent litigation and strategy (4th edition), Thomson West, 2013, p.286.

（三）专家报告的准备与提供

《联邦民事诉讼规则》第 26 条详细规定了对专家证人、专家报告以及对专家录取证言的要求。其中第 26(a)(3) 条允许地区法院选择排除专家披露规则，事实上一些地区法院通过地区规则减少了关于专家披露的要求。此外，专家披露要求也可以通过当事人约定或者法院命令予以变更。[①]

为了解和探究专家证据的依据和结论，当事人可以对那些将来会在庭审时陈述观点的任何已经被确认的作证专家进行录取证言。如果依据规则该专家被要求提交报告，录取证言仅当该报告已经提交之后进行。[②] 对此，有一些专利地区规则予以了补充，比如，依据宾夕法尼亚西区的"地区专利规则"第 5.2 条（"专家的证言录取"）规定[③]："如果依据该规则披露专家证人的录取证言，那么它应当在反驳报告（rebuttal reports）送达后 7 个日历日内开始，并且在证言录取阶段开始后 30 天内完成。"

专家报告的内容必须满足前述第 26 条的要求。如果没有包含被要求的所有信息，比如用于形成见解的事实和资料、收取的专家报酬、近 4 年担任的专家证人的案件等，法院可能禁止专家作证。此外，专家的口头证言局限于其报告，大多法院不允许专家证人就未披露于报告的事项表达观点。根据《联邦民事诉讼规则》第 37(c) 条，如果该信息的保留"没有实质的正当理由"（substantial justification），法院有权排除关于未在专家报告中披露的事项所做的专家口头证言。

为回应对方律师提供的专家报告，或者在证据开示较晚时间或案件审理中提供的证据，专家证人保有补充专家报告的权利。

专家报告的交换。《联邦民事诉讼规则》第 26 条要求，专家报告在案件审理或者准备审理之前至少 90 天进行交换，而用于反驳对方专家证据的补充报告在对方当事人披露之后 30 天内进行。有一些专利地区规则对专家报告的时间也有规定，比如，宾夕法尼亚西区的"地区专利规则"第 5.1 条（专家和专家报告的披露）规定："在以下两个之中较晚的一个时间之后不超过 30 个工作日：（1）依据法院的案件管理命令进行的证据开示正常结束；（2）法院对权利要求解释做出裁定，每方当事人应当进行第 26 条要求的关于本方承担证明责任的事项的专家证人初步披露。在第一轮披露后不超过 30 个日历日，每方当事人应进行第 26 条要求的关于对方承担证明责任的事项的初步专家证人披露。除非法院另有命令，在第二轮披露之后不超过 14 天，每方当事人应当进行第 26 条允许的任

---

① Kimberly A. Moore et al., Patent litigation and strategy (4th edition), Thomson West, 2013, p.283.
② 《联邦民事诉讼规则》第 26(b)(4)(A) 条。
③ 宾夕法尼亚西区联邦地区法院的"地区专利规则"第 5.1 条规定："对于需要专家证言的权利要求解释以外的事项，专家证人的披露和证言录取证言应适用本规则。"

何反驳性的专家证人披露。"

未能遵守上述时限可能导致专家证据遭到排除。在 Trilogy 案中,在地区法院规定的时间 Trilogy 一方的专家提交了报告,但是缺少规则要求的某些信息,地区法院允许延期以弥补缺少的信息。此后 Trilogy 提交了二次专家报告、反驳对方的专家报告,以及一份专家宣誓书。这些材料提交时已经过了专家报告截止时间,而且包含了新的观点和信息,不仅是补充原来的报告。联邦巡回法院裁定,补充性报告包含的原报告中未有的新观点部分,以及包含了新观点的专家宣誓书,应当从案卷中予以剔除。①

(四) 权利要求解释与专家证据

权利要求的解释可以依据内部证据和外部证据,内部证据如专利说明书,具有更强的证明力。专家证据属于外部证据,如果专家证据是推断性的或者与内部证据存在差异,则法院通常不会采信该专家证据。不过,专家在权利要求的解释中仍有发挥作用的空间,可在案件中为法官认定事实提供有用的意见。

二、法院专家

在美国司法实践中,传统上对于专门性问题的查明与认定是通过当事人指定的专家证人进行的,这与其对抗制的诉讼模式密不可分。同时,美国现代民事诉讼中法官可以任命独立专家,这类专家被称为"法院专家""法院指定的专家"或"中立专家",美国《联邦证据规则》第 706 条("法院指定的专家")对此予以明文规定。

法院可依职权或依申请指定独立专家,同时这一实践并不限制当事人传唤其自己指定的专家证人进行作证。法院可以要求当事人提供专家人选,最终法院可以在当事人的共同人选中指定,也可以自行指定。对于当事人指定专家的申请,法院不予准许的,应当在命令中表明理由。

法院指定专家之后,应当告知专家应当履行的义务。如果法院指定的专家发现了任何案件事实,应当将其发现告知所有当事人。任何当事人可以对该专家进行录取证言;法院或任何当事人可以传唤该专家出庭作证。在出庭作证时,专家应当接受任何当事人的交叉询问。

法院指定的专家有权获得法院许可的合理报酬;在知识产权诉讼中,该报酬通常可以由法院暂定分配方式,归由各方当事人负担,最后与其他费用统一计算和分配。②

---

① Trilogy communications, Inc., 109F.3d 739, 744, 42 USPQ2d 1129, 1133 (Fed. Cir. 1997).

② Jeffrey Gregory Sidak, Court-appointed Neutral Economic Experts, 9(2) Journal of Competition Law and Economics359, 360(2013).

总体而言,在美国由法官指定专家不是常有的情况。① 在司法实践中,因受对抗制诉讼模式的影响太大,美国法官在行使指定独立专家的权力时非常谨慎。美国的一项调查表明,在民事案件中,81%的法官从未自行指定过专家,只有8%的法官曾经不止一次地自行指定过专家。②

不过,仍有少数法官,比如 Stephen Breyer 法官和 Posner 法官相信依据《联邦证据规则》第706条指定中立专家是富有效率的选择,而且在一些专利案件中指定了中立的经济学专家,并且这种专家指定方式也为一些学者所认可。③

在审理 MPS 诉 O2 专利纠纷案④中,联邦巡回法院认可了地区法院指定独立专家的做法。在加州北区法院审理该案时,针对复杂的电子工程问题,Wilken法官提出依据第706条指定独立专家,作为被告和专利权人的 O2 公司表示反对该项提议,原告 MPS 公司则予以支持。此后,Wilken 法官命令双方商定一名专家。在该案出庭作证中,独立专家提供了客观上有利于 MPS 的意见,最终陪审团裁定 O2 公司的专利权利要求无效。O2 公司上诉,主张因案件复杂而指定独立专家的做法不当妨碍了当事人的第七修正案权利(由陪审团审判的权利应受到保护),违反第九巡回法院确立的先例,即当事人的第七修正案权利不存在"复杂例外",而且认为独立专家证言解除(relieved)了陪审团的职责。

联邦巡回法院承认,"司法界和理论界都评价第706条仅在罕见而令人信服的情况下才应予援引",同时指出第九巡回法院认可法官对此事项享有广泛的裁量权。联邦巡回法院进一步认定,地区法院已适当遵循了第706条的各项要求。对于指定独立专家即解除陪审团职责的说法,联邦巡回法院指出,国会在制订第706条的时候已考虑并否定过相似的理由,联邦最高法院亦早已承认法院指定专家的合宪性。而且,没有证据表明 O2 公司的第七修正案的权利遭到拒绝或妨碍。最终,联邦巡回法院裁定地区法院在"面对它认为的不同寻常的复杂案件以及看起来明显冲突的专家证言"时没有滥用自由裁量权。

尽管联邦巡回法院肯定了加州北区法院指定独立专家的做法,但是从其措辞中可以看出谨慎适用《联邦证据规则》第706条的立场,因为该案的特殊之处在于:其一,案件涉及复杂的技术问题;其二,法官面临双方专家证人冲突的证言。如果不能满足这样的前提,援引第706条的正当性仍然可能受到挑战。

---

① Johann Pitz, Atsushi Kawada, Jeffrey A. Schwab, Patent Litigation in Germany, Japan and the United States, Beck Juristischer Verlag, 2015, p.146.

② Seven Timmerbeil, The Role of Expert Witnesses in German and U.S. Civil Litigation, 9(1) Annual Survey of International and Comparative Law163, 168(2003).

③ Jeffrey Gregory Sidak, Court-appointed Neutral Economic Experts, 9(2) Journal of Competition Law and Economics359, 360(2013).

④ Monolith Power Sys., Inc. v. O2 Micro Int'l Ltd., 558 F.3d 1341 (Fed. Cir. 2009).

三、特别专家和技术顾问

（一）特别专家

根据《联邦民事程序规则》第 53 条，法官可以指定特别专家（special master）以辅助法官处理事实及法律问题。根据第 53（a）（1）条的规定，特别专家可在以下情况得以任命：履行当事人同意的义务；如果特别专家的指定是因存在"某些特别情况"或"需要进行会计核算或解决难以计算的损害赔偿"，那么在未设置陪审团的案件中主持审理程序并就法院确定的事项提出或推荐事实调查结果；处理那些审判前后联邦地区的法官无法有效及时处理的事项。

法院在指定特别专家时或者修改委任令（appointing order）时须给予各方当事人获得通知以及陈述意见的权利。除了委任令对特别专家的职责根据个案需要予以界定外，特别专家在法律上默认的职权包括：管理所有程序；采取所有适当措施以公平有效地履行职责；如果进行证据听证，特别专家可行使法院强制要求出示、接收和记录证据的权力。

特别专家可以根据需要向当事人签发命令，根据委任令向法院提供工作报告和建议书。除非法官另有指令，特别专家向法院提交的工作报告应及时向当事人送达副本。在法院依据报告或建议书采取行动之前，地区法院应当给予当事人获得通知和陈述意见的机会。除非少数例外情况，[①]法院必须针对特别专家所作事实认定、法律结论的异议事项予以全面审查（de novo review）。

可见，特别专家的属性是法官的助手或者代理人，不是证人，不接受当事人的询问，其提供的关于事实的报告也不属于专家证据。特别专家处理的事务范围涉及法律事项和事实调查，总体上侧重于法律层面。

特别专家在专利案件中的使用率不高，据有关调查大约不到 2.7%。[②] 另有调查表明，被指定的特别专家大多是律师。而且，大部分情况下，他们从事的事务主要是主导双方当事人的证据开示或权利要求的解释。[③] 这些案件涉及的技术事实极为复杂，在某种程度上，任命这些专家是法院和当事人在经历了漫长的审理后意识到了案件技术事实的复杂性，因而寻求外部专家帮助的结果。[④]

[①] 《联邦民事诉讼规则》第 53（f）（3）条、第 53（f）（4）条。

[②] Thomas E. Willging et al., Special Masters' Incidence and Activity: Report to the Judicial Conference's Advisory Committee on Civil Rules and Its Subcommittee on Special Masters, Federal Judicial Center, 2000.

[③] Jay P. Kesan & Gwendolyn G. Ball, A Study of the Role and Impact of Special Masters in Patent Cases, Federal Judicial Center, 2009, p.17.

[④] Id., p.8.

(二) 技术顾问

技术顾问(Technical Advisor)是协助法官理解重要的技术问题、提供咨询意见的专家,不是证人,不提供证据,也不行使法官的司法职能。美国《联邦民事程序规则》和《联邦证据规则》没有涉及技术顾问的指定问题。不过,技术顾问的指定被认为系法院的固有权力,[1]该权力的存在不以法律的规定为必要。在TechSearch 案中,美国巡回法院认为,只有在那些有限的案件中,因技术的复杂性,地区法院需要技术顾问协助理解专利背后的复杂技术的情况下,法院才去指定技术顾问,这是它们的固有权力。[2]

由于联邦立法未就技术顾问的指定提供规则,一些上诉法院确立了指定技术顾问的规则。在 TechSearch 案中,美国联邦巡回法院认为,技术顾问的作用在于解释当事人提供的证据所涉及的术语和理论。在任用技术顾问时应当采用公开、透明的程序任用中立的第三方,通常应以书面的形式明确界定和限制技术顾问的职责并且披露给双方当事人,技术顾问不得使用案卷记录以外的信息,并且不能从事独立调查;明确披露技术顾问的专业能力和范围;技术顾问须宣誓理解并遵守相关规则。[3]

技术顾问在专利诉讼中也并不常见,"使用的情况仅限于法院面临不同寻常的疑难复杂问题时,涉及了超出法官通常必须掌握的关于事实和法律的常规问题。"[4]不过,自从 TechSearch 案之后,美国联邦法院对技术顾问的使用率有高达25 倍的增长。[5]

四、专利法院与专利法官

美国联邦巡回上诉法院(Court of Appeal for the Federal Circuit,CAFC)是根据《联邦法院改善法》(The Federal Courts Improvement Act of 1982,FCIA),合并了关税及专利上诉法院与申诉法院而成立的。它管辖的纠纷涉及专利和商标(主要是上诉案件以及不服专利商标局有关决定的案件)、国际贸易、行政合同等。

专利诉讼本由不同的联邦巡回上诉法院管辖,但是由于它们对于专利法的

---

① Josh Hartman and Rachel Krevans, Counsel Courts Keep: Judicial Reliance on Special Masters, Court-Appointed Experts, and Technical Advisors in Parent Cases, 14 Sedona Conf. J. 61, 61(2013).

② TechSearch L.L.C. v. Intel Corp., 286 F.3d 1360, 1378 (Fed. Cir. 2002).

③ TechSearch L.L.C. v. Intel Corp., 286 F.3d 1360, 1380 (Fed. Cir. 2002).

④ Reilly v. United States, 863 E2d 149, 156-157 (1st Cir. 1988).

⑤ Joshua R. Nightingale, An Empirical Study on the Use of Technical Advisors in Patent Cases, 93 J. Pat. & Trademark Off. Society 400, 426(2011).

适用与解释各有不同,[①]导致不同联邦巡回上诉法院的裁判常有冲突。随着各联邦巡回上诉法院所审理的专利案件不断增加,不同法院的裁判标准不同导致法律上的不确定性,进而加重了当事人"挑选法院"的现象。为此,美国司法部设置了司法行政改进办公室,后者提出《联邦法院改善法》,最终促成了联邦巡回上诉法院得以成立。

美国知识产权诉讼中对技术事实的认定采用专业法官与技术助理的协同模式。联邦巡回上诉法院目前在职的法官 18 名,其中约有半数具有理工科背景,[②]每个法官皆配备 3 名法律助理(Law Clerk)及 1 名法庭助理(Judicial Assistant),这些法官助理大多具备理工科的背景,使得专利诉讼的案件能在一年左右的时间审理结束。[③] 由于美国法学教育是建立在非法学大学教育基础之上,因此美国法科毕业生中具有理工科教育背景的人较为常见,有条件遴选出既具有理工科背景,又具备良好法律素养的专业化法官和技术助理。

第二节 德国知识产权诉讼中专家的使用

德国知识产权诉讼中的技术性事实查明采用司法鉴定、当事人指定的专家以及技术法官相结合的模式。

一、司法鉴定

(一) 鉴定人的资格

与普通法国家对于专家证人资格没有强制性要求不同,德国规定了鉴定人资格制度,而且联邦法及一些州的立法对鉴定人的公开任命作了规定。德国法律明确规定哪些组织或者人员具有鉴定资格,或者明确规定取得和认证鉴定资格的程序。那些担任鉴定人的专家通过专门机构的特定考核和登记程序,按照行业分别登记造册,在需要司法鉴定的时候,法官根据个案需要从名册上选任鉴定人。

---

① Elizabeth I. Rogers, The Phoenix Precedents: The Unexpected Rebirth of Regional Circuit Jurisdiction Over Patent Appeal and The Need for A Considered Congressional Response, 16(2) Harvard Journal of Law & Thechnology411, 412(2003).

② Sharon Prost, Haldane Robert Mayer, Alan D. Lourie, Richard Linn, Kimberly A. Moore, Raymond T. Chen, Kara Farnandez Stoll 等法官均具有理工科学士或硕士学位,此外,Pauline Newman 法官不仅曾从事 15 年的专利律师业务,而且具有科研管理工作的多年经历。See at http://www.cafc.uscourts.gov/judges/,访问日期:2020 年 2 月 28 日。

③ Setsuko Asami, Japan-U.S. Patent infringement Litigation Practice: A Visit to the United States Court of Appeals for the Federal Circuit, 5(3) CASRIP Newsletter9, 9(1998).

德国还通过严格的认证认可制度来管理鉴定机构和鉴定人。德国在认证认可体系建设方面有近百年的经验,运作比较成熟规范。相关的认证机构包括德国认可委员会(DAR)、德国国家认证公司(DAKKS)等。司法鉴定机构的认证认可实行自愿认证。认证资格的有效期为 5 年,在此期间要接受认证公司的监督检查。在标准适用方面,对实验室、检查机构以及鉴定人适用不同的专门认证标准。德国司法鉴定执业种类比较全面和广泛,在诉讼活动中,如遇特殊领域鉴定事项,也可由法官指定具备相关专业知识的人员承担鉴定工作。

司法鉴定人的公信度管理。在德国诉讼活动中的司法鉴定人,主要来源于五类可信度不同的鉴定师。民事诉讼法明确规定法官优先选用经公开任命宣誓的鉴定师。对这类鉴定师,德国通过《企业法》《手工业法》等法律具体规定了工商协会、手工业协会等相应的行业组织实施准入、管理、监督、编制统一名册等职能。目前,德国公开任命宣誓的鉴定师达 2 万多人,涉及专业领域近千个,几乎涵盖所有的司法鉴定类别和项目。

（二）鉴定人的选任

鉴定人由法官任命。法官在涉案事实存在争议的情况下,主动决定通过指定鉴定人而取证。不过,具有专业知识背景的法官不一定依赖这一途径,事实上,在专利诉讼一审程序中具有专业知识的法官通常无需求助于鉴定人而作出决定。[①] 鉴定可以由当事人提出申请,但鉴定人由受诉法院选定或者同意。鉴定人应对法院而不是对当事人负责,他应当凭借其知识、技能、经验为法院理解专业性问题提供帮助。为确保专家意见的客观公正,独立专家与当事人不应有经济上的利害关系,在职业或个人关系上也不应当与当事人有瓜葛。对鉴定人的资格审查主要是事先审查,即首先通过培训与考试取得资格,然后在鉴定机构从业,在具体案件中再由法官确定是否聘任。在决定是否聘任过程中,法官对鉴定人的资格进行审查,当事人可以对鉴定人资质提出异议,也可以提出回避申请。

（三）司法鉴定中鉴定人的权利和义务

鉴定人享有了解案件事实的权利。鉴定人为履行其职责,一般需要接触证人、书证,进行现场勘验,甚至需要举行听证,了解必要的案件事实是其履行职责的前提和保障。鉴定人在某些情况下享有拒绝鉴定的权利:证人拒绝作证的理由同样适用于鉴定人,比如特免权;鉴定人拒绝鉴定还可以基于其他理由,比如不具备特定鉴定所需要的专门知识、技能或设备。此外,鉴定人还有获得费用补

---

① Johann Pitz,Atsushi Kawada and Jeffrey A. Schwab,Patent Litigation in Germany,Japan and the United States,Hart,2015,p.126.

偿的权利,该费用由承担证明责任的当事人预付,数额在专家预估的基础上计算,只有预付款项及时支付后,才进行指定鉴定人。[①]

鉴定人也承担一定的义务。首先,鉴定人原则上不得拒绝接受鉴定。某一行业的专家被法官任命为鉴定人后,若无特殊理由,不得拒绝鉴定。不过,如果不是专门从事鉴定业务的人士,不负有强制鉴定的义务。鉴定人可以根据法院的命令参与现场勘验,在勘验过程中,鉴定人又是以勘验人的身份进行勘验。其次,鉴定人负有客观公正、如实鉴定的义务。鉴定人是法院的助手,有义务澄清涉案的技术问题,但是案件事实的法律评价以及涉诉专利的解释应由法官专门处理,不属于鉴定人的职责范围。[②] 违反真实义务不如实鉴定的,鉴定人将承担法律责任,而且《德国民事诉讼法》第 410 条规定了鉴定人的宣誓义务。再次,鉴定人应法庭要求有义务出庭接受询问和进行说明,否则承担罚款等法律责任。鉴定人一般应该出庭对其援引的科学原理、推论方法进行说明,同时接受双方询问和法官的审查。最后,鉴定人承担保密义务,在鉴定工作中知悉的国家秘密和商业秘密不得泄露。

（四）鉴定书的提交

在完成调查后,鉴定人应向法院提交鉴定书,法官据此理解案件事实。为了防止证据突袭,法院应在证据听证之前将鉴定书交给各方当事人,后者有权对专家报告进行书面回应。《德国民事诉讼法》没有明确规定鉴定书的内容要求,实践中鉴定书通常的要求包括鉴定意见应体现与争议事实的相关性、推断鉴定结论的过程与方法以及所依赖的资料。与普通法国家对专家报告的采信由具体规则作为依据不同,在德国鉴定结论是否可靠是在经过法官询问、双方质证之后,由法官自由心证来决定。

（五）重复鉴定

依据《德国民事诉讼法》第 412 条的规定,法院认为鉴定不充分时,可以命令原鉴定人或另一鉴定人重新鉴定。如果在鉴定人鉴定完毕后,法院准许当事人的回避申请,那么法院可以任命另一鉴定人作出鉴定。根据中国赴德培训人员的考察,德国有关人员认为,重复鉴定对于保证司法公正是必要的,只要鉴定活动具有公信力,重复鉴定将不会遭受太多非议。[③]

此外,在德国民事诉讼中,除了对于鉴定有特别规定的以外,关于证人的规定准用于鉴定人。

---

① Johann Pitz, Atsushi Kawada and Jeffrey A. Schwab, Patent Litigation in Germany, Japan and the United States, Hart, 2015, p.126.

② Id., p.127.

③ 陈俊生等:《德国司法鉴定制度》,《中国司法鉴定》2010 年第 3 期,第 13 页。

二、当事人专家

在德国传统的民事诉讼中,对于涉及的专门性问题,通常通过鉴定来完成,而且鉴定人由法院指定。在现代民事诉讼中,当事人也可以自己指定专家,尤其是在涉及复杂技术问题的案件中。如果当事人指定的专家在相关领域具有声望,那么将有助于增强其证言的可靠性。不过,当事人专家的陈述被视为当事人提交的材料,不管其采用的形式是直接的援引还是独立的专家意见。双方当事人指定专家的情况下,法庭仍然可以根据情况决定是否指定鉴定人,尤其是专家之间观点存在分歧的情况下。[①]

三、技术法官制度

在德国,法院设有技术法官职位。技术法官是一个比较特殊的法官群体,具有与法律法官相同的权利和义务,但他们分别是某特定技术领域的专家,处理诉讼中的科学与法律问题。

联邦专利法院在法院体系中属于高级法院系列,也是唯一有技术法官的法院。[②] 在 1961 年成立的联邦专利法院,用以代替原有的专利申诉委员会,实行了技术法官与普通法官相结合审理知识产权案件的制度。不过,技术法官制度的运用没有向上级法院或下级法院进一步扩展。

在德国,专利授权、确权案件与专利侵权案件采取由不同法院分开审理的体系。不服专利局专利授权和确权决定的行政纠纷,一审是由联邦专利法院专属管辖。对于专利侵权案件,则由一般民事诉讼系统审理,即从地区法院、州法院,到州高级法院,直至联邦最高法院为终审法院。在普通法院系统中,没有技术背景和执行专利法实际经验的法官,很难对技术性事项做出判断。为了弥补这个缺陷,德国采用聘请技术专家到庭担任顾问的方法来解决这个问题。[③] 可见,技术法官在知识产权诉讼中的适用是有一定范围限制的。

第三节　欧盟统一专利法院中专家的使用

欧盟统一专利法院的技术性事实查明机制同样融入了不同种类的专家。专

---

① Johann Pitz, Atsushi Kawada and Jeffrey A. Schwab, Patent Litigation in Germany, Japan and the United States, Hart, 2015, p.127.

② 杨海云、徐波:《构建中国特色的技术事实查明机制》,《中国司法鉴定》2015 年第 6 期,第 9 页。

③ 罗亚男:《简析联邦德国专利诉讼法律系统的优缺点》,《法学杂志》1988 年第 2 期,第 34 页。

家可由当事人指定,也可由法院指定,而且它借鉴了德国经验,设有技术法官职位。

一、当事人专家

当事人可以指定自己的专家(experts of the parties),提供其认为适当的任何专家证据。提供专家的当事人应提交该专家的书面证言,书面证言应由专家签字并表明其知悉如实供述的义务以及在国内准据法下因违反义务所产生的责任,还须披露专家与当事人现在或过去的关系、可能影响专家中立性的现实和潜在的利益冲突。

如果当事人申请举行对于该专家的听证,应说明原因、作证事项以及使用的语言。如果对方当事人对书面证言提出质疑,或者提供专家的当事人提出听证申请,法庭可以决定举行听证,法庭也可以依职权决定举行听证。向当事人专家发出的传票应当详细陈述专家的姓名、住址和基本情况,口头听证的时间、地点,作证事项、专家的权利和义务等内容。另外还应说明两点:其一,专家有协助法院公正处理与其专业领域相关事项的义务,对于法院负有的该项义务优先于聘请他的当事人;其二,专家应是独立客观的,不应成为任何诉讼程序当事人的利益捍卫者。

经适当的传唤,专家应当予以遵守并出庭作证,否则将面临罚款等处罚。在开庭审理程序中,专家应声明其证言是真实的。如果专家已经提供过书面证言,法院可以从确认书面证言入手,专家可以对书面证言所涉内容进一步阐述。法官可以向专家提问,在主审法官的控制下,当事人也可以向专家提问。如果当事人专家为当事人利益提供伪证,法院可以决定通知并交由具有刑事管辖权的成员国处理。此外,当事人专家有权获得报酬。

二、法院专家

法院可以指定专家,而且登记处备有一份关于专家的指示性名单以供法院选择。为解决专门性问题,法庭可依职权在听取当事人意见后指定专家。当事人可以就专家的身份、专业背景以及需要回答的问题向法庭提出建议。法院专家应当对法院负责,并且应当具备专业能力、独立性和公正性,当事人有权对法院专家需具备的这些资格发表意见。法院须通过命令的形式指定专家,命令须明确说明的事项包括:专家的姓名和住址、案情简述、相关证据、向专家提出的问题、专家可接收其他相关信息的情况和条件、提交专家报告的时限、费用支付、违约惩罚,以及专家的一般性义务。

专家在接收命令的同时,应当获得相关文件或其他证据,也应当书面确认能够及时提交专家报告。专家有权获得与法院商定的报酬。如果专家不能及时提交专家报告,法院可另行指定专家,并由违约的专家承担全部或部分费用。

如上所述,法院专家应当在法庭规定的时间内提供书面专家报告。此外,法院专家应当接受法院监督并且应当通知任务执行的进程。专家仅应就被提问的问题发表专家意见。法院专家不应在另一方不在场或没有同意的情况下,与一方当事人进行交流,而且在获得同意的情况下,专家报告应记录所有相关交流的情况。此外,法院专家不能就报告内容与第三方进行交流。如法院要求,法院专家应出庭参加审理程序,并回答法院和双方当事人的问题。就其专业领域相关的事项,法院专家承担公正协助法庭的首要义务。专家应是独立客观的,不应成为任何诉讼程序当事人的利益捍卫者。

为保障当事人的程序权利,在专家报告提交法院后,法院应当征求各方当事人关于专家报告的书面或口头意见,意见征询也可在口头审理程序之中进行。

法院专家的出庭义务及违反该义务的责任、听证程序、伪证的责任追究以及获得报酬的权利等,与当事人专家相同,在此不予赘述。

三、法院的试验

《统一程序规则》第 201 条规定了"法院命令的试验"。法院依据当事人的合理申请,可以命令进行试验以证明在法院诉讼程序中当事人的事实陈述,这一做法不影响当事人或当事人专家进行试验的可能性。

提出试验申请的当事人应当在书面程序或审前程序中实际可行的尽早时间提出申请,申请应当符合以下要求:说明需要试验证明的事实;详细描述提议的试验以及进行该试验的理由;提议一位执行该试验的法院专家;并且披露以前进行的任何类似试验的尝试。

法院应当要求其他当事人表明对于试验欲证明的事实是否存在异议,并且对于试验申请包括提议的专家身份以及对试验的描述发表意见。法院的试验命令应当明确规定一些细节,包括实施试验并提交报告的法院专家的姓名和住址、试验的时间和地址、试验的其他条件以及提交试验报告的时限等。如果情况适合,法院可以命令试验在各方当事人及其专家在场的情况下进行。

试验报告提交法院后,法院应当邀请当事人发表意见,书面形式或者开庭审理阶段的口头形式。进行试验的专家可经传唤出庭。

四、技术法官

欧盟统一专利法院的法官由法律法官(legally qualified judges)和技术法官

（technically qualified judges）组成。两种法官均须具备专利诉讼方面的知识以及丰富的审判经验。法律法官须具备在缔约国被任命的法官资格；技术法官应具备相关专业的大学学位并且被认为是该专业技术领域的专家，同时还必须具备民法及民事诉讼法的专业知识。法律法官必须是全职法官，而且，不论其是否获得报酬均不能在欧盟统一专利法院之外任职，除非经该法院的行政委员会授权。而技术法官可以采取兼职形式，对于全职技术法官的要求与法律法官相同，即使是兼职的技术法官也不能从事与其任职有利益冲突的职业或活动。法院的所有法官均应由该法院的行政委员会在候选人名单中任命，并且该候选人名单必须由公认的具有较高水平的专利法官和专利律师组成的咨询委员会制定。欧盟统一专利法院由一审法院、上诉法院和登记处组成。一审法院由地方法庭（每个缔约国最多有 4 个地方法庭）、地区法庭（2 个或 2 个以上缔约国共同拥有，前提条件是这些缔约国的专利案件数量不多）和中央法庭组成。一审的中央法庭和上诉法庭由法律法官和技术法官共同组成合议庭，并且由法律法官担任审判长；而一审的地方法庭或地区法庭的合议庭则由 3 名法律法官组成，如果合议庭认为案件审理确有需要或者依一方当事人申请，合议庭可以决定在 3 名法律法官之外再增加 1 名技术法官，即组成 4 人的合议庭。①

第四节　我国台湾地区知识产权诉讼中专家的使用

台湾地区知识产权诉讼中的技术事实查明采用法院委托的鉴定、当事人委托的鉴定以及技术调查官相结合的模式。

一、法院委托的鉴定

当知识产权案件尤其是专利案件中遇到专业技术问题，法官无法理解和解决，司法鉴定是常用的解决方式。

依台湾地区"民事诉讼法"的规定，鉴定可以由自然人或机关进行，②由受诉法院选定鉴定人，并确定其人数。法院在选定鉴定人之前，得命当事人陈述意见；并经当事人合意指定鉴定人者，应从其合意选定。但法院认为人选显然不适当时，不受此限制。已选定的鉴定人，法院可予以撤销。③

---

① 程雪梅、何培育：《欧洲统一专利法院的考察与借鉴——兼论我国知识产权法院构建的路径》，《知识产权》2014 年第 4 期，第 91 页。
② 台湾地区"民事诉讼法"第 340 条。
③ 台湾地区"民事诉讼法"第 326 条。

依"民事诉讼法"关于鉴定人的规定,法院得不待当事人申请而依职权选任鉴定人进行鉴定,①以加强法官对专门问题的理解和判断能力。

不仅在选任鉴定人前法官得命当事人陈述意见,而且在诉讼程序终结前,当事人得随时依据"民事诉讼法"第330、331条的规定声明拒绝该鉴定人。② 此等条文增设的立法理由在于:"鉴定人为证据方法,同时亦为法院之辅助机关,其鉴定结果往往影响法院之裁判,为确保鉴定人之中立性及公正性,参酌有关法官应自行回避事由之规定,就鉴定人与诉讼事件或与当事人有一定关系者,明定其不得为鉴定人。"

台湾地区"民事诉讼法"关于鉴定的规定与《德国民事诉讼法》高度相似,实际上是借鉴后者而来,在此不予详述。

二、当事人委托的专家鉴定

在我国台湾地区司法实践中,往往由当事人双方各自寻求所谓的技术专家,③经过洽谈、讨论作出鉴定报告。

我国台湾地区专利诉讼中较多地存在当事人委托的鉴定。1994年1月21日修订公布的"专利法"第131条第2—4项规定:"专利权人就第123条至第126条提出告诉,应检附侵害鉴定报告与侵害人经专利权人请求排除侵害之书面通知。未提出前项文件者,其告诉不合法。"该规定虽经"司法院"大法官会议以释字第五〇七号解释认定违宪而不予适用,不过,实务上因专利权人为使法院信其主张为真实,多在提起侵权诉讼之前自行委托鉴定机构制作鉴定报告,甚至被告在专利侵权案件诉讼系属前后,亦可能另行委托专业机构制作不侵权的鉴定报告。有台湾地区学者认为,由于当事人自行委托作成"鉴定"之专业机构或人员均非法院所选任之鉴定机关或鉴定人,依上述方式做成之"鉴定报告"实非诉讼法上之鉴定报告,性质上仅属于"证物",而鉴定人之身份则属于"证人"。④

① 台湾地区"民事诉讼法"第203条规定:"法院因阐明或确定诉讼关系,得为下列各款之处置……四、依第二编第一章第三节之规定,行勘验、鉴定或嘱托机关、团体为调查。"第269条规定:"法院因使辩论易于终结,认为必要时,得于言词辩论前,为下列各款之处置:……四、行勘验、鉴定或嘱托机关、团体为调查。"第288条规定:"法院不能依当事人声明之证据而得心证,为发现真实认为必要时,得依职权调查证据。依前项规定为调查时,应令当事人有陈述意见之机会。"第365条规定:"受诉法院、受命法官或受托法官于勘验时得命鉴定人参与。"

② 台湾地区"民事诉讼法"第330条第1项前段规定:"有第三十二条第一款至第五款情形之一者,不得为鉴定人。"第331条第2项第1句:"当事人得依声请法官回避之原因拒却鉴定人。"

③ "'司法院'秘台厅"民一字第0930016881号函(2004年6月29日)公告了包括台湾大学等55家专利侵害鉴定机构,一般诉讼当事人皆会由此55家专利鉴定机构中挑选技术专家为其作出鉴定报告。

④ 林发立:《专利侵害鉴定与司法审判实务(一)》,《万国法律》2003年10月,第131期,第65—68页。

三、技术审查官

我国台湾地区参考日本的"裁判所调查官"及韩国的"技术审理官"制度[①]增设技术审查官制度,以期完善知识产权审判专家辅助机制,降低对于鉴定机构的依赖,使得双方当事人能就实体技术问题进行辩论,或申请技术专家进行交叉询问,或通过技术审查官的讯问,在庭审中帮助法官厘清问题。[②]

（一）技术审查官的法律地位

技术审查官系专业技术人员,辅助法官作相关技术问题的判断,并非鉴定人,其制作之报告书仅供法官参考,不得直接采纳为证据。"智慧财产案件审理细则"第16条第2项规定,"技术审查官制作之报告书,不予公开",以免产生争议。法官如欲将技术审查官意见采为裁判之基础,应依"智慧财产案件审理法"第8条第1项规定处理,即"法院已知之特殊专业知识",若作为裁判基础,应给予当事人进行辩论的机会,以防止给当事人造成突袭性的裁判。

（二）技术审查官的指定与回避

"智慧财产法院"认为有必要时,得以裁定指定技术审查官,执行法定职务。经指定于期日执行职务的技术审查官,其姓名应与法官、书记官之姓名一并揭示于庭期表。[③] 技术审查官依"智慧财产案件审理法"第5条规定:"技术审查官之回避,依其所参与审判之程序,分别准用……关于法官回避之规定。"

（三）技术审查官的职责

"智慧财产案件审理法"第4条规定:"法院于必要时,得命技术审查官执行下列职务:一、为使诉讼关系明确,就事实上及法律上之事项,基于专业知识对当事人为说明或发问。二、对证人或鉴定人为直接发问。三、就本案向法官为意见之陈述。四、于证据保全时协助调查证据。"该法第18条第3项进一步强调:"法院实施证据保全时,得命技术审查官到场执行职务。"此外,"智慧财产法院组织法"第15条第4项规定:"技术审查官承法官之命,办理案件之技术判断、技术资料之搜集、分析及提供技术之意见,并依法参与诉讼程序。"

（四）技术审查官在诉讼程序中的参与

对于技术审查官陈述的意见,如果法官作为裁判基础予以采纳,需要履行证据调查之法定程序。"智慧财产案件审理法"第8条第1项规定:"法院已知之特

① 谢铭详:《智慧财产法院之设置与专利商标行政救济制度之改进》,《月旦法学杂志》2006年第12期(总139期),第7页。
② 范晓玲:《智慧财产诉讼新纪元,智财法院成立半年之观察》,TIPA智慧财产培训学院,"精选文章"(2009年1月22日),at https://www.tipa.org.tw/p3_1-1.asp? nno=13,访问日期:2019年12月25日。
③ 台湾地区"智慧财产案件审理细则"第11条。

殊专业知识,应予当事人有辩论机会,始得采为裁判基础。审判长或受命法官就事件之法律关系,应向当事人晓谕争点,并得适时表明其法律上见解及适度开示心证。"该条的立法理由指出:"按法院本身已具备与事件有关之专业知识,或经技术审查官为意见陈述后,就事件有关之特殊专业知识,如未于裁判前对当事人为适当揭露,使当事人有表示意见之机会,将对当事人造成突袭,爰设第一项,明定法院本身所已知,与事件判断有关之特殊专业知识,应予当事人有辩论之机会,始为采为裁判之基础。"

借由技术审查官的协助,法官对当事人提出的"鉴定报告"可能足以正确理解和判断,不一定再需法院委托司法鉴定。技术审查官可以针对争点所涉技术专业鉴定部分,向当事人直接为说明、发问以及对证人或鉴定人(包括当事人和法院委托的鉴定人)为直接发问,而发挥其直接参与诉讼程序之角色。[①]

法院实施证据保全时,得命技术审查官到场执行职务。以往在民事证据保全时,因法官不具备专业技术知识,往往依赖申请人提供的专业人士。智慧财产案件争议常集中涉及技术问题,有时需要在现场即为鉴定、勘验及保全书证,由申请人提供专业人士协助解决全部问题。"智慧财产案件审理法"规定技术审查官在民事证据保全程序中的职务,对证据保全程序问题的解决可以提供必要的协助。

第五节 知识产权诉讼中专家使用模式之评析

一、司法鉴定制度、专家证人制度的弊端及其改进

专家意见和鉴定意见两者都属于意见证据,均由相关领域的专家提供并以专业知识或科学技术阐述案件中的专门性问题。

专家证人制度和司法鉴定制度分别是两大法系各自法律文化在司法制度中的反映。基于这种深层法律文化的差异,专家证人制度与司法鉴定制度表现出不同的制度安排。在普通法的对抗制下,当事人自己选任的专家证人比法官选任的鉴定人更能直接表达和实现当事人的诉讼利益。大陆法系鉴定制度根植于职权主义传统,鉴定的决定权和鉴定人的选任权掌握在法官手中,因为这是法官调查事实真相的一种手段,是法院的职权行为。[②] 两种专家证据各有利弊,孰优

---

① 许义明:《论智慧财产法院组织法与案件审理法之技术审查官制度》,《万国法律》2006 年第 147 期,第 14 页。

② 周湘雄:《英美专家证人制度研究》,中国检察出版社 2006 年版,第 36 页。

孰劣难以简单地给出定论。

（一）司法鉴定的弊端及其改进方向

鉴定意见具有中立性强、经济高效等优点。因此，在普通法国家许多情况下也会使用中立专家（相当于鉴定人），比如美国。其实，在英国民事司法改革中沃夫勋爵鼓励法院使用单一的共同专家（single and joint expert），作为改革成果，单一的共同专家制度体现于《英国民事诉讼规则》。[①]

不过，司法鉴定也存在一些明显的弊端：① 鉴定意见缺乏制约和有效审查程序。仲裁庭很容易过分依赖鉴定人，存在着鉴定人从法庭辅助人演变为法庭主人的风险。其中的原因在于，法官面对鉴定人的"一言堂"，难以具有相关专业知识和技能进行比较和鉴别。② 鉴定人在诉讼中受法官委任、指挥，作为法官的辅助人有时受到法官意志的影响，容易迎合法官的好恶，使其中立性受损。③ 当事人对鉴定程序的参与程度不足，包括对该程序缺乏支配与控制；仅靠当事人及其代理人，对独立专家的质证容易流于表面，导致很难发现鉴定意见的瑕疵。因而，当事人多少对鉴定意见持怀疑态度。

可见，在大陆法系的司法鉴定制度，缺乏有效对抗和当事人的参与。对此，应当加强鉴定人的出庭义务和质证，增强双方之间的对抗性以及当事人在技术性事实查明程序中的参与性。通过引入有效的质证程序，对存在瑕疵的鉴定结论进行审查，可以去粗取精、去伪存真。在不改变法官选任鉴定人、指挥鉴定人的前提下，适当地引入针对鉴定结论的有效质证机制是其改进方向。另外，应强调鉴定人的义务和责任，以保障鉴定意见的客观性和科学性。

（二）专家证人制度的弊端及其改进方向

专家证人制度是当事人进行主义和对抗制诉讼模式的体现，有利于法官在"中立"和"消极"状态下通过双方高度对抗发现案件事实，同时充分体现了当事人的主体性和参与性。同时，专家证人制度存在一些不足：其一，专家证人缺乏中立性。美国证据法学家将专家证人比喻为在律师演奏下而发出旋律的"萨克斯风"。[②] 普通法系的专家证人在对抗制的诉讼模式下，容易为获取高额报酬而完全以利益为导向，不利于发现事实真相。其二，专家证人的滥用导致诉讼的拖延及成本的提高。在普通法的诉讼程序中，导致诉讼延迟的主要原因之一就是专家证人的大量使用，同时它还造成诉讼程序的成本高昂。

普通法系国家因为控辩双方滥用专家证人导致过度对抗，从而引起诉讼耗费和拖延，其改革思路是减少对抗，提高效率，重点着力于防止当事人滥用专家

---

① 参见《英国民事诉讼规则》第35.7条和第35.8条。

② J. Langbein, The German Advantage in Civil Procedure, 52 University of Chicago Law Review 823, 835(1985).

证人,主要包括弱化双方专家证人的对抗、鼓励双方合作、限制专家证人的不必要使用、明确专家证人的法庭义务以及服务于法庭的角色定位等。

此外,各国通过制度的借鉴和创新来解决司法鉴定和专家证人制度的不足。各国分别进行改革,趋利避害,取长补短,形成了传统专家证据基础上多元化的事实查明机制。比如,大陆法国家引入专家证人或专家辅助人制度,普通法国家引入中立专家制度。在知识产权领域,技术陪审员、技术法官、技术审查官等专家辅助机制的引入或创设也是弥补传统专家证据制度不足的对策。

二、知识产权诉讼其他专家辅助制度之简评

在两大法系知识产权诉讼中技术性事实查明机制方面,除了证据(司法鉴定或专家证人)制度以外,还有其他专家辅助制度作为配套和补充。这些配套制度在技术性事实查明机制中同样发挥着重要作用。

(一) 专利法官和技术法官

技术法官制度系德国独创,可以避免合议庭对鉴定人的过度依赖以及由于鉴定所导致的诉讼迟延,提高审判效率和质量。但对技术法官的资质要求较高,既要有技术能力又须具备法律素养,导致法官选任难度增大,且由于技术法官数量和所精通技术范围的有限性,技术法官熟悉的技术领域无法穷尽所有案件技术事实认定之需要。因此,德国的技术法官制度存在着一定的局限性。

美国知识产权诉讼中对技术事实的认定采用专业法官与技术助理协同模式。由于美国法学教育是建立在非法学的大学教育基础之上,因此法科毕业生中具有理工科教育背景者较为常见,更有条件遴选既具有理工科背景、又具备良好法律素养的专业化法官专门从事知识产权案件审判。为了克服专业法官数量少、无法涵盖技术领域等局限性,美国还从具有理工科教育背景和法律专业素养的人员中选任技术助理,以帮助专业化法官精准处理技术事实认定问题。

(二) 技术审查官

技术审查官(技术调查官)制度的引入一方面有利于解决法官与鉴定专家之间的传统难题,[①]另一方面和鉴定人的功能会形成某种重叠,如何使得两者良性互动成为实践中需要面对问题,处理不当会造成技术事实认定的复杂化,从而导致程序拖延和成本提高。此外,依据台湾地区的立法,"技术审查官制作之报告书,不予公开",因为技术审查官提供的意见不是鉴定意见或专家报告,其制作之报告书仅供法官参考,法院不得直接予以采纳为证据。关于技术审查官报告不对当事人公开,台湾地区存在着理论争议。同时,法官如欲将技术审查官意见采

---

① 蔡学恩:《技术调查官与鉴定专家的分殊与共存》,《法律适用》2015 年第 5 期,第 92—93 页。

纳为裁判之基础,应依"智慧财产案件审理法"第 8 条第 1 项规定,如果将"法院已知之特殊专业知识"作为裁判基础,应给予当事人进行辩论的机会。这有利于及时公开法官的心证,保护当事人的辩论权,防免突袭性裁判。不过,在司法实践中,技术审查官对于法官之心证往往有较大影响,技术审查官报告不公开,加之法官可能不愿公开心证,仍然会产生突袭性裁判,当事人程序权利难以得到保障。

(三)法院专家、特别专家与技术顾问

这三种专家均具有中立性,在不同程度上通过专业知识和技能帮助法院理解知识产权背后的事实或理论。美国知识产权诉讼程序和欧盟统一专利法院的诉讼程序均可以使用法院专家。法院专家是由法院而非当事人指定的专家证人,法律角色与大陆法国家的鉴定人相似,不过法院专家的资质要求没有那么严格,也不像鉴定人需从属于鉴定机构,而且其所在机构也需要具备鉴定资质。和鉴定人有些相似的是,法院专家的局限性同样表现在法官容易对其意见产生过度依赖。

与法院专家相比,美国的特别专家与技术顾问都不属于证人(专家证人)。特别专家比大陆法的鉴定人以及台湾地区的技术审查官在诉讼中具有更高的法律地位,实际上他在一定程度上代行法官的部分职权,尽管也受到法院的控制和监管。特别专家的不足表现为他难以在法律和科技两个方面兼有专长,在美国民事诉讼中特别专家绝大多数为律师,即使具有理工科背景,其学位通常至多为学士,知识和技能无法达到专家证人和技术顾问通常具备的水平。特别专家主持的程序也常常难以达到高效的目的,因为特别专家的参与,导致费用增加和程序迟延。

技术顾问与台湾地区的技术审查官的主要区别是,技术审查官是法院工作人员,而技术顾问不是。技术顾问通常在相关科学技术领域具有较高的声望,对法院查明技术性事实颇有帮助。其缺陷在于法院和技术顾问之间的交流往往不为当事人所知,这对当事人正当程序权利可能存在潜在的侵害。在 TechSearch案中,法院并没有明确技术顾问与法院的书面沟通是否应当披露给双方当事人。虽然有些法院,比如以专利诉讼闻名的美国德州东区法院,要求技术顾问提交书面沟通,沟通内容须向当事人披露,[①]但是技术顾问制度主要以判例法形式存在,尚不完善,在不同的联邦地区法院始终存在一定风险,即当事人并不了解技术顾问和法院之间的交流内容,无法发表意见并进行必要的反驳。[②]

---

① Joshua R. Nightingale, An Empirical Study on the Use of Technical Advisors in Patent Cases, 93 J. Pat. & Trademark Off. Society 400, 439(2011).

② 美国 Tashima 法官在一个案件中指出,单方交流问题造成使用技术顾问存在着侵害当事人权利的潜在风险。See Association of Mexican-American Educators v. State of Cal., 231 E3d 572, 610 – 611 (9th Cir. 2000).

第六节　我国知识产权诉讼中专家
使用的不足与完善

一、我国知识产权诉讼中多元专家辅助机制的总体评判

（一）我国相关立法现状

在 2009 年 12 月 23 日最高人民法院"公布对网民 31 个意见建议答复情况"中的第 17 项涉及"关于知识产权审判中技术事实认定的问题"，将知识产权诉讼中的专家分为四类：第一类是对专门性问题进行鉴别、分析、判断，并给出鉴定意见的鉴定人；第二类是受当事人聘请而出庭，并负责对案件中涉及的专门性问题进行说明的专家辅助人[①]；第三类是向法官提供专家咨询的技术顾问（技术咨询专家），他们属于司法辅助人员，其意见不属于法定证据种类，仅作为法官认定事实的参考[②]；第四类是同时具有专业知识优势和一定法律知识的专家陪审员。[③]

此外，我国在借鉴台湾地区以及日、韩经验的基础上引入技术调查官制度。2014 年《关于知识产权法院技术调查官参与诉讼活动若干问题的暂行规定》确立了知识产权诉讼中的技术调查官制度。2017 年最高人民法院《知识产权法院技术调查官选任工作指导意见（试行）》进一步明确了技术调查官的聘任。技术调查官的法律角色是特殊的司法技术人员，具体工作职责体现于知识产权案件的庭前准备、调查取证、庭审、评议等审判流程的主要环节。[④]"技术调查官提出

---

①　《旧证据规定》第 61 条第 1 款规定："当事人可以向人民法院申请一至二名具有专门知识的人员出庭就案件的专门性问题进行说明。人民法院准许其申请的，有关费用由提出申请的当事人负担。审判人员和当事人可以对出庭的具有专门知识的人员进行询问。经人民法院准许，可以由当事人各自申请的具有专门知识的人员就有关案件中的问题进行对质。具有专门知识的人员可以对鉴定人进行询问。"2012 年《民事诉讼法》第 79 条明确规定了上述内容。

②　2006 年《最高人民法院关于地方各级人民法院设立司法技术辅助工作机构的通知》正式确立司法技术人员制度，用于辅助法官处理专门性问题。2018 年修正的《人民法院组织法》第 51 条首次从法律层面确立了司法技术人员制度，并将其纳入司法辅助人员序列。2007 年《最高人民法院技术咨询、技术审核工作管理规定》规定司法技术人员可以向相关专家咨询；对于重大、疑难、复杂的案件，应当组织专家论证。此后，各级法院又纷纷设立专家咨询委员会。参见郑飞：《论中国司法专门性问题解决的"四维模式"》，《政法论坛》2019 年第 3 期，第 69—70 页。

③　《民事诉讼法》第 39 条第 1 款规定："人民法院审理第一审民事案件，由审判员、陪审员共同组成合议庭或者由审判员组成合议庭。"

④　依据《关于知识产权法院技术调查官参与诉讼活动若干问题的暂行规定》第 6 条："技术调查官根据法官的要求，就案件有关技术问题履行下列职责：（一）通过查阅诉讼文书和证据材料，明确技术事实的争议焦点；（二）对技术事实的调查范围、顺序、方法提出建议；（三）参与调查取证、勘验、保全，并对其方法、步骤等提出建议；（四）参与询问、听证、庭审活动；（五）提出技术审查意见，列席合议庭评议；（六）必要时，协助法官组织鉴定人、相关技术领域的专业人员提出鉴定意见、咨询意见；（七）完成法官指派的其他相关工作。"

的技术审查意见可以作为法官认定技术事实的参考。"①法官根据全案情况综合判断是否采纳技术审查意见,技术审查意见不应作为证据使用,仅对法官认定技术事实起到参考作用。

有学者认为,我国司法专门性问题的解决实际上形成了"四维分享模式",即鉴定人、专家辅助人、司法技术人员(包括技术顾问、技术调查官等)以及专家陪审员,构建了法庭上的"四维"专业工作群体。其中专家辅助人通过发表专业意见和质证,体现了实质对抗功能;司法技术人员全方位辅助审判法官理解技术信息,体现了"教育"功能;专家陪审员则是事实认定裁判权的分享者,体现了共享功能。这些功能充分展示了法庭专业工作的集群化认识论优势。②

在知识产权诉讼中的专家辅助制度中,应针对存在的问题与不足进行完善。首先,为避免所谓"四维模式"可能带来的高昂诉讼成本,在知识产权诉讼中,应当通过整合和综合运用,实现不同种类专家之间的良性互动机制。其次,完善司法鉴定制度。尽管具有局限性,在知识产权诉讼中司法鉴定仍然不可或缺,而且作为我国原有的诉讼制度的一部分,高度契合我国诉讼模式和法律文化。再次,借鉴普通法国家立法经验完善我国专家辅助人制度。普通法国家专家证人制度并非独自运行,其作用的充分发挥依赖交叉询问规则、对抗制的诉讼体制、庭前专家证据开示制度等。尤其是交叉询问可以用于检查专家证人的可靠性,筛查虚假的、错误的专家意见。在我国职权主义诉讼模式下,直接移植普通法系的专家证人制度将面临法律文化与法律制度的障碍,在缺乏完善的配套制度的情况下,简单借鉴专家证人制度可能既无法实施,也难以奏效。最后,除了专家证据,还应完善技术性事实认定的配套制度,包括技术调查官制度、专家咨询制度、技术陪审员制度,等等。

(二) 我国知识产权诉讼中的多元专家辅助机制的应然整合

1. 司法鉴定与专家辅助人的互补与并存

司法鉴定存在局限性,并非每个案件都具有运用司法鉴定的必要性。司法技术鉴定的周期普遍较长,无法满足知识产权审判对效率的特别要求,且鉴定费用过高,导致当事人诉讼负担较重。有些案件所涉技术问题可能并不高深,或者查明技术事实无需借助实验设备等技术手段,③在这种情况下,通过双方当事人指定的专家辅助人的协助,法院往往可以对案件所涉及的技术性事实实现理解和认定。

---

① 《关于知识产权法院技术调查官参与诉讼活动若干问题的暂行规定》第9条。
② 郑飞:《论中国司法专门性问题解决的"四维模式"》,《政法论坛》2019年第3期,第73页。
③ 宋健:《专家证人制度在知识产权诉讼中的运用及其完善》,《知识产权》2013年第4期,第25页。

不过,在案件技术事实需借助专业技术设备或技术手段才能认定之情形下,仍应依申请或依职权启动鉴定程序,由鉴定人对技术性事实提供鉴定意见。法官可借助鉴定意见进行技术事实认定,若仍无法认定技术事实时,并不妨碍法官进一步借助专家辅助人甚至专家咨询完成技术事实的认定。

法官通过鉴定制度的优势充分了解鉴定人在专门性问题上的意见;同时,在当事人指定专家辅助人的情况下,可以促进鉴定人认真负责地履行职责,形成事实上的制约。法官可以通过了解专家辅助人对于专门性问题的立场、双方专家辅助人之间对有关问题的辩论以及专家辅助人对于鉴定意见进行的有效质证,最终形成心证。可见,运用专家辅助人可以形成对于司法鉴定的制约,可有效消除或减轻法官对鉴定意见的过分依赖,并使得法官可综合各方面因素对案件技术事实作出更为客观的判断。

如前文所述,在德国、我国台湾地区、美国的知识产权诉讼以及欧盟统一专利法院的审理程序中,法院指定的专家(鉴定人)和当事人指定的专家(即专家证人或专家辅助人)这两种专家辅助机制均获得认可。而且,两种专家在同一案件中的并存、发挥互补性作用,也无实践或制度上的必然障碍,比如在德国即是如此。[①]

2. 技术调查官与鉴定人、专家辅助人的良性互动

技术调查官可以协助合议庭完成技术勘验、涉及技术问题的调查取证以及涉及技术问题的证据保全。在庭审调查工作中,经审判长指示或同意,技术调查官可以向专家辅助人、证人、鉴定人等发问,向合议庭解释说明专家辅助人、证人、鉴定人等陈述的专业技术问题,必要时可以就有关专业技术问题进行当庭释明。此外,技术调查官可以在合议庭评议案件前就案件有关技术事实问题出具书面的技术调查报告。

技术调查官与鉴定人在功能、诉讼地位等方面存在诸多相似之处,同时两者在诉讼地位、参与诉讼的方式和程度上亦存在区别,两者存在互补关系,可以形成良性互动。具体而言,技术调查官可以在以下三个方面做好鉴定前的准备工作:鉴定材料的取样;拟定鉴定事项;帮助法官选任适格的鉴定人。在鉴定完成后,技术调查官可以协助法官对鉴定报告进行实质评估,避免对鉴定意见的审查流于形式。法庭调查阶段的询问,法官原本只重视鉴定结果而不重视鉴定过程、方法与推理,而借由技术调查官的帮助,法官可以较好地明确问题的本质和关键点,从而在法庭调查阶段更能切中要害地发问,更好地掌握案件事实。[②]

---

① Johann Pitz, Atsushi Kawada, Jeffrey A. Schwab, Patent Litigation in Germany, Japan and the United States, Beck Juristischer Verlag, 2015, p.127.

② 蔡学恩:《技术调查官与鉴定专家的分殊与共存》,《法律适用》2015年第5期,第90—93页。

3. 司法鉴定的替代

法院对涉及专利、技术秘密、软件、植物新品种、技术合同等复杂技术事实的查明,主要依靠司法技术鉴定,[①]司法鉴定在某些情况下的重要性不可替代。同时,鉴于有些鉴定周期长、效率低,在案件技术事实无需利用技术设备、技术手段即可认定的情形下,在设置技术调查官的法院,应由技术调查官辅助法官认定技术事实而无需再指定鉴定机构鉴定,以节约司法资源,加速审判进程;也可以通过咨询专家、邀请专家陪审员参与案件审理或者邀请专家辅助人出庭说明等方式来解决对鉴定的过分依赖问题。从北京知识产权法院的司法实践来看,技术问题通过鉴定方式解决的较少。通过鉴定来查明的技术事实,通常是因需要比对的内容固定且工作量大,无法通过庭审进行,例如有些涉及计算机软件的案件。[②]

4. 专家咨询、专家陪审作为必要补充机制

法院咨询的专家可以是专家咨询委员会、专家顾问团或者个别专家。司法实践中,通过专家咨询的案件一般是涉及重大、疑难、复杂、尖端的技术问题,往往是其他技术查明途径无法查明时的最后选择。咨询的方式不做具体限制,可根据实际情况,采用座谈、研讨、调查、调研等方式进行。[③] 此外,具备理工科教育背景的专家陪审员如能适当发挥其应有职能,那么对于技术性事项的认定也往往能提供必要的帮助。

二、我国知识产权诉讼中鉴定机制的不足与完善

(一) 知识产权诉讼司法鉴定的立法现状

我国民事诉讼鉴定制度经过长期改革逐渐得以相对完善,体现在我国《民事诉讼法》及相关司法解释包括《新证据规定》之中。此外,《全国人民代表大会常务委员会关于司法鉴定管理问题的决定》(2005 年制订并在 2015 年修正,简称《司法鉴定决定》)为代表的一系列法律文件规定了司法鉴定的管理制度,直接规范知识产权诉讼中的鉴定机制。

根据《司法鉴定决定》,司法部对从事法医类鉴定、物证类鉴定、声像资料类鉴定业务的鉴定人和鉴定机构实行统一登记管理,2015 年环境损害司法鉴定也被纳入(构成"四大类")司法行政部门的统一登记管理。2017 年司法部《关于严格准入 严格监督 提高司法鉴定质量和公信力的意见》,明确规定

---

① 宋健:《专家证人制度在知识产权诉讼中的运用及其完善》,《知识产权》2013 年第 4 期,第 25 页。
② 张玲玲:《我国知识产权诉讼中多元化技术事实查明机制的构建》,《知识产权》2016 年第 12 期,第 35 页。
③ 同上,第 35—36 页。

对于没有法律、法规依据的鉴定，司法行政部门一律不予准入登记。知识产权鉴定属于"四大类"以外的鉴定业务，目前全国知识产权司法鉴定机构除极少数外均已被注销。不过，原有鉴定机构和鉴定人仍可依法接受办案机关或者有关组织、个人委托，在司法活动中从事鉴定业务。目前属于知识产权鉴定的转型期间，有观点认为，知识产权鉴定应当回归行业管理，由行业协会来规范管理和资格认证。[①] 同时，法院建立了鉴定机构与鉴定人名册制度，[②] 名册制度遵循自愿申请与择优选录原则、属地登记原则和资源共享原则，已列入名册的鉴定人应当接受有关法院司法鉴定机构的年度审核，并提交被要求的相关材料。列入名册的鉴定人有不履行法定义务、违反司法鉴定有关规定的，由有关法院视情节取消入册资格。

在民事诉讼中，法院可以依申请或依职权启动鉴定。当事人申请鉴定的，应在法院指定期间内提出，由法院审查关联性和必要性之后决定。法院依职权委托鉴定，在现有法律框架下实际上是作为法院依职权调查取证的一种形式，因此必须遵守依职权调取证据的限制条件，即《民诉法解释》第96条第1款规定的五种情形。如果法院认为相关案件事实需要通过鉴定证明的，法院负有释明义务，而且应为当事人指定提出鉴定申请的期间。关于当事人鉴定的申请时间，《旧证据规定》要求在举证期限内提出，[③] 而《新证据规定》考虑到实践中鉴定的必要性有时是在举证期限届满后甚至举证质证后才得以显示出来，因而改变了原有规定。

关于鉴定人的选任，双方当事人可以协商确定具有资格的鉴定人，协商不成的，由人民法院指定。依职权委托鉴定的，法院可以在询问当事人的意见后，指定具有资格的鉴定人。鉴定人与案件或当事人有利害关系的，参照审判人员回避制度进行回避。在确定鉴定人之后，法院应出具委托书，载明鉴定事项、鉴定范围、鉴定目的和鉴定期限等事项。可见，对于依据职权委托鉴定，询问当事人意见不是必经环节，更无需各方当事人的同意。这样的规定有利于防止各方当事人因无法达成一致意见而影响诉讼程序的推进。

法院应当组织当事人对鉴定材料进行质证，未经质证的材料，不得作为鉴定的根据。鉴定材料本身属于涉案证据，同时也是鉴定意见具有合法性的基础，应当允许双方当事人就鉴定材料真实性、合法性、关联性以及是否符合鉴定要求等方面陈述意见。

---

① 曾德国主编：《知识产权司法鉴定》，知识产权出版社2019年版，第9页和第16页。
② 最高人民法院2002年2月22日通过《人民法院对外委托司法鉴定管理规定》。
③ 《民诉法解释》第121条规定，当事人申请鉴定的，"可以在举证期限届满前提出"。当事人申请鉴定的时间使用的措词是"可以"，而不是"应当"。

根据《司法鉴定人登记管理办法》,鉴定人承担诸多义务,包括按时完成鉴定、回避、出庭作证、遵守纪律和职业道德、保守秘密、参加继续教育和岗前培训、接受监督检查等。《新证据规定》新增了一项要求,即鉴定开始之前,鉴定人应当签署承诺书,保证客观、公正、诚实地进行鉴定,保证出庭作证,如作虚假鉴定则承担法律责任。承诺书在很大程度上是对鉴定人法定义务的重申,签署承诺书本身所具有的仪式感有助于增强鉴定人的责任心。各地法院可以根据需要增补承诺书中鉴定人应当承担的其他义务。鉴定人故意作虚假鉴定的,法院应当责令其退还鉴定费用,并根据情节,依照《民事诉讼法》第111条予以罚款、拘留,构成犯罪的,依法追究刑事责任。我国民事诉讼法未能明确规定鉴定人的民事责任,《司法鉴定机构登记管理办法》第41条仅涉及司法鉴定机构因违法和过错应承担民事责任。据此,民事责任主体是鉴定机构而不是鉴定人。

鉴定人有义务按照委托书载明期限完成鉴定工作,并提供鉴定书。鉴定人有出庭作证的义务,出庭作证的内容包括就鉴定事项进行陈述和接受当事人以及法官的询问。如果当事人对鉴定意见有异议或者法院认为鉴定人有出庭必要,鉴定人应当出庭作证。根据《新证据规定》第81条的规定,鉴定人拒不出庭作证的,鉴定意见不得作为认定案件事实的根据,法院应当建议有关主管部门或者组织对该鉴定人予以处罚,而且在当事人的要求之下,法院应当裁定鉴定人退还鉴定费用。根据《司法鉴定决定》的规定,司法行政部门对于鉴定人或鉴定机构拒绝出庭的行政处罚包括一定期限内停止鉴定业务甚至撤销登记。[①] 这些规定意在督促鉴定人切实履行出庭义务。不过,《新证据规定》第37条实际上对鉴定人出庭的程序进行了具体限定:如果当事人就鉴定书提出书面异议,法院应当要求鉴定人作出解释、说明或者补充,当事人仍然存在异议的,法院在异议当事人预缴鉴定人出庭费用的情况下,应当通知鉴定人出庭。[②] 鉴定人有权了解鉴定所需的案件材料,经法院准许,鉴定人可以调取证据、勘验物证和现场、询问当事人或者证人。另外,鉴定人有收取鉴定费用的权利,申请鉴定的当事人应当预缴。同时,在一些未妥善履行义务的情况下,鉴定人应当退还鉴定费,比如鉴定人无正当理由未按期提交鉴定书的,当事人可以申请法院另行委托鉴定人进

---

① 《司法鉴定决定》第13条第2款规定:"鉴定人或者鉴定机构有下列情形之一的,由省级人民政府司法行政部门给予停止从事司法鉴定业务三个月以上一年以下的处罚;情节严重的,撤销登记:……(三)经人民法院依法通知,拒绝出庭作证的;……"

② 《新证据规定》第37条规定:"在人民法院收到鉴定书后,应当及时将副本送交当事人。当事人对鉴定书的内容有异议的,应当在人民法院指定期间内以书面方式提出。对于当事人的异议,人民法院应当要求鉴定人作出解释、说明或者补充。人民法院认为有必要的,可以要求鉴定人对当事人未提出异议的内容进行解释、说明或者补充。当事人在收到鉴定人的书面答复后仍有异议的,法院应通知有异议的当事人预交鉴定人出庭费用,并通知鉴定人出庭。"

行鉴定,如果法院准许,原鉴定人已经收取的鉴定费用应当退还。

鉴定书需符合规范化要求,具备法定内容。法院对鉴定人出具的鉴定书,应当审查是否具有如下内容:委托法院的名称;委托鉴定的内容、要求;鉴定材料;鉴定所依据的原理、方法;对鉴定过程的说明;鉴定意见;承诺书。此外,鉴定书应由鉴定人签名或盖章,这是鉴定人独立负责制的基本要求。当鉴定存在严重瑕疵的法定情形,当事人可以申请重复鉴定。[①] 不过,为节约司法资源,防止诉讼拖延,如果鉴定意见的瑕疵可以通过补正、补充鉴定或者补充质证、重新质证等方法解决,不应重新鉴定。

(二) 知识产权诉讼中鉴定机制的不足

1. 知识产权鉴定的管理不完善、公信力不足

《民事诉讼法》第 76 条、《民诉法解释》第 121 条和《新证据规定》第 32 条关于鉴定人的选任都要求鉴定人"具备相应资格",而且根据《新证据规定》第 40 条的规定,"鉴定人不具有相应资格的"构成申请重新鉴定的理由。

在我国,鉴定机构及鉴定人水平参差不齐,"小、散、乱"状况突出,技术能力低下,缺乏投入和发展潜力,影响了鉴定行业的整体水平。总体上鉴定机构管理也不够严格,当事人对鉴定意见的投诉较多,涉及执业不规范、鉴定意见存在片面或者错误,鉴定服务效率低、周期过长以及服务态度差、乱收费等问题,投诉举报的情况多年并未明显改善和缓解,可以说,我国司法鉴定的可靠性和公信力不足。[②]

知识产权鉴定机构在司法部门的注销,导致知识产权鉴定机构及鉴定人过去通过行政许可获得的鉴定资质也归于消灭。知识产权鉴定机构和鉴定人似应当由行业协会进行管理和资格认证。2019 年 12 月中国知识产权研究会成立了"知识产权鉴定专业委员会",它是否可以认定知识产权鉴定机构及鉴定人资质,尚缺乏明确的法律依据。此外,知识产权鉴定属于"四大类"以外的鉴定类别,司法行政部门注销其登记后,是否仍应当遵守司法部制订的《司法鉴定程序通则》也存在争议。

尽管法院建立有鉴定人名册(数据库)制度,不过这种管理属于对司法鉴定的形式管理,不能取代原司法行政部门的实质管理,因为法院只能选择信誉相对较好的鉴定机构进入名单,年度审查的对象只是一些材料,不是通过直接管理从

[①] 《新证据规定》第 40 条第 1 款规定:"当事人申请重新鉴定,存在下列情形之一的,人民法院应当准许:(一) 鉴定人不具备相应资格的;(二) 鉴定程序严重违法的;(三) 鉴定意见明显依据不足的;(四) 鉴定意见不能作为证据使用的其他情形。"

[②] 最高人民法院民事审判第一庭编著:《最高人民法院新民事诉讼证据规定理解与适用(上)》,人民法院出版社 2020 年版,第 341—342 页。

根本上保障或改善知识产权鉴定的整体质量。

从事知识产权鉴定业务的专家资源数量不足。知识产权技术鉴定涉及的学科专业类别广泛,鉴定专家数量不够充分,鉴定人难以满足每个学科专业的鉴定。鉴定机构作为一个平台,建立技术专家数据库,在接受案件后,鉴定人根据案件需要组织鉴定小组。由于知识产权专业性强,该领域的司法鉴定除了需要具备专业的技术知识和法律知识外,还需要具备丰富的鉴定经验,很多技术问题无法找到适合的鉴定机构,只能寻求个别的专家出具专家意见。[①] 鉴定机构的部分案件不得不聘请外部技术专家进行鉴定,[②]但最终鉴定意见由本机构的司法鉴定人出具,这种做法的正当性因此受到质疑。此外,除法院外,检察机关、公安机关、国家知识产权局和国家版权局等部门也建立了知识产权鉴定数据库以满足其各自鉴定业务所需。由于对鉴定机构和鉴定人的选择条件不同,不同的数据库相互缺乏共享机制,致使鉴定专家资源得不到充分利用。

知识产权司法鉴定涉及技术事项广泛、专业性强,需要统一的鉴定标准。《司法鉴定程序通则》第 23 条规定,司法鉴定人进行鉴定,应当依下列顺序遵守和采用该专业领域的技术标准、技术规范和技术方法:国家标准;行业标准和技术规范;该专业领域多数专家认可的技术方法。我国知识产权诉讼尚缺乏知识产权司法鉴定的国家标准,甚至缺乏统一的行业标准。西南政法大学司法鉴定中心知识产权鉴定团队联合多家单位,共同拟定了《知识产权司法鉴定规范》,大致属于"该专业领域多数专家认可的技术方法"。[③] 实践中,很多鉴定事项的鉴定方法没有明确的国家标准作为参考依据,一些鉴定方法本身主要依赖鉴定人员的鉴定经验,具有主观性。由于鉴定的主观性,对鉴定意见的准确性验证手段不足,难以作出真伪甄别和质量评价,[④]往往对同一技术问题的鉴定,不同鉴定机构采取的鉴定方法和手段差异很大,具体结论也不尽相同,[⑤]导致鉴定意见的客观性和公正性难免受到质疑。

2. 民事诉讼中的具体鉴定规则与实践存在不足

鉴定启动的问题。法院依职权启动鉴定程序严格限定于《民诉法解释》第 96 条第 1 款规定的依职权调查取证的 5 种情形,除此之外,法院在审理案件过程中认为需要鉴定的,应当向当事人释明,并指定提出鉴定申请的期间。可见,

---

① 龙宗智:《证据法的理念、制度与方法》,法律出版社 2008 年版,第 63—64 页。

② 根据 2015 年 12 月修订的《司法鉴定程序通则》第 33 条的规定,鉴定过程中,涉及复杂、疑难、特殊技术问题的,可以向本机构以外的相关专业领域的专家进行咨询。

③ 曾德国主编:《知识产权司法鉴定》,知识产权出版社 2019 年版,第 73—74 页。

④ 最高人民法院民事审判第一庭编著:《最高人民法院新民事诉讼证据规定理解与适用(上)》,人民法院出版社 2020 年版,第 342 页。

⑤ 曾德国主编:《知识产权司法鉴定》,知识产权出版社 2019 年版,第 42 页。

法院依职权委托鉴定受到制约,理论上这样的规定更符合处分权主义原则。不过,它可能会损害实体公正。因为释明权的行使要求法官及时明确分配待证事实的证明责任,并且及时公开法官的心证,[①]这对于法官要求较高。如果法官不能及时分配证明责任并进行相应的释明,而当事人又未能申请鉴定,可能导致必要的鉴定未能进行,这种对法官启动鉴定程序的限制不利于法官根据情况灵活和务实地认定事实。

鉴定人的义务和责任不够完善。司法实践中鉴定人出庭率较低,当事人无法对鉴定意见进行充分质证,以便去伪存真发现案件事实。《新证据规定》在《民事诉讼法》之外设定了鉴定人出庭的前置程序作为过滤机制,虽然这有利于实现程序效率,不过在客观上限制了当事人质证的机会,实际上是对鉴定人不愿出庭、出庭率低这一现实的妥协。在鉴定人依法出庭之前,当事人仅能审查鉴定书,获得的信息有限,缺乏面对面询问和质证的机会,不便充分发现问题,因未能及时提出异议而丧失要求鉴定人出庭作证的机会,不利于当事人质证权利的保障。

现有立法对鉴定人的责任追究属于公法上的责任,[②]缺乏民事追责的完善规定。《司法鉴定决定》第 10 条规定了司法鉴定实行鉴定人负责制度;《新证据规定》第 33 条规定了鉴定人客观、公正和诚实鉴定的义务以及违反该义务的公法责任(即根据情节轻重,进行罚款、拘留,甚至刑事责任)。而对鉴定人民事责任的追究却缺乏足够的法律依据。《司法鉴定机构登记管理办法》第 41 条规定:司法鉴定机构在开展司法鉴定活动中因违法和过错行为应当承担民事责任的,按照民事法律的有关规定执行;《司法鉴定人登记管理办法》第 31 条规定:司法鉴定人在执业活动中,因故意或者重大过失行为给当事人造成损失的,其所在的司法鉴定机构依法承担赔偿责任后,可以向有过错行为的司法鉴定人追偿。如果不能确定鉴定人的民事责任主体地位,那么就不能直接追究鉴定人的侵权责任,不利于增强鉴定人的责任感。

委托鉴定事项中事实问题与法律问题的混淆。知识产权诉讼中鉴定的范围应限于涉及知识产权的事实问题,不包括法律问题,否则会导致审判权的旁落。不过,知识产权诉讼中的技术问题往往不是纯粹的事实问题,而是事实问题和法律问题的混合。实践中如何区分事实问题和法律问题比较困难。如果将带有法律问题的技术问题交予鉴定,则意味着鉴定机构僭越了法院的审判权。比如侵

---

① 最高人民法院民事审判第一庭编著:《最高人民法院新民事诉讼证据规定理解与适用(上)》,人民法院出版社 2020 年版,第 316—317 页。

② 参见我国《民事诉讼法》第 102 条(规定了诉讼参与人构成犯罪的,依法追究刑事责任)以及《关于司法鉴定管理问题的决定》第 13 条(规定了行政处罚和刑事责任)的规定。

害专利权纠纷中的"被控技术方案是否落入专利保护范围",只能由法院在法律适用中进行判断,而不能委托鉴定机构作为技术事实予以鉴定。但在司法实践中,部分鉴定机构对知识产权案件的法律问题作出了评判。[①]

法院对司法鉴定未进行有效审查,这反过来会影响到鉴定活动以及鉴定报告的规范性和严谨性。在实践中,鉴定机构对待鉴定活动的随意,导致鉴定意见不规范,主要表现在鉴定依据和鉴定结论不明确、鉴定结论表述不规范、鉴定的依据与结论之间缺乏关联性,其中最为突出的是对鉴定结论具体推理过程和计算过程缺乏必要的说明。[②] 法院对鉴定意见未予充分审查或审查流于形式,如仅针对鉴定意见形式要件的合法性进行审查,而对鉴定意见的核心内容,即鉴定意见及其推理过程的科学性、公正性不予实质审查。从原因上来说,法官欠缺对鉴定结论的实质审查能力固然是其客观因素,但其利用鉴定意见规避审判风险的心理是其主要因素。

(三) 知识产权鉴定机制的完善

1. 加强知识产权鉴定的管理

知识产权鉴定的管理制度对于知识产权鉴定的公信力会产生深刻影响,取消知识产权鉴定的统一登记管理,不利于提升知识产权鉴定的公信力,应当将知识产权鉴定作为"第五类"划归司法行政部门统一进行实质性管理。为此,司法行政机构可通过与最高人民法院、最高人民检察院协商依法获得管理知识产权鉴定机构和鉴定人的权力;[③]而且,司法行政机关已经从中央到地方组建起一套完整的科层制管理机构,具备专业的管理队伍,具有管理鉴定机构、鉴定人的经验,因此这种管理体制具有合理性。[④] 司法行政部门不再登记管理知识产权鉴定业务、导致原来从事知识产权鉴定的机构和鉴定人资格被注销。目前,作为权宜之计,未经司法行政部门登记注册或者已取消注册登记的知识产权鉴定机构,其鉴定业务的资质可交由省市地方的市场监督管理部门进行"鉴定行业"的工商注册,经过公司注册登记从事知识产权鉴定业务的,应予以认可。当然,如果在知识产权诉讼中从事鉴定服务,鉴定机构和鉴定人原则上还须通过申请获得法

---

① 赵吉军、范杰:《目前专利诉讼中鉴定制度的缺陷及其完善》,载《专利法研究(2004)》,知识产权出版社 2005 年版,第 404—405 页。

② 孙海龙:《司法鉴定与专家辅助人制度研究——以知识产权审判为视角》,《人民司法》2008 年第 3 期,第 82 页。

③ 《司法鉴定决定》第 2 条第 4 款为司法行政机关统一管理其他类鉴定机构、鉴定人提供了制度基础,即根据诉讼需要,对在司法实践中出现的鉴定种类,国务院司法行政部门经与最高人民法院、最高人民检察院商定,可以纳入统一管理。另外,建议人大直接通过立法确立司法行政部门对于知识产权鉴定进行统一登记和管理的权力。

④ 涂舜、陈如超:《司法鉴定管理的体制变迁及其改革方向:1978—2018》,《河北法学》2020 年第 1 期,第 124 页。

院许可后进入其知识产权鉴定名册。知识产权鉴定在司法行政部门注销登记后,服务于诉讼程序的鉴定活动在性质上仍为司法鉴定,应当继续遵守《司法鉴定程序通则》。[①]

建立知识产权司法鉴定行业协会并强化其管理和服务职能。鉴定在知识产权诉讼中不可或缺,知识产权鉴定的质量和公信力需要管理机构的认证、管理和监督予以保障。在缺乏司法行政管理的情况下,行业协会的监督就变得尤为重要。知识产权鉴定行业协会应当承担诸多重要职能:一是制定鉴定机构和鉴定人的准入条件、培训、考评奖惩及退出机制;二是向法院系统的鉴定机构及鉴定人名册推荐适合的名单;三是制定知识产权鉴定的操作程序规范和技术标准,约束鉴定活动的随意性,提升知识产权鉴定的质量和公信力。

在鉴定机构和鉴定人的具体管理方面,德国的立法与实践提供了有益的启示。首先,审批设立司法鉴定机构时,统一严格适用认证标准,重点加强对实验室的质量控制,为此需要制定一系列监督实验室的程序,在准入环节严格把关,这是司法鉴定机构标准化、规范化的关键,以此解决鉴定机构设置的无序、重复、设备落后等问题。其次,在行政机关指导下,由知识产权司法鉴定行业协会主导,总结中外知识产权司法鉴定的实践经验,为知识产权鉴定制订统一的鉴定程序和标准,提高我国知识产权司法鉴定程序的标准化水平。其三,加强对司法鉴定机构的监督,完善对鉴定机构的处罚机制。为此,不仅应对司法鉴定机构和鉴定人定期进行严格的评估考核,还要落实处罚措施,除了完善鉴定人和鉴定机构的民事、行政以及刑事责任制度以外,法院系统应建立对存在过错的鉴定机构和鉴定人确立黑名单制度和名册除名制度,以此促进鉴定机构和鉴定人的责任心。

合理利用鉴定专家资源。根据需要,扩展鉴定机构鉴定事项的范围,满足知识产权诉讼中当事人就适合鉴定的技术性事实选择鉴定机构和鉴定人的需要。法院、检察院、知识产权行政管理部门建立的数据库,应当确立共享机制,以缓解知识产权鉴定专家结构性缺乏的问题。为适应鉴定机构鉴定人员无法满足的技术门类、类别的实践需要,鉴定机构应当允许依法聘用高校、科研机构的专家作为兼职鉴定人,同时落实"谁鉴定,谁签字",杜绝外部的实际鉴定人不能签字的不正常情况。当然,为促进鉴定机构的专业化和规范化发展,也应限制鉴定机构聘请的鉴定专家所占本机构专家总数的比例(比如不超过 30%)和鉴定专家的兼职机构(比如限 1 家)。而且,在知识产权诉讼中遇到鉴定事项没有具备资质的鉴定机构和鉴定人时,立法应授权法官指定其认为适合的专家承担鉴定工作。

---

① 《司法鉴定决定》第 1 条。

2. 完善知识产权诉讼中具体鉴定规则与程序

鉴定程序的启动。相关专门性问题确属案件必须查明的基本事实的,应当保留法院在其认为必要的情况下依职权启动鉴定的权力。当事人申请的鉴定是履行证明责任的表现,而法院依职权启动的鉴定则具有证据审查认定的属性。在必要情况下,由法院依职权启动鉴定有利于实现实体公正,也与德国、台湾地区为代表的大陆法的立法与司法实践相符。

完善鉴定人的义务与责任。《新证据规定》明确规定鉴定人出庭参加庭审接受质证的义务,鉴定人出庭参加庭审接受质证的过程是检验鉴定意见、去伪存真的必要程序。《新证据规定》在《民事诉讼法》基础上设定的鉴定人出庭的前置程序,虽有利于促进效率,不过只能作为权宜之计,因为这对当事人质证权利的潜在损害不能低估,应予废除,至少可具体通过知识产权特别程序法将前置程序的规定予以删除。

在普通法系对抗制的专家证人制度下,专家证人"原则上不承担责任",[1]而在大陆法系国家,法国和德国的判例和学说均认为,鉴定人如果有重大过失而出具了错误的鉴定意见导致当事人的利益受到损害的,因符合"过错、损害和因果关系"的侵权责任成立的三要件,鉴定人不能免责,但都主张为了保护鉴定的自由和中立性应当减轻其责任。[2] 民事责任制度的确立所起到的威慑作用对于知识产权鉴定行业的健康发展是必要的。知识产权诉讼中鉴定人的归责制度,应以借鉴大陆法系国家的相关做法为主,即对鉴定人责任追究应采取过错责任原则,而且过错仅指主观故意或重大过失。

明确区分委托事项中的事实问题和法律问题。知识产权诉讼中的很多事项同时包含了事实问题和法律问题,在委托鉴定时,应当将法律问题与事实问题分离开来,避免将法律问题交给鉴定机构认定。[3] 区分两者的判断方法如下:根据争议问题的结论是否受到除证据规则以外的法律规则的影响来区分。不论法律如何规定,待定的事实结论均不会发生变化的即为事实问题;而如果事实的认定涉及法律适用,或者必须通过适用法律规定方能作出认定的,即属于法律问题。简言之,如果法律规范对判断一项法律事实已作出规定,对法律事实的构成要件、认定标准进行了解析,那么它不是事实问题,而是"法律问题"。[4]

---

① 沈健:《比较与借鉴:鉴定人制度研究》,《比较法研究》2004 年第 2 期,第 111—121 页。
② 施卫忠,许江:《司法鉴定制度改革刍论》,《南京大学法律评论》2001 年第 1 期,第 193 页。
③ 石必胜:《知识产权诉讼中的鉴定范围》,《人民司法》2013 年第 11 期,第 43 页。
④ 孙海龙:《司法鉴定与专家辅助人制度研究——以知识产权审判为视角》,《人民司法》2008 年第 3 期,第 81 页。

加强对鉴定意见的有效审查,促进鉴定活动以及鉴定报告的规范性和严谨性。法院加强对鉴定意见的审查主要通过以下途径:其一,合理运用专家辅助人的质证作用,并综合运用技术调查官、专家咨询等方式实现对鉴定意见的实质审查。其二,除了审查鉴定意见内容构成的规范性,还要重点对鉴定程序的规范性、鉴定所依据的原理和方法进行审查。其三,由省市地方法院通过司法文件等方式对鉴定意见审查的标准和方式提出可操作的指导规范,在条件成熟的情况下,由最高人民法院出台相关司法解释。

三、我国知识产权诉讼中专家辅助人制度的不足与完善

(一) 我国知识产权诉讼中专家辅助人制度的不足

我国民事诉讼法规定了"有专门知识的人",标志着专家辅助人制度初步形成。不过,相关法律和司法解释对专家辅助人只是进行了概括性、原则性的规定,条文过于粗疏,缺乏系统的适用规范,这造成了实践中的诸多问题:

1. 称谓混乱与定位模糊

最高人民法院对"具有专门知识的人"的称谓几经反复,在其相关司法文件中在不同时期分别表述为"专家证人""专家辅助人";在中国裁判网公布的法律文书中,"专家证人"和"专家辅助人"的表述同时大量存在,此外还有"诉讼辅助人"的表述。[①] 司法实践中,专家辅助人在法庭上往往没有独立的席位,做法不一,反映了我国专家辅助人没有明确的诉讼地位。[②] 关于专家辅助人的诉讼地位,理论上众说纷纭,大致分为如下四种观点,即"专家证人说""诉讼辅佐人说""区分说"以及"独立诉讼参与人说"。

2. 专家辅助人意见的效力较弱

《民诉法解释》第122条第2款规定:"具有专门知识的人在法庭上就专业问题提出的意见,视为当事人的陈述。"这样的定性,显然不利于充分发挥专家辅助人在知识产权诉讼中的应有作用。

3. 资格审查标准不清

我国关于专家辅助人的资格审查问题并无相关法律或司法解释予以规定。有理论观点认为应采取较为宽松的审查标准;也有理论观点认为应采取较为严格的审查标准,应在已具有司法鉴定人资格或是具有高学历、高职称的专家范围内进行选任;[③]司法鉴定实务界也有观点认为专家辅助人的资格

---

① 李永泉:《功能主义视角下专家辅助人诉讼地位再认识》,《现代法学》2018年第1期,第160页。
② 李学军、朱梦妮:《专家辅助人制度研析》,《法学家》2015年第1期,第156页。
③ 邓继好、成欣悦:《专家辅助人弱当事人主义化刍议》,《江淮论坛》2013年第6期,第120页。

标准应该高于鉴定人。[①]

4. 适用程序争议较大，专家报告的内容要求缺乏规范性

在司法实践中，有些情况下，比如技术事实特别疑难复杂、争议较大的知识产权案件，法院直接指定专家证人，以避免或克服双方专家证人的"倾向性"，这样的做法虽然具有必要性和合理性，但是存在法律依据上的障碍。[②]关于专家辅助人是否必须出庭、如何出庭，现有立法均未做出明确规定，也没有规定涉及专家辅助人的询问问题。此外，专家报告的内容规范（涉及专家意见的形式要求）以及如何进行审查认定（涉及专家意见的实质要求）等方面，相关规定都付之阙如。

（二）我国知识产权诉讼中专家辅助人制度的完善

在普通法国家专家证人已经具有明显的职业化色彩，这在一定程度上影响了案件审理的公正。美国的专家证人制度具有成本高昂、程序拖延的特点。与美国不同，同是普通法系典型代表的英国，加强法院对专家程序的管理，对专家证人的使用进行多方面的限制，包括合理必要性的要求，启动专家证人程序须经法院的同意，专家人数的限制，专家费用的限制等。[③]英国对专家证人制度的大力改革，揭示了专家证人制度具有潜在的严重弊端。虽然德国、我国台湾地区知识产权诉讼中都存在当事人指定专家证人的实践，但是它们的改革并非简单移植普通法专家证人制度，而只是在原有基础上进行改良，化解和弥补传统上鉴定人制度的不足。我国知识产权诉讼实践表明，通过司法实践不断加强实务操作，总结、研究并提炼相应规则，而不是简单移植，专家证人（专家辅助人制度）制度在我国知识产权诉讼中完全可以与传统司法技术鉴定制度并行并获得发展。[④]

1. 我国知识产权诉讼中专家辅助人的定位

有学者指出，为了与普通法系中的专家证人作区分，"无论是在理论研究还是在实践操作中，都不应使用模糊和泛化的专家证人概念"。[⑤] 不过，从功能上分析，我国的专家辅助人即普通法的专家证人，是一种特殊的证人。尽管因法律文化、诉讼模式等原因，在我国民事诉讼中它无法像在普通法国家的法院那样运行并发挥同样强大的作用，不过这并不影响其定性。事实上，美国法和英国法下

---

① 王桂玥、张海东：《论我国专家辅助人制度及其完善》，《中国司法鉴定》2013 年第 4 期，第 17—22 页。

② 宋健：《专家证人制度在知识产权诉讼中的运用及其完善》，《知识产权》2013 年第 4 期，第 27—28 页。

③ 张卫平主编：《外国民事证据制度研究》，清华大学出版社 2003 年版，第 122—149 页。

④ 宋健：《专家证人制度在知识产权诉讼中的运用及其完善》，《知识产权》2013 年第 4 期，第 25 页。

⑤ 王戬：《"专家"参与诉讼问题研究》，《华东政法大学学报》2012 年第 5 期，第 114 页。

的专家证人也有很大区别,比如美国法下的专家证人由当事人自由指定,而英国法下的专家证人的指定以及专家报告的提交都需要经过法院同意。

专家辅助人应具有自身的功能定位。专家辅助人参与诉讼程序可以有效维持诉讼双方平等对抗,使针对鉴定意见的质证实质化,切实有效维护当事人程序主体地位,弥补鉴定制度的不足。专家辅助人除了辅助当事人针对鉴定意见进行质证,还包括对专门性问题发表意见。这些意见可能与鉴定意见角度不同,从而具有不同的价值。对于未鉴定的专门性问题,专家辅助人出庭进行说明,回答法官及对方当事人的询问,如果当事人双方所聘请的专家辅助人意见不一致,专家辅助人还可以展开对质和辩论,有助于辅助法官理解技术性事实。

在我国的司法解释中,专家辅助人的意见视为当事人陈述,实际上是将其视为代理人或辅佐人,限制了其应该发挥的证明作用。专家辅助人在我国民事诉讼中已然具有一种独立的法律地位(对应普通法上的专家证人),应该通过立法明确认可专家辅助人的意见或专家意见为法定证据形式,理论上它和鉴定意见同属专家证据。

2. 专家辅助人的指定方式

我国一般只能由当事人申请专家辅助人出庭,但实践中有些法院(如上海市第一中级人民法院、北京市第一中级人民法院、江苏省高级人民法院)尝试了在审判实践中使用由法庭聘请专家证人(专家辅助人)参与诉讼。[①] 法院指定专家证人具有必要性,但是其法律依据依然是实践中面临的困惑。[②] 2012年修改后的《民事诉讼法》第79条首次从立法上明确规定了专家辅助人制度,但仍没有超出司法解释规定的内容。《最高人民法院关于行政诉讼证据若干问题的规定》第48条规定了法院可以指定专家证人。由于当事人选任的专家辅助人难以客观中立,法院指定的专家证人参与庭审质证可以增强对技术性事实的判断。尽管存在鉴定人,但是鉴定人不能完全取代法院指定的专家证人,这是因为有许多涉诉技术问题无法找到适合的鉴定机构或鉴定人,而且有些技术问题无需鉴定设备,只需知识和技能足矣。

3. 启动程序

启动程序是专家辅助人制度运行的基础环节,专家辅助人出庭的决定权应在法院。法院在收到当事人申请后,应当就专家辅助人的证明材料及出庭的必要性进行审查,根据案件的复杂性、标的金额等决定是否允许专家辅助人的介入以及人数(原则上两人以下,除非涉及复杂的技术问题,法院可允许人数相应增

① 汪彤、胡震远:《知识产权案件中的专家证人制度》,《知识产权》2003年第2期,第42页;宋健:《专家证人制度在知识产权诉讼中的运用及其完善》,《知识产权》2013年第4期,第27页。

② 宋健:《专家证人制度在知识产权诉讼中的运用及其完善》,《知识产权》2013年第4期,第28页。

加）。法院对当事人申请进行审查的做法也是吸取英国司法改革的经验，有利于控制专家辅助人带来的高额成本和程序拖延。法院准许或者拒绝申请均应及时通知申请人，如准许专家辅助人出庭法院应及时通知案件的其他当事人，并附上专家辅助人的相关资料，以促进双方当事人权利平等和诉讼力量均衡。

4. 专家辅助人的选定

借鉴普通法国家的立法经验，专家辅助人的资格审查应采用相对宽松的认定标准。我国法律不应要求专家辅助人必须具有高学历、高职称或者权威的学术地位，只要具备必要的专业知识、技能与经验即可，即以实效为标准，具体根据案情需要来判定专家是否具备专家辅助人的资格。法院在庭前应通知对方当事人核查专家辅助人的资格，对方当事人在庭审中有权提出异议。法院也应对专家擅长的专业领域及在该领域的经验、能力及水平进行形式审查。

5. 专家意见的内容

书面专家报告在庭审之前应提交对方当事人发表意见。目前司法实践中关于专家书面意见的格式没有明确要求，有的专家意见比较规范，有的则比较简单，需要进一步加以明确。我国立法应借鉴美国《联邦证据规则》第 702 条，确定专家证言需要符合的内在标准，即专家证言基于足够的事实和数据；专家证言是可靠的原理和方法的产物；专家将这些原理和方法可靠地适用于案件的事实。另外，美国"多伯特案"确立的专家意见判断标准，值得我国法院在行使自行裁量权时予以参考，同时它也可为专家报告的准备和拟定提供参照。

6. 专家辅助人的权利、义务与责任

专家辅助人负有出庭接受询问的义务和享有进行询问的权利。目前法律和司法解释对专家辅助人是否必须出庭未作出规定。理论上，专家辅助人应当出庭，不应允许以书面意见代替庭审质证，因为专家证言的可靠性主要通过交叉询问予以保障。专家辅助人协助当事人就专门性问题发表意见，一般不能超越专门性问题限定的范围。庭审过程中，专家辅助人的发言如偏离专门性问题，法官应当及时打断并进行告诫。专家辅助人可以对鉴定意见加以询问，并就对方专家辅助人的意见进行质证。

专家辅助人负有客观公正协助法院查明事实的义务，不得违背基本的科学规范和职业伦理规范，不得故意捏造、毁灭事实，肆意或是恶意地发表专家意见，阻碍诉讼进程。在出庭发表意见之前，专家辅助人应该出具书面承诺，否则，专家辅助人的意见不能被采纳。专家辅助人参与诉讼过程中有虚假陈述、扰乱法庭秩序等违法行为的，应承担相应的法律责任（包括民事责任和刑事责任）。此外，还应建立专家辅助人出庭不良记录与黑名单制度，专家辅助人严重不负责任给当事人合法权益造成重大损失或严重违反法律法规的，可以对专家辅助人给予限制或禁止再次担任专家辅助人的资格处罚；当事人也可按照委托协议的约定，追究专家辅助人的侵权责任或违约责任。

四、我国知识产权诉讼其他专家辅助制度的不足与完善

（一）其他专家辅助制度的不足

专家陪审员的使用存在一定问题，这些问题包括：陪审员陪而不审问题；与普通陪审员一样从陪审员库中随机产生，难以实现对法院认定技术性事实的专家辅助功能；实践中专家陪审员一般对知识产权法律规定不甚了解，难以较好完成其职责。

专家咨询也是法院查明技术事实的常用途径，法院可采用电话咨询、当面咨询、出具咨询报告、召开听证会等多种形式进行咨询，具有程序简便、成本较低等优势。不过，当前专家咨询制度立法缺位，导致法院推行该制度缺乏法律保障，也缺乏经常性的财力支持；而且，对于技术咨询专家的资质要求、聘任程序、工作程序、监督程序等规定得不甚明确，[1]虽然专家咨询意见只是作为法官认定技术事实之参考，但常常影响到法官的判断和案件的审理结果，当事人却无法对专家意见进行质证或反驳。有法官认为，专家咨询意见"实质上损害了当事人的诉权，破坏了审判公开的原则和审判程序的公正性"。[2]

技术调查意见不予公开可能影响案件的公正。《技术调查官暂行规定》第 9 条规定："技术调查官提出的技术审查意见可以作为法官认定技术事实的参考。" 2019 年 3 月 18 日最高人民法院《关于技术调查官参与知识产权案件诉讼活动的若干规定》第 9 条规定："技术调查官应当在案件评议前就案件所涉技术问题提出技术调查意见。技术调查意见由技术调查官独立出具并签名，不对外公开。"虽然技术调查意见不是作为法官认定案件的证据，技术调查官也无须出庭作证或接受询问，但技术调查官可以全程、深入地参与案件，包括参与调查取证、勘验、保全、询问、听证、庭前会议甚至参与案件的评议，因其中立性会受到法官更多的信任和依赖。可以想象的是，技术审查官意见会对法官自由心证产生重大影响，甚至在某种程度上直接影响裁判结果。然而，现有规定未要求技术调查报告应予以公开，当事人相应的程序权利（比如针对技术调查官报告发表意见的权利）无法得到保障，容易造成突袭性裁判。而且，一旦技术调查官报告对于技术性事实的分析未能做到全面准确甚至发生错误，那么法官也会被误导，从而导致错误的事实认定。

---

① 宋汉林：《知识产权诉讼中的技术事实认定》，《西部法学评论》2015 年第 5 期，第 16 页。
② 林广海，张学军：《完善我国司法鉴定法律制度之管见》，《科技与法律》2008 年第 3 期，第 73 页。

（二）我国知识产权诉讼其他专家辅助制度的完善

完善专家陪审员制度。首先,我国应建立独立于普通陪审员的知识产权诉讼专家陪审员数据库,改变专家陪审员指定的随意性。其次,应在制度上重视专家陪审员的意见。为改变专家陪审员陪而不审的状况,对于技术陪审案件的合议,规定先由专家陪审员发表意见,然后由合议庭其他组成人员发表意见;对于专家陪审员就技术事实认定意见与其他审判人员意见不一致的,应当明确记入副卷,由主审法官就意见的采纳给出明确理由。应切实加强对专家陪审员业务能力的培训,尤其是对入库的专家陪审员进行法律知识培训,确保其具备履职必需的法律能力。[①]

规范专家咨询制度。为避免咨询技术专家的司法实践的随意性,解决缺乏法律依据的问题。我国应对技术专家咨询统一立法,规定聘任技术咨询专家的资质要求、聘任程序、咨询工作程序、参与调解程序以及监督程序等,以利于技术专家协助法官进行知识产权诉讼中的技术事实认定。此外,为了保护当事人的程序权利,专家的技术咨询意见应当向当事人公开,并且给当事人提供发表意见的机会,在这一点上,技术咨询意见与技术调查官的技术调查意见在法律地位上是相似的,其法理依据和规则设计均可参照下文中技术调查官制度完善的相应论述与建议。

完善技术调查官制度。按照公开审理原则的要求,不仅证据要公开,法官心证过程也要公开,而且能够对当事人诉讼请求之成立产生实质影响的信息,原则上都属于应该让当事人知晓的信息,应该公开。[②]台湾地区在这方面的立法经验具有一定的借鉴意义。为防止技术调查官意见不公开造成裁判的突袭,台湾地区“智慧财产案件审理法”第8条规定,“法院已知之特殊专业知识,应予当事人有辩论之机会,始得采为裁判之基础”。然而,即使有类似“智慧财产案件审理法”第8条的规定,如果法官因对技术问题尚无完全的把握,可能也不愿公开心证;而且,就具体案件中的技术问题,技术调查官未必是权威的专家,如果不对外披露其意见可能会误导法官。从长远来看,我国法律应规定技术调查意见须予以披露,这样可以使得当事人有机会发表意见,充分行使辩论权。技术调查意见公开但不予以质证实际上是民事诉讼程序公正和高效这两个目标的妥协和平衡,[③]同时兼顾了当事人的陈述意见权和技术调查官报告的非证据属性。事实上,在英国的技术陪审员制度中,技术陪审员辅助法官认定技术性事实,其提供

---

① 宋汉林:《知识产权诉讼中的技术事实认定》,《西部法学评论》2015年第5期,第18页。
② 张爱国:《评技术调查意见的不公开——以民事诉讼法的基本原理为视角》,《知识产权》2019年第6期,第19—20页。
③ 同上,第21页。

的建议或报告不作为证据,技术陪审员也不出庭作证或接受询问,但报告副本须依法向各方当事人送达。[①] 英国技术陪审员制度与技术调查官制度在功能和机制上具有相似性,技术陪审员报告须公开这一点值得借鉴。

此外还应当推行技术法官制度,逐渐增加负责知识产权案件审理的技术法官的人数。这对于提升知识产权审判会有直接帮助,但是全面实施的难度较大。我国法学教育中知识结构复合型人才存在不足,法学专业背景的法官占绝大多数,而既具备理工科背景又具备良好法律素养的法官供不应求。这种模式很难在整个知识产权法官队伍中广泛推广。不过,仍然可以根据现有条件,柔性地加强理工科背景的法律人才的培养和使用。实践中也有法院推行这样的做法,比如,北京知识产权法院以具有理工科背景的法官为核心,组建审理技术类案件专业法官团队,取得了较好的效果。[②]

本 章 小 结

对于法官无法独自理解和查明的技术性事项,大陆法和普通法在传统上分别采用司法鉴定制度和专家证人制度。在域外知识产权诉讼中,这两种专家的使用往往并存,同时各法域补充设置了其他专家辅助机制,以强化专家在技术性事实查明中的应有作用。德国知识产权诉讼中,除采用传统司法鉴定制度以外,允许当事人指定专家,并此基础上配套技术法官制度。我国台湾地区知识产权诉讼采用传统司法鉴定制度,实践中也认可当事人私自委托的专家鉴定。与德国做法不同的是,台湾地区在借鉴日、韩经验的基础上设置了技术审查官,辅助法官认定技术性事实。美国知识产权诉讼中采用专家证人制度,同时法官可以根据案情需要指定中立专家,司法实践中法官还可以指定特别专家和技术顾问协助法官处理技术问题,除此之外,法院内部存在相当数量的专利法官和技术助理。欧盟统一专利法院的相关程序规则全面而具体地规定了当事人专家和法院专家制度,同时特别规定了法院命令的试验,此外还借鉴德国经验确立了技术法官制度。

---

　①　英国法院可以根据案情需要委任一名技术陪审员(assessor)协助法院。技术陪审员根据法院指令参与诉讼程序,特别是法院可以指令技术陪审员就诉讼程序中待裁决的事项为法院准备报告,以及指令技术陪审员出席全部或者部分开庭审理,就有关问题向法院提出建议。如果技术陪审员在开庭审理之前为法院准备了报告,则法院应向各方当事人送达报告副本,并且当事人可以在开庭审理时使用。但技术陪审员不出庭以言词方式作证,或者接受询问。参见《英国民事诉讼规则》第35.15条及《诉讼指引》第35章第6.4条。

　②　张玲玲:《我国知识产权诉讼中多元化技术事实查明机制的构建》,《知识产权》2016年第12期,第33页。

司法鉴定和专家证人的运用体现了不同的法律文化和诉讼模式。两种制度各有利弊。两大法系的国家或地区分别通过制度的借鉴和创新来解决各自传统制度的不足。它们通过改革，趋利避害，取长补短，形成了自身传统专家证据制度之上的多元化的事实查明机制，比如大陆法引入"当事人指定型"的专家（可称作"专家证人"或"专家辅助人"），普通法引入中立专家。在各国知识产权诉讼领域，技术法官、技术审查官、技术顾问等专家辅助机制均各有长短，但这些制度的确立均可用于弥合传统专家证据制度的不足。

我国知识产权诉讼中也已形成了多元的专家辅助事实查明机制，包括司法鉴定、专家辅助人、专家咨询、专家陪审员、技术调查官等。在司法层面，多元专家辅助机制应当综合运用，实现良性互动和整合。在立法层面，司法鉴定制度尽管有其局限性，仍不可或缺，作为我国传统的专家证据制度，应当予以完善，尤其是加强鉴定机构和鉴定人的管理，提高司法鉴定的公信力；同时有选择性地借鉴普通法国家立法经验完善我国专家辅助人制度；此外，我国也应当完善知识产权诉讼中的其他专家辅助机制，包括技术法官制度、专家咨询制度、专家陪审员制度以及技术调查官制度，发挥它们各自在知识产权诉讼技术性事实查明中的不同作用。

第五章　知识产权诉讼中的
证明妨碍规则

在我国知识产权诉讼中,存在着比一般民事诉讼更为突出的"举证难"问题,而证明妨碍规则是解决该问题可资利用的法律工具。证明妨碍,又称证明妨害,是指诉讼当事人或非当事人基于故意或过失,干扰和阻挠诉讼证明活动,使本可能为一方当事人所用的证据,无法或不能以本来面目呈现于法庭,并进而导致案件事实证明不能或证明困难的行为。① 在大陆法系,证明妨碍的理论与规则源于德国,此后在日本与我国台湾地区等地逐渐得到系统化和完善。在普通法国家,与证明妨碍对应的概念是"毁灭证据"(spoliation of evidence,也有学者将它翻译成"证明妨碍""证据损毁"等)②,它的含义包括对证据的隐瞒、毁损、毁弃、编造等。

证明妨碍规则是为了弥补证明责任制度的不足而创设的。在某些情况下,承担证明责任的当事人无法充分提供证据,因为对方当事人或者第三人实施了证明妨碍行为,此时,如果坚持按照证明责任规则,由权利人承担不利后果,将阻碍对案件事实的发现。③ 证明妨碍规则的目的在于通过向证明妨碍行为人施加不利的法律后果,促使其协力提供证据,从而更好地发现案件事实。④

我国相关立法和司法解释关于证明妨碍规则的规定尚不完善,司法实践也存在种种不足,如何完善知识产权诉讼中证明妨碍规则,成为我国实务界备受关注的焦点问题。本章基于比较法视角的考察,对我国相关立法和实践进行反思,并尝试提出完善建议。

---

① 于鹏:《民事诉讼证明妨碍研究》,中国政法大学 2011 年博士论文,第 34 页。
② 薛潮平:《毁灭证据论》,中国法制出版社 2015 年版,第 27—29 页。
③ 毕玉谦:《民事诉讼证明妨碍研究》,北京大学出版社 2010 年版,第 10—12 页。
④ 同上,第 12—16 页。

第一节　民事诉讼证明妨碍 规则的比较法考察

一、美国

美国民事诉讼中当事人承担证据的保存义务。依据美国证据开示规则,当事人有义务披露对己方不利的书证、物证,如果不能履行该义务,将受到轻重不等的惩罚。这就意味着当事人对于其控制下的资料和信息承担保存义务。有法院认为保存义务仅当法院发布命令时产生,但大多法院认为该义务在当事人注意到该证据与诉讼有关时(这种情况大多时候诉讼已被提起),或者在当事人本应知道证据与将来的诉讼有关时即产生。[1] 法院也可以颁布命令明确要求当事人保存证据。

在美国,民事诉讼证明妨碍制度不加区分地适用于所有当事人及其律师。此外,判例法也已承认第三人的证明妨碍,即和诉讼无法定利害关系的第三人实施的毁灭、丢弃证据等行为,也可能构成证明妨碍并受到惩罚。[2]

证明妨碍行为人的心理状态可以是故意、轻率以及疏忽。司法实践中广泛采取的立场是疏忽行为足以构成证明妨碍。"损害证据应当受到惩罚,如果当事人知道或者应当知道应被开示的证据与即将发生或者可以合理预见的诉讼具有相关性。"[3]对于过错程度较轻的行为施加惩罚的理由在于,在疏忽的证据破坏者和证据损坏的无辜受害人之间,破坏者更应该承担证据损坏对事实查明带来的无法弥补的影响。同时,惩罚也可以防止故意破坏证据却借口疏忽的情况。[4]

美国联邦法院对于违反保存义务的惩罚具有三项权力来源:《联邦民事诉讼规则》第 26(g)条、第 37(b)(2)条以及第 37(c)(1)条;《美国法典》的相关规定(28 U.S.C. § 1927);法院的固有权力。[5] 依据这些规定,法院可选择各种惩罚,包括施以罚款、律师费或者诉讼费用,缺席判决,驳回诉请(dismissal),证人排除,或者认定事实成立。[6] 所有这些惩罚的运用依据案件情况可以由不利推定替代。此外,还可以向妨碍人提出独立的诉讼,追究妨碍人的刑事责任。对于律

---

① Andrew Hebl, Spoliation of Electronically Stored Information, Good Faith, and Rule 37(e), 29 North Illinois University Law Review 79, 83 - 84(2008).

② See Fairclough v. Hugo, 616 N.Y.S.2d 944 (App. Div. 1994); Pharr v. Cortese, 559 N.Y.S.2d 780, 782 (Sup. Ct. 1990).

③ Jamie S. Gorelick et al., Destruction of Evidence, Aspen Publishers, 1995, p.93.

④ Id., p.94.

⑤ Clayton L. Barker, Discovery of Electronically Stored Information, 64 J. MO. B. 12, 18(2008).

⑥ Drew D. Dropkin, Linking the Culpability and Circumstantial Evidence Requirements for the Spoliation Inference, 51(6) Duke Law Journal 1803, 1808(2002).

师的证明妨碍行为依据职业道德规范施以惩罚。总之,美国法上证明妨碍救济与处罚体系相当完善,包含实体法救济与处罚(以刑法、侵权法、律师法为依据)和程序法救济与处罚(以民事诉讼法、证据法为依据)。

不过,当所涉证据是电子存储信息(ESI)时,证明妨碍的认定对保存义务人主观状态的要求不尽相同。电子存储信息具有一些不同于纸质证据的固有特征:海量信息以及电子存储系统的特性致使大量信息可能被自动删除或修改,而非信息所有人故意而为之。由于存储系统所受限制,以及需要新的存储空间,这种情况的发生也有必要。而且,由于数量庞大,很难掌握这些信息的情况,有时信息所有人不知道这些信息包含什么内容,甚至储存在什么位置。在认定证明妨碍时,这些情况提出了新的问题:对于 ESI 的损坏当事人应当在多大程度上承担责任? 在这种情况下,证明妨碍的成立需要什么样的主观状态?

为了适应电子储存信息的这些特征对证据开示的要求,美国《联邦民事诉讼规则》在 2006 年修订时,增加规定了第 37(e)条("未提交电子储存信息")的内容:"除非特殊情况,一方当事人由于电子信息系统的常规的、善意的操作造成信息灭失,而不能提交信息时,法院不得根据规则加以惩罚。"根据该规定中的"善意"标准,如果 ESI 的损坏是作为电子储存系统常规操作的结果而发生,只要这种情况是一种善意而为,除非极其特别的情况,法院不会惩罚损害证据的一方。这也意味着,证明妨碍规则将责任人主观状态限定于"轻率"或"故意"(reckless or intentional conduct)的情况,不包括疏忽或一般过失。也就是说,在保存义务产生之后,不管该义务产生于什么时间,只要未提交电子储存信息是出于其电子信息系统的善意、常规的操作,除非极其特别的情况下,当事人将免于惩罚。

二、德国

在德国的民事诉讼中,证明妨碍行为既可以表现为作为,也可以表现为不作为。积极破坏证据材料的,属于作为的证明妨碍;消极地不履行一定的保存、保管或文书提出等义务是不作为的证明妨碍。

德国学者阿伦茨(Arenz)认为,适用证明妨碍的法理对不负证明责任的当事人施加惩罚必须以其违反证据提出义务或协力义务为要件。BGH 在司法实务中将证据作成、保管的义务作为证明妨碍的构成要件。而这种义务可能是基于法律的规定或来自双方合同的约定,也可能是基于诚信原则而产生的合同上的附随义务。[①] 除了合同义务之外,相关义务还包括诉讼法上的义务,比如协力义务、诉讼促进义务等。

---

① 占善刚:《证据协力义务之比较法研究》,中国社会科学出版社 2009 年版,第 278—279 页。

德国学术界和实务界通说均认为,无论故意或过失,证明妨碍主观方面均应具有双重可责性,即"过错行为应当既涉及毁坏或者消灭证据客体,又涉及消除证据客体的证明功能,也即在当前或者将来的诉讼中给对方当事人可为之证明造成不利影响"。①

证明妨碍中的因果关系,是指证明妨碍行为与待证事实真伪不明之间存在因果关系,它是连接证明妨碍行为与证明妨碍后果的纽带。不负证明责任的当事人实施了证明妨碍行为,造成对方当事人在诉讼中无法证明或者证明困难,是证明妨碍的最基本特征。

在德国民事诉讼中,证明妨碍的救济可以包括证明责任转换、"减轻证明责任直至证明责任转换"②、降低证明标准、自由心证以及可推翻的拟制。③ 不过,德民事诉讼法中第三人违反文书提出义务时,针对第三人的救济须另行起诉。

三、欧盟统一专利法院

《统一程序规则》第 190 条第 4 款第 2 项规定,证据提出命令中应当详细陈述,证据持有人如果不依据命令提供证据,可以对其施加的所有惩罚;第 190 条第 7 款进一步规定,法院应当在对争议问题进行决定时将证据提出命令的违反考虑进去。倘若当事人未能遵照法庭的命令提供该证据,则法院在随后就案件实质部分做出判决时将予以考虑(包括进行不利推定)。

如果证人、当事人专家和法院专家经适当传唤未能出庭、拒绝提供证据或者拒绝进行如实作证的宣誓,法院可以对证人处以不超过 5 万欧元的罚款,并且,法庭仍然可以再次传唤出庭,费用由他们自行承担。此外,欧盟统一专利法院可以依据《统一程序规则》第 202 条向具有管辖权的国内法院发送调查函,由后者依据其国内法规定的程序协助获得书证出示或者证人、当事人专家和法院专家的听审。如果证人、当事人专家和法院专家提供虚假证据,欧盟统一专利法院可决定向相关国家主管机关进行报告,最终转由该国具有刑事案件管辖权的法院对伪证案件进行审理。

可见,由于欧盟统一专利法院是依据条约建立的知识产权民事争议解决机构,不具有主权国家的强制性权力,对于违反关于证据提出、证据保全以及相关信息提供的法院命令的,它可以在该法院框架内采取的一些救济措施,比如不利

---

① Vgl. BGH Urteilvom 23. 09. 2003 - XI ZR 380/00.

② 德国联邦最高法院(BGH)认为,在证明妨碍案件中,法院可以对证明责任人实施证明责任减轻,在一定情况下直至适用证明责任转换。See Vgl. BGH Urteilvom 17.06. 1997 - X ZR 119/94.

③ 马龙:《论德国民事诉讼中的证明妨碍制度——以德国联邦法院的判例为考察对象》,《证据科学》2015 年第 6 期,第 715—718 页。

推定,不过,当涉及采取直接强制措施时,该法院则最终将不得不依赖成员国的法院或主管机关加以执行。此外,尽管《统一专利法院协定》《统一程序规则》没有规定证明责任转换、降低证明标准、费用负担等救济措施,不过,理论上采取这些措施是法院的固有权力,[①]因而没有成文规则并不能阻碍该法院直接运用这些法律程序工具。

四、我国台湾地区

我国台湾地区"民事诉讼法"通过第282条之1、第345条以及第349条确立了证明妨碍制度,"智慧财产案件审理法"则对于知识产权诉讼的证明妨碍进一步做出了特别规定。

2000年"民事诉讼法"在"证据"一节的"通则"中增订第282条之1,规定了证明妨碍的一般性规则,适用于针对所有证据方法的证明妨碍。此外,"民事诉讼法"第345条规定"当事人无正当理由不从提出文书之命者,法院得审酌情形认他造关于该文书之主张或依该文书应证之事实为真实。前项情形,于裁判前应令当事人有辩论之机会"。相比于第282条之1,第345条是专门针对当事人违反文书提出命令这一具体情况下的证明妨碍规则。所谓"正当理由",包括当事人未执有该文书、无提出义务及非因过失不能提出等情形。[②]其中"法院得审酌情形认该文书应证之事实为真实"是2000年修法新增加的内容。而依据旧法规定,不得仅仅因当事人无正当理由不从文书提出命令,即认定他方当事人所主张的事实已得到证明,须基于案情依自由心证法则进行判断。

台湾地区"民事诉讼法"第349条规定了第三人的证明妨碍规则。据此,对于第三人无正当理由不服从文书提出命令的,除提高旧法中可裁定的罚款数额外,明确规定法院于必要时,可做出强制处分的裁定。而且该强制处分的执行,准用强制执行法关于物的交付请求权执行之规定。该第三人可以对上述裁定提出抗告,但抗告中强制处分的裁定不停止执行。由于第三人属非诉讼当事人,其无正当理由不服从文书提出命令的,拟制当事人所主张事实为真实的方法无法对其适用。为贯彻文书提出命令的效力,当第三人拒不提出文书,法院除可以科处罚款,间接强制其提出之外,于必要时,也可裁定强制处分,直接强制其提出文书。此种强制处分由裁定受诉法院直接实施,故易于迅速取得该文书,以适时充实审理内容,帮助案情的解明,从而促进诉讼,并发现真实。[③]台湾地区"民事诉讼法"的上述规定,与德国民事诉讼法有关第三人违反文书提出义务时所受惩罚

---

① Clayton L. Barker, Discovery of Electronically Stored Information, 64 J. MO. B. 12, 18(2008).
② 姜世明:《新民事证据法论》,厦门大学出版社2017年版,第7页。
③ 许士宦:《证据收集与纷争解决》,台湾新学林出版股份有限公司2005年版,第368页。

的规定不同,后者并无直接强制的规定。

台湾地区"智慧财产案件审理法"对违反文书提出命令的救济进行了强化,补充了对于当事人的强制处分。其第 10 条规定:文书或勘验物之持有人,无正当理由不从法院之命提出文书或勘验物者,法院得以裁定处新台币 3 万元以下罚款;于必要时并得以裁定命为强制处分。根据本条的立法理由,民事诉讼的当事人若不遵从命令提出文书或勘验物,法院仅得依第 345 条第 1 项的规定,"审酌情形认他造关于该证据之主张或依该证据应证事实为真实。惟法院究竟于何程度得认定为真实并不确定。如证据仍存在时,不如直接或间接强制促其得诉讼中显现,更为有效。"①对当事人证明妨碍行为的救济和惩罚的强化,尤其是强制处分的引入,作为证据收集的程序保障,在知识产权诉讼中增强了发现真实的可能性。

第二节 域外民事诉讼证明
妨碍规则之评析

两大法系的知识产权诉讼证明妨碍规则尤其是在证明妨碍的适用范围和要件上存在一些共性:证明妨碍规则适用于当事人,也适用于非当事人;证明妨碍行为的心理状态包括故意和过失;证明妨碍行为违反了法定义务(证据提出义务或者证据保存义务),它可以是积极行为,也可以是消极不作为;更重要的是,针对证明妨碍提供了多元化的救济,可分别针对不同的证明妨碍行为适用不同的救济措施。同时,两大法系的证明妨碍规则在理论基础、证明妨碍人所违反的具体义务、被妨碍人可采取的救济措施方面都存在一些不同。

一、证明妨碍规则的法理基础

证明妨碍规则的法理基础主要是用于解决惩罚妨碍人以及救济被妨碍人的根据和正当性问题。

(一) 大陆法的代表性学说

大陆法关于证明妨碍规则法理基础的代表性学说主要包括期待可能性说、损害赔偿义务说、经验法则说、协力义务违反说、诚实信用原则违反说。②

1. 期待可能性说

该学说认为证明责任分配是以证明的期待可能性为前提的。当发生证明妨

---

① "智慧财产案件审理法"第 10 条立法理由。
② 参见薛潮平:《毁灭证据论》,中国法制出版社 2015 年版,第 115—131 页;占善刚:《证明妨害论——以德国法为中心的考察》,《中国法学》2010 年第 3 期,第 101—104 页;于鹏:《民事诉讼证明妨碍研究》,中国政法大学 2011 年博士论文,第 50—57 页。

碍的情形,将不可能期待负证明责任的一方当事人能提供证据加以证明。因为证明妨碍的行为人违反了实体法上的证据保存义务或因其侵权行为而造成负证明责任的一方当事人进行证明的期待变得不可能,所以将证明责任移转给实施证明妨碍的当事人。① 证明责任是依据相应的标准预先在当事人之间分配确定的,本应当脱离每一具体诉讼而抽象地存在,将实体法上的义务违反与证明责任的转换这一诉讼法上的效果相结合,缺乏内在的说服力。②

2. 损害赔偿义务说

损害赔偿义务说以实施证明妨碍之当事人负有实体法上的证据保存义务为前提,认为在妨碍人违反该义务时,必须承担损害赔偿义务,或者承担证明责任转换的后果。该说认为不负证明责任的当事人实施证明妨碍,即构成侵权行为,对方当事人因此而享有损害赔偿请求权。该学说是基于补偿思想,认为受害人应当恢复其未受侵害前的状态。换言之,证明妨碍的法理依据在于受妨碍一方当事人的实体法上的损害赔偿请求权。③ 损害赔偿义务说以当事人在实体法上有证据保存的义务并且违反了该义务为前提,因而违反者有赔偿损失的义务。该学说的不足正如德国学者布隆美尔所言:"损害赔偿之原状回复是以负证明责任的当事人之证明在实际上成功为前提的,但证明实际上成功与否实乃取决于法院的证据评价……原状回复意味着如果没有妨碍行为原告就可能取得证明上的成功……此种确定应仅意味着证据评价自身,举证人不能获得超出此种评价之利益。"④

3. 经验法则说

著名学者罗森贝克倡导该学说,他认为,根据经验法则,举证相对人阻挠调查证据是担心调查证据结果的出现,证明妨碍行为本身能够将有争议的主张视为已经得到证明,《德国民事诉讼法》第 444 条正是出于同样的考虑。⑤ 经验法则说的缺陷在于,该学说的适用仅在当事人故意实施证明妨碍行为时才具有合理性,但证明妨碍行为可以是出于过失。而且,该学说的适用以作为证明妨碍对象的证据对妨碍人不利作为前提,但是被妨碍的证据是否确实对于妨碍人不利,需经过法官的审查判断,妨碍人做出的判断可能存在偏差。⑥

4. 协力义务违反说

该说认为,在民事诉讼程序中,不负证明责任的当事人对于案件事实的解明

---

① 骆永家:《证明妨碍》,《月旦法学教室》2001 年第 2 期,第 12 页。
② 占善刚:《证明妨害论——以德国法为中心的考察》,《中国法学》2010 年第 3 期,第 102 页。
③ 姜世明:《新民事证据法论》,厦门大学出版社 2017 年版,第 198—199 页。
④ 占善刚:《证明妨害论——以德国法为中心的考察》,《中国法学》2010 年第 3 期,第 102 页。
⑤ [德] 罗森贝克:《证明责任论》,庄敬华译,中国法制出版社 2002 年版,第 199 页。
⑥ 于鹏:《民事诉讼证明妨碍研究》,中国政法大学 2011 年博士论文,第 51 页。

负有一般性的协力义务。该义务可以从《德国民事诉讼法》第138条、第445条以下、第423条和第372条之1、第656条之1等规定推导出来。民事诉讼当事人对于案件事实的查明应当负有一般性的协力义务,而该义务可因不负证明责任的一方当事人在诉前或诉中实施证明妨碍行为予以违反,法院可以据此依照自由心证对其实施相应的惩罚。① 该学说的不足在于,过分强调诉讼协力义务,将会使证明责任分配的基本理念及制度设计遭受削弱,并不当干涉当事人自由处分证据资料的权利,使辩论主义的根基遭到瓦解。② 放弃辩论主义会使事实确定的支配权从当事人移转到法院,导致法院过度的职权干预。③

5. 诚实信用原则违反说

诚实信用原则是德国民事诉讼法的基本原则,《德国民事诉讼法》的许多条文体现了该项原则。④ 德国学者在论证证明妨碍规则时,也试图从该原则入手找寻答案。比如,Hellwig认为,依据古老文献确立的原则,任何人均不能从自己恶意的行为中获得利益。因此,违反义务引起证明困境的不负证明责任之当事人,从该证明困境中获得利益即应认为是违反了诚实信用原则。相对于其他学说而言,它最能合理地解释证明妨碍之法理基础。⑤ 我国台湾地区于2000年修正"民事诉讼法",增订第282条之1即关于证明妨碍的一般性规定时更是明确以诚信原则作为依据。⑥ 其立法理由是:"当事人以不正当手段妨碍它造之举证活动,例如将证据灭失、隐匿或有其他致碍难适用之情事,显然违反诚信原则;为防止当事人利用此等不正当手段,已取得有利之诉讼结果,并顾及当事人间公平,增订本条。"⑦

(二)普通法的理论学说

与大陆法存在众多的学说不同,普通法关于证明妨碍规则理论基础的表述不存在明显分歧,其主要学说是公平与惩罚说。

在普通法国家,对证明妨碍施加的惩罚是基于它危害了司法制度的真实和公平(truth and fairness)的目标。一方面证明妨碍行为干扰和阻碍了民事诉讼发现案件真实的过程,另一方面证明妨碍因造成双方当事人接近诉讼资料的不平等而明显有违公平。⑧ 在此基础上,有学者以美国法证明妨碍制度所揭示的

---

① 姜世明:《新民事证据法论》,厦门大学出版社2017年版,第196—198页。

② 占善刚:《证明妨害论——以德国法为中心的考察》,《中国法学》2010年第3期,第103页。

③ 沈冠伶:《民事证据法与武器平等原则》,元照出版有限公司2007年版,第15—17页。

④ 丁启明:《译者前言》,载《德国民事诉讼法》,丁启明译,厦门大学出版社2016年版,第8页。

⑤ 占善刚:《证明妨害论——以德国法为中心的考察》,载《中国法学》2010年第3期,第103—104页。

⑥ 台湾地区"民事诉讼法"第282条之1规定:"当事人因妨碍他造使用,故意将证据灭失、隐匿或致碍难使用者,法院得审酌情形认他造关于该证据之主张或依该证据应证之事实为真实。"

⑦ 骆永家:《证明妨碍》,《月旦法学杂志》2001年第2期,第12—13页。

⑧ Lawrence B. Solum and Stephen J. Marzen, Truth and Uncertainty: Legal Control of The Destruction of Evidence, 36 Emory L. J. 1085, 1166–1183(1987).

"公平与惩罚"两大主线来解释证明妨碍的法理依据。在司法实践中,美国法院以"公平与惩罚"为基础来思考证明妨碍的法律效果。其法律效果由重至轻依次为：直接作出终局判决、排除妨碍人的证据提出、给予陪审团不利推定的指示以及命令妨碍人负担费用。[①] 基于公平的考虑,对证明妨碍施加的法律效果着眼于使案件证明活动回复到如无此妨碍行为情况下的公平；而基于惩罚的考虑,对证明妨碍施加的法律效果导致妨碍行为人遭受的不利,比起未实施妨碍行为情况下的不利更为严重,"偷鸡不成反蚀把米",从而起到预防的功能。

（三）简评

普通法学者从实用主义的角度出发,利用"公平""惩罚"理念,由法官结合先前判例与当前个案具体情况,在恢复程序正义的过程中,惩罚证明妨碍人同时救济证明妨碍的受害人,并且通过判例累积形成完善的证明妨碍规则。而大陆法学者更着眼于逻辑性,试图寻找一种逻辑严密的法律原则,使其适用于各种事实状态,以解释对证明妨碍进行法律控制的正当性和合理性。[②]

公平与惩罚说具有较强的灵活性和适应性,通过判例法传统和独特的法官制度的支撑,普通法国家建立了运行良好的证明妨碍规则。由于我国和普通法国家在法律文化、法律思维、诉讼制度等方面的巨大差异,这种学说对于我国法律理论与实践而言难于把握,不宜简单采用该学说构建我国的证明妨碍规则。不过,该学说以公平和惩罚这两个政策目标为着眼点考量证明妨碍的法律效果,亦具有现实的合理性,在证明妨碍规则的适用中可资借鉴。

相比之下,大陆法的诚实信用原则违反说更值得推崇。诚实信用构成民事诉讼法的一般原则,在学界已经基本达成共识。民事诉讼法中的诚实信用原则广泛适用于当事人、代理人、证人、鉴定人、翻译人等其他诉讼参与人,除了调整当事人之间的诉讼行为关系外,还对诉讼参与人的诉讼活动以及法院和当事人之间的诉讼法律关系发挥调整作用。诚实信用原则要求当事人、代理人、证人以及其他诉讼参与人秉承诚实和善意,行使诉讼权利,履行诉讼义务,共同促进诉讼。[③] 违反诚实信用原则即应受到惩罚,正如我国台湾学者所言："当事人在诉讼法上既然基于诚信原则及武器平等原则而负有事案解明协力义务,此自包括证据调查上之协力义务,如违背上述义务而具有可归责性(包括故意和过失),则亦应在诉讼上负担不利益结果。"[④]在大陆法系,诚实信用原则违反说渐成德国、

---

① 黄国昌：《民事诉讼理论之新展开》,元照出版有限公司 2005 年版,第 253 页。
② 于鹏：《民事诉讼证明妨碍研究》,中国政法大学 2011 年博士论文,第 59 页。
③ 同上。
④ 沈冠伶：《民事证据法与武器平等原则》,元照出版有限公司 2007 年版,第 284 页。

日本之通说，①更是被台湾地区立法所明确认可。

我国应当将"诚实信用原则违反说"作为构建民事诉讼证明妨碍规则的理论基础，我国《民事诉讼法》已明文确立了诚实信用这一基本原则，而该原则可以被赋予足够的内涵，为证明妨碍规则提供理论基础。同时，公平和惩罚可以在制度设计和司法实践中确立为证明妨碍规则的政策目标，其中公平是基本的政策目标，惩罚是辅助性的政策目标。为实现公平，防止证明妨碍行为人的不当获利，应当为被妨碍人提供救济，比如酌情降低相应的证明标准，推定其关于证据内容的主张为真实。同时，对于妨碍人主观过错程度较高的情况，比如恶意毁灭重要证据，应采取具有威慑力的惩罚，比如，直接推定证据应证的事实而不仅仅是关于证据内容的主张为真实。

二、证明妨碍行为违反之义务

在两大法系中，证明妨碍行为所违反的义务因证据收集制度的不同而在理论基础上有所不同。就法律渊源而言，这些被违反的具体义务，可以来自实体法或者程序法、成文法或者判例法。

（一）普通法：证据保存义务

当事人或第三人对于其控制下的资料和信息承担保存义务（a duty of preservation）。他们须主动履行证据保存义务，必要时，法院可以依法颁布命令要求当事人保全证据。在司法实践中，有些法院认为该义务仅当法院发布命令时产生，但大多法院认为保存相关性的证据的义务在证据持有人注意到该证据与诉讼有关时，或者在证据持有人本应知道证据与将来的诉讼有关时产生。②

如果证据保存义务缺位，功能强大的证据开示程序将形同虚设。所以，当证据持有人"具有常人的理性，能够预见该证据在潜在诉讼中具有重要性"，该保存义务即已经产生，所以该义务应当在诉讼开始前就已存在，不以法院颁布保全命令为前提。保存义务的一般原则是：证据持有人仅须"依据情况合理可行"，法律并不强求证据持有人为保存证据而处心积虑。③ 另一方面，证据保存义务的边界是：如果证据保存的安全性、难度以及经济成本过高，"保管证据严重加重证据保管人的负担"，④则证据保存义务可予以免除。

（二）大陆法：证据协力义务

大陆法系国家的证据保存义务与文书和勘验物提出义务相关。不负证明责

---

① 占善刚：《证明妨害论——以德国法为中心的考察》，《中国法学》2010年第3期，第104页。

② Andrew Hebl, Spoliation of Electronically Stored Information, Good Faith, and Rule 37(e), 29 North Illinois University Law Review 79, 83 - 84(2008).

③ Hirsch v. General Motors Corp., 628 A.2d 1108 (N.J. Super. Ct. Law Div. 1993).

④ ［美］杰弗里·C.哈泽德、［美］米歇尔·塔鲁伊：《美国民事诉讼法导论》，张茂译，中国政法大学出版社1998年版，第119页。

任的当事人或第三人的妥善保存证据是其之后履行提出义务的前提,所以证据协力义务涵盖了提出证据之前的保存要求。

证明妨碍往往表现为,在调查证据阶段,法官通过庭前会议的形式确定证据调查范围和各方当事人在证据披露方面的合作义务,如果违反了该合作义务,则构成证明妨碍。此外,如果实体法对文书或勘验物的提出义务进行了规定,证据持有人应当在诉讼未发生之前即应承担相应的保管义务。有观点认为,该保存义务来自法院的命令,保全义务产生的时间为法院发出命令的时间。[①] 也有观点认为相关义务的产生,应在持有证据之当事人"可合理预期诉讼将发生"之时点开始。当事人不得以其不负客观证明责任为由,在其可合理预期诉讼将发生之后,将其现实所持有之证据加以毁灭、破坏,也无从以其不负客观证明责任为由,竟可拒绝提出其所持有与待证事实有关之证据。[②] 笔者认为,基于诚实信用原则,理应以合理预见为依据。否则,在法院发出命令前,证据持有人尤其是不负证明责任的当事人可以恶意破坏证据,使证明妨碍规则难以发挥作用。而对于第三人而言也是如此。在德国,第三人的文书提出命令建立在"判断第三人是否属于不可期待"的基础上,据此不应施加给第三人过重负担。[③] 总之,证明妨碍规则(包括保存义务的设定)应考虑证据协力义务的成立与履行,证据保存义务实际是履行文书或勘验物提出义务的必要前提。

三、证明妨碍之救济与惩罚

在两大法系的相关规则中,针对证明妨碍都存在多元的救济措施,其中有一些相同的救济措施,比如不利推定、金钱惩罚。有些法域则明确规定了直接强制措施,比如我国台湾地区,以便配合和弥补金钱惩罚、不利推定这类间接强制措施的不足。

在美国证明妨碍制度中存在直接作出终局判决和证据排除这两种独特的救济措施。直接做出终局判决是美国法上适用的异常严厉的手段,突出地体现了惩罚的政策目标,如此严厉的原因在于对抗制诉讼模式下的事实发现对证据的完整性有更多的依赖,而且在证据开示制度下的司法审判系统中,毁灭证据是绝对不能被容忍的行为。美国法采用的证据排除的方式,更多地着眼于恢复当事人间的公平,即为其提供平等地接近、利用诉讼证据的机会。[④]

---

① 薛潮平:《毁灭证据论》,中国法制出版社 2015 年版,第 89—90 页。
② 参见许士宦:《证明妨碍》,《月旦法学杂志》第 76 期,第 44—45 页;另参见黄国昌:《民事诉讼理论之新开展》,元照出版有限公司 2005 年版,第 211 页。
③ 薛潮平:《毁灭证据论》,中国法制出版社年版,第 90 页。
④ 于鹏:《民事诉讼证明妨碍救济与制裁比较研究》,《法律适用》2013 年第 12 期,第 57—58 页。

关于通过另行起诉实施的救济，美国法上证明妨碍的实体法救济与惩罚体系由民事责任、刑事责任和职业道德规范三部分构成，可以作为提起独立诉讼的法律依据。在一些大陆法系国家和地区，也存在提起独立诉讼的救济形式。依据德国的民事实体法包括一系列知识产权法的规定，当事人享有针对当事人或第三人的情报请求权，因此，在文书持有人违反实体法毁灭或拒不提出相关资讯与文书时，当事人可以基于其享有的实体法权利提起独立的诉讼以获得救济。此外，依据《德国民事诉讼法》第 429 条，对于拒绝履行文书提出义务的第三人，必须通过另行诉讼的途径强制第三人提出文书。

第三节　我国知识产权诉讼中的证明
妨碍规则：问题与对策

一、我国知识产权诉讼中证明妨碍规则之适用依据

《旧证据规定》第 75 条①和《民诉法解释》第 112 条②和第 113 条③都规定了证明妨碍规则。《新证据规定》在进一步完善文书提出命令制度的同时，在第 48 条区分了两种证明妨碍情况分别适用不同的法律救济：其一，控制书证的当事人无正当理由拒不提交书证的，法院可以认定对方当事人所主张的书证内容为真实；其二，控制书证的当事人存在《民诉法解释》第 113 条规定情形的，法院可以认定对方当事人主张以该书证证明的事实为真实。

近几年知识产权法及其司法解释也规定了证明妨碍规则。2013 年修正的《商标法》④和 2016 年公布的《专利法解释二》⑤也先后规定了证明妨碍规则。

---

① 《旧证据规定》第 75 条规定："有证据证明一方当事人持有证据无正当理由拒不提供，如果对方当事人主张该证据的内容不利于证据持有人，可以推定该主张成立。"

② 《民诉法解释》第 112 条规定："书证在对方当事人控制之下的，承担举证证明责任的当事人可以在举证期限届满前书面申请人民法院责令对方当事人提交。申请理由成立的，人民法院应当责令对方当事人提交，因提交书证所产生的费用，由申请人负担。对方当事人无正当理由拒不提交的，人民法院可以认定申请人所主张的书证内容为真实。"

③ 《民诉法解释》第 113 条规定："持有书证的当事人以妨碍对方当事人使用为目的，毁灭有关书证或者实施其他致使书证不能使用行为的，人民法院可以依照民事诉讼法第一百一十一条规定，对其处以罚款、拘留。"

④ 《商标法》第 63 条第 2 款规定："人民法院为确定赔偿数额，在权利人已经尽力举证，而与侵权行为相关的账簿、资料主要由侵权人掌握的情况下，可以责令侵权人提供与侵权行为相关的账簿、资料；侵权人不提供或者提供虚假的账簿、资料的，人民法院可以参考权利人的主张和提供的证据判定赔偿数额。"

⑤ 《专利法解释二》第 27 条规定："权利人因被侵权所受到的实际损失难以确定的，人民法院应当依照专利法第六十五条第一款的规定，要求权利人对侵权人因侵权所获得的利益进行举证；在权利人已经提供侵权人所获利益的初步证据，而与专利侵权行为相关的账簿、资料主要由侵权人掌握的情况下，人民法院可以责令侵权人提供该账簿、资料；侵权人无正当理由拒不提供或者提供虚假的账簿、资料的，人民法院可以根据权利人的主张和提供的证据认定侵权人因侵权所获得的利益。"

知识产权法及其司法解释中类似规定出台的背景是,虽然我国知识产权法规定了实际损失、侵权获利、许可费和法定赔偿4种损害赔偿的计算方法,但在司法实践中,法院很少采用前3种计算方法,这是因为实际损失、侵权获利和许可费的证据通常难以获得,法院在绝大多数案件中只能采用法定赔偿方法。证明妨碍规则被认为是有助于解决损害赔偿"举证难"问题的法律工具。不过,目前为止,《著作权法》《专利法》尚未确立和《商标法》第63条第2款相似的证明妨碍规则。

此外,《民事诉讼法》第111条规定涉及当事人或第三人的证明妨碍。依据该条规定,诉讼参与人或者其他人伪造、毁灭重要证据等,妨碍法院审理案件时,法院可以根据情节轻重予以罚款、拘留,直至追究刑事责任。结合《民事诉讼法》第67条和第72条的表述,这里的"其他人"应指诉讼参与人之外的持有涉案证据的单位和个人。这样,在知识产权诉讼中,当掌握了与案件侵权赔偿额相关的证据并负有披露义务的其他组织和个人违反该项义务,实施了伪造、毁灭重要证据等主动、积极的行为,妨碍法院审理案件的,法院可以根据情节轻重追究责任。

二、我国知识产权诉讼证明妨碍规则之不足

与上述法域的立法与司法实践相比,我国知识产权诉讼中的证明妨碍规则主要存在以下问题。

（一）证明妨碍主体范围过于狭窄

理论上,第三人的毁弃、灭失、隐匿证据等行为,同样造成负有证明责任的当事人难以举证,应当纳入证明妨碍规则的适用范围。与域外一般立法与司法实践不同的是,《旧证据规定》第75条只是针对对方当事人拒绝配合的行为;依据《民事诉讼法解释》第112条的规定,目前中国所确立的文书提出命令制度的义务主体仅局限于对方当事人,而不包括第三人。

《民事诉讼法》第111条仅涉及当事人和第三人的积极证明妨碍行为,比如伪造、毁灭证据的行为,而且限定于"重要证据",适用的范围有限。对于消极的证明妨碍行为或者所涉非"重要证据"的情况则缺乏必要的规制。

（二）证据提出义务范围不明确

在普通法国家,证明妨碍的判断以"证据保存义务"的界定为基础,证据保存义务的范围与证据持有人可合理预见的潜在诉讼、证据本身的相关性与重要性等因素有关。大陆法国家或地区以"证据协力义务"为分析框架,确定当事人或第三人的书证或勘验物提出义务的范围。可见,证据保存义务或者证据协力义务的边界清晰与否直接影响关于证明妨碍的判断。我国的书证提出命令制度中当事人证据提出义务范围不明,尤其体现在《新证据规定》第67条规定的第五种

情形,即"人民法院认为应当提交书证的其他情形"过于含糊,取决于法院在具体案件中的裁量,当事人很难准确预见其范围,从而难以准确、充分地保存证据,同时法院也很难准确认定当事人毁损证据是否存在主观过错。此外,我国民事诉讼法中缺失特免权制度,由于其体现了对某些社会价值和社会关系的保护,拒绝提出证据在某种程度上符合公众认可的"情理",证据持有人可能会多少有些抵制那些本应受到特免权保护的证据的提出,因面临价值冲突,法院在这种情况下也很难坚定地适用证明妨碍规则。

（三）证明妨碍行为的表现形态不甚完整

在司法实践中,证明妨碍行为的表现方式是多种多样的,比如故意毁灭证据、隐匿证据、拒绝提交证据、拒不配合鉴定或勘验等情形,应包括故意行为和过失行为,积极作为和消极不作为。上述法律条文中所称的"拒不提供"仅仅是所有表现方式中的部分而已。另外,"拒不提供"也表明证明妨碍以"故意"为要件,而"故意"与否的举证和认定在实践中又不是能轻易解决的问题,"过失"情形下无需承担责任也使得证明妨碍规则的功能大打折扣。

（四）适用证明妨碍救济的条件过于严格

《专利法解释（二）》第27条的证明妨碍规则仅针对赔偿数额的确定。然而,知识产权侵权诉讼中"举证难"问题不仅仅存在于损害赔偿环节,也同样存在于侵权行为的认定环节。证明妨碍的规则也应适用于侵权认定等其他环节。

根据《专利法解释（二）》第27条的规定,被控侵权行为人妨碍举证的后果是法院"可以根据权利人的主张和提供的证据认定侵权人因侵权所获得的利益"。有观点认为,裁判者不可直接忽略其他相关的证据,如果只要证明妨碍行为发生即认定待证事实为真实,就生硬割裂本案其他证据与待证事实之间的联系,这样仅凭妨碍行为就对讼争数额的真实性进行认定,那么其他认证规则便失去适用的意义。[①] 作为证明妨碍的救济有些法院不愿去推定权利人主张的成立,可能有两个原因:一是法条对证明妨碍救济的表述不够清晰,造成理解和适用上的困难;二是有些权利人的主张缺乏证据支持,使习惯了依证据认定事实的法官无法形成内心确证,无法直接认可权利人的主张。[②]

权利人"提供的证据"在实际案件审理过程中往往并不多见,而且这些证据的证明力也大小不一。如果对"提供的证据"要求较高,证明妨碍规则将难有适用空间,从而难以实现该规则的促进发现事实的立法目的。实务中有观点认为,

---

① 洪颖雅:《事实和规范之间:举证妨碍规则在知识产权诉讼赔偿中的适用》,载贺荣主编:《司法体制改革与民商事法律适用问题研究》(下),人民法院出版社2015年版,第1177页。
② 刘晓:《证明妨碍规则在确定知识产权损害赔偿中的适用》,《知识产权》2017年第2期,第62页。

举证妨碍的后果可以是直接推定原告主张成立。① 例如,在山东九阳小家电有限公司等诉上海帅佳电子科技有限公司等侵犯发明专利权纠纷一案中,一审法院依法裁定对被告生产、销售被控侵权产品的账册进行证据保全,但被告拒绝提供,一审法院据此推定原告要求被告赔偿经济损失 300 万元的主张成立。二审法院亦予以了支持。②

（五）救济和处罚手段相对简单

首先,《新证据规定》区分了两种证明妨碍的情况,分别适用不同的救济,比原有规定更具有合理性和可操作性。《旧证据规定》第 75 条规定的"推定该主张成立",通过结合"当事人主张该证据的内容",可以看出不利推定的结论是关于证据内容的主张为真实,这与《民诉法解释》第 112 条的规定("可以认定申请人所主张的书证内容为真实")相一致。这些规定没有区分不同程度和种类的证明妨碍行为对于查明事实造成的不同影响,一概将对方当事人主张的证据内容视为成立有失偏颇。根据这样的规定,对于对方当事人实施的证明妨碍行为,直接推定当事人有关案件的事实主张为真实就会缺乏充分依据。依据台湾地区"民事诉讼法"第 345 条规定,③如果当事人拒不服从文书提出命令,法院可以酌情进行两种推定:其一,关于该文书的主张为真实;其二,关于该文书应证的事实为真实。这两种推定是不同的,后一种对于对方当事人更为不利。《新证据规定》区分了不同情况,即拒绝遵守书证提出命令和"以妨碍对方当事人使用为目的,毁灭有关书证或者实施其他致使书证不能使用行为",前者属消极的妨碍行为,后者属于积极的妨碍行为而且产生的后果更为严重,即书证不能使用,所以分别适用"关于文书主张为真实"和"文书应证事实为真实"两种救济,比原有规定更为合理。虽然这样的规定具有很强的可操作性,但是实践中存在各种不同的情况,拒绝提供极具重要性的证据未必比毁灭一般证据所导致的妨碍证明效果来得要轻。机械的规定不利于法院通过自由裁量灵活地认定事实。

其次,在民事诉讼框架内,对于证明妨碍,只有不利推定一种救济手段,过于单一。无论是美国,还是德国、我国台湾地区,除了不利推定,还有多种救济与惩罚方法,法院可以从中选择以便最大限度地适用于不同的证明妨碍情况。不利推定适用于证明妨碍行为致使对方无法获取证据,从而争议事实真伪不明的情况。有些情况下可以采取其他救济方法更为适合,比如,降低举证方当事人的证

---

①　湖南省高级人民法院民三庭、长沙市中级人民法院民三庭:《确定知识产权侵权损害赔偿数额常见证据的认定》,《人民司法》2006 年第 11 期。

②　山东省高级人民法院(2007)鲁民三终字第 38 号民事判决书。

③　台湾地区"民事诉讼法"第 345 条规定:"当事人无正当理由不从提出文书之命者,法院得审酌情形认他造关于该文书之主张或依该文书应证之事实为真实。前项情形,于裁判前应令当事人有辩论之机会。"

明标准。

最后，我国现有立法存在民刑衔接不畅的问题，导致对于民事诉讼中证明妨碍的刑事责任难以追究。在美国联邦及各州，法律将民事诉讼中的证据毁灭行为规定为犯罪的历史由来已久。尽管历经立法沿革，但是毁灭民事诉讼证据可以构成刑事犯罪这一立场没有改变。[①] 在我国对于证明妨碍的刑事责任难以追究相当程度上是源于立法存在缺陷。我国《民事诉讼法》第 111 条规定诉讼参与人或者其他人"伪造、毁灭重要证据，妨碍人民法院审理案件的"以及"以暴力、威胁、贿买方法阻止证人作证或者指使、贿买、胁迫他人作伪证"构成犯罪的，依法追究刑事责任。但是该条指向的刑法条文并没有予以落实。《刑法》第 306 条（"辩护人、诉讼代理人毁灭证据、伪造证据、妨害作证罪"）适用的基本前提是"在刑事诉讼中"的妨害司法行为。《刑法》第 307 条（"妨害作证罪；帮助毁灭、伪造证据罪"）第 1 款规定的"以暴力、威胁、贿买等方法阻止证人作证或者指使他人作伪证的"仅仅针对不当影响证人作证的情况；第 2 款"帮助当事人毁灭、伪造证据，情节严重的"行为主体不是当事人本人，是对帮助者的惩罚。所以，当事人本人隐匿、毁灭证据的，难以对其进行刑事处罚。

三、我国知识产权诉讼证明妨碍规则的完善建议

我国应当在借鉴两大法系的相关理论和实践的基础上，针对存在的问题，完善民事诉讼中的证明妨碍规则，也可通过特别法形式在知识产权领域先行先试，率先完善知识产权诉讼中的证明妨碍规则。

（一）明确证明妨碍的主体包括当事人和第三人

证明妨碍规则的适用应从当事人扩及第三人。在我国现有立法框架下，法院只能依职权或依申请调查取证以获取第三人控制下的证据。鉴于立法对于法院调查取证规定了严格的条件限制，而且对拒不配合的第三人缺乏必要的规制，当事人往往难以得偿所愿。有必要确立和完善第三人的证据协力义务，明确规定针对第三人的证据收集制度以及证明妨碍规则。如果第三人违反证据协力义务，必须施加以对其不利的法律效果。"第三人"包括凡是属于当事人以外的主体，包括自然人、法人、机关或社会团体等。

（二）明确证据提出义务的条件与范围

证明妨碍意味着对证据协力义务与诚实信用原则的违反，明确当事人或第三人的证据协力义务的界限是认定证明妨碍行为的关键。证据协力义务不仅包

---

① Margaret M. Koesel et al., Spoliation of Evidence: Sanctions and Remedies for Destruction of Evidence in Civil Litigation (2nd ed.), ABA Publishing, 2006, pp.109 - 110.

括书证提出制度中证据持有人的书证提出义务,也包括法院调查取证时证据持有人的证据提出义务、第三人的作证义务以及配合鉴定义务等。明确界定证据协力义务也包括明确规定当事人有权拒绝作证的各种例外情况,尤其是确立特免权规则。而且,为避免过度侵害第三人的权利,第三人的证据提出义务限定在发现案件事实必要的限度内,不应使其承担过重的负担,在这一点上应与当事人有所区别。

(三) 适当涵摄证明妨碍的各种表现形态

证明妨碍规则的主观要件包括故意或过失。被诉侵权人在实施具体妨碍行为时主观上应存在过错,包括故意或过失。当证明妨碍涉及电子数据,需借鉴美国立法经验,除非特殊情况,一方当事人由于电子信息系统的常规的、善意的操作造成信息灭失,而不能提交信息时,法院不得加以惩罚。

应当明确书证、物证、视听资料、证人证言、当事人陈述、鉴定意见和勘验笔录以及电子数据均可以成为证明妨碍的客体,不限于书证。我国现有立法或司法解释中并未明确规定这一点,比如《民事诉讼法解释》第 112 条只涉及书证,也未规定拒绝"配合鉴定"或妨碍鉴定构成证明妨碍,违反法院要求配合鉴定的当事人,法院应当有权采取证明妨碍救济措施。

证明妨碍的成立是以当事人或第三人的证据保存义务为前提条件。这种保存义务应当是被诉侵权人可以合理预见到诉讼可能发生时即已产生。[①] 如权利人在诉讼前已经发出过警告函或者以其他方式与被诉侵权人就侵权事宜进行过交涉,此时被诉侵权人应当知道自己已经侵权或存在侵权可能,保存义务也随之产生。

被诉侵权人实施的证明妨碍行为,包括以作为或者不作为的方式妨碍举证。关于证明妨碍的结果及因果关系,被诉侵权人的妨碍行为应造成了权利人没有充分证据证明与侵权有关的事实。比如,侵权人销售量的减少的原因可能是多方面的,除了涉案侵权行为,还有可能是因为政策、市场供求甚至权利人自身的原因,权利人的赔偿数额的确定须要证明因侵权行为直接造成的销售量减少,两者存在因果关系。

(四) 放宽证明妨碍规则适用的条件

在知识产权诉讼中,证明妨碍规则应适用于所有相关事实的认定,而不应仅仅局限于确定赔偿数额。此外,法院在审理知识产权侵权案件过程中,当权利人已经合理努力地进行举证,而与侵权行为相关的证据资料主要由被诉侵权人掌

---

① 张友好:《论证明妨碍法律效果之择定——以文书提出妨碍为例》,《法律科学》2010 年第 5 期,第 110 页。

据的情况下,可以责令被诉侵权人提供与侵权行为相关的证据;被诉侵权人不提供或者提供虚假证据的,法院可以基于案情直接依据自由心证法则判令被诉侵权人承担不利后果,包括认定权利人的主张成立,无须一定要求"充分"的证据。

（五）证明妨碍救济措施的多元化

应当通过立法或司法解释明确认可证明妨碍的多元化救济措施。法官享有一定的自由裁量权,可以根据具体案件中证明妨碍的行为方式、主观意图与主观过错程度、证据的重要性与可替代性以及造成后果的不同,选择适用不同的救济措施。

这些可供法院选择的救济措施包括:① 不利推定。不利推定包括推定关于证据内容的主张为真实和证据应证的事实为真实,适用哪一种推定,法官应当享有自由裁量权,可以根据具体案情决定。② 降低证明标准。在知识产权诉讼中,已存在一些降低证明标准的规定和实践。比如,北京市高级人民法院2005年公布的《关于确定著作权侵权损害赔偿责任的指导意见》第33条中规定:"被告在被控侵权出版物或者广告宣传中表明的侵权复制品的数量高于其在诉讼中的陈述,除其提供证据或者合理理由予以否认,应以出版物或广告宣传中表明的数量作为确定赔偿数额的依据。"这也可以视为降低权利人证明标准的具体规定。③ 证明责任转换。德国、我国台湾地区都有相关的法律规定与司法实践采用这种做法。我国法官在特定情形下享有在当事人之间分配证明责任的自由裁量权,[①]据此可在知识产权诉讼中做出证明责任转换的决定。不过,有观点认为,作为较为严厉的救济,它在司法实践中应当谨慎使用,只有在当事人故意毁坏证据以阻挠对方当事人的举证活动,主观恶性较大时方可使用。[②] ④ 证明妨碍规则可以规定证明妨碍行为人进行经济补偿。根据过错一方妨碍证明行为引起的诉讼耗时、额外取证等后果,作为辅助性的救济,法院可判令过错方给予无过错方经济补偿。⑤ 对于拒绝合作的当事人或第三人,除了处以罚款、拘留等惩罚措施外,还可借鉴我国台湾地区立法经验,采取直接强制措施,强制当事人提供证据。⑥ 完善刑法规定,规定在必要的情况下追究证明妨碍人的刑事责任。重点是将《民事诉讼法》第111条规定的"依法追究刑事责任"的情形在刑法条文中予以落实。其中,前三项的救济措施仅适用于妨碍证明的当事人,后三项救济措施不仅可适用于当事人,还可适用于第三人。证明妨碍救济措施的多元化,可为法院提供应对证明妨碍的充足的法律工具。不过,证明妨碍的救济关键是要树立司法权威,对于证明妨碍人产生足够的威慑,这样才能为证据收集制度

---

① 《旧证据规定》第7条。
② 包冰锋:《论知识产权诉讼中的证明妨碍规则》,《朝阳法律评论》2014年第1期,第157页。

的有效实施提供足够的支撑。因此,证明妨碍的救济重点在于落实,尤其是关于罚款、拘留甚至刑事责任的追究的规定不能被空置,法官应积极合理地予以运用。

本 章 小 结

作为一般法,民事诉讼证明妨碍规则通常可以适用于知识产权民事纠纷。在有些国家,除了民事诉讼法规定的证明妨碍规则,知识产权特别程序法或知识产权实体法中进一步强化了该项规则,比如我国台湾地区。

两大法系知识产权诉讼证明妨碍规则存在一些共性,尤其是在其适用范围和要件方面。不过它们在理论基础、妨碍人违反的具体义务以及救济措施等方面存在不同。

关于证明妨碍的法理基础,在大陆法系国家代表性的学说包括期待可能性说、损害赔偿义务说、经验法则说、协力义务违反说、诚实信用原则违反说。在普通法国家的代表性学说是公平与惩罚说。我国应当将诚实信用原则违反说作为构建民事诉讼证明妨碍规则的理论基础,证明妨碍的本质是违反诚实信用原则,为实现公平,防止证明妨碍行为人因违反诚实信用原则不当获利,应采取相应的救济措施,包括具有威慑力的惩罚措施。

在普通法国家,证明妨碍行为违反了证据保存义务。证据持有人对于其控制下的资料和信息须主动履行证据保存义务,必要时,法院可以依法发布命令要求证据持有人保存证据。在司法实践中,大多法院认为保存证据的义务在证据持有人注意到该证据与诉讼有关时,或者在证据持有人本应知道证据与潜在诉讼有关时即产生。对于大陆法国家而言,证明妨碍违反了证据协力义务,不负证明责任的当事人或第三人的妥善保存证据是此后履行证据提出义务的前提,所以证据协力义务涵盖了证据提出之前的保存要求。依据证据协力理论,证据持有人应当在诉讼未发生之前即应承担相应的保存义务,对于持有证据的当事人而言,从“可合理预期诉讼将发生”之时点开始,而对于持有证据的第三人,该时点则是建立在“判断第三人是否属于不可期待”之基础上予以认定,不宜过分加重第三人的负担。

对于证明妨碍,在两大法系都提供了多元的救济措施。两大法系有一些相同的救济措施,比如不利推定、金钱惩罚。此外,在美国、德国也都存在针对证明妨碍提起独立诉讼的救济方法。有些国家或地区明确规定了知识产权诉讼中针对证明妨碍的直接强制措施,比如我国台湾地区。在美国证明妨碍制度中确立了直接作出终局判决和证据排除这两种独特的救济措施,直接作出终局判决作为一种异常严厉的手段,突出地体现了惩罚的政策目标;证据排除之方式则更多地着眼于恢复当事人间的公平,即为当事人提供平等接近、利用诉讼证据的机会。欧盟统一专利法院对于证明妨碍行为,可以在该法院框架内采取一些救济措施,比如不利推定。尽管《统一专利法院协定》《统一程序规则》没有规定其他救济措施,不过,理论上这不能阻碍该法院直接运用其他的法律程序工具,比如证明责任转换、降低证明标准、费用负担。但当涉及采取直接强制措施时,该法院则最终将不得不依赖成员国的法院或主管机关加以执行。

我国《旧证据规定》《民诉法解释》《商标法》和《专利法解释二》先后规定了证明妨碍规则,即将修正的《专利法》和《著作权法》也很有可能加入类似的条款。我国知识产权诉讼的立法与司法实践存在诸多问题,包括证明妨碍主体范围过于狭窄、证据提交义务范围不明确、证明妨碍行为的表现形态不甚完整、适用证明妨碍救济的条件过于严格以及救济和处罚手段相对简单等。我国应当进行证明妨碍规则的立法完善,包括:扩充证明妨碍的主体要件为当事人和第三人,明确界定证据协力义务的范围,适当涵摄证明妨碍行为的各种表现形态,放宽证明妨碍规则适用的条件,完善证明妨碍的多元化救济制度。需强调的是,证明妨碍的救济关键是要树立司法权威,对于证明妨碍人产生足够的威慑。因此,证明妨碍的救济重点在于救济措施的落实,尤其是关于罚款、拘留甚至刑事责任的规定不能被空置,法官应积极合理地予以运用。

第六章　知识产权诉讼证据中的
　　　　商业秘密保护

商业秘密的保护可以防止竞争对手不正当地利用该秘密信息获利,包括获得竞争优势或损害信息提供者的利益,是规范市场竞争、培育公平的市场环境所必需的。[①] 在知识产权诉讼中,证据披露和保全可能涉及当事人或者第三人的商业秘密,如果不采取保护措施,那么就存在泄密的风险。知识产权诉讼中的商业秘密保护需要进行复杂的利益平衡,因为商业秘密保护与事实发现之间存在着张力关系。如果两者关系处理不当,商业秘密的持有人可能宁愿选择拒绝予以提供并承担不利后果(或者因举证不能而败诉,或者被认定为证明妨碍而遭受惩罚)。知识产权诉讼中商业秘密保护制度的设计应充分保护商业秘密,同时能够鼓励商业秘密持有人提交相关证据,降低其拒绝提供商业秘密的正当性和合理性,然后法官可以基于相对充分的证据认定事实。

知识产权诉讼中,两大法系确立了不同的商业秘密保护模式和保护制度。需特别提及的是,作为有效保密的法律工具,保密令制度不仅在普通法国家广泛确立,而且被日本、我国台湾地区移植于知识产权诉讼。本章对域外知识产权诉讼中商业秘密的保护制度(尤其是美国、我国台湾地区的保密令制度)进行具体考察,在分析我国知识产权诉讼中商业秘密保护的立法与实践的基础上,反思存在的不足并提出完善建议。

第一节　知识产权诉讼中商业秘密
　　　　　保护的比较法考察

知识产权诉讼中的商业秘密保护模式可以分为绝对保护和相对保护。绝对保护模式是指商业秘密的持有人基于商业秘密保护的需要依法拒绝提供涉密证

[①] 隐私和商业秘密同属机密信息。知识产权诉讼中的保密问题在实践中主要指向商业秘密,因此在此将商业秘密作为主要研究对象。不过,民事诉讼(包括知识产权诉讼)中的隐私保护也不可忽视,商业秘密和隐私往往适用类似的规则,或并列规定在某些规则之中。

据,从而使商业秘密获得充分的保护。相对保护模式是指商业秘密的持有人被法院命令提出涉密证据,同时法院依据具体案情采取相应的保护措施。① 商业秘密的绝对保护模式体现为第三人或当事人拒绝作证的权利(主要是特免权)。商业秘密的相对保护主要体现为一般公开②的限制、当事人公开③的限制、中立专家的指定、保密令和密封令等。

一、美国

美国《统一商业秘密法》④第 5 条规定:"依据本法进行的诉讼,法院应以合理手段保护被主张的商业秘密。合理手段包括证据开示程序中的保密令、非公开审理(in-camera hearings)、封存诉讼记录、诉讼参与人非经法院许可禁止公开诉讼所涉及的商业秘密等。"⑤与《联邦民事诉讼规则》不同,该法明确给法院施加了保护商业秘密的积极义务。⑥ 尽管该法仅涉及商业秘密诉讼中商业秘密的保护,不过,实际上在其他知识产权诉讼中,法官也可以运用相类似的合理手段保护商业秘密。

美国知识产权诉讼中的商业秘密保护制度主要包括不公开审理、指定第三方专家、密封法庭记录以及发布保密令等。在美国法上,通常不采用商业秘密的绝对保护方式,其采纳的商业秘密保护方式属于典型的相对保护。

(一)密封法庭记录

美国民事诉讼持彻底公开主义,不仅案件公开审理,而且当事人、案外人都可以查阅案件卷宗。不过,为保护商业秘密,美国法律也确立了例外情况,比如不公开审理。

有些案件中,为防止案件卷宗所涉及的商业秘密的泄露,美国法院采用密封法庭记录的方法对商业秘密进行保护。美国联邦最高法院在 Nixon 诉 Warner 案中指出,美国法院的运行基于一个假设,即一般公众有权利审查公开的记录与

---

① 沈冠伶:《智慧财产权保护事件之证据保全与秘密保护》,《台大法学论丛》2007 年第 1 期,第 244 页。
② 法院审理民事案件,除合议庭评议外,依法应向社会公开,即一般公开制度,内容包括公开开庭、公开举证、公开质证、公开辩论、公开认证、公开宣判,允许群众旁听和媒体报道(参见许士宦:《证据搜集与纠纷解决》,新学林出版股份有限公司 2005 年版,第 398 页)。美国和日本秉持彻底公开主义,除上述形式的公开以外,案件卷宗也允许案外人阅览。德国和台湾地区的一般公开受到了一定限制,而且只在一定情况下许可第三人阅览卷宗,如果卷宗记载秘密,那么依法有限制其对第三人公开的必要。(参见许士宦:《证据搜集与纠纷解决》,新学林出版股份有限公司 2005 年版,第 413 页)
③ 当事人公开是指当事人直接参与案件审理并享有在场见证、卷宗阅览等权利。
④ 1979 年美国统一州法委员会起草了《统一商业秘密法》(示范本),后经 1985 年、1994 年修改,该文件已被美国绝大多数州采纳为法律。
⑤ Unified Trade Secrets Act § 5, 14 U.L.A. 461(1994).
⑥ James R. McKown, Discovery of Trade Secrets, 10 Santa Clara Computer & High Tech. L.J. 35, 44(1994).

文件。但是"这种查看和复制法庭记录的权利不是绝对的",每个法院对于它的记录与文件有监督权力,当文件可能用于不当目的,比如用作损害当事人竞争地位的商业信息来源时,接触这些文件将不被允许。[1]

在普通法国家,法官可以签发密封令,即法官可以签署命令密封某些涉及商业秘密的文件,避免该文件公之于众。美国各法院申请密封令的条件不同,以德克萨斯州为例,该州法律要求,申请密封令必须证明存在特定的、关键的重要利益,该利益明显超过:① 要求法院文件公开的利益;② 其他的对公众安全和健康可能造成的不利后果;③ 没有其他的不利后果更轻微的方法可以达到对该利益充分有效的保护。[2]

(二) 秘密审查与中立第三人的设置

在普通法司法实践中,如果当事人或第三人以商业秘密保护为由申请不公开审理,法院为判断这种申请或拒绝理由是否正当,必须经过一定的审查程序,包括通过秘密审查程序进行。法官始终存在直接处理当事人之间证据开示纠纷的选择,这种做法是成立的,只不过它是作为最后的一个选择。

在民事诉讼秘密审查程序中,一个可供选择的程序是由当事人协商指定独立的专家,基于专家审查证据披露的必要性从而做出决定。法官可以任命"特别专家"(special master),授权他对商业秘密进行审查,并向法院进行报告。《联邦民事诉讼规则》也明确授权指定一位"特别专家"处理证据开示的纠纷。[3] 关于该专家的任命,法院有广泛的自由裁量权。[4]

实际上,在两大法系都存在秘密审查制度,但出发点不同。在普通法系,由于当事人或第三人原本就不享有拒绝开示、披露证据的特免权,故秘密审查制度的功能主要在于防止在证据开示的情况下泄露商业秘密。在大陆法系,秘密审查制度的功能在于判断商业秘密持有者拒不提交商业秘密是否有正当的理由或是否应当提交相关证据资料。[5]

(三) 保密令

保障当事人完整的诉讼权,同时需兼顾他方当事人的保密权利,是保密令制度的目的。保密令制度允许其他当事人或诉讼关系人能够阅览包含商业秘密的诉讼资料,但同时须负担保密义务,如有违反则予以惩罚,严重的甚至处以刑罚。该制度之核心即在于借由法院发布保密令,划定接触系争商业秘密之主体范围

---

① Nixon v. Warner Communications, Inc., 435 U.S. 589, 597 – 598(1978).
② 《德克萨斯州民事诉讼规则》第 76a(1)条。
③ 《联邦民事诉讼规则》第 53(a)条。
④ 《联邦民事诉讼规则》第 53(c)条。
⑤ 赵盛和:《论我国民事诉讼中商业秘密程序性保护制度的完善》,《知识产权》2015 年第 5 期,第 79 页。

（受秘密保持命令约束之人）与使用系争信息之目的范围（以实施诉讼为必要）。一方面，违反命令将招致刑事处罚，以此保护商业秘密；另一方面，在此保护之下，使当事人得公平地接近、知悉系争信息，确保裁判之公正性。[①] 保密令制度实质上降低了诉讼促进与商业秘密保护之间的冲突，并协助法院作出适当的裁判，从美国等普通法国家的司法实践来看，保密令的核发出现了常态化，几乎所有的专利与商标案件都伴随有保密令的施行。[②]

二、德国

（一）商业秘密的绝对保护

1. 民事诉讼之一般规则

《德国民法》第 809 条和 810 条的适用实际上涉及秘密保护问题。第 809 条在要件设定上包含了对义务人利益的衡量，在系争实体请求权的满足将侵害他方隐私或商业秘密的核心领域，或者请求权人可通过其他方式取得相同信息的情况下，文书的持有人可拒绝提出文书（包括商业秘密）；在适用《德国民法》第 810 条时，法律关系中的一方当事人能否基于诚信原则请求他方当事人提供信息的判断过程中，应检验期待可能性（Zumutbarkeit）要件是否符合，兼顾他方的保密利益。[③]

《德国民事诉讼法》第 383、384 条规定的第三人拒证权（特免权），存在适用于商业秘密保护的可能。《德国民事诉讼法》第 142 条第 2 款和第 144 条第 2 款分别针对第三人的书证提出义务和勘验物提出义务进行限制，即准用第 384 条第 3 款，第三人可以拒绝回答"技术上或职业上的秘密"，并且准用第 383 条第 1 款第 6 项，第三人"由于职务、身份或职业上的关系而知悉一定事项"可以拒绝回答"从事情的性质上或依法律规定应保守秘密的事项"。法院依《德国民事诉讼法》第 142 条、第 144 条行使裁量权，决定是否命当事人提出证据时，必须考虑系争证据价值与证据持有人的利益，包括其保密利益。基于当事人负有比第三人更高的诉讼义务而且系争诉讼涉及当事人自身权利等方面的考虑，《德国民事诉讼法》第 142 条、第 144 条没有就当事人规定与第三人相同的特免权；此时，对于当事人的保密利益的维护，法院可依据第 142 条第 1 款和第 144 条第 1 款所享有的自由裁量权加以考虑决定。[④]

---

① 黄国昌：《"公正裁判确保"与"营业秘密保护"的新平衡点——简介智慧财产案件审理法中之秘密保持命令》，《月旦民商法》2008 年第 21 期，第 55 页。

② 李岷、冀宗儒：《知识产权诉讼中的保密令制度比较研究》，《知识产权》2015 年第 11 期，第 127 页。

③ 陈玮佑：《民事诉讼上事证开示与秘密保护之比较研究——以专利侵权事件为例》，《台北大学法学论丛》2017 年第 4 期，第 154 页。

④ 同上，第 155 页。

2. 知识产权法之特别规则

关于知识产权诉讼中商业秘密保护规则体现于一系列知识产权法,在此仅以《德国专利法》为例进行说明。依据该法第 140c 条第 2 款规定,专利权人资讯请求权的实现必须遵守比例原则。比例原则的遵守涉及多方面的考虑,其中包括商业秘密保护,即是否要求披露机密信息涉及不同利益(即权利人的信息利益和相对人的保密利益)的权衡:一方面代表信息利益,比如,信息披露为权利人带来的证据价值、难以通过其他途径获得相关信息;另一方面代表保密利益,比如,商业秘密具有较高机密程度、信息披露将导致披露方的损失或者可供采取的保密措施缺乏充分有效性。如果信息利益相对于保密利益较小,商业秘密的披露就不符合比例原则。该种情况中比例原则的适用,可导致法院经利益衡量后拒绝命令商业秘密披露,因此它属于商业秘密的绝对保护模式。同时,由于第140c 条第 2 款在体系上属于例外规定,应由披露义务人就比例性的不符承担主张及证明责任。[①]

同样地,《德国专利法》第 140b 条的信息权制度涉及商业秘密的绝对保护。该条第 4 款也规定了比例原则,法院应据此进行利益衡量,决定是否要求当事人或第三人提出相关信息,包括商业秘密。

(二) 商业秘密的相对保护

1. 民事诉讼之一般规则及相关实践

在德国知识产权审理程序中,为保护商业秘密,法院可以进行不公开审理,将公众排除于审理程序,而且可以通过非公开的会议作出决定(《德国法院组织法》第 172 条)。法院也可以命令不公开审理的参与者就审理过程中获取的信息及进行保密(《德国法院组织法》第 174 条)。当然,如果对方当事人是商业秘密权利人的竞争对手,这些针对公众的商业秘密保护方法不能提供充分的保护效果。[②]

在德国民事诉讼中,为保护机密信息,法院可以考虑适用秘密审查(in camera review)程序,即法院命一方当事人提出证据,但是在不对对方当事人公开的程序中加以调查,这种方式不可避免地限制对方听审请求权,而该权利是《欧洲人权公约》和德国宪法保护的基本权利。不过,理论上诉讼当事人的此项程序权利并非绝对,基于利益衡量的考虑可予以限制,德国联邦最高法院的司法实践对此亦予以认可,同时通过配套手段予以缓和,比如,同意当事人的诉讼代

---

① 陈玮佑:《民事诉讼上事证开示与秘密保护之比较研究——以专利侵权事件为例》,《台北大学法学论丛》2017 年第 4 期,第 174 页。

② Christopher Heath, Discovery Orders and the Protection of Trade Secrets, 48 (8) IIC International Review of Industrial Property & Copyright Law 997, 1003(2017).

理人或法院指定的特别代理人在负保密义务的条件下（参照《德国法院组织法》第 174 条第 3 项）参与证据调查。[①]

在德国专利诉讼中，"杜塞尔多夫程序"最初是由杜塞尔多夫地区法院发展出的秘密审查程序，在证据调查中，仅允许被告和法院选任的鉴定人在场，申请人只能委托负特别保密义务的诉讼代理人参与，不能亲自到场。被告主张商业秘密的，应阐述商业秘密的披露可能带来的不利影响。由法院基于鉴定人提供的鉴定意见以及双方当事人（或其代理人）的陈述，决定是否以及如何使申请人获得系争信息。关于实体法上情报请求权在诉讼上的实现，德国联邦最高法院向来通过由负保密义务的中立第三人（如审计师、技术专家）阅览或检查文书、物体，排除请求权人直接知悉系争证据内容的方式，谋求证据持有人保密利益的维护，不会产生宪法权利能否得到保护的问题[②]。比如，被控侵权人的客户信息被认为是商业秘密，为防止权利人出于竞争目的予以滥用，法院可命令被控侵权人只向会计师披露，而该会计师仅可就原告具体询问特定人是否在客户名单上一事予以回答。[③] 除证据开示程序以外，在独立证据调查程序中，商业秘密保护也可以通过"杜塞尔多夫程序"得到实现。

2. 知识产权法之特别规则

此处知识产权的商业秘密保护规则同样仅以《德国专利法》为例进行说明。该法第 140c 条第 1 款第 3 句规定："被控侵权人如果主张该等信息具有机密性，法院应在具体案件中采取必要措施以确保适当的保护。"必要措施包括相对保护模式下的各种保密方法，法庭可以依据被控侵权人的请求行使自由裁量权予以决定。一般而言，在权利人主张《德国专利法》第 140c 条第 1 款的资讯开示请求权而义务人提出商业秘密抗辩的情形下，实务上参照"杜塞尔多夫程序"的处理模式。在此意义上，《德国专利法》第 140c 条的增订可以说是将此前实践中一贯的做法成文化而已。[④]

依据《德国专利法》第 140c 条和第 140b 条行使情报请求权，在进行假处分时，同样涉及商业秘密保护的问题。《德国专利法》第 140c 条第 3 款要求法院采取必要的保密措施，尤其是假处分没有给相对人提供事先听证机会的情况下。在依据该规定实施假处分时，法院不应允许专利权人亲自在场，而仅许可负有保密义务的诉讼代理人或法院另行指定的特别代理人参与鉴定人的调查，且该鉴

---

① 陈玮佑：《民事诉讼上事证开示与秘密保护之比较研究——以专利侵权事件为例》，《台北大学法学论丛》2017 年第 4 期，第 156—159 页。

② BGH, GRUR 2002, S.1046, 1049.

③ BGH, GRUR 1985, S.294.

④ BGH, GRUR 2010, S.318, Rz. 16f.参见陈玮佑：《民事诉讼上事证开示与秘密保护之比较研究——以专利侵权事件为例》，《台北大学法学论丛》2017 年第 4 期，第 174 页，注 166。

定报告应先提交于法院,由法院听取侵害人的意见后决定开示的方式与范围。《德国专利法》第140b条第7款规定,在侵权明显存在的情况下,法院可以基于《民事诉讼法》第935—945条采取假处分措施命令义务人提供信息,在该程序中,法院可依自由裁量权决定下达必要的命令,[①]包括适当考虑义务人的商业秘密保护而采取相应保密措施。

三、欧盟统一专利法院

欧盟统一专利法院对商业秘密的保护分别体现于特免权、证据提出命令、信息权以及证据保全等各项制度之中。

《统一程序规则》第179条第3款规定,证人、当事人专家以及法院专家可以拒绝回答相关问题,如果依据准据法这样的回答将侵害或违反其享有的职业特免权、其他保密义务或者刑事归罪的亲属特免权。当这些特免权保护的信息涉及商业秘密时,对特免权的保护实际上体现了商业秘密的绝对保护模式,证人、当事人专家以及法院专家可以基于这些规定拒绝提出保密义务涉及的商业秘密。其中,"其他保密义务"包括基于保密协议或者合同随附义务掌握的其他人的商业秘密。

《统一专利法院协定》第58条规定:"为保护诉讼当事人或第三人的商业秘密、个人资料或者其他秘密信息,或避免证据之滥用,法院得命令限制或禁止在诉讼程序中证据的收集或使用,或者命令证据的接触仅限定于特定人员。"而该协定第59条和《统一程序规则》第190条第1款的证据提出命令制度规定,法院可依据当事人详细说明了证据提出必要的合理申请,命令对方当事人或第三人提出证据,不过,必须"以保护机密信息为条件"。

证据提出命令应"以保护机密信息为条件",这属于相对保护模式,这为法院灵活采取各种具体保密措施预留了弹性空间,比如秘密审查、不公开审理以及限制阅览。除此之外,在命令当事人或第三人提出证据或提供信息时,为保护机密信息,法院可以命令证据的披露仅限于受保密条款约束的指定人员。

《统一程序规则》第191条还规定,证据提出命令制度中的一些规定准用于信息权。为保护机密信息,法院可以命令相关信息仅应向受适当保密条款约束的某些指定人员披露,针对第三人的信息提供命令也须合理考虑第三人利益。信息权制度下的信息提供义务人也享有与证据提出义务人相同的特免权。

欧盟统一专利法院的证据保全措施制度特别强调秘密保护。证据保全措施

---

① 《德国民事诉讼法》第938条第1款规定:"为达到假处分的目的所必要的命令,由法院依自由裁量决定。"

的采取应以保护机密信息为条件;在证据保全的执行包括现场勘验的过程中,均禁止申请人雇员或负责人到场,申请人只能指定中立人士代为行使权利;此外,在证据保全申请的决定和执行过程中,法院可要求调查资料披露的对象限于受保密条款约束的指定人员。

《统一专利法院协定》和《统一程序规则》由欧盟国家包括英国(脱欧之前)、爱尔兰等普通法国家参与谈判并拟定,商业秘密保护的模式与方法受德国法律制度较大的影响,同时在一定程度上体现了普通法国家的立场。具体而言,欧盟统一专利法院的保密制度是相对保护和绝对保护两种模式的结合。一方面,一些商业秘密保护条款体现了相对保护模式,"以保护机密信息为条件"之类的措辞要求法官积极采取保密措施,也为法官留下了根据具体情况采取不同措施的灵活空间,同时各项证据披露规则均涉及法官可命令证据披露或信息提供仅限定于负有保密义务的指定人员,这实际上具有了保密令制度的内涵;另一方面,《统一专利法院协定》第58条允许法官为保护商业秘密禁止某些证据的收集与使用,同时,欧盟统一专利法院也确立了关于商业秘密保护的特免权制度,这些都体现了对商业秘密的绝对保护。

四、我国台湾地区

与大陆地区的称谓不同,在我国台湾地区,与"商业秘密"对应的概念为"营业秘密",包括技术上秘密(比如设计图纸、技术配方)和商业上秘密(比如客户名单、经营状况)。对于民事诉讼中当事人或第三人商业秘密的保护,台湾地区现行立法进行了规定,包括"民事诉讼法"第195条之1、第242条第3项、第344条第2项、第348条,"营业秘密法"第14条第2项。在此基础上,"智慧财产案件审理法"进一步强化了商业秘密的保护,并且确立了"秘密保持命令制度"(即保密令制度)。

（一）商业秘密的绝对保护

在我国台湾地区,"民事诉讼法"第306条和第307条规定了第三人享有某些情形下的证言拒绝权,而第三人的文书或勘验物的拒绝提出权依法准用同一规定。[①] 准用同一规定是因为第三人的文书或勘验物提出义务与证人作证义务的性质相同,是一种公法上的义务。受到特免权保护的信息可能是商业秘密,依据特免权规则进行的商业秘密保护,即属于绝对保护方式。尤其是,台湾地区"民事诉讼法"第307条第1项第4、5款规定,证人可在技术上或职业上有秘密义务的事项被询问的情形下,或者证人不泄露技术上或职业上的秘密即无法作

---

① 台湾地区"民事诉讼法"第348条。

证的情形下可拒绝作证。这些规定即第三人有权就商业秘密拒绝作证或拒绝提出的法律依据。另外,依据"民事诉讼法"第 348 条,作为证据的文书如为第三人所持有,其负文书提出义务的范围准用第 344 条第 1 项第 2 款至第 5 款和第 2 项的规定,即当文书属于"就与本件诉讼有关之事项所作者",且涉及"当事人或第三人之隐私或业务秘密",如予公开,有致"该当事人或第三人受重大损害之虞者",第三人可拒绝提出。不过,"法院为判断其有无拒绝提出之正当理由,必要时,得命其提出,并以不公开之方式行之"。

台湾地区的"民事诉讼法"也赋予当事人陈述拒绝权以及文书或勘验物的拒绝提出权。其第 367 条之 3 规定,当事人拒绝陈述的原因,准用证人拒绝证言的规定(第 307 条第 1 项第 3—5 款),因此当事人陈述如涉及职务上、业务上或技术上的秘密时,可准用有关证人拒绝证言的规定而拒绝陈述。另外,依据第 344 条第 2 项规定,如果文书涉及"当事人或第三人之隐私或业务秘密",如予公开,有致"该当事人或第三人受重大损害之虞者",也可拒绝提出。同样地,法院为判断其有无拒绝提出之正当理由,必要时,得命其提出,并以不公开之方式行之。

(二) 商业秘密的相对保护

"民事诉讼法"也规定了秘密的相对保护模式,在此基础上,"智慧财产案件审理法"进一步强化了相对模式中的商业秘密保护,体现于第 9 条、第 10 条、第 18 条,尤其第 11—15 条以及第 35、36 条规定的秘密保持命令(保密令)制度之中。

1. 一般公开的限制

为保障当事人或第三人的隐私或商业秘密,"民事诉讼法"第 195 条之 1 规定:"当事人提出之攻击或防御方法,涉及当事人或第三人隐私、业务秘密,经当事人声请,法院认为适当者,得不公开审判;其经双方合意不公开审判者,亦同。"根据第 344 条第 2 项特的规定,当事人或第三人有拒绝公开隐私或商业秘密的权利,不过,法院为判断其有无拒绝提出之正当理由,必要时,得命其提出,并以不公开之方式行之。这里的"不公开之方式"也包括不公开审理。

"智慧财产案件审理法"第 9 条亦重申了为保护商业秘密而不公开审理的规则。其第 10 条第 4 项也规定,法院为判断文书或勘验物持有人有无不提出文书或勘验物之正当理由,于必要时,得命其以不公开方式提出;为兼顾证据持有人秘密保护之利益,该条第 5 项亦明确规定,除法院认为有必要开示而听取其意见的诉讼关系人以外,任何人不得要求他开示该证据。

除了案件的实体审理程序以外,在证据保全程序中,如系在公开法庭调查证据时,比如证人讯问,被讯问的事项如涉及业务秘密,亦得依上述规定,进行不公开审理,或依"智慧财产案件审理法"第 18 条第 5 项规定,限制当事人以外之人在场。

"智慧财产案件审理细则"第 19 条进一步规定：法院对于证据提出命令申请，得命文书或勘验物之持有人陈述意见，持有人如为营业秘密抗辩，法院得命持有人释明其秘密的种类、性质及范围，以及因开示所生不利益的具体内容及程度，并经他方陈述意见后决定。法院认为必要时，也可命持有人以不公开方式提出证据，由法院审酌。如法院认为有听取诉讼关系人意见的必要，除有不向本人开示即难达目的的情形以外，以向诉讼代理人开示为原则，并得告知持有人对开示信息申请保密令。法院为判断证据持有人有无拒绝提出的正当理由时，应斟酌营业秘密事项与待证事实的关联性、有无代替证明的方法或事实推定之规定、申请秘密保持命令的可能性等情况而做认定。

在不公开审理的情况下，并未限制代理人或书记官等人甚至当事人在场，在场之人可能将法庭审判上获取的秘密泄露。"智慧财产案件审理法"特别新设秘密保持命令制度并规定了惩罚措施：对于违反秘密保持命令者，处 3 年以下有期徒刑、拘役或并科 10 万元以下罚款。

2. 卷宗阅览权的限制

原则上，基于对当事人或第三人的利益保护，应准许其阅览案件卷宗。依据"民事诉讼法"第 242 条第 1 项和第 2 项的规定，当事人（包括共同诉讼人）、代理人可申请阅览、抄录或摄影卷内文书，或者预纳费申请获取缮本、复印件或节本；第三人经当事人同意或释明有法律上的利害关系的，也可提出上述申请，但应经法院裁定许可。不过，法院对当事人或第三人的这一权利可予以限制。

"民事诉讼法"第 242 条第 3 项对当事人的卷宗阅览权予以限制，如卷内文书涉及当事人或第三人隐私或业务秘密，准许阅览卷宗，有致其受重大损害之虞者，法院得依申请或依职权裁定不予准许或限制阅览。"智慧财产案件审理法"第 9 条第 2 项也规定，诉讼资料涉及营业秘密者，法院得依申请或依职权裁定不予准许或限制诉讼资料之阅览、抄录或摄影，虽未明确规定"隐私"及"致其重大损害之虞"，但是依其立法理由，它并无意排除"民事诉讼法"第 243 条第 3 项规定，应认为"智慧财产案件审理法"第 9 条第 2 项仅是重复提示性的规定。①

对于限制卷宗阅览权的裁定，法院可视个案情形，限制阅览卷宗的全部或者部分，或附加其他时间、场所或方法上的限制，例如，仅准阅览不准抄录、限制抄录份数；于证据保全程序先行封存，在言词辩论阶段进行证据调查时，如有必要始予以拆封；亦可视系争事实的性质而定卷宗阅览范围。在当事人一方持有商

---

① 陈增懿：《智慧财产民事案件之证据保全与秘密保护——以秘密保持命令为中心》，台湾大学 2011 年硕士论文，第 110 页。

业账簿而负文书提出义务时,即使涉及商业秘密也不能拒绝提出,但可通过卷宗阅览权予以适当保护。[①]

3. 当事人在场见证权的排除

当事人的在场见证权被认为是以“当事人公开原则”为基础的基本权利,不过当事人的在场见证权并非绝对不能限制,当基本权利之间相互冲突时,即应通过利益衡量予以处理;而且在场见证权也非绝对不能放弃,因此负证明责任的当事人可衡量其程序利益与实体利益,放弃或同意被限制在场见证权。[②] 是否应限制当事人在场见证权,法院应就两方利益予以衡量。如果特定事实仅能由不负证明责任的当事人披露商业秘密而查明,那么,基于利益衡量的适当做法是,排除举证方当事人本人在场,同时允许其律师或诉讼代理人到场代行权利。在证据披露和证据保全时法院均可禁止当事人在场。法院应在该裁定前,就其可否在场一事,为当事人提供陈述意见的机会。在当事人未委任诉讼代理人的情形下,宜适用“民事诉讼法”第374条第1项之规定,为当事人选任特别代理人,以维护当事人利益。[③]

4. 秘密审查与中立第三人的设置

台湾地区立法没有明确规定在知识产权诉讼中对于涉密证据的秘密审查。不过,台湾地区学者认为,应承认秘密审查程序的合法性,允许法院命令当事人提出证据,但以不向其他当事人公开的方式进行调查及辩论,并据此做出裁判。秘密审查程序的合法性在于,“民事诉讼法”第344条第2项就文书、勘验物的提出允许“法院为判断其有无拒绝提出之正当理由,必要时,得命其提出,并以不公开之方式行之”,据此可由法院在排除一般民众与当事人接触该等事证的状况下阅览、检查并判断保密的必要性。[④]

在秘密审查程序中,法院应告知申请证据提出的当事人同意放弃其听审请求权,而依秘密审查方式审查本案涉密证据。在秘密审查程序中通常会引入中立第三人,第三人就涉密证据进行鉴定,并发表意见。同时为缓和申请方当事人听审权所受侵害,法院在进行秘密审查时,应允许负有保密义务的该方当事人的诉讼代理人、经法院选任的特别代理人或中立第三人(鉴定人)参与证据调查。[⑤]

秘密审查涉及中立第三人的设置,还涉及对当事人在场见证权的排除和卷

---

① 沈冠伶:《智慧财产权保护事件之证据保全与秘密保护》,《台大法学论丛》2007年第1期,第253页。
② 同上,第257—258页。
③ 同上,第259—260页。
④ 许士宦:《证据搜集与纷争解决》,新学林出版股份有限公司2005年版,第383—389页。
⑤ 陈玮佑:《民事诉讼上事证开示与秘密保护之比较研究——以专利侵权事件为例》,《台北大学法学论丛》2017年第4期,第190—191页。

宗阅览权的限制。在文书或勘验物提出过程中选择秘密审查程序时,法院可依职权禁止知识产权权利人于调查证据期日在场,仅允许其被课予保密义务的诉讼代理人、辅佐人等参与该证据的调查,同时限制知识产权权利人本人阅览笔录卷宗的权限。[①] 在证据保全过程中,法院还可引导当事人成立鉴定契约("民事诉讼法"第 376 条之 1),约定将涉密事项的判断交由负保密义务的中立第三人(鉴定人)进行。[②]

5. 保密令

保密令是指在诉讼过程中法院为避免当事人或第三人的商业秘密外泄或用于诉讼之外的其他目的而针对接触商业秘密的特定主体发布限制披露该商业秘密的命令。在知识产权诉讼中,如果保密主体为具有竞争关系的同一行业的对方当事人,那么保密令则具有充分发挥作用的空间,比起其他保密措施具备自身优势。保护令制度原本为普通法系国家所特有,大陆法系并不存在该种制度。但日本通过借鉴美国的保护令制度,于 2004 修改《专利法》,设立了"秘密保持命令"制度。之后,日本《法院法》的部分修正案也规定了《专利法》中的秘密保持命令制度。台湾地区"智慧财产案件审理法"借鉴日本经验也引进了该项制度。

五、商业秘密保护之模式与方法评析

以美国为代表的普通法国家原则上不承认商业秘密特免权,它们对商业秘密的保护采用相对保护模式,其中最具代表性的具体保密方法是保密令。大陆法系则采取商业秘密的绝对保护与相对保护相结合的模式,一方面规定了商业秘密特免权制度,另一方面在司法实践中的有些情况下也适用相对保护的方法,比如,在涉及商业秘密的案件中采用不开庭审理、当事人在场权的限制,而且日本和我国台湾地区在借鉴美国经验的基础上引入了保密令制度。欧盟统一专利法院的商业秘密保护也采用了绝对保护和相对保护相结合的模式,在一定程度上融合了两大法系的做法,同时保留了相当程度的灵活性,法官可依据具体案情决定保密方法。

绝对保护模式承认证据特免权,将发现真实和秘密保护对立起来,导致的结果是:要么提出商业秘密以便发现案件事实,要么拒绝提出商业秘密以维护证据持有人的保密利益,从而使得法院陷入两难选择的境地。实际上,拒绝提出商业秘密仅在商业秘密保护具有重大利益时比较适合施行。为缓和绝对保护的僵

---

① 陈玮佑:《民事诉讼上事证开示与秘密保护之比较研究——以专利侵权事件为例》,《台北大学法学论丛》2017 年第 4 期,第 197 页。

② 沈冠伶:《智慧财产权保护事件之证据保全与秘密保护》,《台大法学论丛》2007 年第 1 期,第 256 页。

硬性,在大陆法系的司法实践中,法院也可斟酌采纳一些商业秘密的相对保护方法。相对保护模式是一种采取保密措施下的商业秘密披露模式,兼顾了不同利益,既能让证据进入诉讼程序,协力发现真实,又能有效地保护商业秘密。相对保护模式会因商业秘密的存在形式与特征、经济价值、证据价值的不同而灵活采取不同的保密方法,比如限制某些人在场、禁止阅览卷宗,同时又允许一些人,比如适当的诉讼代理人在场见证、阅览卷宗,从而实现当事人权利的程序保障。相对保护方式能够平衡事实发现和秘密保护、程序利益和实体利益之间的矛盾,根据个案情形准确地采取最能平衡兼顾各种利益的保护方法,从而获得更多的认可。[①]

　　在我国台湾地区知识产权诉讼中,在引入保密令制度之前,商业秘密的保护较多地通过限制卷宗阅览或"文书提出义务之例外排除"而进行,阻绝当事人对系争信息的接近与知悉,但是这些方法影响武器平等、当事人程序权和公正裁判。保密令制度最大的特色在于兼顾不同的重要价值免受不当的牺牲。[②] 在可申请法院核发保密令的案件中,"系争信息属于营业秘密"在原则上已不属于持有信息者可拒绝开示事证的正当事由。[③]

　　为平衡保护当事人获取证据的机会,相对于案卷阅览权限制,法院在有些情况下可能更优先核发保密令。比如,在"上达诉鸿海案"中台湾地区"最高法院"裁定,明确认可"秘密保持命令之核发"相对"禁止阅览、影印卷宗"具有优位性,对于提升他方当事人实质辩论权及程序权保障具有重大意义。[④] 在该案初审程序中,原告申请保密令的同时,要求法院禁止对方阅览系争案卷资料以及对这些资料进行影印、抄录、摄影等行为。其中,保密令申请获得了法院准许,而案卷阅览权限制的申请被法院驳回,于是上达公司上诉至"最高法院"。该法院指出:因资料内容复杂、具有专业性,且有关产品营销,鸿海公司提出须指派其产品营销经理一同阅览研究这些资料,始能解析上述资料是否真实,应属合理,同时这些资料"内容复杂,涉及产品规格、质量之营销数据,页数亦不少,实难于该院短时间内之阅览即能查证其真实性,势须影印、抄录、摄影后携回查证,始能解析其真实性",保密令的核发已足以保护上达公司的商业秘密,没有必要再对案卷阅览权予以限制,故驳回上达公司的申请。[⑤]

---

　　① 沈冠伶:《智慧财产权保护事件之证据保全与秘密保护》,《台大法学论丛》2007 年第 1 期,第262—263 页。
　　② 黄国昌:《智慧财产案件审理程序之营业秘密保护》,载《"立宪国家"之课题与挑战》,元照出版公司 2013 年版,第 820—821 页。
　　③ 同上,第 835 页。
　　④ 同上,第 824 页。
　　⑤ 台湾地区"最高法院"2010 年度台抗字第 133 号裁定。

此外,案卷阅览限制和保密令也有交叉运用或一并运用的可能性。比如,在台湾地区的知识产权案件审理中,当秘密保持命令核发后,申请人在开示记载其商业秘密的书状或证据等诉讼资料时,法院依被告申请或依职权,可裁定不予准许或限制诉讼资料的阅览、抄录或摄影。[①]

虽然保密令制度具有明显的优点,但是它对配套措施和配套制度要求较高,相对而言,其具体规则须具备精细化特点,司法成本较高,需要代理人、当事人以及其他诉讼参与人严格遵守善意原则或职业伦理规范以保守商业秘密,同时相关制度及其适用能够确保产生司法权威,违反保密令的惩罚措施对于违反者能够足以起到威慑效果。

第二节　美国知识产权诉讼保密令制度

在美国知识产权诉讼中,从不承认商业秘密享有绝对的特免权,[②]任何禁止商业秘密的披露都是少见的,通常法院会发布保密令。[③] 所以,美国知识产权诉讼中商业秘密保护问题不是"应否开示",而是"在什么条件下对何人开示"。美国知识产权诉讼保密令制度包括成文法和判例法。

美国知识产权诉讼中商业秘密保护的基本制度体现于《联邦民事诉讼规则》和《统一商业秘密法》。《联邦民事诉讼规则》第26(c)条规定了保密令,作为证据开示制度的一部分,它普遍适用于民事诉讼,而非专门适用于知识产权诉讼。依据该项规定,当事人或其他人基于正当理由而提出拒绝披露的动议,法院为保护该当事人避免因诉讼而处于恼怒、尴尬、压抑或负担不正当费用,或因为以下理由可依申请发出拒绝披露的令状:"……(7) 该信息系商业秘密,所以不宜被披露或不宜以指定方式被披露。"除此之外,1979 年《统一商业秘密法》第 5 条规定:"依据本法进行的诉讼,法院应以合理的手段保护商业秘密。合理的手段包括在调查程序中的保密令、不公开进行审理、封存诉讼记录、非经法院允许禁止诉讼有关人员公开其在诉讼中知悉的商业秘密等。"其中也明确提及保密令。

在上述法律框架下,经过多年的司法实践,美国法院针对知识产权诉讼中的保密令形成了一系列判例,比如保密令申请的审查规则。

此外,为增强专利审理程序的可操作性和可预见性,许多美国联邦地区法院补充确立了"地区规则",比如"宾夕法尼亚西区地区专利规则""乔治亚北区专利

---

① 参见台湾地区"智慧财产案件审理法"第 9 条第 2 项。
② Heat & Control, Inc. v. Hester Industr., Inc., 785F.2d 1017 (Fed. Cir. 1986).该案判决指出,商业秘密不享有绝对的特权。
③ Federal Open Market Committee v. Merill, 443 U.S. 340, 362 n.24(1979).

案件实务地区规则""得克萨斯东区专利案件实务规则""加利福尼亚北区专利地区规则"等。这些地区规则包含有关保密令的具体程序和要求。

一、美国知识产权诉讼保密令制度的主要内容

（一）保密令的申请与审查

当事人或第三人可以在证据开示程序中向法院申请保密令。作为美国联邦民事诉讼的一般原则，审理应当公开而且公众均能接触案卷材料，保密令的签发与此存在冲突。考虑到这一点，美国司法实践的立场是，保密令申请人有责任证明存在保密的必要，并且具体指明需保护的特定事实。[①] 在此之前，申请人还应证明其已依善意或曾努力与其他相关当事人协商以寻求不经诉讼程序解决争议。[②]

保密令的申请时间常会影响法院是否签发的决定。美国法院通常要求当事人在尚有充足时间时提出保密令申请，以供对方作出反应，并使法院有时间进行审查。如果申请时间过晚，可能被认为有意拖延证据开示而遭到驳回。[③]

法庭通常会基于个案的利益衡量决定是否签发保密令，而且一般会采取"三步分析法"。

第一，当事人须证明系争信息属于商业秘密或其他机密信息。联邦法院就商业秘密的判断多采纳体现于"侵权法重述"中的标准，涉及"非公知性""经济价值性""秘密管理性"。[④] 此外，法院还会考虑以下因素：[⑤]① 该信息为外界所了解的程度；② 本企业员工、交易双方等接触者对该信息的了解程度；③ 对该信息采取的相关保密措施；④ 该信息对于所有者及其竞争者的价值；⑤ 研发该信息所付出的时间、金钱等成本；⑥ 复制或获取该信息的难易程度。

第二，当事人须基于正当理由（good cause）申请保密令，即披露该信息造成的潜在损害远大于不予披露造成的损害。申请人必须证明开示相关证据后会造成明显损害，包括遭受烦扰、困窘、压迫以及竞争上之劣势等。这种损害往往是申请人将丧失市场上的竞争优势，因此证据开示请求人与保密令申请人是否具

---

① Loussier v. Universal Music Group, Inc. 214 FRD 174，55FR Serv 3d 484（S.D.N.Y. 2003）. U.S. v. Garrett（1978，CA5 Miss）571 F. 2d 1323，78 - 1 USTC P 9407，41 AFTR 2d 1346，and Leighr v. Beverly Enterprises-Kansas（1996，DC Kan）164 FRD550.

② 《联邦民事诉讼规则》第26（c）条。

③ Nestle Foods Corp. v. Aetna Casualty & Surety Co.，129 F.R.D. 483，486（D.N.J 1990）.

④ US v. International Business Machine Corp.，67 F.R.D. 40，46（S.D.N.Y. 1975）.（该案论及"第一次侵权法重述"第757条的适用）

⑤ J. Moore，Moore's Federal Practice（3rd edition），Matthew Bender，1997，pp. 26 - 27.

有竞争关系对法院的判断产生重要影响。

第三,证据开示对于请求人的攻防须具有足够的相关性和必要性。[①] 相关性是指所涉信息须有助于确立请求开示的当事人的事实主张。关于必要性,法院往往考虑能否以其他证据方法取代所涉信息,请求开示系争信息是否出于实施诉讼必要的善意而非滥用程序等。法院在此考虑的核心问题在于"系争信息是否为当事人公平实施诉讼所必要"。如果是,即使该信息属于商业秘密,法院仍会命令证据开示,并通过签发保密令加以保护。

保密令申请人有责任就前两项进行证明,如果前两项的证明已完成,证据开示请求人应当就第三项进行证明。

(二)保密令的发布

1. 伞状保密令与默认保密令的使用

在诉讼中,法官往往在证据开示前要求当事人协商确定保密令的内容,当事人协商一致后报请法院签发的保密令即"伞状保密令"(umbrella protective order)。在达成协议前,根据"地区规则",法院可先签发统一的默认保密令(default protective order),在当事人协商一致后,可将其替换。在某些案件中,当事人申请范围涉及大量技术文件使法院无法逐一审查时,伞状保密令更适合适用。法院允许当事人自行决定应受保护的商业秘密范围,如果对于该指定范围对方没有异议,则法院无需逐一审查。但是这种情形只是暂时性的,如果对方指出某特定文件不应列入保护范围,那么法院可再就该信息予以审查。[②] 这种做法会大量节省司法资源。在美国司法实践中,保密令被大量使用,并且通过伞状保密令和默认保密令的形式予以签发,已然成为一种程序化的操作。

在保密令形成过程中,法院可指定中立第三人参与商业秘密的披露与保护,由该第三人审查商业秘密的内容。比如在 triangle Mfg. 诉 Paramount Bag Mfg. 案中,法院选择了一位双方都能接受的第三人,在被告承担费用的情况下由该第三人审查原告的相关销售数据并选取被告诉讼所需信息。法院指示该第三人在审查、整理原告的销售数据时,应"在最大程度范围内列出被告所需要的信息,但同时保持原告实际供货商和客户的秘密性"。[③]

2. 保密措施的形式

霍姆斯认为,如果联邦地区法院法官认为有必要或将有必要开示机密信息,

---

① Kimberly A. Moore et al., Patent litigation and strategy (4th edition), Thomson West, 2013, p.199.

② Cipollone v. Liggett Group, Inc., 785 F.2d 1108, 1122 (3d cir.1986).

③ Triangle Mfg. Co. v. Paramount Bag Mfg. Co. 35 F.R.D. 540, 543(1964).

就该信息"是否""对谁"以及"在何种保护措施下"加以开示等诸问题,均将由法官裁量决定。[①] 为达成上述目的,《联邦民事诉讼规则》第 26(c)条赋予法院得依申请行使以下 8 种之中一种或数种的权力:① 禁止证据披露或开示。② 在特定条件下才能证据披露或开示,如在指定的时间或地点。③ 证据开示只能以申请人所选择的开示方法以外的方法进行。④ 禁止调查特定事项,或者将披露和开示范围限于一定事项。⑤ 法庭指定的人以外的人在证据开示时不得到场。⑥ 已被密封的录取证言,只能通过法院命令才可开启。⑦ 商业秘密或其他秘密的研究、开发或商业信息,不得披露或仅能以指定方式披露。⑧ 各方当事人同时以密封的信封提交特定文件或信息,在法院指示下开启。可见,美国法庭对于保密令内容享有广泛的自由裁量权,在实践中,法院甚至可不受申请人申请内容的约束,依职权裁定与申请内容不同的保密令。除上述列举的 8 种权力外,法院可根据需要,签发任何类型的保密令,比如:商业秘密仅可向对方专家或律师披露;该商业秘密仅可用与诉讼进行相关之目的;任何包含商业秘密的诉讼文书在提出时均应予以封缄;当诉讼程序终结时,记载商业秘密的文件均应发还提供者或予以销毁,甚至裁定由中立第三人审查相关信息并向法院陈述,[②]这些均在法院的自由裁量权范围之内。

(三) 保密级别与保密义务主体

美国保密令采取三个保密级别:其一,保密(Confidential)级别,属于一般机密信息,可接触、知悉的主体范围最广;其二,仅限于律师知悉(Attorney's Eyes Only)级别,针对更为敏感的信息,限于当事人律师才能知悉,不得向当事人本人或其他受雇人泄露;其三,仅限于外部律师(Outside Counsel Only)级别,针对高度敏感信息,限于当事人聘请的外部律师,内部律师(In-house Counsel)不得接触、知悉。在知识产权诉讼中,内部律师能否接触商业秘密往往成为问题。如果内部律师同时作为"竞争性政策决定者"(competitive policymaker)参与公司的管理,则法庭可能基于影响竞争的考虑不允许他接触商业秘密。实践中法官做决定时会考虑内部律师的职位或地位,也会考虑其在公司的职责,从公司竞争性决定脱离出来的能力、接触该商业秘密的必要性,甚至包括该内部律师是否被允许到庭等。[③]

保密令对保密级别通常会做一般描述,至于特定信息属于哪一级别,由双方当事人在证据开示时约定。区分三个保密级别仅适用于较为复杂的案件,对于

---

① E. I. Du Pont De Nemours Powder Co. v. Masland, 244 U.S. 100, 103(1917).

② Triangle Mfg. Co v. Paramount Bag Mfg. Co., 35 F.R.D. 540(1964).

③ Louis S. Sorell, In-House Counsel Access to Confidential Information Produced during Discovery, 27John Marshall Law Review657, 687(1994).

简单案件,当事人可以约定两级甚至一级。① 当事人可能对对方关于商业秘密及其保密级别的指定提出异议,通常保密令中规定有异议程序。在异议解决之前,对方需要按照当事人的指定控制知悉该信息的主体范围。比如,"宾夕法尼亚西区地区规则"附件"保密令"第 5 条详细规定了"对指定的异议"。② 当事人在指定保密文件时应当谨慎,因为如果指定方未能就商业秘密做出善意指定,可能导致受到惩罚。③

针对不同级别的商业秘密,保密令会划定可以接触、知悉该秘密的主体范围。在可接触商业秘密的主体中,接收方当事人的受雇人与该当事人聘请的专家、顾问在实践中须予以关注。为防止他们从事与被披露商业秘密有关的职业并不当取得竞争优势,在保密令中,可要求他们在签订承诺书之前,将其身份、背景履历、从事工作内容以及与相关产业的关系告诉开示当事人,使后者在一定期限内进行必要的调查并有机会提出反对意见。如果当事人提出反对,需要提供理由。如果双方当事人就此产生争议,法院须介入予以解决。

(四) 商业秘密的使用目的与范围的限制

保密令要求,当事人就商业秘密仅能在准备、实施诉讼必要的目的范围内使用,禁止用于其他用途。不过有两个问题需要考虑:其一,接触商业秘密的人通常不能完全抹掉其知悉的内容,这样在其职业活动中能否确保该信息不用于该诉讼目的之外? 其二,该商业秘密是否可以在其他诉讼程序中开示?

如果商业秘密涉及具有创新性的技术信息,提交信息的当事人有理由担心他方将其用于产品研发或申请专利。为避免接触商业秘密的主体,以后将该信息用于专利申请或产品研发等相关用途,保密令有时会直接排除那些参与公司专利申请、准备或进行产品研发的人员,比如专利工程师、专利律师等接触该信息;或是采用期间限制的方式,例如曾接触商业秘密的人不得在最后接触此类信息或诉讼终结后 3 年内,直接、间接进行或协助专利申请等相关活动。④ 许多专利案中的保密令包含此类被称作"专利申请禁止"(patent prosecution bar)的规定。

原则上,当事人在特定诉讼接触的机密信息,因受法院签发的保密令约束,不得利用于其他诉讼。如果要用于其他诉讼程序,需申请法院变更保密令。不

---

① Gregory J. Battersby and Charles W. Grimes, Patent disputes: litigation forms and analysis, Aspen Publishers, 2003, 106.

② Protective Order Art.5, Patent Local Rules, United States District Court for the Western District of Pennsylvania.

③ Abraham D. Sofaer, Sanctioning Attorneys for Discovery Abuse Under the New Federal Rules: On the Limited Utility of Punishment 57 St. John's L. Rev. 680, 686(1983).

④ Wm. Wrigley Jr. Co v. Cadbury Adams USA LLC, 73 U.S.P.Q. 2d 2023 (N. D.III 2005).

过,某一法院签发的保密令,其效力并不排除其他法院在另一案件中获取该证据,因此,受原法院所签发的保密令效力约束的人,如接到另一案件中法院有关信息披露之通知时,应立即通知原案件中的保密令申请人,以使原案件申请人得出席并陈述关于系争信息是否须披露的意见。[①]

（五）诉讼结束的信息处理

保密令通常会要求所有受保密令约束的信息接收方,必须于诉讼终结后一定期间（比如 60 天）内,将所有包含商业秘密的文书与其他资料返还于开示当事人或将其销毁,并向开示当事人提出其已履行该返还或销毁义务的宣誓书。作为例外,当事人所聘请的外部律师,得留存一份载有此类信息的法院文书、审理笔录以及为其实施诉讼的律师工作成果。[②] 外部律师可保留商业秘密的目的在于使外部律师就其参加的诉讼留存纪录供日后备查,并保存自己的工作成果。但是,外部律师保管这些材料的同时继续受保密令约束。

（六）违反保密令的处罚

在伞状保密令或默认保密令中,均会记载违反保密令的惩罚。不过,这些记载内容通常是再次强调《联邦民事诉讼规则》的相应规定。

《联邦民事诉讼规则》第 37（b）条规定,法院对于保密令违反者的处罚享有广泛裁量权,可依据案情具体情况决定。[③] 根据该项规定,除了应当考虑由违反命令的当事人或律师支付因违反命令造成的费用（包括合理的律师费）以外,法院通常会判定其藐视法庭（contempt of court）,包括民事藐视法庭和刑事藐视法庭,法院可基于违反的具体情况和惩罚目的而定。民事藐视法庭重在救济与迫使履行的效果,法院可命令违反者赔偿因其行为对他方当事人造成的实际损害,比如课以连续罚款或拘禁直至遵守法院命令;刑事藐视法庭重在惩罚,惩罚通常为一定数额的罚金或一定期限的监禁。对于律师而言,如果违反保密令,他将会面临律师监管机构的质询、被处以在一定地区一定时间内限制执业,乃至免去执业资格。[④]

律师对于保密令涉及的信息具有较重的保密责任,因违反保密令导致商业秘密外泄或用于诉讼外目的,该律师将因构成违反律师伦理规范而面临惩戒,重

---

① Protective Order Art. 15, Patent Local Rules, United States District Court for the Western District of Pennsylvania.

② Protective Order Art. 23, Patent Local Rules, United States District Court for the Western District of Pennsylvania.

③ Charles Alan Wright, et al., Federal Practice & Procedure (2d edition), Westlaw, 1994, pp.612-641.

④ 江苏省高级人民法院课题组:《知识产权诉讼中防范商业秘密泄露问题研究》,《法律适用》2018年第 9 期,第 110 页。

则可能招致除名。当保密令以律师为签发对象时,保密令可能明确规定律师可提供给与其具有指挥监督关系且亦负保密义务的律师助理等人阅览,在这种情况下,律师应尽到指挥监督义务,并以合同或者律师事务所规则等方式责令相关人履行保密义务。

(七) 保密令的撤销、变更与救济

联邦地区法院就其签发的保密令,可自行加以撤销或变更。美国司法实践中,联邦地区法院对其签发的保密令具有变更的广泛自由裁量权。第一巡回法院指出,实务界与理论界一致认为,修改与证据开示有关的保密令属于法院的固有权力,甚至在判决做出之后,只要情况正当也可如此。[①] 签发保密令是一种临时保护措施,法官可依据具体案情的需要签发并确定相应的内容,随着程序推进以及案情发展,已签发的保密令可能不符合需要,变更和撤销保密令就成为一种必要。

法院对于保密令所做裁定,因关涉当事人公平获取信息与保护商业秘密之间的重要权益的平衡,不论准许或驳回,均赋予当事人寻求救济的权利。所以,联邦地区法院法官作成的保密令及其变更或撤销,当事人如果不服,可向巡回法院寻求救济。联邦地区法院确定的保密令内容,原则上联邦巡回法院均予以尊重,仅在构成"裁量权滥用"时才会予以变更或撤销。被认定裁量权滥用的情况包括:在卷宗内并无使得决定正当化的证据;决定适用法律错误;决定的做出是基于明显错误的事实认定;决定呈现法官明显的恣意。[②] 联邦巡回法院在"裁量权滥用"标准下的审查,并非"其在相同之情形下是否会作成相同之裁判",而是"是否任何理性之人(reasonable person)均会赞同地区法院"。[③]

二、美国知识产权诉讼保密令制度评析

美国知识产权诉讼,在追求武器平等原则的同时,通过精细化的保密令制度安排,充分保护当事人的商业秘密。美国的该项制度具有以下特点:

(一) 鼓励当事人之间的合作

美国保密令制度作为证据开示制度的有机组成部分,延续了证据开示中鼓励当事人对抗下的合作模式。这体现在以下几个方面:首先,根据《联邦民事诉讼规则》的规定,当事人申请保密令之前,需要与对方当事人诚信协商,以寻求通过非讼方式努力解决争议。其次,商业秘密的范围以及保密级别由当事人指定,对方当事人如果不同意可提出异议,在法院介入并解决异议之前,

---

① Public Citizen v. Ligett Group Inc. 858 F.2D 775,782 (Ist Cir. 1988).
② Deitchman Citizen v. Ligett Group, Inc., 858 F.2d 775, 782 (Ist Cir. 1988).
③ Washington v. Sherwin Real Estate, Inc., 694 F.2d 1081, 1087 (7th Cir. 1982).

对方需要按照当事人的指定控制知悉该信息的主体范围。最后,实践中伞状保密令的使用更是当事人合作的体现。伞状保密令是由双方协商保密令的内容,然后交由法院核准。法院在最终形成保密令内容时,应当在争执范围内为之,尽可能尊重当事人的意见。依据美国知名联邦法官的经验,在稍微复杂的案件中双方通常都会就保密令内容达成协议。[①] 保密令内容过于宽泛或过于严格均会影响到当事人的权益,伞状保密令的好处在于法庭不必过于纠结平衡点的拿捏。伞状保密令使得双方当事人在商业秘密保护方面发挥主导作用,只有双方发生争议时法院才予以介入,这样节省了大量的司法资源,提高了证据开示程序的效率。

（二）程序灵活性与规范化的统一

法庭对保密令申请的审查是基于个案进行衡量的过程。在保密令的签发与否以及保密令的内容决定方面,法庭享有自由裁量权,可以灵活决定。这体现在以下几个方面:首先,《联邦民事诉讼规则》第 26(c) 条规定了 8 种限制商业秘密开示的权力可供法庭裁量选择,此外法庭还可以确定其他内容的保密令。其次,保密令适用的义务主体可以根据案情决定超出申请范围;再次,对于能否接触商业秘密的内部律师、专利工程师需要法院基于个案衡量。法庭须考虑他们接触、获悉相关商业秘密将会使其所在公司不当获得竞争优势;同时,法庭也须考虑如果公司内部的专业人士无法接触、获悉相关信息,可能使外部律师与该公司无法就案件顺畅地进行交流、磨合,确定适当的诉讼策略和具体方法,从而影响公平诉讼。最后,法院享有广泛的自由裁量权还体现在联邦巡回法院对地区法院的尊重,审查标准为"裁量权滥用"而非"全面审查",地区法院发布的保密令轻易不会被推翻。

在决定保密令时,相关利益主体也被赋予充分的程序权利保障:当事人或第三人被赋予充分的陈述意见机会,包括针对保密令的救济机会,他们可以申请变更、撤销保密令。

法院对于决定保密令享有广泛的自由裁量权,并不会使得是否签发及如何签发保密令如天马行空一般缺乏可预见性。事实上,在美国知识产权诉讼中,保密令操作具有相当的规范化和程序化。法院会尊重当事人之间的伞状保密令,在伞状保密令达成之前,法院可根据地区规则先签发统一的默认保密令。在保有自由裁量权的同时,法庭使得相关程序不仅高效,而且具有规范性和可预见性的统一。

---

① Zenith Radio Corp. v. Matsushita Elec. Indus. Co., 529 F. Supp. 866, 889 (D.C. Pa. 1981) (per J. Becker).

（三）保密级别与不同义务主体相结合

商业秘密分级且不同级别的商业秘密分别适用于不同范围的义务主体，形成严密精细的商业秘密保护体系。商业秘密被分为三个级别，级别越高，可接触、知悉商业秘密的义务主体范围越窄。另外，关于内部律师是否"竞争性政策决定者"从而排除于可接触商业秘密的主体范围，法院必须基于多种因素进行个案分析认定。商业秘密分级与不同义务主体的相互结合，使得当事人在披露信息的同时最大限度地避免商业秘密的不当使用。

（四）以司法权威作为制度实施的保障

美国保密令制度的实施依赖于当事人等相关主体严格遵守善意原则的合作，从而保障保密令制度的落实。这种合作是以美国司法权威作为保障，因为违反保密令将可预见地受到严厉惩罚。保密令程序的多个环节依赖当事人遵循善意原则：当事人在申请保密令之前应与对方善意协商；当事人在指定保密性文件及其保密级别时应谨慎克制；诉讼结束后相关数据应适当处理，如归还或销毁；律师及其他保密义务主体应遵守保密令、避免保密信息外泄；等等。

司法权威以藐视法庭罪为依托，是美国保密令制度得以实施的根本保障。对于拒不执行法院命令的当事人或第三方可以"藐视法庭"论处，严重者可能被判决监禁。藐视法庭制度成为高悬的"达摩克里斯之剑"，确保了司法权威和保密令制度的实施。

第三节　我国台湾地区知识产权诉讼保密令制度

台湾地区 2007 年颁布的"智慧财产案件审理法"第 11—15 条以及第 35、36条规定了秘密保持命令（保密令）制度。此外，2008 年先后颁布的"智慧财产案件审理细则"第 19—27 条以及"法院办理秘密保持命令作业要点"进一步规定了保密令制度。

一、我国台湾地区知识产权诉讼保密令制度的主要内容

（一）保密令的申请条件

"智慧财产案件审理法"第 11 条第 1 项规定："当事人或第三人就其持有之营业秘密，经释明符合下列情形者，法院得依该当事人或第三人之声请，对他造当事人、代理人、辅佐人或其他诉讼关系人发秘密保持命令：一、当事人书状之内容，记载当事人或第三人之营业秘密，或已调查或应调查之证据，涉及当事人或第三人之营业秘密。二、为避免因前款之营业秘密经开示，或供该诉讼进行

以外之目的使用,有妨害该当事人或第三人基于该营业秘密之事业活动之虞,致有限制其开示或使用之必要。"

据此,申请人须就保密令申请符合条件予以释明,包括两点:其一,相关信息为商业秘密;其二,具有限制该商业秘密开示或使用的必要性。"释明"是指当事人提出的证据无需使法院达到确信程度,获得薄弱的心证,相信其事实主张大概如此即可。[①] 其中的"营业秘密",必须是符合"新颖性""经济价值性"以及"秘密性"三项要件的方法、技术、制程、配方、程序、设计或其他可用于生产、销售或经营的信息。[②] 因为营业秘密的开示,有妨害当事人或第三人基于该营业秘密的经营活动之虞,所以有限制其开示或使用的必要性。实践中,在申请人与被申请人之间具有市场上的竞争关系亦可构成限制开示的必要性。新竹地方法院曾指出,相对人尚未通过阅览书状或调查证据以外的方法知悉或持有相关证据的内容,该证据所含申请人的营业秘密,且申请人与对方当事人"就本件系争商品在全球市场有竞争关系",该证据内容如果公开披露,申请人"即可能丧失其商业竞争之优势,而有妨害声请人基于证据所载内容之事业活动之虞。是以本件声请经核无不合,应予准许"。[③]

不过,对方当事人、代理人、辅佐人或其他诉讼关系人,在申请前已依书状阅览或证据调查以外的方法取得或持有该营业秘密时,上述规定不具有可适用性。此时,知悉营业秘密之人,是否以及在何程度范围内得使用该营业秘密、开示或使用该营业秘密将产生何种法律效果等问题,应通过其他法律加以规范,而与秘密保持命令制度没有关系。[④]

(二) 保密令的审查与发布

依"智慧财产案件审理法"第 12 条的规定,秘密保持命令申请,应以书状形式提出,并记载下列事项:① 应受秘密保持命令约束之人。② 应受命令保护的营业秘密。③ 符合申请条件。就申请书应载事项而言,应依"智慧财产案件审理细则"第 20 条进行,该条要求申请书就应受命令保护的营业秘密,得以间接引用方式为之。所谓以"间接引用方式",指不直接将营业秘密记载于申请书,只表明出处。同时,保密令裁定的正本也不得以记载营业秘密的文书为附件,以免泄露营业秘密的内容。[⑤] 比如,裁定主文的记载方式可以简略表述为"相对人就如附件营业秘密目录所记载之营业秘密,不得为实施该诉讼以外之目的而使用之,

---

① 台湾地区"最高法院"2009 年台抗字第 170 号民事裁定。

② 黄国昌:《"公正裁判确保"与"营业秘密保护"的新平衡点——简介智慧财产案件审理法中之秘密保持命令》,《月旦民商法》2008 年第 21 期,第 58 页。

③ "新竹地方法院"2004 年重智字第 3 号民事裁定。

④ 参见台湾地区"智慧财产案件审理法草案"第 11 条立法理由。

⑤ 台湾地区"智慧财产案件审理细则"第 26 条第 2 项。

或对未受秘密保持命令之人开示"。至于该附件之目录,可简略记载:"被告于×年×月×日所提出文书,第×页×行起至第×页×行止,所记载之营业秘密。"①

关于保密令的内容,依照"智慧财产案件审理法"第13条和"智慧财产案件审理细则"第25条的规定,②一般采取记载禁止内容的方式,法院并无太大的裁量权。此外,法院可以根据个案实际情形的需要行使裁量权,规定保密令的期限。

由于秘密保持命令申请涉及当事人或第三人营业秘密能否在本案诉讼中开示等问题,法院应先为处理,故依情形法院得先暂停本案诉讼就该营业秘密部分程序之进行(参见"智慧财产案件审理细则"第24条)。

对于该项申请,法院以裁定方式准许或驳回。准许秘密保持命令的裁定不得抗告,如对准许之裁定不服时,相对人应依据撤销程序寻求救济。不同的是,就驳回秘密保持命令申请的裁定,则允许申请人依一般抗告程序表示不服。同时,此裁定应送达申请人及受秘密保持命令约束之人,且自送达时发生效力。③ 依据相关规定的立法理由,对准许裁定不服不得上诉的目的在于"避免于抗告过程中,发生秘密外泄而无从规范之情形"。④

(三)保密义务主体

依"智慧财产案件审理法"第11条的规定,当事人或第三人得就其持有的营业秘密,向法院申请对他方当事人、代理人、辅佐人或其他诉讼关系人发布秘密保持命令。而应受秘密保持命令约束之人,以得因本案接触该营业秘密之人为限。如他方已委任诉讼代理人,其代理人宜并为受秘密保持命令之人。法院在核发秘密保持命令裁定前,得通知两方就应受秘密保持命令约束之人的范围协商确定(参见"智慧财产案件审理细则"第21条)。如果他方当事人正为秘密持有人所不欲使其知悉秘密之人时,则他方当事人应为非受秘密保持命令约束之人,而且可申请通过卷宗阅览权及在场见证权的限制,使其不得接触秘密资料。此时,为保障他方当事人诉讼权,通常即由其诉讼代理人受秘密保持命令约束,以便其可以接触和了解案件卷宗。⑤

---

① 张铭晃:《知识产权诉讼之秘密保护程序》,《法官协会杂志》2007年12月,第9卷第2期,第185页。

② 台湾地区"智慧财产案件审理法"第13条第1项:"准许秘密保持命令之裁定,应载明受保护之营业秘密、保护之理由,及其禁止之内容。""智慧财产案件审理细则"第25条:"法院认为秘密保持命令之声请有理由者,应为准许之裁定;认为无理由者,应以裁定驳回(第1项)。前项裁定,就该营业秘密不得揭露。其裁定主文及理由中宜以间接引用方式,确定应受保护之营业秘密(第2项)。"

③ 台湾地区"智慧财产案件审理法"第13条。

④ 参见台湾地区"智慧财产案件审理法草案"第13条立法理由。

⑤ 黄国昌:《"公正裁判确保"与"营业秘密保护"的新平衡点——简介智慧财产案件审理法中之秘密保持命令》,《月旦民商法杂志》2008年第21期,第57页。

如果非受秘密保持命令约束之人,也未被限制或不许阅览卷宗,那么当他请求阅览案件卷宗时,为避免营业秘密外泄,"智慧财产案件审理法"第15条明文要求法院书记官必须立即通知秘密保持命令的申请人,并且在该人接通知14日内,不得将案件卷宗交付阅览。此规定的目的在于,赋予原申请秘密保持命令之人得在此期间内向法院申请,对请求阅览之人追加核发秘密保持命令或禁止(限制)其阅览诉讼卷宗的机会,以确保秘密保持命令所保护的营业秘密不因此泄露。[1]

（四）保密令的效力

依照"智慧财产案件审理法"第11条第3项的规定,[2]如果法院已依当事人或第三人的申请,核发秘密保持命令,则受秘密保持命令约束之人,不但不得将该受保护的营业秘密,使用于实施该诉讼以外的其他目的,亦不得向其他任何未受秘密保持命令约束之人开示。据此,受秘密保持命令的律师、代理人即不能将所阅览含有秘密保持命令禁止的案卷资料,私下交付他人阅览,或交由其律师助理影印。

依"智慧财产案件审理法"第13条的规定:"准许秘密保持命令之声请时,其裁定应送达声请人及受秘密保持命令之人。秘密保持命令自送达受秘密保持命令之人,发生效力。"而且,依"智慧财产案件审理细则"第27条第1、2项的规定:"法院对于秘密保持命令不得为公示送达";"法院依第21条第2项通知协商时,得晓谕两造协议由应受命令之人到院领取秘密保持命令。"这是因为秘密保持命令的送达,关系到商业秘密的保护以及相关人保密义务的产生,应较一般诉讼文书的送达更为谨慎。

（五）违反保密令的处罚

"智慧财产案件审理法"第35条第1项规定,违反本法秘密保持命令者,处3年以下有期徒刑、拘役或并科新台币10万元以下罚款。刑事追诉则尊重当事人的意愿,依第35条第2项之规定,该罪为告诉乃论(自诉案件)。

在相关情况下,对于保密令的违反采用双罚制。"智慧财产案件审理法"第36条规定:法人之负责人、法人或自然人之代理人、受雇人或其他从业人员,因执行业务犯上述之罪者,除处罚其行为人外,对该法人或自然人亦科以前条第一项之罚款。对前项行为人告诉或撤回告诉者,其效力及于法人或自然人。对前项法人或自然人告诉或撤回告诉者,其效力及于行为人。

（六）保密令的撤销及其救济

"智慧财产案件审理法"第14条规定:受秘密保持命令之人,得以其命令之申请自始欠缺第11条第1项的积极要件("商业秘密的存在"和"具备必要性"),

---

① 参见台湾地区"智慧财产案件审理法"第15条立法理由。
② 台湾地区"智慧财产案件审理法"第11条第3项:"受秘密保持命令之人,就该营业秘密,不得为实施该诉讼以外之目的而使用之,或对未受秘密保持命令之人开示。"

221

或有同条第 2 项的消极要件(相对人、代理人、辅佐人或其他诉讼关系人,在申请人申请前已自阅览或证据调查以外之方法取得或持有营业秘密),或其原因嗣已消灭,向诉讼系属的法院申请撤销秘密保持命令。可见,申请撤销的理由包括保密令的发布"自始不当"和"嗣后不当"两种情况。前者是指在秘密保持令申请时即欠缺实质要件;后者是指秘密保持命令在核发时具备秘密保持命令的实质要件,因嗣后情况发生变更而使得实质要件欠缺的情形。

关于撤销秘密保持命令的裁定,依"智慧财产案件审理法"第 14 条第 4 项的规定,无论撤销申请被准许还是驳回,当事人均得为抗告。撤销秘密保持命令的裁定"经裁定撤销确定时,失其效力"。[①] 该失效的时点可能不是送达时,因为如果当事人提出抗告,失效要等到法院对抗告做出裁定。这与核发秘密保持命令的裁定送达时生效不同,区别对待的理由是着眼于营业秘密保护的实效性。如果撤销秘密保持命令的裁定不待确定即生效力,相对人(即秘密持有者)就该裁定提起抗告时,将有可能发生在抗告程序中营业秘密外泄的情形,即使抗告,法院嗣后废弃原撤销裁定,也已无从补救。[②] 撤销秘密保持命令的裁定确定时,除申请人及相对人外,就该营业秘密如有受秘密保持命令约束的其他人,法院应通知其撤销之意旨。[③]

二、我国台湾地区与美国知识产权诉讼保密令制度之差异

台湾地区知识产权诉讼中的保密令制度与美国的相关制度具有一定的不同,表现在保密令的适用范围、法院的自由裁量权、保密制度的精细化程度等方面。

(一)保密令的适用范围

在美国,保密令制度并不局限于知识产权诉讼,它规定在《美国民事诉讼规则》之中,适用于一般民事案件;而台湾地区仅在知识产权诉讼中引入保密令制度。保密令制度复杂且精细,运作成本颇高。不过,随着配套制度和法律环境的完善以及司法经验的积累,已在知识产权诉讼中施行保密令制度的法域(如我国台湾地区、日本)可以考虑在其他诉讼领域推行保密令。整体而言,该制度在台湾地区已显现它所应具有的积极功效,有必要认真思考将此程序机制扩展至其他诉讼类型,在民事诉讼法中增订具有普遍适用性的规定,使保密令制度发挥的效用,获得全面性的实践。[④]

---

① 台湾地区"智慧财产案件审理法"第 14 条第 5 项。
② 台湾地区"智慧财产案件审理法"第 14 条立法理由。
③ 台湾地区"智慧财产案件审理法"第 14 条第 6 项。
④ 黄国昌:《智慧财产案件审理程序之营业秘密保护》,载《"立宪国家"之课题与挑战》,元照出版公司 2013 年版,第 836 页。

（二）法院的角色不同

美国保密令制度作为证据开示制度的有机组成部分，延续了证据开示中鼓励当事人对抗下的合作模式，法院仅在必要时介入，充分体现了当事人进行主义的诉讼理念。在我国台湾地区知识产权诉讼中，保密令制度是作为文书提出义务的制度配套，虽然鼓励双方当事人就受保密令约束之人的范围通过协商确定，但是当事人关于保密令的申请及相关程序主要通过法院推进，显然保留了职权进行主义的诉讼模式。

（三）制度灵活性与法院自由裁量权

如前文所述，在保密令内容方面，美国法庭享有自由裁量权，可以灵活决定。"智慧财产案件审理法"第 13 条第 1 项规定之下，法院仅可在秘密保持命令中以"排除"方式记载其禁止的内容，法院对于禁止的内容和方式并无太大的自由裁量权，也无法裁定受秘密保持命令之人可在一定条件或方式下对营业秘密以披露、开示或进行其他有限制的利用。

有观点认为，立法准许秘密保持命令的裁定所应载明"受保护之营业秘密""保护之理由"以及"禁止之内容"，在法律解释上，可将营业秘密的"保护程度与方式"，解释为属于"禁止之内容"的范围。[①] 且由于秘密保持命令之内容，必须尽量兼顾所有相关利害的考虑，从而就其具体内容的形成，在践行赋予相关程序主体必要程序保障的审理程序后，应赋予法院行使裁量权的一定空间，而无需完全受当事人申请内容的拘束。不过，法院于裁量形成秘密保持命令的内容时，仍应在当事人实际产生争执的范围内进行，并尽可能尊重相关程序主体的意见。[②]

（四）商业秘密保护的精细化程度

美国的保密令的一个显著特征是商业秘密分级，而且不同级别的商业秘密分别适用于不同范围的义务主体，形成严密精细的商业秘密保护体系。商业秘密级别越高，可接触、知悉商业秘密的义务主体范围越窄。此外，曾接触商业秘密的专利工程师或专利律师受到"专利申请禁止"（patent prosecution bar）的限制。而台湾地区的立法并没有关于不同保密级别与不同义务主体相互结合的类似规定。

（五）保密令的变更与救济

美国联邦地区法院就其签发的保密令，具有予以变更的广泛自由裁量权，同时赋予当事人寻求救济的权利，当事人如果不服，可向巡回法院寻求

---

① 黄国昌：《"公正裁判确保"与"营业秘密保护"的新平衡点——简介智慧财产案件审理法中之秘密保持命令》，《月旦民商法》2008 年第 21 期，第 62 页，注释 39。

② 黄国昌：《营业秘密在智慧财产权诉讼之开示与保护——以秘密保持命令之比较法考察为中心》，《台北大学法律论丛》2008 年第 68 期，第 196 页。

救济。而在台湾地区,对于具备相关要件但是内容不当的保密令未明文提供撤销以外的任何救济途径,不论主体范围过大或过小均是如此,这遭到台湾地区学者强烈的质疑。[①]

(六) 刑事追责在实践中的争议性

在普通法国家的实践中,追究违反保密义务的责任,甚至在必要时以藐视法庭罪追究刑事责任并无明显争议。在我国台湾地区,应否以刑事追责保障保密义务的履行存在争议。有观点认为,营业秘密法无刑罚规定即可推知,营业秘密的保护非以刑罚为必要手段。[②]

实际上,反对刑事追责的观点有失偏颇,刑事追责是保密令能否成功实施的关键,因而具有必要性。在知识产权诉讼中,对于违反保密令的义务主体施加刑法处罚,意在加强知识产权诉讼中当事人的证据收集权,该罪保护的客体不仅是权利人的保密利益,还有司法权威以及司法机关的正常活动,这与实体法中商业秘密保护制度的目的不同,因此应否刑事追责不能与实体法做简单类比。事实上,同为大陆法系的德国在这种情况下也有刑事追责的规定,其《法院组织法》第174条第3项明确规定,法庭不公开审理时,法院可以命令在场之人对于经由辩论或官方文书中所知悉之事实负有保持秘密之义务,若违反该义务可根据德国《刑法》第353条之4受刑事处罚。[③]

第四节　我国知识产权诉讼中商业秘密保护的不足与完善

一、我国知识产权诉讼中商业秘密保护的不足

在我国知识产权诉讼中,证据提出和证据保全的过程同样面临如何妥善保护商业秘密的问题,不过,我国的相关立法与实践存在诸多不足。

(一) 我国相关立法及其不足

我国民事诉讼中的商业秘密保护制度包括以下内容:对于涉及商业秘密的案件,当事人可以申请不公开审理;[④]对涉及商业秘密的证据,不得在公开开庭

---

① 黄国昌:《智慧财产案件审理程序之营业秘密保护》,载《"立宪国家"之课题与挑战》,元照出版公司 2013 年版,第 829—830 页。

② 王伟霖:《论智慧财产案件审理法规定的秘密保持命令》,《法令月刊》2007 年第 58 卷第 7 期,第 138—139 页;张宇枢:《评析"智慧财产案件审理法"草案中与秘密保持命令相关的规定——兼论美国实务之运作模式》,《月旦法学杂志》2006 年第 12 期,第 51 页。

③ 黄国昌:《营业秘密在智慧财产权诉讼之开示与保护——以秘密保持命令之比较法考察为中心》,《台北大学法律论丛》2008 年第 68 期,第 252 页。

④ 《民事诉讼法》第 134 条:"人民法院审理民事案件,除涉及国家秘密、个人隐私或者法律另有规定的以外,应当公开进行。离婚案件,涉及商业秘密的案件,当事人申请不公开审理的,可以不公开审理。"

时出示；①关于公众可以查阅的发生法律效力的判决书、裁定书，涉及商业秘密的内容除外；②法院可以依职权或者当事人的申请限制其他当事人（及代理人）阅览、复制涉密证据材料或者限制阅览、复制涉密证据的主体；③此外，查阅案件材料中涉及国家秘密、商业秘密和个人隐私的，诉讼代理人应当保密。④ 与美国采取彻底公开主义、案件卷宗允许案外人阅览不同，在我国，不存在卷宗材料的一般公开，只涉及其他案件审理活动的公开，比如公开开庭、公开举证和公开质证等。

此外，《最高人民法院关于充分发挥知识产权审判职能作用推动社会主义文化大发展大繁荣和促进经济自主协调发展若干问题的意见》（以下简称《知识产权审判职能意见》）第25条规定：完善商业秘密案件的审理和质证方式，对于涉及商业秘密的证据，要尝试采取仅向代理人展示、分阶段展示、具结保密承诺等措施限制商业秘密的知悉范围和传播管道，防止在审理过程中二次泄密。《知识产权审判职能意见》体现了我国知识产权诉讼中商业秘密保护的司法政策，但具体操作性规则有待确立与完善。

总体而言，我国民事诉讼中商业秘密保护的立法以及司法解释简单粗放，过于原则，知识产权诉讼中的商业秘密保护缺乏充分的保障。比如，知识产权诉讼证据保全中尤其存在商业秘密保护不足的问题，随着司法透明度和信息化改革的推进，对审判流程和裁判文书公开的要求不断提高，泄密的风险增大，诉讼进程的每个环节以及审判流程的每个阶段，即从立案到审判、执行、档案管理等各诉讼阶段，都存在着泄密的可能。⑤ 此外，在我国民事诉讼中，不公开审理以当事人申请为条件，没有规定法院应向当事人释明可以申请不公开审理，导致实践中应适用而未适用不公开审理的几率增大，泄密风险也相应增大。为此，一些实务界人士特别强调了法院积极行使释明权的必要。⑥ 除了不公开审理的适用，

---

① 《民事诉讼法》第68条："证据应当在法庭上出示，并由当事人互相质证。对涉及国家秘密、商业秘密和个人隐私的证据应当保密，需要在法庭出示的，不得在公开开庭时出示。"

② 《民事诉讼法》第156条：公众可以查阅发生法律效力的判决书、裁定书，但涉及国家秘密、商业秘密和个人隐私的内容除外。

③ 参见《民诉法解释》第255条第1款第5项；最高人民法院2012年5月公布的《关于审理因垄断行为引发的民事纠纷案件应用法律若干问题的规定》第11条对于反垄断案件中商业秘密的保护也有类似规定。

④ 《最高人民法院关于诉讼代理人查阅民事案件材料的规定》第8条。

⑤ 对此，江苏省高级人民法院2004年2月制定的《关于审理商业秘密案件有关问题的意见》中也规定，商业秘密的具体内容不应在裁判文书中载明，对于庭审中涉及商业秘密的信息存入副卷。

⑥ 江苏省高级人民法院课题组：《知识产权诉讼中防范商业秘密泄露问题研究》，《法律适用》2018年第9期，第108页；蒋志培：《关于知识产权诉讼证据若干问题的探讨与思考》，载"知识产权司法保护网"2015年1月4日，http://www.chinaiprlaw.cn/index.php? id=229，访问日期：2020年2月13日（作者提出涉及商业秘密的案件，法官应行使释明权，让当事人明确商业秘密的证据材料的范围以及是否申请不公开开庭审理）。

对于涉密证据的不公开质证,如何保护商业秘密也缺乏具体制度的保障。

(二) 相关司法实践及其局限性

我国司法实践中主要运用的保密措施包括签订保密协议、分阶段展示涉密证据、仅向代理人展示涉密证据,有些地方法院也试行了保密令制度。

1."仅向代理人展示"可能存在的问题

正如《知识产权审判职能意见》第 25 条规定的那样,法院可以依职权或者依申请将展示证据的对象仅限于代理律师。① 不过,这种做法的问题在于:其一,我国知识产权诉讼中并没有施行强制代理制度或者指定诉讼代理制度,当事人没有委托代理人的情况下,应当如何操作成为一个难以逾越的问题。其二,实践中,多数律师缺乏与涉案商业秘密相关的专业知识,仅向代理人披露涉密证据,虽有利于商业秘密的保护,但是律师无法理解技术性事项并展开有效质证,致使质证效果难以令人满意。所以,在实践中法院往往先征询双方当事人的意见,根据诉讼对等原则,通过双方协商的方式确定参与质证的人员范围。② 实际上,商业秘密披露对象的范围大小,是"商业秘密保护"与"当事人公平信息权"之间的平衡问题,应当鼓励双方当事人进行协商,使双方均享有表达意见的机会,同时由法院就主体范围予以裁量决定。③ "仅向代理人展示"的做法相当于美国保密令中最高密级"仅限于外部律师"的保护力度,应当十分谨慎地适用,否则存在损害相对人正当程序权利或者攻击防御能力的较高风险。

2. 涉密证据分阶段展示及其局限

"分阶段展示"也是《知识产权审判职能意见》第 25 条规定建议的做法之一。证据交换或出示过程中,特别是在发明专利和商业秘密案件中存在很多涉密证据材料。权利人没有必要一开始全部展示涉及商业秘密的内容,可以分阶段展示,对方分阶段质证。法院应当结合案件的性质和类型,依据证据出示对等原则,根据权利人展示涉密证据的程度,确定对方展示证据的相同程度。权利人应明确其商业秘密的秘密点并提交载体,证明商业秘密的内容、价值以及采取了合理的保密措施。若原告举证不足以证明商业秘密的成立,则法院不必要求对方进行证据交换和质证,从而避免了被告商业秘密此后被不合理地予以公开。在

---

① 关于《知识产权审判职能意见》第 25 条规定的"仅向代理人展示",有观点认为,该条用语不够准确,实际上强调的是"展示",即限制当事人全文复制之意。依该观点,至少本人或法定代表人参与诉讼的情况下有知悉案件信息的权利。这种观点应是错误的理解,该条规定的原意应为限制接触商业秘密的人士,在必要情况下(尤其是当事人之间存在市场竞争关系时)也应包括当事人或当事人的高级管理人员(在场见证权的合理排除),比如证据保全实施中应由代理人到场。

② 江苏省高级人民法院课题组:《知识产权诉讼中防范商业秘密泄露问题研究》,《法律适用》2018年第 9 期,第 108 页。

③ 黄国昌:《智慧财产案件审理程序之营业秘密保护》,载《"立宪国家"之课题与挑战》,台湾元照出版公司 2013 年版,第 825 页。

具体程序操作中,可将当事人提交证据包含的商业秘密划分为外围技术和核心技术,并细化为若干层次。对比双方出示的相关技术资料的类似性时,从外围技术到核心技术逐步深入,证据展示的层次以能够认定侵权的必要性为限。[①] 分阶段展示作为具有较强操作性的司法实践获得了一些资深法官的认可和推荐。[②] 实际上,在台湾地区的知识产权诉讼中,也存在着类似实践:为避免商业秘密的一次提出导致他人全然知悉的风险,或基于诉讼策略考虑,仅提出部分营业秘密,如果这样即可与权利人主张的专利技术范围相区分,而达到让法院认定并无侵权行为,那么申请人将可采取分阶段方式来开示营业秘密内容;针对不同的对象,这样的披露方式也可达到分散营业秘密内容的目的。[③] 不过,这种做法只是"抱着石头过河"的权宜之计,不能根本上解决商业秘密泄露的问题,同时容易导致程序的繁琐和拖延。

3. 签署保密协议及法律责任问题

签署保密协议或保密承诺书是许多地方法院保护商业秘密的常用手段。[④] 保密协议的内容包括:① 商业秘密的信息范围,一般由权利人指定,法院进行复核。② 保密的方式,通常要求不得私自复制、阅览、摘抄、录音或拍摄秘密信息,不得为该案以外目的而使用、披露或允许他人使用上述秘密信息。③ 违反保密义务应承担的法律责任。[⑤] 江苏省高级人民法院《侵犯商业秘密纠纷案件审理指南(2010)》第7.3条规定:在证据交换前,应当要求当事人、当事人的代理人、法院或当事人聘请的技术专家、鉴定人员、诉讼中有可能接触秘密信息的其他诉讼参加人签署书面承诺,保证不披露、使用或允许他人使用其可能接触到的对方当事人的商业秘密,否则承担相应的法律责任。[⑥] 但在具体操作层面,法院通过什么程序认定义务人是否承担责任、义务人应承担法律责任的类别、如何追究义务人的法律责任以及义务人如何寻求救济途径等问题,均缺乏明确的法律依据。与美国的保密令、我国台湾地区的秘密保持命令制度相比较,保密协议、保密承诺函的法律约束力、威慑力有所欠缺,更多地体现其警示性,尚不

---

① 王琳、郑新建:《知识产权中的证据交换问题研究》,《河北广播电视大学学报》2014年第1期,第71页。

② 参见秦善奎:《知识产权民事审判证据实务研究》,知识产权出版社2018年版,第420页;蒋志培:《关于知识产权诉讼证据若干问题的探讨与思考》,载"知识产权司法保护网"2015年1月4日,http://www.chinaiprlaw.cn/index.php? id=229,访问日期:2020年2月13日。

③ 张铭晃:《知识产权诉讼之秘密保护程序》,《法官协会杂志》2007年12月,第9卷2期,第182页。

④ 陈惠珍等:《充分发挥审判职能作用,依法加强商业秘密保护——上海浦东新区法院关于商业秘密诉讼情况的调研报告》,《人民法院报》2012年6月28日,第8版。

⑤ 秦善奎:《知识产权民事审判证据实务研究》,知识产权出版社2018年版,第419页。

⑥ 参见江苏省高级人民法院《侵犯商业秘密纠纷案件审理指南(2010)》第7.3条及"附件:保密承诺书(样式)",其分别使用的措辞是"承担相应的法律责任"和"依法承担相应的民事责任;情节严重构成犯罪的,依法承担相应的刑事责任"。

足以起到防范作用。[①]

4. 证据保全中商业秘密保护的缺失

司法实践中,对于涉及技术特征对比的技术类商业秘密案件,为固定争议的技术事实,一般会通知双方当事人、代理人以及技术专家到场,采取现场勘验和技术比对相结合的保全方式进行证据保全。[②] 被告的证据材料尚未经过充分甄别,其商业秘密可能遭受侵害或泄露,因此应当由申请人的代理人代为到场。[③] 申请人及其雇员、负责人原则上不应到场。但我国相关法律对于证据保全实施程序中对申请人的在场见证权的排除或限制并未涉及。

5. 保密令的试行及其局限

我国一些地方法院在审理知识产权诉讼案件中已试行保密令制度。比如,厦门市中级人民法院 2010 年 12 月 24 日出台的《知识产权审判保密令制度(试行)》规定了保密令制度,其主要包括:法院可依申请或依职权发布保密令;受保密令约束的人不得将商业秘密用于诉讼以外的目的,不得对其他人泄露;诉讼中限制或禁止阅读、摘抄、复制,诉讼结束后限制归档案卷的查阅,作出保密令裁定的案件归档后,有关单位或个人需要查阅案卷的,应由审理该案件的业务庭庭长审批同意;对于违反保密令规定的,依照民事诉讼法有关妨碍民事诉讼强制措施的规定,可以对相关责任人拘留、罚款,情节严重的可以追究刑事责任。依据厦门市中级人民法院民三庭负责人的解释,该制度旨在发挥司法能动性,为当事人解决其商业秘密保护的后顾之忧并维护其权利,其法律基础是《民事诉讼法》第111 条第 1 款[④]和第 154 条第 1 款[⑤]的规定。[⑥] 厦门市法院试行的保密令制度是在借鉴我国台湾地区保密令制度的基础上,在我国民事诉讼法框架内一次制度创新的尝试。它明确规了以下内容:保密令程序的启动,诉讼中披露的商业秘密不得用于诉讼外目的,具体保密措施以及违反保密令的惩罚。

上述做法具有一定的实践意义,为我国知识产权诉讼法未来确立保密令制度进行了有益探索。同时,它具有明显的不足之处:首先,规定的内容比较简单

---

① 江苏省高级人民法院课题组:《知识产权诉讼中防范商业秘密泄露问题研究》,《法律适用》2018 年第 9 期,第 109 页。

② 同上。

③ 同上。

④ 《民事诉讼法》第 111 条第 1 款规定:"诉讼参与人或者其他人有下列行为之一的,人民法院可以根据情节轻重予以罚款、拘留;构成犯罪的,依法追究刑事责任:……(六)拒不履行人民法院已经发生法律效力的判决、裁定的。人民法院对有前款规定的行为之一的单位,可以对其主要负责人或者直接责任人员予以罚款、拘留;构成犯罪的,依法追究刑事责任。"

⑤ 《民事诉讼法》第 154 条第 1 款和第 2 款规定:"裁定适用于下列范围:……(十一)其他需要裁定解决的事项。对前款第(一)、(二)、(三)项裁定,可以上诉。"

⑥ 郑金雄、薛潇:《"保密令":破解商业秘密举证的两难困境》,《人民法院报》2011 年 2 月 19 日,第7 版。

粗放,很多重要事项没有涉及,比如保密令申请的条件及审查标准。其次,法院可以依职权发布保密令的规定体现了过于浓厚的职权主义色彩。再次,违反保密令惩罚的规定过于抽象,惩罚力度不具有威慑性,难以保障保密令制度的有效实施。最后,对于保密令的签发及其内容无法获得上诉的救济,对当事人的权利保护不够充分。

二、我国知识产权诉讼中商业秘密保护的立法完善

综上,我国现有制度并不足以充分保护知识产权诉讼中的商业秘密。尤其是双方当事人之间存在商业竞争关系的情况下,当事人可能滥用程序,表现在两个方面:其一,当事人谎称存在商业秘密并据此拒绝证据提交的要求;其二,当事人提起恶意诉讼,试图不当获取其竞争对手的商业秘密。[1] 依据相关调研,在关于商业秘密的诉讼中,原告胜诉率较低的原因之一就是原告消极举证,原告担心将被告原本尚未掌握的商业秘密透露给被告,仅提交其确定已被他人知悉的资料,从而导致举证不足。[2]

我国知识产权诉讼证据收集制度的改革趋势进一步提高了完善保密制度的必要性。在证据收集制度不断完善的背景下,当事人取证能力在得到加强的同时,对证据持有人商业秘密的保护也应加强,以实现利益平衡。因此,在原有保密制度的基础上,我国应当加强完善保密制度。

(一)加强防止泄密流程管理的制度化

书证(文书)提出命令和法院调查取证均涉及商业秘密的保护,而且在将来我国确立了信息权制度的情况下,信息提供命令也会涉及商业秘密的保护。法院命令当事人或第三人披露证据或信息应以商业秘密的保障为条件,法院有权也应当根据具体案情选择采取适当的保密措施。我国应当采取绝对保护(如特免权制度)和相对保护相结合的模式,在相对保护模式下,既包括一般公开的限制(如不公开审理、不公开质证),也包括个人公开的限制(在场见证权或卷宗阅览权的限制)。

证据保全也往往涉及商业秘密的保护。为平衡当事人正常生产经营的权利和保障申请人证据收集权,应尽可能适当地固定涉密内容的范围,并限制接触人员范围。在实施保全过程中避免申请方当事人接触被保全信息,必要时可以通过委托或者聘请与双方无利害关系的第三方专家参与保全,及时剔除超范围查

---

[1]　黎淑兰:《商业秘密侵权案件审理的难点问题及对策思考》,《东方法学》2012 年第 6 期,第142 页。

[2]　陈惠珍等:《充分发挥审判职能作用,依法加强商业秘密保护——上海浦东新区法院关于商业秘密诉讼情况的调研报告》,《人民法院报》2012 年 6 月 28 日,第 8 版。

封的内容。① 为保护证据保全申请人的利益,如果当事人未委任代理人,法院可要求其指定代理人或直接为其指定特别代理人,由后者代为陈述立场与意见。

应完善涉密证据交接留痕制度,减少涉密证据的流通次数,在立案、审判、执行、上诉移送等不同环节的交接要有交接记录。② 案件审结后,对涉密证据以及文书附件单独装订涉密副卷。归档后,他人申请查阅档案材料的,不得查阅涉密副卷。

涉密信息的电子化,应当与同案件其他案卷材料区分处理,在流转程序中添加保密提示卷标,或者通过权限配置的方式,仅限案件合议庭成员、书记员查看包含商业秘密信息的流转材料,通过技术手段防止涉密信息在内部办案系统中的泄露。③

(二)规定当事人或第三人在特定情况下拒绝公开商业秘密的权利

在未来我国确立了特免权制度以后,商业秘密的绝对保护方法主要是通过商业秘密特免权④或者与商业秘密保护相关的特免权⑤的承认与行使得以体现。尽管商业秘密的绝对保护模式存在明显的弊端,尤其是在有其他诸多选项的情况下更是如此。不过,仍然不能完全排除使用商业秘密绝对保护方法的可能性。如果商业秘密的公开会导致当事人或第三人的重大损害,在具体情况中难以获得更优的保密方法的情况下,基于利益衡量,商业秘密的不予公开即具有了正当性和合理性。所以作为商业秘密的绝对保护方法,我国知识产权诉讼中承认商业秘密特免权及其相关特免权仍然是必要的,尽管法院应严格审查这一权利行使的条件,该权利的行使只是一项例外,而不是常规方法。

(三)完善诉讼代理制度

因知识产权案件的专业性和复杂性,我国知识产权诉讼代理呈现专业化发展的趋势,一大批执业经验丰富的专业律师逐渐集中于这一领域,相对于其他民商事案件,知识产权案件有律师代理的比例已经处于相当高的状态,在浙江等发达地区,这个比例已经达到 80%—90%,⑥但是仍然有必要完善代理制度,以满足商业秘密保护的需要。

---

① 江苏省高级人民法院课题组:《知识产权诉讼中防范商业秘密泄露问题研究》,《法律适用》2018年第 9 期,第 113 页。

② 秦善奎:《知识产权民事审判证据实务研究》,知识产权出版社 2018 年版,第 423—424 页。

③ 江苏省高级人民法院课题组:《知识产权诉讼中防范商业秘密泄露问题研究》,《法律适用》2018年第 9 期,第 113 页。

④ 比如,在商业秘密的公开将导致当事人或第三人重大损害且无其他适当的保密措施时,当事人或第三人可以拒绝提出商业秘密。

⑤ 比如,律师、专利代理等基于职务、身份或执业上的关系而持有的文书。

⑥ 杜仪方,庞飞霞:《我国民事诉讼部分实行强制代理问题探析——以知识产权诉讼为分析视角》,《现代物业(中旬刊)》2011 年第 12 期,第 134 页。

　　知识产权诉讼实践较多地涉及商业秘密保护,作为保密的措施,当事人或者其雇员、负责人的在场见证权、案卷阅览权往往有必要予以排除或限制(尤其是在证据保全的实施过程),这时为了保护该方当事人的正当程序权利,由其代理人代为行使相应权利是必要的。这样,如果该方当事人尚未指定代理人,法院应有权依法要求其指定代理人或者直接为其指定代理人,以保护其利益。

　　不过,作为长久之计,我国在知识产权诉讼中应当考虑确立强制代理制度。强制代理是指在民事诉讼中,必须由律师作为当事人的代理人代为实施诉讼行为。知识产权诉讼案件的案情往往较为复杂、专业性强,强制代理除了可以满足商业秘密保护的需要从而有利于双方充分的证据披露,也可补强知识产权诉讼当事人的诉讼能力、实现当事人的平等对抗,同时对我国知识产权诉讼中潜在的过度职权主义色彩产生抑制作用。是否采纳强制代理制度取决于案件的特点和诉讼程序的要求,并且受到诉讼成本、法律文化等因素的影响。如今,在一审程序的知识产权纠纷等新型复杂案件中适用强制代理制度的条件逐步具备,可以着手构建强制代理制度。[①]

　　(四) 确立秘密审查与中立第三人制度

　　为保护商业秘密,防止商业秘密泄露,通过立法确立秘密审查程序也是一种必要的选择,包括在决定是否采取具体保护措施之前,通过中立第三人(鉴定人或专家)对权利人所谓"商业秘密"进行秘密审查,决定相关资料是否构成商业秘密,并制作专家报告。如果不构成商业秘密,法院可要求持有人予以披露。如果构成商业秘密,中立第三人则可以根据情况建议保密措施,比如由中立第三人涂黑证据的涉密部分然后由法院要求披露,或者法院发布保密令,法院也可以决定不公开审理、不公开质证,甚至商业秘密持有人可以拒不提出商业秘密(这仅在商业秘密的提出会损害当事人或第三人的重大利益或者符合证据提出义务的其他例外时才具有正当性)。

　　中立第三人应当负有保密义务,通常被要求另外签署保证书并承诺不将所知信息对外泄露,或者由法院向其发布保密令。秘密审查涉及对当事人的在场见证权的排除和卷宗阅览权的限制。在秘密审查程序中,法院可依职权禁止知识产权权利人于调查证据期日在场,仅允许负有保密义务的诉讼代理人、辅佐人等参与该证据调查,同时限制权利人本人阅览笔录卷宗的权利。

　　(五) 确立知识产权诉讼保密令制度

　　保密令制度的功能在于鼓励证据披露,有利于维护武器平原则和发现案件事实,同时最大程度地保护商业秘密,从而实现利益平衡。

---

① 苏志强:《民事诉讼律师强制代理》,《政治与法律》2019 年第 12 期,第 23 页。

有两种保密令制度的立法模式可供我国参考：其一，实体法模式，比如日本2004年修改《特许法》，其中第105条第4—7款增设保密令制度，另外《实用新型法》第30条、《外观设计法》第41条、《商标法》第39条以及《不正当竞争防止法》第10—12条都规定了该项制度。其二，特别程序法模式，比如我国台湾地区在2007年于"民事诉讼法"之外另外出台了"智慧财产案件审理法"，其中第11—15条、第35—36条增设保密令制度。就立法技术而言，第一种模式牵涉多部法律的修订以及实体规则与程序规则间的融合，导致繁杂的立法修订，而第二种模式更为简便易行。建议我国制订"知识产权特别程序法"，将保密令制度和近几年作为热点讨论的知识产权诉讼其他制度（如证据披露制度、专家证人制度、技术审查官制度、消费者问卷调查制度）一并规定。该项制度应包括以下内容：

首先，当符合以下申请条件时，当事人或第三人可向法院提出保密令申请：① 当事人出示或依法本应出示的文件资料记载了其商业秘密；② 该文件资料的出示可能侵害其商业秘密，因而具有限制出示或使用的必要性。申请书应记载下列事项：① 保密义务主体；② 保密令保护的商业秘密；③ 关于该申请符合保密令申请条件的说明。如果法院认为需要签发保密令但当事人没有申请的，应予以释明，涉及第三人商业秘密保护的，法院可以依职权签发保密令。在保密令审查方面，法院应享有适当的自由裁量权，不过也应对案件作出全面审查，尤其是在判断"必要性"时需综合考虑多方面因素，在利益衡量的基础上作出决定。

其次，保密义务的主体限于因案件审理可接触该商业秘密的人，包括其他当事人、代理人、鉴定人、证人、专家辅助人及其他诉讼参与人。在实践中法院可借鉴美国经验，对于不同保密级别的商业秘密确定不同的保密措施或者限定不同范围的义务主体。为避免当事人通过恶意诉讼窥探竞争对手的商业秘密，法院可以考虑将其他当事人的企业法务和"竞争性政策制订者"排除于保密义务主体之外，同时限制其阅览、复制涉密证据材料的权利。法院有权确定具体保密义务的形式与内容。为防止法官的自由裁量权过于宽泛，应当通过司法解释、案例指导制度以及地方性司法文件确立详细的保密令程序指引，以兼顾裁定的可预见性。同时，基于协同主义理念，法院在作决定前应鼓励当事人发挥主导作用，保密令的内容可以由双方商定，[①]然后由法院予以核准。如果双方意见分歧难以弥合，或因协商可能造成程序拖延，那么法院应及时介入、确定保密令的内容。

最后，关于保密令的效力，保密令的义务主体不得将保密令保护的商业秘密

---

① 在我国司法中，关于商业秘密披露的范围也有类似实践。部分法院往往不愿严格实际执行"仅向代理人披露"涉密证据，而是先征询双方当事人的意见，根据诉讼对等原则，通过双方协商的方式确定参与质证的人员范围。江苏省高级人民法院课题组：《知识产权诉讼中防范商业秘密泄露问题研究》，《法律适用》2018年第9期，第108页。

使用于该诉讼以外的其他目的,也不得向其他任何保密令义务主体之外的人披露。而且,保密令应规定当事人或代理人必须在诉讼终结后一定期间(比如60天)内,将所有包含商业秘密的文件资料返还于提供方或将其销毁。如果法院在后续程序中认为保密令的内容确有不适合之处,它可以依职权或依申请变更和撤销保密令。如果不服法庭关于保密令所做的裁定,当事人有权提出上诉。

(六) 强化对保密义务违反者的责任追究

如果缺乏有效处罚,那么保密令或者保密协议将难以得到切实遵守,知识产权诉讼中的保密制度将因缺乏司法权威而难以切实执行。我国民事诉讼中普遍存在藐视司法权威的情况,这在很大程度上应归因于我国《民事诉讼法》第10章("对妨碍民事诉讼的强制措施")的立法不足,具体表现为:条文数量过少(从第109—117条),表述不清,导致强制措施难以落到实处;未能准确定位强制措施的性质,片面地将其视作"教育手段"或"教育手段为主",致使惩罚力度不足以产生威慑力。[①] 厦门市法院施行的保密令制度的法律依据分别是我国《民事诉讼法》第154条第1款和第111条第1款,法院依据前者可作出保密令的裁定,依据后者可追究违反保密令的责任;第111条中"构成犯罪的,依法追究刑事责任"指向《刑法》第313条("拒不执行判决、裁定罪")[②]和《刑法修正案(九)》新增设的第308条之1("泄露案件信息罪")[③],两罪存在竞合的可能。在以往的刑事司法实践中,依据《刑法》313条最终追究刑事责任的比例畸低,对于责任人多适用拘留,"以拘待刑"现象突出,即使认定构成犯罪,判处的刑罚也多为缓刑。[④] 而对"泄露案件信息罪"的理解仍然存在分歧,其适用效果与影响尚待观望。[⑤] 为维护司法权威和司法机关正常活动,应当明确规则的适用标准并完善相关程序,切实落实相关惩罚措施。有效的责任追究可为知识产权诉讼保密制度提供必要的坚实的保障。

[①] 李响:《秩序与尊严——民事诉讼强制措施重构刍议》,《法治研究》2011年第8期,第41页。

[②] 《刑法》第313条规定:"对人民法院的判决、裁定有能力执行而拒不执行,情节严重的,处三年以下有期徒刑、拘役或者罚金;情节特别严重的,处三年以上七年以下有期徒刑,并处罚金。单位犯前款罪的,对单位判处罚金,并对其直接负责的主管人员和其他直接责任人员,依照前款的规定处罚。"第1款后半句的刑罚规定和第2款单位犯罪的规定为《刑法修正案(九)》新增加的内容。

[③] 《刑法》第308条之1规定:"罪司法工作人员、辩护人、诉讼代理人或者其他诉讼参与人,泄露依法不公开审理的案件中不应当公开的信息,造成信息公开传播或者其他严重后果的,处三年以下有期徒刑、拘役或者管制,并处或者单处罚金。……单位犯前款罪的,对单位判处罚金,并对其直接负责的主管人员和其他直接责任人员,依照第一款的规定处罚。"

[④] 谢建芳:《拒不执行判决、裁定罪的法律适用》,载刘贵祥主编:《强制执行的理论与制度创新》,中国政法大学出版社2017版,第471页。

[⑤] 韩旭:《〈刑法修正案(九)〉实施后如何善待律师权利——兼论泄露案件信息罪和扰乱法庭秩序罪的理解与适用》,《法治研究》2015年第6期,第54—60页。

本 章 小 结

知识产权诉讼中的商业秘密保护有绝对模式和相对模式之分。绝对保护模式承认商业秘密特免权,将发现真实和秘密保护对立起来,使法院往往陷入两难选择。相对保护模式是一种采取保密措施情况下的商业秘密披露模式,兼顾了发现真实和秘密保护。大陆法系对商业秘密采取绝对保护与相对保护相结合的模式。普通法系原则上不承认商业秘密的绝对保护,而采用商业秘密的相对保护模式。欧盟统一专利法院的商业秘密保护采用了绝对保护和相对保护相结合的模式,在一定程度上融合了两大法系的做法,同时保留了相当程度的灵活性,法官可依据具体案情决定保密方法。

保密令制度源于普通法国家,并得到日本、我国台湾地区的效仿和借鉴。美国知识产权诉讼保密令制度是由《联邦民事诉讼规则》第 26(c)条、各州商业秘密法、判例法、"地区规则"等构成的严密体系。美国知识产权诉讼中的保密令程序具有以下特征:鼓励当事人之间的合作,程序灵活性与规范性的统一,商业秘密分级且与不同义务主体相结合,而且以司法权威作为制度实施的保障。我国台湾地区知识产权诉讼中的保密令制度与美国的相关制度具有一定的差异,表现在诸多方面,比如保密令的适用领域、法院的角色、制度灵活性与法院自由裁量权、保密制度的精细化程度、保密令的变更与救济、刑事追责在实践中的争议性等。

我国知识产权诉讼中的商业秘密保护制度存在诸多不足,立法与司法实践对此尚缺乏足够的重视。尤其是,当双方当事人之间存在商业竞争关系,在现有制度框架下,当事人可能滥用程序,证据的披露与保全容易导致权利人商业秘密的泄露。我国应当加强防止泄密流程管理的制度化;规定当事人或第三人在特定情况下拒绝公开商业秘密的权利;完善诉讼代理制度以满足商业秘密保护的需要;确立秘密审查与中立第三人制度;立法正式确立知识产权诉讼中的保密令制度;强化对保密义务违反者的责任追究等。

第七章　知识产权诉讼中的"违法收集证据"问题

由于知识产权诉讼中突出的"举证难"问题,加之证据收集权缺乏程序保障,当事人可能会采取一些非常规方式甚至违法方式收集证据,比如悬赏取证、陷阱取证。这些行为是否可能构成"违法收集证据"? 知识产权诉讼是否适用"非法证据排除规则"? 又如何适用"非法证据排除规则"? 我国知识产权领域尤其是实务界对此给予了相当多的关注。基于对域外非法证据排除规则及其适用的比较考察,[①]本章对我国民事诉讼非法证据排除规则进行反思,并针对我国知识产权诉讼中悬赏取证和陷阱取证这两种可能涉嫌非法的典型取证方式进行分析。

第一节　非法证据排除规则的比较法考察

非法证据排除的概念源于美国刑事诉讼,此后逐渐为各国所借鉴。在民事诉讼中非法证据应否排除、何种情况下排除,不能简单套用刑事诉讼规则。理论上应从刑事诉讼非法证据排除规则入手,分析规则背后的目的和政策考虑,区分两种诉讼的不同,在此基础上对民事诉讼非法证据排除规则进行重新审视和反思。

一、非法证据排除规则溯源:刑事诉讼领域的考察

(一)美国
非法证据排除规则源于美国的刑事诉讼,之后逐渐为世界各国刑事诉讼制度所接受。美国非法证据排除规则的目的在于保护公民的宪法权利(主要是人权),限制警察滥用权力。

---

① 正如许多国家或地区没有明文规定民事诉讼中的非法证据排除规则,只是通过司法实践确立其立场,欧盟统一专利法院也没有相关规则的明文规定,且该法院尚未实际运行,因此以下的比较分析不涉及欧盟统一专利法院。

235

美国非法证据排除规则多涉及美国宪法,比如宪法第四修正案(关于通过非法扣押、搜查方式收集的证据)、第五修正案和第六修正案(关于非法自白)。通常情况下的美国证据排除规则是自动适用的,法官无自由裁量权。总之,在美国,该规则的出发点在于对公民宪法权利的保护,针对的是政府行为。

(二)德国

《德国刑事诉讼法》中的第 136a 条规定了刑事诉讼中禁止使用非法取得的证据。不过,在德国不存在一般意义上的证据排除规则。[①] 对于非法取得的证据,德国理论界倡导依据"权衡"方式决定非法证据是否采纳,这种立场获得了实务界的认可。德国证据排除规则的适用并不区分言辞证据和实物证据。当证据通过侵犯德国宪法所保护的个人基本权利的方式所取得,无论是由政府人员取得还是个人取得,德国法院都会考虑予以排除。

(三)我国台湾地区

1998 年台湾地区"最高法院"的判决首次承认了非法证据排除的概念。[②] 从2001 年开始的刑事诉讼法修正活动,陆续确认非法证据排除规则,比如 2003 年9 月 1 日补充规定的"刑事诉讼法"第 158 条之 4 规定:"除法律另有规定外,实施刑事诉讼程序之公务员因违背法定程序取得之证据,其有无证据能力之认定,应审酌人权保障及公共利益之均衡维护。"台湾地区,法官对于非法证据排除与否享有自由裁量权,行使该权力需要考虑人权保障与公共利益才能做出决定。

(四)其他国家

在英国刑事诉讼中,非法证据的排除区别对待不同证据形式。非法自白采取自动排除原则。非法获取的实物证据,英国司法实践中将交由法官决定,即采取裁量排除方式,《警察和刑事证据法》(PACE)第 78 条将判例法进行了成文化,而且法官裁量权的行使不限于排除以不正当方式取得的证据,而是扩大到所有会对程序的公正性产生影响的证据。

二、非法证据排除规则适用的扩展:民事诉讼领域的考察

(一)美国

美国非法证据排除规则的制度目的主要还是限制政府行为,而非针对私人行为。所以,美国民事诉讼中私人收集证据领域并未确立非法证据排除规则,除个别判例排除了这样的证据。而且,美国法院也有判例承认警察非法取得的证据在民事诉讼中的可采性。[③]

---

① Craig Bradley, Criminal Procedure: A Worldwide Study, Carolina Academic Press, 1999, p.195.
② 台湾地区"最高法院"在台上字第 4025 号判决。
③ 尹伟民:《国际民事诉讼中证据能力问题研究》,法律出版社 2008 年版,第 71 页。

（二）德国

对于非法取得的证据应否予以排除,德国民事诉讼法没有明确规定,相关司法实践在一定程度上体现了关于非法证据排除规则的适用立场。

德国联邦最高法院在 1958 年判决中指出,私自录音基本上侵害他人的人格权,依据《德国基本法》第 1 条和第 2 条以及《欧洲人权公约》第 8 条的规定,应可推知任何人可决定其言语之对象范围大小,也可决定其声音是否可被录音而进行保留或传播,除非有正当防卫或基于利益衡量而被认为有正当事由,否则仅仅以事后举证利益为由,不能正当化其私自录音行为。[①] 所以,在德国,如果取证方式侵害《德国基本法》第 1 条、第 2 条所保障的人性尊严与人格权,原则上相应的证据不具有可采性,仅仅以难以获取证据为由不能使这些行为被正当化。不过,基于利益衡量或正当防卫等原因,非法获取的证据作为例外仍可被采纳。如果擅自拍摄的照片或者偷听行为在公共场所进行,那么一般不视为侵害人格权的非法行为,相关证据的可采性不受影响。在德国,关于隐私权保护的界限存在"三阶理论"。根据该理论,当事人的隐私权包括三个层次:一是为隐私领域(intimsphaere)。这是当事人的隐私权可以绝对对抗国家一切基本权侵犯的核心领域,如果当事人隐私权属于这一领域,应当绝对禁止调查与使用。二是单纯私人领域。在这一领域的违法取证(比如散步时私人之间的谈话),允许以比例原则进行利益衡量而决定证据的可采性。三是社交范围(sozialbereich),属于保护范围之外,无禁止必要。[②] 此学说在德国民事司法中亦有相当影响。联邦宪法法院在 1973 年就录音带的可采性也曾发表立场,该案中联邦宪法法院推翻了地方法院以及区法院肯定录音带的证据可采性的观点,其论理与三阶理论相关。[③]

（三）我国台湾地区

台湾地区民事诉讼制度没有明确规定非法证据排除规则。司法实践中存在承认和否认非法证据的证据能力的不同实践。

关于承认违法收集证据的证据能力的案件,法院依据的理由略有不同。有一些判决[④]采纳相关证据的理由大致是,民事程序和刑事程序不同,在理论基础及思维方向不可等量齐观,而且在民事诉讼中对方当事人可寻求民事损害赔偿、刑事追究或者其他救济,加之取证困难,因此不适用非法证据排除规则。另外一

---

① BGHZ 27,284.

② 林钰雄:《刑事法理论与实践》,新学林出版股份有限公司 2001 年版,第 423—424 页,转引自姜世明:《新民事证据法论》,厦门大学出版社 2017 年版,第 103 页。

③ 姜世明:《新民事证据法论》,厦门大学出版社 2017 年版,第 102—103 页。

④ 参见台湾地区"高等法院台南分院"2009 年度上易字第 263 号、"高等法院"2010 年度上易字第 165 号以及"高等法院高雄分院"2010 年度上易字第 313 号判决。

些判决①均以比例原则为基础认可证据能力,这些案件中法院权衡取证手段和取证目的,比较非法证据的价值(基本都存在举证困难或如不及时取证将造成将来不能举证)和对方当事人隐私权等权利受到的损害,没有违背禁止过量原则,从而认可证据能力。对于谈话的私自录音,"最高法院"2005 年度上字第 2001号判决指出,谈话录音内容如非隐私性对话,又无介入诱导至有虚伪陈述的危险性,基于证据保全的必要及手段方法的社会相当性考虑,自应承认其证据能力。此番论理同样强调比例原则,在"高等法院高雄分院"2008 年度上字第 91 号判决中对此进行了援引。还有一些案件②基于权衡理论承认证据能力,支持非法证据认定的分离原则,基于证据的关键作用、取证存在的困难,同时对对方人格权没有造成重大侵害,从而认定非法证据的证据能力。此外,还有一些案件同时基于权衡理论和比例原则承认非法证据的证据能力。③

相反,一些判决基于比例原则否认非法证据的证据能力。这些判决④分析两方面的法益,认为涉案违法收集证据行为侵害的利益重大,而且考虑到判决可能引起的后续社会效应,⑤从而否定非法证据的证据能力。这些案件均强调违法收集证据行为侵害的对方人格权的重要性以及侵害的严重性。

总体而言,台湾地区的实务采取了分离原则,即取证是否违反实体法与该证据可否在诉讼程序中采纳,这两者应当予以区分评价。尽管司法实践的立场不完全一致,不过,较多的案件经过权衡采纳了相关证据。

(四) 其他国家

在英国,传统上证据排除规则并不适用于民事诉讼。1998 年《英国民事诉讼规则》出台以后,其中第 32.1 条规定,法官有权"排除原本可采纳的证据",不过必须依据该法第 1 条的首要目标("法院能够公正处理案件")行使自由裁量权。实践中,英国法院在民事诉讼中对于排除非法证据的态度非常谨慎。华威大学案⑥是一起被反复援引的典型案件,该案表明在民事诉讼中,当事人通过非法手段获得的证据如果被排除会影响到实体正义,英国法院轻易不会予以排

---

① 参见台湾地区"高等法院"2009 年度上易字第 540 号、"高等法院"2009 年度上易字第 243 号、"高等法院高雄分院"2008 年度上字第 91 号以及"最高法院"2005 年度上字第 2001 号判决。

② 台湾地区"高等法院"2011 年度上字第 27 号和"高等法院"2010 年度上字第 84 号以及"高等法院"2003 年度上字第 392 号判决书。

③ 台湾地区"高等法院"2011 年度上字第 253 号判决、"高等法院"2008 年度上字第 1091 号判决、"高等法院"2009 年度上易字第 540 号判决、"高等法院"2010 年度上字第 200 号判决。

④ 台湾地区"高等法院"2001 年度诉字第 139 号判决、台湾地区"台北地方法院"2008 年度诉字第 6658 号判决以及台湾地区"台北地方法院"2008 年度诉字第 3050 号判决。

⑤ 台湾地区"台北地方法院"2008 年度诉字第 6658 号判决和台湾"台北地方法院"2008 年度诉字第 3050 号判决。

⑥ Jones v. University of Warwick [2003] 1 WLR 954.

除。[1] 日本民事诉讼法没有规定非法证据排除规则,一般认为,除了若干例外,日本法院原则上认可一切证据方法的证据能力。[2] 不过,司法实践中对于非法证据排除问题,日本也出现了正反两种不同的意见。[3]

三、非法证据排除规则的基本理念:利益衡量

在诉讼程序中,非法证据应否排除实际上是一个价值的冲突与取向的问题。其中的价值冲突体现为程序公正与实体公正的冲突、目的合法与手段违法的冲突、保护自身合法权益与侵犯他人合法权益的冲突。[4] 不同国家或地区的立场仅管存在价值取向、立法技巧上的微妙差别,但都体现了利益衡量的理念。

刑事诉讼中非法证据排除规则的适用,不同国家之间存在差异,不过,规则背后都体现了利益衡量的理念。排除方式上各国有自动排除和裁量排除之分;一些国家的证据排除方式与证据形式(言词证据或是实物证据)直接挂钩,另外一些国家的证据排除规则对于证据形式不做区分;在非法证据排除规则的设计理念上,有些国家的出发点是限制政府行为,有些国家则侧重于个人基本权利的保护,不管违法收集证据的主体是政府还是个人。总体上它们都经历了从产生、发展到限制的过程。[5] 对于非法证据,各国刑事诉讼并非简单、绝对地予以排除。德国、我国台湾地区的法律体现了在人权保障和公正司法之间的利益衡量。在美国立法中利益权衡方式没有被直接应用,不过,所有在过去几十年中设立的例外和替代方法都是平衡考虑的结果。[6]

相比而言,各国民事诉讼中非法证据排除规则的适用总体上非常有限,只有极少数国家明确确立了该项规则。一些国家民事诉讼中出现了非法证据排除的少量个案,主要涉及基本人权的侵犯。总体上,各国民事诉讼领域对此态度谨慎,民事诉讼中的非法证据排除更像是"有限例外",而非"一般规则"。各国的这种立法情况同样体现了利益衡量的理念,民事诉讼与刑事诉讼相比,较少存在比司法公正更需保护的价值,因而证据轻易不予排除。有些国家的民事诉讼原则上采纳非法证据,只是基于个案的衡量作为例外排除非法证据,而德国、我国台湾地区等民事诉讼中的非法证据排除规则直接体现了利益衡量的理念。

利益衡量的立场也为我国权威学者所认可。李浩教授认为,对于民事诉讼

---

[1]　张立平:《中国民事诉讼不宜实行非法证据排除规则》,《中国法学》2014 年第 1 期,第 236 页。

[2]　[日]中村英郎:《新民事诉讼法讲义》,陈刚等译,法律出版社 2001 年版,第 198 页。

[3]　王亚新:《对抗与判定》,清华大学出版社 2002 年版,第 182—183 页。

[4]　李浩:《民事诉讼非法证据排除规则探析》,《法学评论》2002 年第 6 期,第 87—89 页。

[5]　张立平:《中国民事诉讼不宜实行非法证据排除规则》,《中国法学》2014 年第 1 期,第 235 页。

[6]　岳礼玲:《德、美证据排除规则的比较——我国确立刑事证据规则之经验借鉴》,《政法论坛》2003 年第 3 期,第 188 页。

中的违法收集证据,法官应将违法收集证据行为所要保护的合法权益,与违法收集证据行为造成的危害以及给对方当事人或第三人合法权益造成的损害进行比较,以确定哪一种权益更值得优先保护。①

四、我国民事诉讼中非法证据排除规则的反思

我国的刑事诉讼和民事诉讼都确立了非法证据排除规则。我国刑事诉讼非法证据排除规则区分实物证据和言词证据。根据《刑事诉讼法》第 56 条的规定,采取刑讯逼供、暴力、威胁等非法方法获取的非法言词证据应当一律排除;而对于非法实物证据,只有在"取证程序违法已非常明显""可能严重影响司法公正"而且"不能补正或者做出合理解释"三个条件都具备的情况下,才应当予以排除。关于"可能严重影响司法公正"的认定,法官应当综合考虑违反法定程序以及所造成后果的严重程度。②对两种不同证据进行区分的基本考量在于:非法收集言词证据的情况下,嫌疑人或被告人的基本人权往往受到直接而且严重的侵害,因而直接排除所涉言词证据;非法收集实物证据的情况下,嫌疑人或被告人的人权也可能受到侵害。不过,一方面这种侵害可能是间接的或者相对较轻,另一方面,实物证据具有客观性、不可替代性,予以排除后,事实往往难以查明或确认,所以只有在具备严格的条件下,法官才考虑排除非法收集的实物证据。可见,我国刑事诉讼非法证据排除规则同样体现了利益衡量的理念。

关于民事诉讼中的非法证据应否排除的问题上,我国学术界主流观点是持"肯定论"。在肯定论学说的影响下,我国民事诉讼非法证据排除规则先后出现于三个司法解释:其一,1995 年《关于未经对方当事人同意私自录音取得的资料能否作为证据使用问题的批复》(简称《批复》)规定:"证据的取得首先要合法,只有经过合法途径取得的证据才能作为定案的根据。未经对方当事人同意私自录制其谈话,系不合法行为,以这种手段取得的录音资料,不能作为证据使用。"其二,2002 年《旧证据规定》第 68 条规定:以侵犯他人合法权益或者违反法律禁止性规定的方法取得的证据,不能作为认定案件事实的依据。其三,2015 年《民诉法解释》第 106 条对非法证据的判断标准进行了调整和完善,规定"对以严重侵害他人合法权益、违反法律禁止性规定或者严重违背公序良俗的方法形成或者获取的证据,不得作为认定案件事实的根据"。从《批复》确立了非法证据排除规则之后,证据排除标准呈现了愈加严格和谨慎的态度。尤其是,《民诉法解释》中的非法证据排除标准增加了"严重违背公序良俗",并将原来规定的"侵犯他人合

① 李浩:《民事诉讼非法证据排除规则探析》,《法学评论》2002 年第 6 期,第 89 页。
② 《最高人民法院关于适用〈中华人民共和国刑事诉讼法〉的解释》第 95 条。

法权益"改为"严重侵害他人合法权益",这是考虑到有些取证方式可能会侵害他人的合法权益,如果严格按照《旧证据规定》中的判断标准有时会产生非常不公平的结果,不利于保护受害人的合法权益。新的非法证据排除标准在一定程度上体现了利益衡量的理念,意味着对他人合法权益造成的一般性侵害不会导致证据排除。尽管如此,《民诉法解释》中利益衡量作为非法证据排除规则的基本理念没有明确和充分地确立,仍然缺乏灵活性。比如,通过非法方法收集到查明事实所必需的重大关键证据可能造成了"严重侵害他人合法权益、违反法律禁止性规定或者严重违背公序良俗"之后果,因法院缺乏利益衡量的自由裁量空间,须僵化地排除证据;可是,当所涉证据具有显著的重要性和不可替性,根据利益衡量的理念去作判断,则结论未必一定如此。

利益衡量的理念在民事诉讼包括知识产权民事诉讼中非法证据排除与否问题上,应予以适用。非法证据排除的复杂性在于该问题上蕴含多种价值冲突,法院根据违法收集证据的原因、方式、违法收集证据所追求的合法权益、待证事实的重要程度、受损害权益的性质、受损害合法权益的严重程度、取证人主观上是否有过错等因素,综合决定是否予以排除。关于决定的理由,应当在裁判文书中写明,[①]以防止法官自由裁量权的滥用。

第二节　知识产权诉讼中的陷阱取证

"陷阱取证"概念最初来自刑事诉讼领域,是指在刑事案件中,侦查人员为了收集犯罪证据或线索、抓获犯罪嫌疑人而采取的诱使被侦查对象实施犯罪行为的侦查手段。陷阱取证可以分为机会提供型和犯意诱发型,对于前者域外法律大多予以认可,而对后者通常给予否定。我国的法律总体上也采纳了这一立场。[②] 1988 年 12 月通过的《联合国禁止非法贩运麻醉药品和精神药物公约》第 11 条规定了"控制下交付"之陷阱取证,确认了这种侦查手段已成为国际上普遍采用的缉毒方法。

知识产权诉讼中的陷阱取证,是指在知识产权侵权案件取证过程中,权利人为获取侵权证据而采取的诱使取证对象实施侵权行为的一种特殊取证手段。我国知识产权侵权案件中使用陷阱取证的典型案件并不鲜见,而且久已有之。比

---

　　① 李浩:《民事诉讼非法证据的排除》,《法学研究》2006 年第 3 期,第 51—52 页。
　　② 《刑事诉讼法》第 15 条第 1 款规定:"为了查明案情,在必要的时候,经公安机关负责人决定,可以由有关人员隐匿其身份实施侦查。但是,不得诱使他人犯罪,不得采用可能危害公共安全或者发生重大人身危险的方法。"该条第 1 句肯定了隐匿身份的秘密侦查,属于陷阱取证。第 2 句但书中"不得诱使他人犯罪"是对犯意诱发型陷阱取证的否定。

如，1993 年"金辰诉智业计算机软件著作权侵权纠纷案"；2000 年"奥比多公司（Adobe）诉年华计算机软件著作权侵权纠纷案"；2001 年"北大方正诉高术计算机软件著作权侵权纠纷案"；2004 年"微软公司诉北京巨人计算机软件著作权侵权纠纷案"；2009 年之后，微软公司展开大规模的计算机软件著作权反盗版活动，出现了微软为原告的系列案件，涉及陷阱取证；此外，还有 2013 年"北京凯来美公司诉天津泰达低碳公司侵犯实用新型专利权纠纷案"；等等。

知识产权侵权诉讼中的陷阱取证频频运用与知识产权侵权的特征密不可分。知识产权具有无形性，知识产权侵权表现出对无形物的利用，其直接作用的物体只是知识产品的介质，这决定了知识产权诉讼中相应证据不易取得或不易充分取得。知识产权侵权案件中的证据具有隐蔽性强、易于转移、隐匿或破坏等特征，加之知识产权侵权证据的技术性和证据偏在性以及我国证据收集权缺乏程序保障，导致作为原告的权利人常常面临"举证难"的困境，在有些案件中陷阱取证成为取证仅有的有效手段。

关于陷阱取证问题，在知识产权侵权诉讼中是否适用与刑事诉讼中相同的规则，有哪些不同的考虑，以下结合我国知识产权诉讼的相关实践予以分析。

一、知识产权诉讼中的陷阱取证问题：以"北大方正案"为例

2001 年，北京北大方正公司、北京红楼计算机科学技术研究所（简称方正公司）发现北京高术天力科技有限公司、北京高术科技公司（简称高术天力、高术科技）在全国范围内大规模非法复制及销售其拥有著作权的软件，遂指派本公司职员以普通用户身份与后者交易，并会同前往的公证人员对此过程进行了公证取证。此后方正公司提起侵权诉讼。该案历经一审、二审以及再审，最终才尘埃落定。

一审法院肯定了方正公司采取的陷阱取证方式，认为法律就此未作禁止，并支持了方正公司的诉讼请求。二审法院认为方正公司的取证方式并非获取侵权证据的唯一方式，且该取证方式有违公平原则，一旦被广泛利用，将对正常的市场秩序造成破坏，故对该取证方式不予认可。同时，基于高术天力承认盗版行为，法院最终判令两被告立即停止侵权、公开道歉，并按照一套正版软件的价格赔偿方正公司 13 万元的经济损失和 1 万元的公证费。最高人民法院 2006 年 8 月 7 日对于该案作出再审判决，认定方正公司的取证方式合法有效，获取的相关证据应作为定案根据。最终，最高人民法院撤销二审判决，同时判令高术天力、高术科技共同赔偿经济损失 60 万元以及调查取证费 1.3 万元。

"北大方正案"中争议焦点是陷阱取证是否合法？通过这种方式所获证据是否具有证据能力？有学者认为，该案明确认可了知识产权案件中机会提供型陷

阱取证行为,法官在适用非法证据排除规则时使用了利益衡量的方法,对正确适用该规则具有方法论意义,北大方正案是以利益衡量作为裁判方法的典范。[①]

二、陷阱取证问题中利益衡量理念的运用

知识产权诉讼中的陷阱取证之所以存在疑问,源于取证过程带有"欺骗性",取证的当事人通常隐瞒真实身份,虚构行为目的,"陷阱"的设置本身有违反诚实信用原则之嫌。而且,陷阱取证这种取证方式存在程序公正与实体公正的冲突、目的合法与手段违法的冲突、保护自己合法权益与侵犯他人合法权益的冲突,[②]司法过程中需要运用利益衡量理念予以考虑。李浩教授对于"北大方正案"再审判决的评价中,即高度认可了利益衡量理念的运用。

将利益衡量理论运用于陷阱取证问题,就是要将陷阱取证所要保护的合法权益与取证行为造成的危害,包括造成对方当事人或第三人合法权益的损害进行对照比较,以确定哪一种权益更值得优先保护。如果取证的利益明显大于受侵害的利益,那么该证据应该作为证明案件事实的依据。同时,如果取证行为确实造成对方当事人或第三人的损害,取证人给予相应的赔偿。

同时,为了规制法官在陷阱取证这些特殊类型的取证方式中的自由裁量权,避免司法不公,需要采取必要的方法对法官的利益衡量过程进行监督。例如需要法官在判决书中阐述利益衡量的过程,列明相互衡量的各种利益并指出是否认可"陷阱取证"的原因,以及采纳相应证据带来的利益与损害的比较。

有观点认为,陷阱取证应限定于特定类型案件,主要是针对具有隐蔽性较强的、高科技手段的知识产权侵权案件。只有在采用常规手段不能取证时,才可以考虑使用该种取证方法。[③]这种限定具有一定的合理性。替代性途径难以成功取证或者成本较高,的确是利益衡量的要素之一,但是利益衡量是一个综合考虑的过程,这一因素不宜过分强调,因为会给权利人维权徒增不必要的障碍。即使存在其他取证手段,陷阱取证仍然可能是最符合成本效益原则、比例性原则的取证方式,也不必然会给被告合法利益或者公序良俗造成严重损害。

三、陷阱取证的类型与证据能力

实践中,知识产权诉讼中的机会提供型与犯意诱发型陷阱取证分别表现

---

① 李浩:《利益衡量的杰作裁判方法的典范》,《人民法院报》2007 年 3 月 26 日,理论版。

② 李浩:《民事诉讼非法证据排除规则探析》,《法学评论》2002 年第 6 期,第 87—89 页。

③ 黄砚丽:《论知识产权诉讼中"陷阱取证"的效力——基于民事非法证据排除规则分析》,《法律适用》2013 年第 9 期,第 51 页。

为购买取证和诱导取证。与刑事诉讼中的陷阱取证不尽相同,知识产权民事诉讼中的陷阱取证具有以下3个特征:取证一般发生在当事人之间;取证的目的具有合法性;取证过程中,取证一方的当事人通常隐瞒真实身份,虚构行为目的。不过,和刑事诉讼相同的是,陷阱取证也可分为"机会提供型"和"犯意诱发型"。

(一)机会提供型陷阱取证的合法性

机会提供型陷阱取证是指侵权人的侵权故意已经存在,实施者只是给其提供了一个机会,并且这种机会与其他任何人所提供的机会在对侵权人的影响方面并没有任何实质性差别。在这种情况下,即使没有实施者的引诱,该侵权人在有机会时也会实施该侵权。知识产权诉讼中的机会提供型陷阱取证往往表现为取证而购买、磋商,并且在有理由怀疑对方正在从事非法制造、销售等违法行为的前提下,为获取证据而与其成交。这种类型的陷阱取证不缺乏证据的客观性(证据本身客观存在,并非主观臆断或者伪造)和关联性(确实能够证明存在侵权行为和侵权的主观故意),问题关键是它的合法性问题。这种取证方式虽然没有违反法律禁止性规定,不过确实具有欺骗性,因此有可能损害对方的合法利益和公序良俗,但是通常程度轻微,达不到《民诉法解释》所要求的"严重"程度,而且相比于取证证明的合法利益,合乎比例性原则,应当予以认可。机会提供型陷阱取证通常可以获得认可,体现了利益衡量的理念,依据我国现有司法解释得出的结论也是这样的。不过,从应然法的角度看,这一结论不应是绝对的,法院应在个案中基于利益衡量理念予以考虑,并最终做出决定。如果证据并不重要,或者取证方式或具体手段并不必要,而该陷阱取证相对严重地侵犯对方合法利益或者违反公序良俗(比如欺诈情节恶劣,造成对方较为严重的损失或者引发不良社会效应),或者违法收集证据方式与证据价值不相称,那么基于利益衡量的理念,即使是机会提供型陷阱取证,相应证据应予排除的可能性还是存在的。

机会提供型陷阱取证作为证据收集方式亦被司法解释和司法实践所认可。最高人民法院颁布于2002年10月15日施行的《关于审理著作权民事纠纷案件适用法律若干问题的解释》第8条即是对在著作权民事诉讼中机会提供型陷阱取证的认可,其规定:"当事人自行或者委托他人以定购、现场交易等方式购买侵权复制品而取得的实物、发票等,可以作为证据。公证人员在未向涉嫌侵权的一方当事人表明身份的情况下,如实对另一方当事人按照前款规定的方式取得的证据和取证过程出具的公证书,应当作为证据使用,但有相反证据的除外。"

在上述北大方正案中,原告的行为即为机会提供型陷阱取证,应予以认可,最高人民法院的再审判决具有重要意义。在其他一些知识产权案件中,机会提供型陷阱取证的合法性亦得到肯定。比如,在"北京凯来美公司诉天津泰达低碳公司侵犯实用新型专利权纠纷案"中,一审法院根据泰达低碳公司提供的合同底稿、双方往来邮件、当庭陈述等证据,认定泰达低碳公司原本即已存在未经许可制造涉诉专利产品的行为。因此,凯来美公司的取证行为只是为泰达低碳公司提供了一个将制造的侵权产品进行销售的渠道,应当认定其取证的方式合法有效。[①] 该案中这种被认可的取证方式即是机会提供型陷阱取证。

(二)犯意诱发型陷阱取证的合法性

犯意诱发型陷阱取证是指侵权人本来没有实施侵权的故意,而是在取证人的诱惑之下实施了侵权行为。对于犯意诱发型陷阱取证方式取得的证据应当作为非法证据予以排除。其理由是,取证人主观上具有恶意,采用的是实质性引诱、重大欺骗等方式,足以使一个理性的人产生违背一般条件下的主观意愿而做出意思表示。因为只要是一个理性的人,都具有利益衡量的自然属性,这种属性与趋利避害的自然属性在本质上具有某种相似性。[②] 犯意诱发型陷阱取证通常遭到否定,同样体现了利益衡量的理念。

如果侵权人的恶意在陷阱取证之前并不存在,那么所获取的证据本身存在重大瑕疵。曾有学者认为,被取证的一方只需证明侵权行为是由被侵权人的引诱而实施,就可以认定取证行为属于"侵害他人合法权益"所获取的非法证据,予以排除。[③] 不过,随着《民诉法解释》将非法证据的排除标准升格为"严重侵害他人合法权益",这种取证方式应当认定为"严重违背公序良俗"的情况而予以排除。

在域外民事诉讼中,犯意诱发型陷阱取证则可能因违反公共政策而被否定。比如在德国,依据联邦最高法院(BGH)的司法实践,在知识产权领域的测试性购买(test-purchase)总的来说是被允许的。仅在一些具体情况下被认为违反公共政策,尤其是当测试购买者"欺骗"其竞争者或者通过不当措施引发非法交易。不过,测试性购买有时是必要的,尤其是当侵权体现于仅仅在小市场少量出售定做的产品。[④]

机会提供型陷阱取证和犯意诱发型陷阱取证的区分需结合具体案情具体分析,主要考虑被告的行为、主观状态以及因果关系,包括:在权利人取证之前是否已经发生过侵权行为或有证据证明存在侵权行为发生的可能性;在权利人引

---

　　① 裴跃、施小雪:《知识产权侵权诉讼中"陷阱取证"的合法性认定》,《中国知识产权报》2013 年 12 月 18 日,第 8 版。

　　② 黄砚丽:《论知识产权诉讼中"陷阱取证"的效力——基于民事非法证据排除规则分析》,《法律适用》2013 年第 9 期,第 49 页。

　　③ 刘文:《知识产权诉讼中计算机软件侵权的"陷阱取证"》,《法治论丛》2015 年第 1 期,第 101 页。

　　④ Johann Pitz, Atsushi Kawada, Jeffrey A. Schwab, Patent Litigation in Germany, Japan and the United States, Beck Juristischer Verlag, 2015, p.41.

诱之前,被告是否已存在主观故意;被告的侵权行为与权利人的引诱行为之间是否存在因果关系。① 如果侵权行为确实仅仅是在引诱下的偶然行为,那么应当认定该陷阱取证属于"犯意诱发型",该证据应当被排除(至少应当免除侵权责任)。否则,如果没有"陷阱"的设置,被告仍然会实施侵权,这表明因果关系不成立,这个陷阱仅仅提供了一次"机会"而已,该取证行为一般应认定属于"机会提供型"。

四、陷阱取证与公证

如上述"北大方正案"那样,当事人可以对"陷阱取证"过程进行公证,以证明其取证的过程及其合法性。这种类型的公证目的在于保全证据,一般而言,经过公证的证据具有较强的证明力。在实践中陷阱取证与公证取证往往是互相关联的,在知识产权侵权案件中权利人经常采取公证取证的形式。需要注意的是,公证机关行使的是证明权,是对陷阱取证这一行为本身的证明;通过设置陷阱获得的证据才是用于证明侵权行为的直接证据。权利人取证方式是否合法,采取的是犯意诱发型陷阱取证还是机会提供型陷阱取证,还需要法官根据案件事实进行综合认定,不受是否公证的影响。② 公证取证是公证机关对取证行为的客观记录和证明,不改变取证方式本身的合法性,更不会使违法取证得以合法化。同时,公证的取证过程应当具有全面性和完整性,否则将会影响公证证据本身的证明力。比如,在北大方正案中,二审法院认为"公证记录仅对 5 处场景做了记录,对整个的购买过程的记载缺乏连贯性和完整性",公证证据的证明力因此受到质疑和削弱。

五、评析

作为证据收集的方式,知识产权诉讼中通过"设置陷阱"取得的证据并非一定应当采纳或排除。陷阱取证这种取证方式导致多种价值的冲突,③司法过程中需要运用利益衡量理念予以考虑。陷阱取证可以分为机会提供型和犯意诱发型,关于取得的证据应否排除,在这两种不同的证据收集方式下应当区别对待。一般而言,如果是机会提供型陷阱取证,相应证据原则上不应予以排除。不过,这一结论不是绝对的。从应然法的角度看,基于利益衡量的理念,即使机会提供

---

① 张少平、沙丽:《简述知识产权商业维权中"陷阱取证"的证据效力》,《人民司法》2014 年第 1 期,第 20 页。
② 黄砚丽:《论知识产权诉讼中"陷阱取证"的效力——基于民事非法证据排除规则分析》,《法律适用》2013 年第 9 期,第 51 页。
③ 李浩:《民事诉讼非法证据排除规则探析》,《法学评论》2002 年第 6 期,第 87—89 页。

型陷阱取证,法院排除相应证据的可能性还是存在的。如果是犯意诱发型陷阱取证,仅因引诱而产生的侵权行为本可避免,应认定"严重违背公序良俗",相应证据应予以排除。机会提供型陷阱取证和犯意诱发型陷阱取证的区分需结合具体案情具体分析,主要考虑被告的行为、主观状态以及因果关系。

陷阱取证过程中并非以同时公证为必要,不过公证的介入可以起到积极效果,有助于增强陷阱取证程序本身的真实性、规范性。不过,它不能改变或决定取证方式本身的合法性,同时,公证本身也应规范,否则公证的证明作用会打折扣。

第三节　知识产权诉讼中的
悬赏取证

悬赏取证,是指当事人为证明案件事实,以公开悬赏的方式从第三人处收集证据。通过悬赏所获证据的形式可以是证人证言、书证或者物证。悬赏取证在我国司法以及执法领域有广泛的应用。在知识产权侵权诉讼中,悬赏取证是否具有合理存在的现实基础? 通过悬赏获取的证据是否具有证据能力? 如果具有证据能力,如何对悬赏取证这一取证方式进行规制? 在知识产权侵权诉讼中,普遍存在权利人"举证难"的问题,因此悬赏取证是否为权利人可资利用的取证方式是一个重要的问题,有学者已对相关问题进行了颇具价值的研究,[①]不过尚有可商榷之处,故在此予以探讨。

一、悬赏取证的实践与争议

(一) 悬赏取证的实践

在刑事诉讼中,悬赏取证的实践出现较早,为抓捕罪犯尤其是罪大恶极的罪犯,以通缉令为主要表现形式的刑事悬赏是打击犯罪的常见手段。在行政执法领域,悬赏取证的应用近些年来也越来越广泛,比如通过悬赏拍摄交通违章,显著提高了行政执法效率。在我国民事诉讼执行阶段,从 2001 年开始实行悬赏执行制度。依据该制度,申请执行人提出书面申请,法院以自身名义发布悬赏公告,并对有关财产线索或相关证据的举报人给予悬赏金,悬赏执行作为解决执行难问题的有力手段,收效显著。[②]

在知识产权纠纷案件中也存在当事人悬赏取证的实践。比如,在上海保奇

---

① 刘海洋:《论知识产权侵权诉讼中的悬赏取证规则》,《河北法学》2015 年第 11 期,第 146—154 页。

② 马浩:《我国悬赏执行制度的"兴"与"行"》,《兰州学刊》2013 年第 11 期,第 151 页。

文化发展有限公司诉宣城市广播电视总台侵犯著作财产权纠纷案中,原告对电视剧《大案组》享有全部著作权,并通过媒体向全国观众发布了有奖举报盗播该剧的公告,最终获得了被告侵权的重要线索和证据。① 在一起专利无效宣告请求案件中,请求人提出的一系列用于证明专利产品在申请日前已经公开使用的证据,其中两份核心物证以及证人证言是请求人通过悬赏广告公开征集而来。在该案中,专利权人主张悬赏证据实际上是收买证据,取证方式不合法,要求专利复审委员会对这些证据不予考虑。② 随着知识产权侵权纠纷案件的数量逐年增多,可以预见的是,在将来的知识产权侵权诉讼中当事人会越来越多地实施悬赏取证行为。

（二）悬赏取证产生的争议

在一些民事案件中,当事人为获得胜诉裁判会通过悬赏收集主要证据,这种做法在理论和实践中都存在一定争议。有一种观点认为,在我国证人出庭率低,悬赏取证具有一定的现实合理性;另一种观点则认为,悬赏取证由于金钱的因素影响了法律的公正性和严肃性,干扰了司法公正,具有收买证人之嫌,并且证人可能为了获得悬赏金而故意提供伪证。③ 在北京、天津、上海等地法院审理涉及悬赏取证的一些民事案件中,不同法院的判决对悬赏取证持不同立场:有些案件中,法院对于通过悬赏获取的证据予以排除;而在另外一些案件中,法院则对此类证据予以采纳。④

二、悬赏取证的现实基础

知识产权侵权诉讼中悬赏取证的现实基础在于两个方面:

其一,由于知识产权侵权具有本身的一些特征,导致"举证难"问题尤为突出。知识产权侵权通常表现为侵权人以仿制、剽窃、假冒等方法对作为无形智力成果的知识产权进行利用,隐蔽性强,不容易被发现;而且知识产权侵权行为多发生在侵权人所在地,侵权证据也常常处于侵权人控制之下,因而极易被侵权人转移、隐匿或破坏。由于知识产权侵权这些固有的特征,权利人收集侵权证据常常遇到障碍。

其二,我国民事诉讼证据制度尚不完善,知识产权权利人从对方当事人或第三人处收集证据的能力缺乏程序保障;同时,在我国民事诉讼中普遍存在知情人

---

① (2008)宣中民三初字第 6 号民事判决书。

② 武树辰:《无效宣告案件中利用悬赏征集使用公开证据的思考》,载《2011 年中华全国专利代理人协会年会暨第二届知识产权论坛论文集》,2011 年,第 898 页。

③ 李沛熙:《悬赏取证是否受法律保护》,《法制日报》2001 年 8 月 22 日,第 10 版。

④ 杨静:《我国民事诉讼中悬赏取证问题探讨》,《广西政法干部管理学院学报》2009 年第 3 期,第 43—44 页。

不愿作证、证人出庭率低的现实情况。

通过悬赏所获取的证据可能是证人证言、物证或书证,由案外人提供的物证或书证也常常需要结合该案外人的证言形成证据链并发挥证明作用,这样就涉及证人作证包括证人出庭问题。尽管我国民事诉讼法规定知道案情的人有义务作证,但证人常常不愿作证。这样的现实情况是多种原因造成的:首先,我国传统文化是"礼之用、和为贵""无诉为德行、涉诉为耻辱",在此影响下,案外人通常认为出庭作证不符合与人为善的交际规则,秉持"多一事不如少一事"的理念,轻易不愿通过诉讼解决纠纷,更不用说卷入他人案件并出庭作证。其次,尽管民事诉讼法规定了对证人的保护以及食宿费、交通费、误工损失方面的补偿,但这些规定并未获得很好的落实,第三人难有出庭作证的积极性。最后,我国民事诉讼中缺乏强制作证规则。退一步讲,即使民事案件中可以强制证人出庭,如果证人不配合,也难以达到应有的证明效果。更何况,在知识产权侵权诉讼中,当事人选择悬赏取证,常常是因为不知知情人为何人、身在何处。在这种情况下,知识产权侵权诉讼中悬赏取证有时不失为一种务实的选项。

三、悬赏取证与证据能力

证据能力,即证据资格,涉及证据的合法性、客观性和关联性三个方面。

(一) 悬赏取证的合法性

悬赏取证的合法性在实践中存在较大争议。证据的合法性要求提供、收集证据的主体必须合法,证据的形式必须合法,证据的收集程序或提取方法必须合法,即主体合法、形式合法和程序合法。关于悬赏举证的合法性的争议主要集中于程序合法性。《民诉法解释》第 106 条是对非法证据的最新判断标准。

悬赏取证作为当事人获取证据的方法之一,法律对此未作出明确的禁止性规定,悬赏本身也不存在"严重侵犯他人合法权益"之处。悬赏取证的反对者认为悬赏取证是收买证人,因而属于非法证据。实际上,悬赏取证与收买证人在主观目的与客观行为方式方面存在不同。[①] 悬赏取证的目的在于寻找知晓案情或掌握涉案证据的人,悬赏取证通过公开方式进行;收买证人是通过贿赂的方式教唆或影响他人提供伪证,是私下进行的交易,具有隐蔽性,属于妨碍查明事实和正常司法秩序的非法行为。需要强调的是,现实中,悬赏证据和收买证人并非泾渭分明:悬赏取证存在转化为收买证人的可能性,两种行为在实践中并不容易区分识别,当事人有可能在悬赏取证的幌子之下实施收买证人等非法行为。不过,如果对方当事人主张存在收买证人的行为或其他非法行为,需要承担相应的证明责任。

---

① 吴晖:《透视悬赏取证》,《证据法论坛》2004 年第 1 期,第 73—74 页。

悬赏取证本身也不会"严重违背公序良俗"。有人认为悬赏取证是对诚实信用原则的违背,理由是:作证本是知情人的法定义务,悬赏前提下的证人出庭将会给社会公众一种误导,对诚实信用的理念造成巨大的冲击。[①] 事实上,在刑事诉讼、行政执法中,悬赏取证都被广泛应用并得到认可,这一做法并没有因为"证人有作证义务"而存在很大争议。而且当事人通过悬赏而获得的证据将面临另一方当事人的质询和法庭的审查,提供伪证需要承担法律责任,严重的还要承担刑事责任,为获悬赏金铤而走险的人不得不心存顾忌,所以关于诚实信用理念会受到巨大冲击的担心是多余的。

总之,悬赏取证本身并不违反证据合法性的要求。悬赏取证过程中存在当事人收买证人或第三人提供伪证的可能性,但是悬赏取证本身与这些非法证据并无必然关系。

（二）悬赏取证的客观性和关联性

虽然悬赏取证中证人为获取悬赏金而作证,悬赏人与证人存在一定经济利益上的关系,但是悬赏取证并不必然影响证据的客观性。世界各国包括中国的证据法并不否认利害关系人作为证人的资格。事实上,在我国诉讼活动中,证人通常不愿意出庭作证,实践中证人是否出庭在更大的程度上取决于同当事人的特殊关系。根据有关实证研究,在 120 批次的出庭证人当中,与提供方当事人有"利害关系"（比如亲属、同事、职员等）的占到了九成多的比例,无论在《旧证据规定》实施之前还是之后都是如此。[②] 法院通常认可这些证人证言的证据能力,至于赋予多大的证明力、能否予以采信则取决于案件具体情况;另外,在域外尤其是普通法系的民事诉讼中均规定有专家证人制度,我国在借鉴该制度的基础上确立了专家辅助人制度,专家证人或专家辅助人由当事人指定并支付报酬,报酬的支付也不影响专家意见的证据能力。所以,悬赏取证并不会因为当事人向证据提供人支付报酬而必然影响证据的客观性。当然,该证据的客观性是否受到其他因素影响,需要法院进一步审查判断。

最后,悬赏取证并不影响所涉证据的关联性,法院需要根据证据和待证事实之间的关系做出判断,也就是说,悬赏取证与证据的关联性并不必然发生冲突。

四、知识产权侵权诉讼中悬赏取证的规制

一方面,在知识产权侵权诉讼中,悬赏取证作为证据收集的手段之一应当予以认可;另一方面,采纳悬赏证据也会带来一些消极的问题,需要防范和规制。

---

① 陈丹妮:《悬赏取证合法性与不合理性之博弈》,《中共太原市委党校学报》2012 年第 3 期,第 79—80 页。

② 王亚新:《民事诉讼中的证人出庭作证》,《中外法学》2005 年第 2 期,第 140—141 页。

（一）确认悬赏取证合法性的立法

有观点认为，虽然悬赏取证在司法实践中不时出现，但它在我国现行法律体系中处于"于法无据"的尴尬境地。[①] 这种说法难以成立，因为不仅《旧证据规定》中包含了非法证据的判断标准，而且《民诉法解释》对该标准进一步做出了完善，所以我国知识产权侵权诉讼中并不缺乏处理悬赏取证的法律依据。悬赏取证本身并不会严重侵犯他人的合法权益或者违反法律的强制性规定，也不会严重违背公序良俗，通过悬赏获取的证据，其证据能力并不会因为这一取证方式本身而遭受否定。

不过，鉴于在我国不同民事案件中存在着对悬赏取证的性质和证据能力理解上的分歧，出于统一司法实践的考虑，就悬赏取证的合法性通过司法解释或指导性案例进一步明确，对于维护我国民事司法的统一性和权威性并非没有帮助。

（二）悬赏取证的司法介入

有观点认为，为防止悬赏取证被滥用，应当由法院介入其中。也就是说，如果当事人试图通过悬赏获取证据，他应向法院提出申请，由法庭审查悬赏取证的必要性和可行性，同时对悬赏广告的内容进行审查，避免用语对第三人产生不当引导。[②] 实际上，这种介入并不适当，有时也不现实。首先，悬赏或悬赏广告本身是一种民事法律行为，对其处理应遵循当事人意思自治原则，除非具有充分理由，对当事人意思自治的限制不具有正当性。其次，从诉讼法角度来看，作为取证方式的悬赏行为，法院没有法律依据直接干预当事人这一取证行为，悬赏取证的必要性和可行性可由当事人自行判断，法院的应有角色只是在案件审理过程中对通过悬赏取得的证据进行审查判断。假设当事人有义务向法院提出悬赏取证的申请，法院对悬赏公告进行审查，那么此时法庭的角色为何？法庭的权力、义务和责任为何？这些都会让人产生对其合理性和合法性的质疑。此外，知识产权权利人可能在决定是否提起侵权诉讼之前已开始收集证据，包括悬赏取证。如果未能取得其所需证据，权利人可能选择先不起诉，继续收集证据。在这种情况下，诉讼程序尚未启动，法院显然没有合适的诉前程序介入悬赏取证。

（三）悬赏取证中第三人的义务与责任

如上所述，悬赏取证本身并无不当，但这个过程中存在当事人在悬赏取证的掩盖下收买证据的可能性，庭审中应当加强质证，重视对方当事人质证权利的保障。为此，如果法庭依职权或依当事人申请命令悬赏取证中证据提供人出庭，他就应当出庭作证，否则法庭应排除相应证据。为保证悬赏证据的实效，悬赏取证

---

① 刘海洋：《论知识产权侵权诉讼中的悬赏取证规则》，《河北法学》2015 年第 11 期，第 152 页。
② 吴晖：《透视悬赏取证》，《证据法论坛》2004 年第 1 期，第 77 页。

的当事人需要考虑在悬赏广告中明确规定,悬赏取证中证据提供人出庭接受质证是其获得悬赏金的必要前提,如果证据提供人拒绝出庭,他将无权获得悬赏金。

提供证据的案外人在不同的法律关系中具有不同的身份。一方面,悬赏取证属于通过发布悬赏广告收集证据的民事法律行为,尽管关于悬赏广告的性质存在着"单独法律行为说"和"契约说"的理论分歧,但该证据提供人属于民事实体法律关系中的当事人。悬赏取证与民事活动中的其他悬赏行为并无不同,案外人提供满足悬赏广告的行为,作为对价悬赏人支付报酬。另一方面,在侵权诉讼程序中他作为证人在诉讼程序中承担如实提供证据的义务。如果该证据提供人提供伪证,应依法承担相应的法律责任。有观点认为,悬赏取证中证据提供人在提供证据方面仅对悬赏人负责,不应因其提供的民事证据真伪在民事诉讼程序上承担直接责任。[①] 这种观点过于片面,不仅不符合民事诉讼法上的诚实信用原则,而且不利于案件事实的查明。因为如果证据提供人无需承担伪证责任,为获取悬赏金,他可能进行欺诈,在不了解案情的情况下出面提供所谓证言,或者受利益驱使迎合悬赏人的需要提供伪证,从而影响司法公正。

(四) 证据的审查评判

悬赏取证本身不同于收买证据,但并不能否认悬赏取证过程中存在收买证据的可能,而且案外人为获取悬赏金也有可能主动提供伪证。证据的审查评判是指对证据进行分析、研究和判断以确定证据能力有无和证明力大小,包括对证据能力和证明力两个方面的审查。证据能力的审查需要法院认定证据的客观性、合法性和关联性;证明力的审查主要是为认定证据的真实性和证明价值。法庭在决定当事人通过悬赏所获证据的证据能力和证明力之前,需要给予另一方当事人对此类证据充分的质证机会,进而审慎进行审查,并结合具体案情包括悬赏金数额的合理性以及其他证据进行判断。法院虽然对通过悬赏取得的证据的证明力享有自由裁量权,但通常需要结合其他证据才能对相关事实作出认定。

(五) 悬赏金的负担

悬赏金不同于对证人出庭作证所支出的合理费用,如食宿费、交通费、误工损失。这部分费用的负担最终由败诉一方当事人予以负担,这具有明确的法律依据。而悬赏金的负担,则并无明确的类似法律规定。

有观点认为,悬赏金不适合由侵权人承担,因为这将导致权利人通过确立较

[①]　刘海洋:《论知识产权侵权诉讼中的悬赏取证规则》,《河北法学》2015 年第 11 期,第 152—153 页。

高的悬赏金压垮乃至惩罚侵权人,这对于正当的民事取证没有益处,甚至可能造成双方当事人在诉讼地位上的严重失衡。[①] 也有观点认为,悬赏是当事人为实现胜诉目的自主选择的一种取证方式,悬赏金数额具有不确定性,故该费用应由悬赏人自行负担。[②] 在知识产权侵权案件中,存在采纳这一观点的司法实践。在上海保奇文化发展有限公司诉宣城市广播电视总台侵犯著作财产权纠纷案中,原告为搜集盗播电视剧《大案组》线索悬赏 1 万元,并向法院提供了一组相关证据,宣城市中级人民法院对该悬赏费的索赔未予支持。[③]

笔者不赞同上述这一立场,必要合理的悬赏金理应由侵权人负担。根据我国知识产权法司法解释的规定,在审理著作权、商标权和专利权的侵权案件中,根据权利人的请求以及具体案情,法院可以将权利人对侵权行为进行调查、取证的合理费用计算在赔偿数额的范围之内。[④] 悬赏金属于知识产权权利人调查收集证据的费用,与调查、制止知识产权侵权中所发生的其他费用(比如,购买侵权产品的费用、查档费、差旅费、交通费、鉴定费)并无不同,只要在合理范围内就应当依法予以支持。所以悬赏金负担问题的关键,应当是该悬赏金的数额是否具有合理性。悬赏金的合理性是指权利人主张的悬赏是否为调查知识产权侵权行为所必需以及悬赏金的数额是否合理。如果通过悬赏获得的证据的证明价值与诉讼标的不相称或者与本案其他证据构成重复因而不是必要证据,那么法院对该悬赏费支出应当不予支持;如果悬赏费数额明显偏高,法院可以依据当事人的申请,酌情确定最终可以支持的合理数额。法院在确定合理费用时应当考虑的因素包括:该证据对于案件的相关性与重要性、收集替代性证据的难度以及悬赏取证的必要性、全部诉讼请求的支持程度,对证人出庭作证所支出的食宿费、交通费等合理费用的数额等。悬赏金判由侵权人负担,有利于加强打击知识产权侵权,可以在一定程度改变知识产权侵权赔偿数额偏低、权利人常常"赢了官司输了钱"的现状。

五、评析

知识产权侵权诉讼中,鉴于普遍存在的"举证难"困境以及知情人不愿作证的现实情况,悬赏取证具有合理存在的现实基础。我国司法解释确立了明确的非法证据判断标准,悬赏取证不同于收买证人,悬赏取证本身具有合法性,而且

---

① 刘海洋:《论知识产权侵权诉讼中的悬赏取证规则》,《河北法学》2015 年第 11 期,第 153 页。
② 吴晖:《透视悬赏取证》,《证据法论坛》2004 第 1 期,第 77 页。
③ (2008)宣中民三初字第 6 号民事判决书。
④ 《关于审理专利纠纷案件适用法律问题的若干规定》第 22 条;《关于审理著作权民事纠纷案件适用法律若干问题的解释》第 26 条;《关于审理商标民事纠纷案件适用法律若干问题的解释》第 17 条。

这种取证方式与证据的客观性和关联性要求并不必然冲突。悬赏取证中的证据提供人同样负有出庭作证的义务。法庭应当在充分质证的基础上对于悬赏所获证据予以审查，并决定其证据能力和证明力。为有效抑制知识产权侵权，权利人合理必要的悬赏费赔偿请求应当予以支持。

需要强调的是，为解决知识产权侵权诉讼中"举证难"的问题，应加强当事人收集权的程序保障，包括完善当事人收集证据制度以及证人出庭作证制度，而悬赏取证本身具有局限性，法院常常需要结合其他证据对事实作出认定，因此它只是一种辅助性和补充性的证据收集方式。

本 章 小 结

民事诉讼中的非法证据应否排除、何种情况下排除，不能简单套用源于刑事诉讼的非法证据排除规则。理论上应从刑事诉讼非法证据排除规则入手，分析规则背后的目的和政策意图，区分两种诉讼的不同，在此基础上对我国民事诉讼非法证据排除规则加以审视和反思。

非法证据排除规则起源于美国的刑事诉讼，之后扩展到世界各地。各国刑事诉讼中非法证据并非绝对排除，不同程度体现了在人权保障和公正司法之间的利益衡量。相比而言，民事诉讼中非法证据排除规则的适用，各国对此态度谨慎，即使在一些国家违法收集的证据可以排除，也须经过利益衡量。总体上，民事诉讼中的非法证据排除更像是"有限例外"，而非"一般规则"。关于民事诉讼中的非法证据应否排除，中国学术界主流观点是持"肯定论"，并明确体现于不同时期的三个司法解释之中，同时证据排除的标准渐趋谨慎和严格。非法证据的排除的复杂性在于该问题上蕴含多种价值之间的冲突，在民事诉讼包括知识产权民事诉讼中，利益衡量的理念应在非法证据排除与否的问题上予以适用。

在知识产权诉讼实践中，陷阱取证导致多种价值的冲突，司法过程中应当运用利益衡量理念决定是否排除相应证据。陷阱取证可以分为机会提供型和犯意诱发型，关于取得的证据应否排除，这两种不同的证据收集方式应当区别对待。机会提供型陷阱取证和犯意诱发型陷阱取证的区分需结合具体案情具体分析，主要考虑被告的行为、主观状态以及因果关系。陷阱取证过程中公证的介入往往可以起到积极效果，不过，它不能改变或决定取证方式本身的合法性，同时，公证本身也应规范，否则公证作用也会大打折扣。

在知识产权侵权诉讼中，悬赏取证具有合理存在的现实基础。悬赏取证本身并不违反证据合法性的要求，而且与证据的客观性和关联性要求并无必然冲突,通过悬赏所获证据的证据能力并不能一概而论。悬赏取证中证人负有出庭作证的义务。法庭无须介入悬赏取证活动,而是应当在充分质证的基础上对通过悬赏所获证据进行审查判断,并决定其证据能力和证明力。为有效抑制知识产权侵权,合理必要的悬赏费理应判由侵权人承担。

第八章　知识产权诉讼中的
市场调查

市场调查,是指通过发放调查问卷、电话采访、网络调查等手段向相关消费者群体征集其认知心理状态的一种社会调查活动。[1] 市场调查报告可以作为证据,在知识产权诉讼中发挥难以替代的作用。市场调查在我国知识产权诉讼尤其是商标诉讼中亦有一定程度的应用,但是存在着理念和规则上的障碍,实践中也存在一些问题,有必要梳理不同法域的司法实践,[2]并在此基础上进行总结、反思以及完善。

第一节　市场调查报告的证据属性

一、社会科学证据之属性

市场调查报告实际上是以众多的消费者的态度、观点或者认识作为考察分析对象,运用了社会科学研究中的定量研究方法,并最终形成体现为书面形式的专家意见。市场调查证据赖以生成的方法是社会科学方法,属于社会科学证据。它与诸如 DNA 证据等基于自然科学方法生成的科学证据不同,后者准确地说应是"自然科学证据"。社会科学证据的主要特征并不在于其建构于社会科学的理论,而在于它所赖以生成的社会科学研究方法。[3]

关于社会科学证据的运用,美国处于世界领先地位。从 20 世纪 70 年代开始,社会科学证据逐渐加入科学证据之中并快速发展。美国学者指出,"自然科学证据及社会科学证据在过去的数十年间为司法判决提供了证据

---

[1]　张爱国:《商标消费者调查的正当性研究——从 49 份商标侵权纠纷民事判决书谈起》,《知识产权》2011 年第 2 期,第 63 页。

[2]　知识产权诉讼中的市场调查主要是司法实践问题,而不是立法问题,即使有些国家制订了成文规则,也基本上采用"指南"等软法形式。欧盟统一专利法院对这一问题没有明文规定,且该法院尚未运行,因此以下的比较分析不涉及欧盟统一专利法院。

[3]　梁坤:《社会科学证据在美国的发展及其启示》,《环球法律评论》2012 年第 1 期,第 137 页。

材料",①这对司法实践中社会科学证据的重要性予以了充分肯定。

市场调查报告作为社会科学证据,有利于推动司法证明的科学化,促进事实认定的客观化。其中"问卷调查"源于心理学的应用,是一种发掘事实现状的研究方法,其最终目标是搜集、累积某目标群体的资料、喜好、态度或信念,进而发现或呈现事实。市场调查报告在证明主观意识状态方面具有证明优势,是证明"相关公众"的主观认识最有说服力的证据。市场调查报告作为证据在商标侵权纠纷中的应用最具代表性。比如,对于"误导公众""容易混淆"等类似判断,仅仅通过法官个人的心证难免有失主观,问卷调查提供的量化分析对事实认定无疑提供了具有客观化的标准,避免了法官的主观臆断。

尽管其他认定方法,比如"多因素认定法",在商标侵权纠纷中也是认定商标是否容易混淆误认的重要方法,但是市场调查的优势在于它直接表明消费者的认知和态度,具有强大的说服力。② 而个人的主观想象和判断可能产生明显的错误和偏差。比如,在1960年"Morelia案"中,德国专利局认为大部分的人口知悉"Morelia"为墨西哥的城市名称,因此拒绝以此作为商标予以注册。但是,经过对1 000名德国居民的意见进行调查后,发现93.3%的受访者根本没有听说过这个地名,仅有3%知道它是墨西哥、美洲或南美洲的城市名称。③

二、专家证据之属性

关于市场调查报告在法律上的证据属性,存在着多种不同的观点,这些观点分别认为市场调查报告属于证人证言、鉴定意见、专家意见或者独立的证据形式。④

专业人士受委托所做市场调查报告,内容均非该专业人士亲身经历,形式上是听闻于受访者"转述"的事实,因此市场调查报告可能被认为是证人证言,而且是传闻证据。事实上,早期美国的一些法院将它视作传闻证据,从而拒绝商标调查证据的应用。不过,1963年的Zippo诉Rogers案"事实上终结了传闻证据规则对在商标案件中引入市场调查证据的异议",费因伯格(Feinberg)法官在该案

---

① Angelo N. Ancheta, Scientific Evidence and Equal Protection of the Law, Rutagers University Press, 2006, Product Description.

② 张爱国:《商标消费者调查的正当性研究——从49份商标侵权纠纷民事判决书谈起》,《知识产权》2011年第2期,第65—66页。

③ 刘孔中:《论市场调查在商标法及公平交易法之应用》,《台大法学论丛》1997年第2期,第194页。

④ 曹世海:《对商标侵权诉讼中市场调查报告的审查与认定》,《人民司法》2015年第9期,第77—78页。

中提供了两条可选择的接受市场调查证据的理由：第一，市场调查报告不是传闻证据，因为它们不是"为了证明所陈述的内容是事实"而做出的；第二，即使市场调查报告是传闻证据，也应当列入《联邦证据规则》第 803 条所规定的表达"当场的感觉和印象"的例外情形。①

市场调查报告实际上是一种专家证据，可由当事人委任或由法院指定专家进行。受访者的陈述并非用于直接证明当事人主张的真实性，而只是显示相关消费大众的认知和态度。当事人虽然不能对受访者进行交叉询问，但可通过对市场调查负责人进行询问，以便发现调查是否客观、公正、中立以及科学。② 如果从事市场调查的受托人为法院选任，其法律地位为鉴定人或中立专家（在普通法国家也可以称作为"法院专家"）。在我国知识产权诉讼中，调查机构及其技术专家可列入法院名册而获得相应资质，而且法院指定中立专家的做法在司法实践中已获得认可，并非绝对需要具备相应的鉴定资质。③ 如果市场调查系当事方委托的调查机构做出，该市场调查报告仍然具有可采性，④此时调查问卷的受托人的法律地位是专家辅助人。⑤ 综上，在上述两种情况下的市场调查报告分别为鉴定意见或专家意见。⑥

第二节　市场调查在知识产权诉讼中应用的法律基础

市场调查在知识产权诉讼中的应用具有法律基础，其中以商标案件最为典型，同时也不限于商标案件。

一、商标诉讼领域

在商标法及相关司法解释的规定中关于"公众"的表述为市场调查提供了应

---

① Zippo Manufacturing Company v. Rogers Imports, Inc., 216 F. Supp. 670, 1963 U.S. Dist. 137 U.S.P.Q. (BNA) 413.

② 刘孔中：《论市场调查在商标法及公平交易法之应用》，《台大法学论丛》1997 年第 2 期，第 180—181 页。

③ 我国《民事诉讼法》规定的 8 种证据形式中只有鉴定意见而无专家意见，不过，法院指定未在鉴定机构任职也未获取鉴定资质的专家在我国司法实践中已获得认可，我国民事诉讼立法应当规定这类专家的使用参照适用鉴定意见的相关证据规则。

④ 在台湾地区，非官方委托进行的市场调查具有可采性也获得司法实践认可。参见冯震宇：《市场调查可否用于判断商标混淆误认？》，《月旦法学教室》2015 年第 7 期，第 37—38 页。

⑤ 刘孔中：《论市场调查在商标法及公平交易法之应用》，《台大法学论丛》1997 年第 2 期，第 182 页。

⑥ 曹世海：《对商标侵权诉讼中市场调查报告的审查与认定》，《人民司法》2015 年第 9 期，第 117 页；刘孔中：《论市场调查在商标法及公平交易法之应用》，《台大法学论丛》1997 年第 2 期，第 180 页。

用的法律基础。比如,2002 年《关于审理商标民事纠纷案件适用法律若干问题的解释》第 1 条在澄清"给他人注册商标专用权造成其他损害的"几种情况时分别使用了"容易使相关公众产生误认""误导公众"等措辞。《商标法》有多处涉及"公众"的表述,尤其是第 14 条关于驰名商标应考虑的 5 个因素中的第一项是"相关公众对该商标的知晓程度"。这些表述实际上要求在事实认定时考虑公众的意见和认知。尽管这些问题可以通过其他证据形式加以佐证或者依据经验法则予以判断,不过对于公众直接进行社会研究是最能反映案件事实的。[①]

商标侵权案件中,市场调查的适用具有广阔的空间。总的来说,在商标诉讼中,诸如商标之间因类似导致相关公众产生混淆、商标获得第二含义、商标沦为商品通用名称、在后商标的使用对于具有一定知名度的商标造成淡化等诸多事实,都由法院认定,这需要对消费者的认知做出判断。类似事实的认定,从逻辑关系来看,必须追问相关公众本人,而市场调查报告是最具有说服力的证据。[②]

二、著作权诉讼领域

在著作权领域,市场调查同样具有可采性以及应用空间。市场调查在美国一些著作权许可使用纠纷案件中得以较早地应用。[③] 在我国司法实践中存在着一些这样的案例,比如"蒙超诉柳州市土地交易储备中心著作权侵权案"[④]、"美国教育服务考试中心诉新东方学校侵犯著作权和商标专用权纠纷案"[⑤]、"研究生入学管理委员会诉新东方学校侵犯著作权和商标专用权纠纷案"[⑥]。市场调查可以提供特定人群关于混淆、错误以及欺诈的客观描述。在法庭之外即可认定这些复杂的问题,尤其是在认定实质相似性和合理使用问题上。

著作权侵权的认定,不仅要看思想的内容,而且要看这些思想表达的实质相似性。在分析过程中,实质相似性的要求体现为两步:首先,两个作品在整体思想(general ideas)上的相似性。它不是取决于事实审理者的看法,而是依据一些具体标准,这些标准包括艺术作品的类型、使用的素材、主题以及该主题的背景,[⑦]即分解研究并结合专家证据对于认定相关事实是适合的。其次,两个作品表达的实质相似性。这取决于普通理性人的看法。普通观众(或读者)标准的重

---

①　梁昆:《社会科学证据研究》,群众出版社 2014 年版,第 207 页。

②　杜颖:《商标纠纷中的消费者问卷调查证据》,《环球法律评论》2008 年第 1 期,第 72 页。

③　比如,Ideal Toy Corp. v. Kenner Prods. Div., 443 F. Supp. 291, 197 U.S.P.Q. 738 (S.D.N.Y. 1977).

④　广西壮族自治区柳州中级人民法院(2004)柳市民初(三)字第 2 号判决书。

⑤　北京市第一中级人民法院(2001)一中知初字第 35 号判决书。

⑥　北京市第一中级人民法院(2001)一中知初字第 33 号判决书。

⑦　Krofft Television Prods. v. McDonald's Corp., 562 F.2d 1157, 196 U.S.P.Q.97 (9th Cir. 1977).

点在于两个作品整体上的相似性而不是细微的差别。普通人的反应是一个事实问题,调查问卷可以提供相应答案。因此,在著作权侵权案件中调查问卷是适合的证据形式。在 1999 年 6 月,可口可乐公司的产品广告中使用了《日出》主题曲,太阳神集团认为因旋律和歌词相似,侵犯了其《当太阳升起的时候》的著作权。在审理过程中,北京市高级人民法院委托中国版权研究会版权鉴定专业委员会进行了鉴定,后者鉴定的结论是:两部作品基本相同。法院最终认定构成著作权侵权。不过,佟强教授认为,歌曲的旋律和歌词是否相同或相似,应当根据一个认知正常的人的标准,通过在一定人群中抽样调查的方法予以确定。[①]

合理使用构成著作权侵权的例外。《美国法典》第 107 条(17 U.S.C. § 107)列举了合理适用的 4 项考虑因素,以决定在具体案件中作品的使用是否构成合理使用:其一,使用的目的与性质,包括该使用是否商业性质或者是否为非营利性教育目的;其二,该享有著作权的作品的性质;其三,该享有著作权的作品被使用部分的数量和程度(amount and substantiality);其四,该使用对于潜在市场或者对享有著作权的作品价值的影响。其中后两个因素表明,合理使用是一个事实问题,实证的市场调查具有相关性,可以证明合理使用是否成立。在美国联邦最高法院审理的一个案件中,市场调查证据对于认定电视节目的录像是合理使用的关键因素。[②] 在该案中,法院发现磁带录像机的作用在于倒时差,即录下节目然后晚些时候观看,然后删除。调查显示大多录像机的所有人看电视电影的次数与频率像他们在拥有录像机之前一样。基于合理使用的政策对各种实证数据的考虑,法院最终裁定对著作权节目进行复制是合理使用。原告提出的一个理由是,倒时差可能会减少观众观看以后的电视回放。法院认为,这一假定难以成立,就法院所知范围而言,未有调查显示观看回放的观众是由未曾看过该节目的人组成。[③] 法院的裁定基于实证数据,具有说服力。

三、专利诉讼领域

专利领域也有市场调查应用的空间。在 2010 年施行的《国务院关于修改〈专利法实施细则〉的决定》第 32 条对原《专利法实施细则》中规定的假冒专利的行为进行了修改,其中有两项涉及公众意见的判断,即第三项和第五项分别使用了"使公众将所涉及的技术或者设计误认为专利技术或专利设计""其他使公众

---

① 王晓东:《广告歌曲等无形财产如何保护》,《北京青年报》2005 年 3 月 6 日。

② Sony Corp. of America v. Universal City Studios, Inc., 104 S.Ct. 774, 220 U.S.P.Q. 665 (1984) (Betamax).

③ Daniel L Kegan Survey Evidence in Copyright Litigation, 32 J. Copyright Society U.S.A. 283, 289(1984 - 1985).

混淆,将未被授予专利权的技术或者设计误认为是专利技术或者专利设计的行为"。作为这种"误认""混淆"的证据,显然调查问卷比较适合。外观设计专利的证明尤其适合市场调查的应用。外观设计与作品、商标具有相似性,都属于可视性的智利成果。外观设计侵权与否的认定关注同样的事实问题,即普通人的认知。此外,在损害赔偿专家提供证据的时候,也可能借助市场调查,证明专利的特征(patented feature)对于消费者购买决定的重要性。[①]

四、商业秘密诉讼领域

市场调查对于商业秘密纠纷的解决也有一定的帮助。[②] 商业秘密具有非公知性,这一点为各国法律所认可。比如,美国联邦法院就商业秘密的判断多采纳体现于"侵权法重述"中的标准,涉及"非公知性""经济价值性""秘密管理性"。[③] 我国《合同法》第十八章多个条文使用了"技术秘密"这一措辞。技术秘密是指"不为公众知悉,能为权利人带来经济利益、具有实用性并经权利人采取保密措施的技术信息……不为公众所知悉,是指技术信息的整体或者精确的排列组合或者要素,并非为通常涉及该信息有关范围的人所普遍知道或者容易获得……"。这种商业秘密的"非公知性"理论上即可通过市场调查的方式进行证明。

第三节　域外知识产权诉讼中市场调查的应用

如今,市场调查在域外的知识产权诉讼尤其商标诉讼中广为接受。不过,并非一开始就是这样,总体上都经历了一些波折,甚至有些国家的法院尽管如今已接受市场调查报告作为证据,不过仍然持谨慎态度。

一、美国

美国法院曾一度拒绝采纳市场调查报告,因为它被认为是一种传闻证据,而根据传闻证据规则,除《联邦证据规则》规定、美国最高法院依据制定法授权或国会立法制定的规则外,传闻证据不能作为证据采用。

20 世纪 50 年代以来,社会学、统计学等相关学科的发展为市场与公众调查

---

① Kimberly A. Moore et al., Patent litigation and strategy (4th edition), Thomson West, 2013, p.279.

② 周家贵:《商标问卷调查在英美法院商标侵权案件中的运用》,《知识产权》2006 年第 6 期,第 82 页。

③ US v. International Business Machine Corp., 67 F.R.D.40, 46 (S.D.N.Y.1975).该案论及"第一次侵权法重述"第 757 条的适用。

提供了更为科学的方法,其结果日趋可靠,法院对市场调查的信赖也逐步增强,认为调查证据在技术上的缺陷只影响其证明力大小,而不影响其可采性。[①]

1975年,美国《联邦证据规则》出台,其确立了传闻证据规则的例外,市场调查问卷可以通过解释第803(3)条的规定而排除传闻证据规则的适用。2000年《联邦证据规则》第702条作出了重大修改,只要市场调查报告符合下列条件即可作为证据:该证言是依据充分的事实或证据做出的;该证言是依据可信赖的原则和方法做出的;该专家证人已将这些原则和方法适用于案件的有关事实,凭其知识、技能、经验、训练或教育够格为专家的证人可以用意见或其他方式作证。在美国司法实践中市场调查的运用逐渐获得了较高的认可,越来越多的法官倾向于依赖调查证据来支持他们的裁判。[②] 有些法院甚至对没有提供调查证据的一方做出不利裁判,如果该方本来有能力、有条件提供调查证据的话。在Mushroom Makers Inc.诉R. G. Barry Corporation案中,法官拒绝给予原告禁令救济,因为原告作为财力强大的公司,本可以实施一项市场调查来证明混淆存在,却没有这么做。[③]

2004年《复杂诉讼指南》(第四版)[④]是美国联邦司法中心组织专家团队在前三版的基础上编纂,尽管只是建议而非立法,不过,由于它是权威专家团队司法经验的总结,在相关司法领域具有较高的权威性和指导性。[⑤] 该指南为市场调查的执行提供框架性的规则,要求抽样方法必须遵循普遍认可的统计标准。相关的考虑因素包括:① 是否适当选取并界定了调查人群;② 选取的样本能否代表该人群;③ 搜集的数据是否准确进行了报告;④ 数据分析是否采用了公认的统计原则。这四项要素与市场调查报告的可采性相关,但是它必须依据提交市场调查报告的特定目的予以具体应用。

作为市场调查证据的基础,通常它需要专家证言的加入,同时需要披露支持性的数据和材料,并且应当在庭审之前交予法院。即使法院发现市场调查存在不足,法院仍可以采纳该证据,然后就其证明力交由当事人进行争论。[⑥]

此外,在评价市场调查的有效性时,法官应当考虑以下因素:① 问卷问题是

---

① 在Prudential Ins. Co. v. Gibraltar Fin. Corp.案中,法院判决指出:"技术上的不可靠性影响的是调查的证明力大小,而不是它的可采性。"See 694 F.2d 1150, 1156 (9th Cir. 1982).

② 相关实证研究表明,在提交调查证据的51个案件中,法院采纳调查证据的案件高达35个。See Roberta L. Jacobs, Survey Evidence in Trademark and Unfair Competition Litigation, 6 ALI - ABA Course Materials 97(1981 - 1982).

③ 441 F. Supp. 1220 (S.D.N.Y.1977).

④ Manual's Board of Editors, Manual for Complex Litigation (4th edition), Federal Judicial Center, 2004.

⑤ Id., p.103.

⑥ See E. & J. Gallo Winery v. Gallo Cattle Co., 967 F.2d 1280, 1292 (9th Cir. 1992); McNeilab, Inc.v. Am. Home Prods. Corp., 848 F.2d 34, 38 (2d Cir. 1988).

否清晰,不具有引导性;② 是否由具有资质的人员进行调查,并遵循适当的采访程序;③ 调查程序是否具有客观性,比如调查时是否具有诉讼预期,并由与当事人或律师有关的人员进行或者由知道诉讼中调查目的的人员进行。

打算提交调查证据的当事人可以考虑在调查工作完成之前是否向对方当事人披露取样或调查方法的细节(包括调查时会询问的具体问题、给予调查人员的介绍性说明或指导、询问程序中使用的其他控制手段)。这样,对方当事人可以立即提出异议,当事人可以在完成调查之前采取纠正措施。双方当事人可以指定各自专家进行会面,以加快解决影响调查证据可采性的问题。

值得强调的是,美国联邦司法中心组织另外还组织专家编撰了《调查研究参考指南》(Reference Guide on Survey Research)①,作为"科学证据参考指南"(Reference Guide on Scientific Evidence)的一部分,对市场调查的具体操作细节做出了进一步的规定,涉及调查的目的与设计、调查人群的界定与取样、问卷的问题与结构、实施调查的采访者、数据录入与反馈分组、披露与报告等内容。

二、德国

在 1941 年,德国帝国法院(Reichsgericht)审理的一个案件首次引入调查证据。② 10 多年以后,德国联邦最高法院在两个案件中又分别审查了当事人提交的调查证据。③ 此后,调查报告作为商标诉讼的重要工具在德国司法程序中频繁得到应用。德国近期的司法实践表明,法院通常接受当事人提交的调查报告,并且把它们看作重要的证据来源。同时,德国联邦法院自从 20 世纪 80 年代开始,因为上诉法院欠缺市场调查而撤销判决的情形,也呈现增加的趋势。④

在德国诉讼程序中,调查可以由法院委托,也可以由当事人委托。法院通常与调查机构建立联系。如果当事人提交调查证据,法院可以要求这些调查机构的专家提供协助,以理解这些调查证据。

和其他证据一样,调查证据需要法院的审查认定。在德国一些案件中,调查报告因故被排除,比如调查报告缺少一些重要方面的信息。⑤ 如果法院从其他

---

① Shari Seidman Diamond, Reference Guide on Survey Research, in Federal Judicial Centre, Reference Manual on Scientific Evidence (3nd edition), the National Academies Press, 2011.

② RG, "Alpenmilch," 1941 GRUR, 328, 330.

③ BGH, "Getränke Industrie," 1957 GRUR, 426, 428; BGH, "Ihr Funkberater," 1957GRUR, 88, 92.

④ 刘孔中:《论市场调查在商标法及公平交易法之应用》,《台大法学论丛》1997 年第 2 期,第 174 页(脚注 3)和第 194 页。

⑤ 22. BGH, "Schlussverkaufswerbung I," 1987 GRUR, 171, 172.23. BGH, "Dresdner Stollen II," 1990 GRUR, 461, 462; BGH, "Aquavit," 1991 GRUR, 852, 855; BGH, "40% weniger Fett," 1992, 70, 72.24. BGH, "Marktführerschaft," 2004 GRUR, 244, 245.

渠道获得的信息或知识推知调查没有正确实施或者没有准确反映受访者的意见，那么调查报告不会被采信。① 在一个案件中，因为缺乏足够数量的消费者作为采访对象，而且调查的进行仅仅是通过电话询问关于某一颜色商标的视觉感知，德国联邦专利法院拒绝考虑相关调查报告。② 如果法官自己属于相关消费群体，一般并不需要进行市场调查。③ 在有些案件中法院认为调查报告的使用也并非必要，至少部分调查报告如此。④ 为避免法院认定调查报告不具可采性，明智的做法是，试图提交调查报告的当事人应当就相关问题和被调查人群与法院甚至对方当事人进行提前确认。

通常，一个试图证明商标知名度的调查应当从初步的问题入手，以便发现受访者是否属于相关消费者群体。而且，调查应当包括三个方面：消费者知晓商标的程度；显著性的程度；消费者分布情况（the degree of allocation）。⑤

德国联邦最高法院处理的一些案件显示，调查报告中适当的提问非常必要，否则影响证据认定。⑥ 司法实践表明不能提出的问题包括：引导性的问题⑦，误导性的问题⑧，或者迫使被访者不得不进行猜测的问题。⑨ 问题原则上应当是开放性的，不会导致受访者只能从某一确定方向进行回答，⑩提供能够给出的所有可能选项，⑪这尤其要求向受访者提供一定数量的选项，使其可以选择他认为最适合的那一个。

在德国，针对评估商标知名度的市场调查，法院普遍认同"三步测算法"的调查问卷：第一步，询问某一标识的知名度；第二步，探询该标识是否被认为是指示商品来源；第三步，了解相关消费者是否知道使用该商标的经营者。⑫ 在

---

① BGH, "Dresdner Stollen II," 1990 GRUR, 461, 462；BGH, "Aquavit," 1991 GRUR, 852, 855；BGH, "40% weniger Fett," 1992, 70, 72.

② BPatG, decision of December 5, 2007, file no. 29 W (pat) 57/07.

③ BGH, "Marktführerschaft," 2004 GRUR, 244, 245.

④ BGH, "Versäumte Meinungsumfrage," 1990 GRUR, 1053, 1055；BGH, "Dermeistgekaufte Europas," 1996 GRUR, 910, 914；BGH, "Last Minute Reise," 2000 GRUR, 239, 241；BGH, "Bundesdruckerei," 2007 GRUR, 1079, 1082.

⑤ Kate Swaine et al., The value and treatment of Survey Evidence in different Jurisdictions, 100 Trademark Rep. 1373, 1389(2010).

⑥ BGH, "frei öl," 1992 GRUR, 48, 52；BGH, "Königl.-Bayerische Weisse," 1992 GRUR, 66, 67.

⑦ BGH, "Dresdner Stollen I," 1989 GRUR, 440, 442；BGH, "Dresdner Stollen II," 1990 GRUR, 461, 462.

⑧ BGH, "Aquavit," 1991 GRUR, 852, 855.

⑨ BGH, "Dresdner Stollen II," 1989 GRUR, 440, 442.

⑩ BGH, "Dresdner Stollen I," 1989 GRUR, 440, 442；BGH, "Dresdner Stollen II," 1990 GRUR, 461, 462.

⑪ BGH, "Königl.-Bayerische Weisse," 1992 GRUR, 66, 69；BGH, "40% weniger Fett," 1992 GRUR, 70, 71；BGH, "Emilio Adani II," 1993 GRUR, 920, 922.

⑫ Andreas Schulz, Constantin Kurtz, Germany：Surveys a Powerful Tool, M.I.P. 171, 78-79 (2007).

Telekom① 和 Kinder② 这两个案件中,德国联邦最高法院加强了关于商标知名度调查的要求。法院不仅考虑辨认出商标的受访者能否联想到特定生产商,而且能够叫出相关生产商的名字。在该案中,涉案的受访者未能满足后一要求,他们不知道生产商准确的名称,结果德国联邦最高法院认定该商标在市场上的知名度低于调查结论。但是,在最近的案件中,德国联邦最高法院改变了立场,认为受访者能够将商标与特定生产商相联系已经足够,不管他们是否知道其名称③或者是否能准确拼写。④

三、我国台湾地区

(一) 司法实践

台湾地区法院对市场调查的态度,是一个逐渐从怀疑和保守趋向肯定和积极的过程。由于商标行政诉讼和民事诉讼对于市场调查的审查认定并无不同,两种诉讼的相关司法实践以下一并予以阐述。

1. 德士活案

德士活(Textwood)案是早期的一个案例。在该案中,"行政法院"在判决中指出,被告"中央标准局"未派员就市场实际交易情形进行相当调查之前,难以认定德士活与苹果牌商标是否容易混同误认,并判决撤销"中央标准局"的裁定。⑤ 依据该判决,"中央标准局"进行了市场调查,因调查过程存在瑕疵,市场调查共进行了三次,最终市场调查报告获得采信。⑥ 冯震宇教授认为,台湾地区司法实践落后于西方发达地区,虽然该案在 20 世纪 80 年代既已出现,不过,无论是调查方法或是问卷设计均显粗糙,其所能发挥之功效十分有限。⑦

2. 美商百威案和爱迪达案

在这两个案件中,法院对待市场调查的态度比较保守和谨慎。在美商百威(Budweiser)案中,美商提出由知名的尼尔森营销研究顾问公司所做的市场调查报告作为证据。该报告显示有 3 成以上民众会有混淆误认涉案两商标之虞。"最高行政法院"认为,该项报告并非官方指定机构所为,取样对象为酒吧的特定消费者,并非一般商品购买者,且涉案商标指定使用于啤酒杯,但市场调查对象

---

① BGH, "Telekom," 2004 GRUR, 514, 516.
② BGH, "Kinder," 2003 GRUR, 1040, 1043.
③ BGH, "Kinder II," 2007 GRUR, 1071, 1073.
④ BGH, "Goldhase," 2007 GRUR, 235, 238.
⑤ "行政法院"1983 年度判字第 337 号判决。
⑥ "行政法院"1992 年度判字第 2015 号判决。
⑦ 冯震宇:《掌握品牌争战决胜力:市场调查证据法,避免商标"撞衫"》,《能力杂志》2013 年 12 月,第 100 页。

为啤酒,取样不合要求。在爱迪达(Adidas)案①中,"智慧局"认为爱迪达公司以"Trousers with 3 stripes"商标在裤子两侧缝线注册的商标不具识别性而予以驳回。爱迪达公司不服提起上诉,并提供市场调查报告证明,在我国台湾地区北、中、南所做市场调查的1 000位受访消费者中,83.3%消费者在调查过程中可辨认出仅包含"3 stripes logo"(3线图)的系争商标的运动衣裤品牌为爱迪达产品。对于此市场调查,"最高行政法院"认为,爱迪达公司所做市场调查报告仅部分采样,欠缺客观性,难以据此直接认定相关消费者得以认知其为表彰商品来源的识别标识。②

3. 台北银行案和英特尔案

"智慧财产法院"成立后,台湾地区司法实践的立场逐渐出现微妙变化。"智慧财产法院"在台北银行(Taipei Bank)案中指出"原告(台北富邦银行)所举之研究调查报告……并未详明其调查对象、调查方式及问卷内容之设计,其客观性不足,是否能确实反映两造商标间关系,不无疑义,且此问卷亦无法证明被告使用'大台北银行'之行为,与原告之商标间,有导致相关消费者混淆误认结果之发生。"台湾地区"最高法院"受理台北富邦银行上诉后,经双方同意后委托另一家市场调查公司进行调查。台湾地区"最高法院"根据新的调查报告指出,系争"台北银行"及"台北富邦"商标中,"台北银行"商标最易使公众与被上诉人的名称产生混淆,因此种混淆结果,使台北富邦银行的"台北银行"商标的识别性或指向性产生减损。③ 可见,该判决等于采信了市场调查结果。

在英特尔(Intel)案中,被告广滨国际以"INTELTRANS"为其公司英文名称,并以"INTELTRANS CO,LTD."之名向经济部国际贸易局申请进出口厂商登记,用作公司招牌。关于市场调查,"最高法院"认为,对于侵害商标权事件,如当事人提出相类似的市场调查作为证据,本于商标法旧法第43条之旨趣,在诉讼程序上仍可认其为调查证据方法之一种。在这种情况下,法院自应就该市场调查内容,依其专业抽样问卷及实际调查而得之意见,践行调查证据程序而后定其取舍,并依自由心证判断事实之真伪。"最高法院"指出,英特尔既提出泛亚公司征信报告书以证明广滨国际的"INTELTRANS"商标有"混淆、误认或减少识别性或信誉"的效果,原审只以该报告书系英特尔片面委托泛亚公司制作,非"司法院"核准鉴定单位,该报告上未载明由何人市场调查,问卷上仅载受访者姓名与电话,而未有身份证字号或住址为由不予采认,此做法并不适当。④ 可见,"最

---

① 台湾地区"最高行政法院"2010年度判字第681号判决。
② 台湾地区"最高行政法院"2014年度判字第143号判决。
③ 台湾地区"最高法院"2010年度民商上字第8号民事判决。
④ 台湾地区"最高法院"2010年度台上字第1360号民事判决。

高法院"在该案判决中,已经就市场调查在司法实务上的应用予以认可。

4. 台大物流案和咖比 GABEE 案

台湾地区的相关司法实践逐渐明确了对于市场调查的肯定立场,并且就市场调查的相关规则,有了进一步阐述。在台大物流公司与台湾大学间就原告使用 TAITA 商标会否构成混淆误认的争议中,台大物流举出其自行委托某大学教师所做的市场调查作为证据。"智慧财产法院"认为该市场调查报告不具证明力,明确指出:市场调查报告应审查之事项,包含从事市场调查业务之期间、营业数量、调查报告之经验、调查期间、调查方法、调查人员之素质、调查技巧、调查地区范围、调查对象、抽样方法、母体及样本数、问卷种类、题目类型、题目区分、基本原则、结构安排、目标设计、因果关系等事项。经认定无法客观呈现真正市场与消费者之消费与评价态样,自不足作为判断之依据。[①] "智慧财产法院"的此段论述隐含的论断基础是,如果市场调查足以客观呈现真正市场与消费者之消费与评价态样,那么法院可以采认市场调查报告作为裁判基准。

在咖比 GABEE 案中,"智慧财产法院"表达出对于市场调查报告审查的明确态度,即根据"行政院公平交易会"颁布的"评估要项"[②]作为审查市场调查报告的标准。在该案原告东龙公司提起行政诉讼之前,"智慧局"认为东龙公司在 2008 年申请注册的商标,与另一公司 2004 年已经注册的商标存在混淆误认之虞,故不准注册。为证明不存在混淆误认,东龙公司在诉讼程序中提出市场调查报告作为证据。"智慧财产法院"在本案中明确指出,根据"评估要项",具有可采信性的市场调查应具备 8 项要件,且其证明力应依具体个案情况进行判断。据此,"智慧财产法院"认为原告提出的市场调查报告符合要求,判定两者商标并不会导致消费者混淆误认,并推翻"智慧局"的认定。[③]

虽然台湾地区缺乏明确的立法,"智慧财产法院"近年来的判决,已初步确立市场调查的相关基本制度架构。不过,市场调查进行的具体规则仍应进一步完善。

(二) 规则的制订

台湾地区"民事诉讼法"第 289 条规定,法院得嘱托机关、学校、商会、交易所或其他团体为必要之调查,但是并未涉及当事人自行委托的调查及该调查的证据能力。相关规定的模糊导致实践中产生了一些问题,早期在一些行政诉讼(原则上可准用民事诉讼法)的判决以市场调查非官方委托机构作为欠缺客观性为

---

① 台湾地区"智财法院"2013 年度行商诉字第 41 号判决。
② 该文件全称为"处理当事人所提供市场调查报告之评估要项",其具体内容在后文将予以详述。
③ 台湾地区"智财法院"2013 年度行商诉字第 23 号判决。

由予以否定,比如美商百威案。

在 2003 年"商标法"修订时,第 43 条规定准许当事人提出市场调查报告作为证据。不过,缺少关于市场调查的进一步具体规定。然而,在 2011 年再次修订"商标法"时该条被删除,理由是:"就具有证据能力市场调研报告之证据,无做特别规定之必要",以及"市场调查报告证明力,原须依具体个案情况进行判断,不因法律规定而有不同"。"智慧局"所颁布的审查基准中,同样准许提出市场调查作为佐证。例如"著名商标或标章认定要点"规定,可用于认定著名商标的证据材料包括:具公信力机构出具的相关证明或市场调查报告等资料。

相比之下,台湾地区"行政院公平交易会"颁布的"处理当事人所提供市场调查报告之评估要项"(简称"评估要项"),[①]具有操作性指南的性质。它包括 8 项内容:① "市场调查公司之公信力:市场调查报告应附有市调公司之背景资料,至少应包含从事市场调查业务之久暂、营业量之多寡、曾做过之调查报告等,藉以评断其是否为一可信赖之市调主体。"该规范并未强制要求相关市场调查公司如何选择,而是尊重市场选择,如果调查公司提供的调查服务质量不佳,在个案中可能不被采纳或采信,从市场角度看,处于竞争劣势的机构会逐渐被淘汰。② 调查方式方面,"应列明调查期间、调查方法(如邮寄调查法、电话调查法等)、调查地区范围、调查对象、抽样方法、母体及样本数等是否为一般大众可接受之方法,且必须具有合理性及合目的性"。该项要求是用以审查调查报告的操作是否符合市场调查及统计学的一般标准。③ "基本资料:有无检附受调查者之基本资料,如有基本调查资料者,原卷是否有保留,俾利嗣后可能之调查。"市场调查有具名调查,也有隐名调查,"评估要项"并未强制要求相关资料的提供。为诉讼之需,具名方式更有助于验证和增强调查报告的真实性和可靠性。不过,即使采用具名方式,基于受访者联系方式及住址可能的变化等原因,有时也难以回溯。审判实务上认为事后无法回溯受访者,其证明力并不必然遭到否定。有台湾地区的法院也认为,"市场调查除了统计数字及统计结论外,个别之调查过程通常无法再行完全复原,只能在事前严格约定调查程序,并凭以检证'程序之正当性',例如电话调查结果,隔了一段时间后,可能因人事变化,原有接受访谈时已不住在原址,或恰巧不在,此时若再以事后另一查证之结论来争执原有调查资料之证明力,亦非妥适"。[②] ④ "问卷内容之设计:是否针对预定达成之目标而设计。质言之,该市场报告所涉及之调查内容,应符合其目的性。"⑤ "内容与结论之关联性:调查内容与调查结果或结论,必须具备演绎推论上之合理性与关

---

① "行政院公平交易会"1986 年第三二二次委员会议通过,并经 1987 年第三四七次委员会议修正。
② 台北"高等行政法院"2001 年度诉字第 120 号判决,该判决被"最高行政法院"2003 年度判字第 724 号判决所维持。

联性。"⑥ "结论与待证事实间之因果关系：市调结论与所预定之目标间,在客观上与受理案件之待证事实应有相当因果关系,始可认为该市调具有证明力。所谓因果关系,系指符合前述要件之调查均可演绎推论出待证事实。"⑦ "误差或信赖水准之说明：有关市调报告之统计量误差及信赖区间,应由提出该市调报告之主体说明之。"该部分如涉及统计上的必要因素,当以具备为妥。⑧ "洽询学者专家意见：争议当事人均提出市调报告而内容不一致,或因案件性质之需要者,得先洽询相关领域之学者专家意见。"此部分应属涉及市场调查报告的解读与分析,并非市场调查报告必需的要件。

公平交易法与商标虽有密切关联,但与商标法属不同法律,不能代替商标法,上述"评估要项"可否全然作为商标法案件甚至其他知识产权案件处理市场调查的参考,原本并不明晰。不过,嗣后的司法实践表明,该"评估要项"在商标诉讼中市场调查的审查中得以应用,比如,在上述咖比 GABEE 案中"智慧财产法院"即对"评估要项"予以认可。

四、简评

在知识产权诉讼中,市场调查报告对于证明消费者的认知和心态具有独特优势。尽管一些域外法院对于市场调查起初持谨慎态度,但是随着统计学、社会学等学科对市场调查提供越来越多的支持,域外法院接受市场调查证据的态度逐渐变得积极,甚至在一些案件中法院对于它认为应提供而未提供市场调查证据的当事方做出不利认定。域外立法对于市场调查通常不会有详细具体的规定,一般适用专家证据规则。市场调查证据的采纳与一般证据并无明显不同,需要满足关联性等证据资格的要求,即使市场调查存在不足,法院仍可能予以采纳;同时,法院对于市场调查的采信主要取决于市场调查的设计与实施是否符合普遍通行的标准,是否具有可靠性。司法实践可以逐步发展出一些市场调查的规则,为了保障市场调查的真实性、可靠性,一些国家和地区在司法实践的基础上,出台了一些具体的相关操作指南,以指导市场调查的实施。

第四节　市场调查的实施：证据可靠性的影响要素

市场调查的实施及其可靠性是市场调查报告的证据能力尤其是证明力的保障,市场调查可靠性的影响因素包括调查对象的确定、样本的选择、问题的设计、调查人员的素质与调查的专业规范性以及调查接近真实交易环境。就市场调查可靠性的影响因素,美国抽样专家提出过相近的看法。① 以下结合域外相关理论与实践,对市场调查实施程序进行分析。

一、调查对象的确定与样本的选择

在我国司法实践中,如何确定调查对象和样本通常是双方的争议焦点。市场调查首先必须科学确定调查的对象(即统计学上的调查总体),调查必须针对相关公众,这是一个证据"相关性"问题;其次,样本选择还需要具有代表性。这两个问题是市场调查的关键。如果调查对象缺乏相关性,调查结论难以被采纳,如果样本选择缺乏代表性,调查结论则缺乏说服力和可靠性,从而难以被采信。

相关公众即消费者或潜在消费者,如果受调查公众的范围过于宽泛或者过于狭窄,或者没有调查适合的消费者,调查报告的采纳或采信将受到影响。比如在丰谷公司与新丰公司仿冒知名商品特有名称、包装、装潢纠纷案中,四川省高级人民法院认为,丰谷公司所做社会调查的对象是社会中的普通人群,不是该案所涉商品的消费者或购买者,不属于法律规定的相关公众的范围,该证据因不具证明力而不予采信。② 在 Amstar 案中,美国第五巡回上诉法院指出,原告进行市场调查的 10 个城市中,8 个城市没有被告披萨的销售点,被告在另外 1 个城市的披萨销售点开业不到 3 个月。这样作为被调查对象的家庭妇女经常看到原告的商标,却很少看到被告的商标。此外,该市场调查忽略了被告的主要客户,即年轻的大学生。因此,该市场调查对象不够广泛从而不能被接受。③

一般情况下,调查对象应是权利人或者侵权人的潜在消费者。在德国"SL案"中,原告为德国宾士汽车制造商,自 20 世纪 50 年代即将"SL"使用于特定跑车,后来被告意大利汽车制造商也将该商标使用在汽车上。德国联邦法院认为,在认定宾士商誉是否受到侵害时,宾士跑车的买主及潜在的买主是应调查的相关公众。④

对于不同种类的混淆调查,调查对象也不相同,其中正向混淆案件,恰当的调查总体是侵权人的所有潜在消费者,而在反向混淆案件中则应当是权利人的所有潜在消费者;此外,根据商品或服务所处的地域范围、消费群体的年龄和性

---

① 比如,有专家提出,调查问卷的证明力获得认可必须满足下列 8 个标准:(1) 选取相关范围的被调查者;(2) 从相关范围的被调查者中抽取代表者;(3) 使用公平、适当的询问方式;(4) 设计和进行调查的人是被承认的专家;(5) 精确汇总数据;(6) 抽样计划以及实施等调查方式符合普遍接受的客观程序以及调查领域的统计标准;(7) 调查独立于涉案律师;(8) 调查者经过培训,不知道案件事实情况,并且不知道调查目的。See Jacob Jacoby, Survey and Field Experimental Evidence, in Saul M. Kassain and Lawrence S. Wrightsman, The Psychology of Evidence and Trial Procedure, Sage Publications, 1985, p.178, fn.6.

② 四川省高级人民法院(2009)川民终字第 371 号民事判决书。

③ Amstar Corp. v. Domino's Pizza, Inc. 615 F.2d 252, 264 (5th Cir. 1980).

④ BGH GRUR 1991, 609, 611 f.

别特征均应当对调查对象产生影响。[①]

"相关公众"的界定应考虑以下因素：① 购买客体，即商品或服务的性质、种类、价格等。② 购买主体，即购买者的性别、年龄等。③ 销售地域，尤其是某些商品具有一定的地域性，调查总体应设置在该特定地域之内。[②]

抽样可以分为概率抽样和非概率抽样。概率抽样是指以数学方式随机取样，以致每个人被选为样本的数学概率为已知。[③] 最常用的概率抽样为电话访谈。在有关消费者混淆的市场调查中，一般只能采用非概率抽样方法，最典型的方式即购物中心随机调查。非概率抽样的准确度比起概率抽样较低，但是在社会及行为科学的研究上，94%—97%的调查依赖非概率抽样。[④] 抽样代表性是从质的角度对抽样做出的要求，而从数量上分析，抽样还必须具有充分性。抽样必须针对足够多的有代表性的抽样做市场调查，抽样数量太少，偏差就大，就无法反映整个对象范围的心理认知状态。一般情况下，市场调查中样本规模的确定主要考虑以下因素，即：调查总体的规模；估计的把握性与精确性要求；总体的异质性程度；调查者所拥有的经费、人力和时间。[⑤]

一般而言，600—800 份样本之间的标准误差（standard error）已经相当稳定，可以达到 90% 的正确度。不过在德国司法实践中，最常使用的样本数是 2 500 份。[⑥] 此外，根据相关的经验法则，为了使抽样结果能够准确地推广到范围更大的总体中，至少应随机选择 4 个不同的地点进行调查。[⑦]

二、调查问卷的问题设计

问卷设计对于受访者心态可能会产生影响，并导致调查结果的差异。良好的市场调查的问题设计应当具有较高的效度和信度、适合研究目的和内容、适合调查对象。[⑧] 问卷的问题可以是开放式的，也可以是封闭式的。如果是封闭式的问题，需要为受访者提供多种可能的选项，让其设计自己需要的答案。问题设计要直接针对唯一话题或事情，避免任何形式的复合问题；设计问题时尽量使用

---

① 谢晓尧：《商标混淆的科学测度——调查实验方法在司法中的运用》，《中山大学学报》2013 年第 5 期，第 162—163 页。

② 曹世海：《对商标侵权诉讼中市场调查报告的审查与认定》，《人民司法》2015 年第 9 期，第 80 页。

③ Fink A. How to Sample in Surveys, SAGE Publications, 1995, pp.10 - 16.

④ Jacob Jacoby & Amy H. Handlin, Nonprobability Sampling Designs for Litigation Surveys, 81 Trademark Rep. 169, 175(1991).

⑤ 风笑天：《现代社会调查方法》，华中科技大学出版社 2005 年版，第 79 页。

⑥ 刘孔中：《论市场调查在商标法及公平交易法之应用》，《台大法学论丛》1997 年第 2 期，第 189 页。

⑦ Jacob Jacoby, Survey and Field Experimental Evidence, in Saul M. Kassain and Lawrence S. Wrightsman, The Psychology of Evidence and Trial Procedure, SAGE Publications, 1985, p.184.

⑧ 风笑天：《社会调查中的问卷设计》，天津人民出版社 2001 年版，第 87 页。

具体事例,避免模棱两可的表述,避免使用缩写、俚语或者偏颇的问题;问题的表达要具体,避免抽象、笼统;问题的表述语言要简短、通俗、准确;问题不应使用带有提示性、暗示性或者诱导性的词语。

三、调查人员的素质与调查程序的专业规范性

调查人员须具备专业素质。调查人员须具有市场营销、统计学、社会学以及心理学的相关知识,并且在调查方法、调查抽样、统计分析、调查问题设计等方面表现出已经掌握相当的经验和能力,并且调查人员应当能够忠实履行职责、避免调查过程对受访者造成不必要的影响,严格遵守科学的调查程序,这样才能保证调查结果的可靠性,否则调查设计无法转化为科学可信的调查报告。关于应当具备的技能,调查人员通常需接受采访方面的技能培训。[1] 调查结论要有充分的数据支持。这要求在问卷设计的过程中对数据的统计和分析方法须预先考虑,这要求调查人员运用统计学原理和相关知识。

调查行为具有规范性。首先,调查方法必须与相应的市场情况相符合,调查者须以同样的方式对受访者进行调查询问。关于混淆调查,存在的主要模式包括 Squirt 模式、Exxon 模式以及 Eveready 模式。[2] 每种模式都存在不足,调查人员应当根据需要做出适当选择。其次,调查必须严格遵守"双盲规则",即调查人员和受访者都不能知晓调查的目的或谁赞助了此项调查。调查必须设置回访核实程序。在调查完成后,调查专家须成立一个复查小组对一定比例的受访者进行回访,向其询问与调查时同样的问题,以验证调查人员是否严格按照指示完成调查任务。如果缺少这一程序,调查证据同样面临被排除适用的危险。在 Exxon 案中,法院指出,"原告调查的证明价值因如下缺陷而大大削减……缺少对一定数量的受访者进行回访的核实程序"。[3] 调查行为的不规范性不仅影响证据的证明力,如果调查存在的瑕疵太多,法院也有可能拒绝采纳这种证据。

调查报告不以公证程序为必要。在我国商标侵权的纠纷中,市场调查常被公证。调查报告并非一定要经过公证才能得到法院的采纳和采信,经过公证也未必一定会被采纳和采信。一方面,如果条件允许,市场调查的公证有可能起到积极作用;另一方面,能否采信主要取决于市场调查本身的可靠性,市场调查的设计与实施是否遵循了普遍通行的标准。在一些案件中比如《(2012)宁知民初

① Shari Seidman Diamond, Reference Guide on Survey Research, in Federal Judicial Centre, Reference Manual on Scientific Evidence (3nd edition), the National Academies Press, 2011, pp.409 - 410.
② 陈贤凯:《商标混淆调查中的关键向度》,《暨南学报(哲学社会科学版)》2013 年第 10 期,第 48—49 页。
③ Irina D. Manta, In Search of Validity: A New Model for the Content and Procedural Treatment of Trademark Infringement Surveys, 24 Cardozo Arts&Ent L J. 1027, 1066 - 1067(2007).

字第 564 号民事判决书》《(2013)浙嘉知初字第 58 号民事判决书》,当事人向法院提交的市场调查均经过公证,但最终结果却依法不予采信。

四、调查接近交易的真实环境

市场调查应尽可能接近市场的交易环境,包括主观和客观两个层面。主观层面:受访者应该处于"购物心情",而不只是善意配合调查,因为许多人在后一情况下不会使用他在有意从事交易时使用的注意程度。[1] 这也是为什么在购物中心拦截的调查方法是最常使用的原因。电话访问或者家庭访问在一定的情况下也接近交易实况,例如在外卖服务中大多是电话订购。在 Squirt 案中,涉及两款软饮料上分别使用 Squirt 商标和 Quirst 商标,原告采用的调查方式是在实际市场进行询问。法院指出:"这个调查是在真实的购物环境中实施并且对消费者的实际购物行为进行测量,而非在家庭中实施并且测量消费者的意见,这一事实为测量结果提供了很大的可靠性。"同时,法院引用了另一案件中法官的意见,即如果受访者不是在真正购物而只是在友好心情中回答调查者的问题,他的精力集中程度与钱包在他手上的时候是大不一样的。与花钱不同,许多人在回答社会调查者的问题时通常不会花费那么大力气去避免混淆。[2]

客观层面而言,交易实况是指相关公众接触到系争商品或竞争行为的情况。通过互联网调查对于网上销售的商品是适合的,但是对于仅在线下(比如超市)出售的商品这种互联网调查是不合适的,因为两种交易的环境差别巨大。再比如,如果消费者在市场上并未见到涉诉商标的商品并排陈列,那么将商品并排陈列询问消费者意见的市场调查就是不妥当的;反之,涉诉商标的商品确实并排陈列出售,那么并排陈列并询问消费者意见则不存在疑问。[3] 在 McDonald 案中,[4]被告采取了单纯的电话问卷形式,这被质疑忽略了真正消费市场的状态,因为这可能未曾唤醒消费者对商标图形结构的记忆,判别是否造成商标混淆很大程度上是消费者视觉感受刺激时第一时间的反应,即视觉刺激效应而非听觉效应。[5]

为接近真实的交易环境,调查人员须选择并提供恰当的刺激物。为了使

---

[1]　刘孔中:《论市场调查在商标法及公平交易法之应用》,《台大法学论丛》1997 年第 2 期,第 191 页,脚注第 52。

[2]　The Squirt Company v. The Seven-Up Company, 480 F. Supp. 789 (E.D.M.O. 1979).

[3]　刘孔中:《论市场调查在商标法及公平交易法之应用》,《台大法学论丛》1997 年第 26 卷第 2 期,第 191 页。

[4]　McDonald's Corp. v. McBagel's, Inc., 649 F. Supp. 1268 (S.D.N.Y. 1986).

[5]　Irina D. Manta, In Search of Validity: A New Model for the Content and Procedural Treatment of Trademark Infringement Surreys, 24 Cardozo Arts & Ent. L.J. 1037, 1046(2007).

调查实验更加逼近消费者购物时的真实状态,调查人员应向受访者展示他们在市场上可能遇到的、真实的涉案商品或其图像。而且,当事人选择以涉案商品本身作为刺激物时,法院强调不能为调查目的而故意改动商品原来的样式。这是因为"一个商品的某些方面也许会与另一个商品相似。但这种相似性可能被其他显著的差别抵消,调查中不能简单地把这些差别因素移除来获得调查者想要的结果。一个真正侵权的商品是能够在真实的市场环境中诱发混淆的商品,这就意味着它与其他商品的相似程度高到没有任何其他因素足以将之抵消"。①

第五节　我国知识产权诉讼中的市场调查:障碍与建议

一、我国知识产权诉讼中市场调查的应用现状

近些年来,在知识产权诉讼中,一些法院逐渐接受市场调查报告作为证据。而且一些省市地方法院出台了相关规定,对市场调查予以规范。比如,北京市高级人民法院于 2014 年 1 月 22 日印发的《关于商标授权确权行政案件的审理指南》第 13 条明确规定:"对于相关公众能否将诉争商标和引证商标相区分,当事人可以提供市场调查结论作为证据。市场调查应当尽可能模拟相关公众实际购买商品时的具体情形,并应当对相关公众的范围、数量及其确定,相关公众购买商品时的注意程度以及整体比对、隔离观察、主要部分比对等方法的运用等进行详细描述,缺少上述要素、对上述要素使用错误或者无法核实其调查真实性的市场调查结论,不予采信。"

不过,依据相关实证研究,我国司法实践中市场调查的应用呈现以下特征:

第一,市场调查极低的应用率。据统计,2005 年 1 月 1 日—2016 年 9 月 20 日,知识产权裁判文书共计 147 590 份。在此基础上的检索结果范围内,以"问卷调查"为关键词进行全文检索,其结果为,知识产权诉讼裁判文书中涉及"问卷调查"的共计 36 份。②

第二,市场调查报告的证明力具有不确定性,总体采信率较低。不同法院或法官在不同案件中对待调查问卷的态度不同。在知识产权诉讼实践中,大

---

① Irina D. Manta, In Search of Validity: A New Model for the Content and Procedural Treatment of Trademark Infringement Surveys, 24 Cardozo Arts&Ent L J. 1027, 1066 - 1067(2007).

② 周琨:《我国问卷调查证据的法律适用》,《中国应用科学》2017 年第 5 期,第 136 页;金海军:《调查统计方法在商标诉讼案件中的应用——以商标混淆可能性的认定为视角》,《知识产权》2011 年第 6 期,第 30—31 页。

部分研究报告得到了法官的采纳。其中,有一部分得到了采信。比如,在"安徽天方茶叶(集团)有限公司诉周剑商标侵权纠纷案"中,原告提出的中国社会科学调查所出具的关于商标认知的调研报告,被认为"是说明相关公众对于原告商标知晓程度的最重要判断标准,应予采信"。[①] 不过,有些法官对待该类证据态度谨慎,一方面认可其证明价值,另一方面强调应与其他证据一起进行综合审查。还有一些案件,法官仍然遵循传统的裁判思维,对这类证据没有给予充分重视。

整体而言,我国知识产权诉讼中市场调查证据的证明力尚未得到基本肯定,采信的比例比较低。司法实践中代表性的观点认为,司法证明的瑕疵主要集中在证明对象不准确和审查调查方法不科学,这类证据往往被认为不具备客观真实性、关联性或合法性,从而最终丧失证据能力。[②] 同时,有些法官对市场调查有偏执的抵触。在所有不予采信的案件当中,"单方面制作"是最主要的原因,几乎占到法院不予采信理由的 1/3。[③]

二、我国知识产权诉讼中市场调查的应用障碍

(一) 市场调查报告的证据属性不明

市场调查报告尚未被我国相关立法或司法解释明确纳入,其证据类型、使用方法、审查标准等均无明确规定。我国学术界和实务界均有代表性观点认为市场调查报告属于证人证言,比如有学者认为调查对象分散、人数众多,不可能全部到庭接受询问,应当作为"其他无法出庭的特殊情况",构成证人出庭义务的例外,在这种情况下市场调查报告可以作为证人证言提交法院。[④] 2007 年"霍寿金与中国电影集团公司等名誉权纠纷上诉案"的判决书也体现了问卷调查属于证人证言的表述。这起案件并非知识产权案件,不过,该案中法院关于市场调查的立场可以同样说明问题。

(二) 司法领域对市场调查必要性、可靠性缺乏信任

在知识产权诉讼中,法官对于市场调查报告的必要性和证明力存在成见,倾向于排除此类证据。有一些法院对调查报告进行了完全否定性的评价,但是没有给出合理的理由;同时,也有法官对这类证据没有给予充分的重视,市场调查报告受到冷遇。[⑤] 这导致当事人诉讼成本的无谓浪费。

---

① 安徽省合肥市中级人民法院(2005)合民三初字第 103 号判决书。
② 周琨:《我国问卷调查证据的法律适用》,《中国应用科学》2017 年第 5 期,第 137 页。
③ 张爱国:《商标消费者调查的正当性研究——从 49 份商标侵权纠纷民事判决书谈起》,《知识产权》2011 年第 2 期,第 64 页。
④ 杜颖:《商标纠纷中的消费者问卷调查证据》,《环球法律评论》2008 年第 1 期,第 73—74 页。
⑤ 梁坤:《社会科学证据研究》,群众出版社 2014 年版,第 114—115 页。

可靠性是市场调查证据进入我国司法的主要障碍。① 在实践中，向法院提交的调查问卷的质量参差不齐。有一些案件的调查在设计、样本选择、研究实施的过程基本严格遵守社会科学研究的规范要求，在司法证明中收到良好效果。② 不过，许多案件采用的"调查研究法"非常简单，样本的选择无法保障科学性，问卷的设计和调查的具体实施漏洞百出，从而受到对方当事人的强烈质疑以及法官的否定性评价。

（三）法院欠缺相关司法经验和专业知识

市场调查报告属于社会科学证据，适用社会科学的方法与原理，这些并非法官能熟悉和掌握的，尤其是在没有明确规定的情况下，法官和律师都没有积极和广泛应用市场调查的愿望与预期。而且，法官凭借其知识背景和司法经验足以对被认定的待证事实得出自己的看法或立场，具备一定审查判断的能力，并非以调查报告为必要，这一点是运用社会科学方法的市场调查和技术性事实的查明不同的，后者对于法官理解案件会造成更多的障碍，法院也更需要技术专家的协助。所以，在知识产权诉讼中可能需要市场调查协助时，法官往往可能倾向于不依赖所谓专家，不去"分享"事实认定的权力。不仅如此，法官的态度与倾向性也间接影响了律师积极认真准备调查问卷的积极性。

（四）缺乏市场调查的技术规范或指南

目前除了国家质量监督检验总局和国家标准化管理委员会于 2011 年 1 月发布的《市场、民意和社会调查服务要求》对市场调查服务制订了一些国家技术标准外，缺乏其他具体的规定对市场调查机构的资质、调查人员的资格、市场调查的实施与具体操作等进行规范，导致知识产权诉讼中市场调查的相关实践表现出随意和混乱。比如，在一些知识产权案件中，存在公证机构进行调查并制作公证书的做法。在这种情况下，调查报告会附随于公证书。比如在"万科企业股份有限公司诉浙江绿都房地产开发有限公司商标侵权案"中，杭州市公证处依据被告代理人委托，对四季花城的业主进行了市场调查，并以公证书形式提交法院，以证明相关公众购买商品房时并没有产生与原告的相关商品及服务相混淆的事实。③ 这种公证做法在公证法中找不到明确的法律依据。公证的性质是证明，取证是其中一个环节，整体而言它不是一种取证活动。上述公证实际上取代了当事人的取证活动，而且公证人员也缺乏市场调查的专业知识和专业技能，不

---

① 谢晓尧：《商标混淆的科学测度——调查实验方法在司法中的运用》，《中山大学学报》2013 年第 5 期，第 161 页。

② 梁坤：《社会科学证据研究》，群众出版社 2014 年版，第 95—98 页。

③ 浙江省杭州市中级人民法院(2004)杭民三初字第 267 号判决书。

属于市场调查方面的专家。[①] 这种做法实有不妥。

三、我国相关立法和实践的完善

(一) 明确市场调查报告的证据属性和法律依据

市场调查报告应归入我国法定证据形式,从而受到证据法调整。毋庸置疑,市场调查作为一种证据收集的方式而存在。如果受托专家由法院指定,市场调查报告应视为鉴定意见或专家意见;如果专家由当事人指定,市场调查报告应视为"专家辅助人"提供的证言,无论如何不应作为证人证言对待。最高人民法院可以通过司法解释等形式,使市场调查报告的法律地位得以明确。市场调查的应用有法可依,才能让全国各级法院都能对市场调查的应用有更加积极、明确的态度。有学者建议在《商标法司法解释》中增加规定:"消费者调查可以用来证明商标的显著性、知名度、第二含义以及是否发生消费者混淆的可能。"[②]在此之前,作为权宜之计各地方法院可以仿效北京市高级人民法院在审理指南中就调查问卷进行规定,引导和鼓励当事人在知识产权诉讼中提供调查问卷证据。除了商标诉讼以外,市场调查在其他知识产权纠纷领域也具有广泛的应用空间,司法解释可以予以明确并为市场调查报告的审查认定提供基本的规则指引。

(二) 强化法院在市场调查程序中的早期介入

我国知识产权诉讼中,许多市场调查报告没有得到法院的采纳及采信。一方面是市场调查的价值或必要性一开始就没有得到法院的认可;另一方面市场调查的质量参差不齐,其中有许多差强人意,难以达到法官心目中的规范要求和标准。对于知识产权诉讼中的市场调查,我国可以采取相对谨慎的立场,规定当事人准备提供市场调查证据的,应当事先获得法院的许可。当事人提交市场调查的必要性论述以及市场调查的预备方案,交由法院审查,在对方当事人发表意见的基础上,法院决定是否进行市场调查,如果决定进行市场调查,确定最终的市场调查方案以及具体要求。

(三) 提升法官审查认定市场调查报告的能力

在明确市场调查报告证据属性的基础上,通过对法官的专业培训,提升法官审查认定市场调查报告的能力。即使如此,法官往往难以凭自身判断来准确做出决定,在加强法官对市场调查科学性的认可的前提下,合理运用不同形式的专

[①] 梁昆:《社会科学证据研究》,群众出版社 2014 年版,第 126 页。

[②] 张爱国:《商标消费者调查的正当性研究——从 49 份商标侵权纠纷民事判决书谈起》,《知识产权》2011 年第 2 期,第 69 页。

家包括鉴定人、专家证人(专家辅助人)、技术调查官等,以提升和丰富法官处理市场调查问题的经验和能力,为市场调查的应用提供更为扎实的现实基础。

（四）社会调查机构的法律规制与监管

首先,应当对调查机构的资质和调查专家的资格进行规范和监督。市场调查机构的健康发展以及调查人员的资质是市场调查可靠性的基础和保障。建议在未来司法实践中,国家有关部门可以像认证鉴定机构和鉴定人员的资质那样认定一定数量符合特定条件的社会调查机构和调查专家,从而由当事人选择或由法院指定具有资质的调查机构去完成市场调查。

其次,在市场调查的公证中,公证机构不得直接参与实际的市场调查,只能是客观记录、记载调查的过程和结果。公证书证明的内容仅仅是调查过程和结果的客观情况,其本身并不能代替调查报告所要证明的内容。

最后,由最高人民法院、国家知识产权局商标局以及司法部组织,由行业内专家制订"市场调查操作指南"。可参照美国司法中心制订的《复杂诉讼指南》《调查研究参考指南》为我国市场调查提供一套可操作的指南,确保市场调查综合采用社会学、统计学方法,科学合理,符合法院对证据的审查认定标准,涉及调查机构的建立、调查专家与调查人员的培训、调查对象的确定和样本的选择、问卷问题、调查行为的程序规范等。

本 章 小 结

市场调查报告是以众多消费者的态度、观点或者认识作为考察分析对象而形成的社会科学证据,在法律性质上属于专家证据或鉴定意见。市场调查在知识产权诉讼中的应用具有法律依据和实践基础,尤其在商标诉讼领域存在广泛的应用空间。市场调查在域外包括美国、德国以及我国台湾地区的知识产权诉讼中被广为接受,并逐渐形成成熟的操作标准与方法。

市场调查证据的采纳需要满足关联性等证据资格的要求,市场调查报告的采信主要取决于市场调查的设计与实施是否符合普遍通行的标准,是否具有可靠性。为了保障市场调查的可靠性,一些国家和地区在司法实践的基础上,出台了一些具体的操作指南,以指导市场调查的实施。市场调查可靠性的影响因素包括调查对象的确定、样本的选择、问题的设计、调查人员的素质与调查的专业规范性以及调查接近真实交易环境等。

市场调查报告在我国知识产权诉讼中应用率极低、证明力具有不确定性、总体采信率较低。其中原因在于,市场调查报告在我国知识产权诉讼中证据属性不明,司法领域对市场调查必要性、可靠性缺乏信任,法院欠缺相关司法经验和专业知识,缺乏市场调查的技术规范或指南。针对现实障碍,我国应当作出立法或司法上的回应,明确市场调查报告的证据属性和法律依据,强化法院在市场调查程序中的早期介入,提升法官审查认定市场调查报告的能力,加强对社会调查机构的法律规制与行业规范。通过上述方面的完善,促进市场调查报告在我国知识产权诉讼中的应用,拓扩我国知识产权诉讼中证据收集的途径,提升事实认定的科学性和客观性。

结　束　语

知识产权侵权行为容易实施，成本低，隐蔽性高，加之知识产权侵权证据存在明显的偏在性，知识产权诉讼比起一般民事诉讼存在着更为突出的"举证难"问题。为适应知识产权诉讼的特点，域外国家或地区通常在民事诉讼证据收集一般规则的基础上通过立法或判例确立特别规则。

知识产权诉讼中的证据收集，直接关系到知识产权权利人在诉讼中能否获得所需的证据证明本方主张，并最终影响案件的实体公正以及涉诉知识产权能否得到充分保护。从这个意义上讲，证据收集权的保障是知识产权保护中至关重要的一环。因此，不仅国内法关注这一问题，而且国际条约等法律文件也是如此，从 TRIPS 协定、《欧盟知识产权指令》《欧盟商业秘密指令》再到欧盟统一专利法院的相关规则均将证据收集作为重要事项予以规定。

我国民事诉讼证据收集制度一直处于改革与完善之中。在诉讼模式从职权主义向当事人主义转换过程中，当事人的证明责任得到明确，不过，当事人的证据收集权仍然缺少程序保障。关于知识产权诉讼中的证据收集，我国近些年修订知识产权法和民事诉讼法、出台相关司法解释甚至各地方法院尝试制定司法性文件，积累了一定的立法和司法经验，不过仍然远远不能从根本上解决知识产权诉讼中的"举证难"痼疾。为有效遏制知识产权侵权行为，落实创新发展战略，我国应当加强相关立法，为当事人的证据收集权提供更为充分的保障。这一点在我国理论界和实务界已形成共识。

"两办"2018 年 2 月印发的《关于加强知识产权审判领域改革创新若干问题的意见》明确提出，为加大知识产权保护力度，有效遏制侵犯知识产权的行为，进一步提升知识产权领域司法的公信力和国际影响力，应坚持开放发展原则，借鉴国际成功经验，加强改革创新，"建立符合知识产权案件特点的诉讼证据规则"，这一证据规则的核心就是证据收集，包括"完善证据保全制度，发挥专家辅助人作用，适当加大人民法院依职权调查取证力度，建立激励当事人积极、主动提供证据的诉讼机制"，"探索建立证据披露、证据妨碍排除等规则"。

通过考察域外立法可知，关于知识产权诉讼中的证据收集，除了完善民事诉讼一般规则之外,还有必要制订特别法或特别规则。就特别规则的立法模式而言,存在知识产权实体法和知识产权特别程序法两种立法例可供借鉴。前者的典型是德国,它修改了一系列知识产权实体法(比如《德国专利法》),涉及资讯开示请求权和信息权;后者的代表是我国台湾地区,它专门制订了"智慧财产案件审理法",相关规则涉及文书提出义务、证据保全、技术审查官、证明妨碍、商业秘密保护等。从我国的立法成本、立法传统(实体法和程序法的"二分法")以及法律观念看,特别程序法模式更符合我国采用。当然,这不意味着绝对排除知识产权实体法有所规定,现有立法没有而且将来的立法也不应采取"一刀切"的态度。事实上,构建"知识产权诉讼特别程序法"正在成为我国理论界和实务界当下努力的方向。在南京召开的"2019 中知实务论坛——知识产权诉讼特别程序焦点问题研讨会"上,最高人民法院知识产权庭审判长秦元明以"知识产权诉讼特别程序法的构想"为题作了报告,指出"知识产权诉讼特别程序法"应当包括的内容(如管辖、证据规则、审理程序等)和需要重点研究的问题,而且特别提及台湾地区的"智慧财产案件审理法"值得大陆借鉴。此前,关于"知识产权特别诉讼程序法"的研究制订,最高人民法院已经将其列为 2018 年度司法研究重大课题交由科研部门进行研究。从现已具备的条件看,我国已制定了大量关于知识产权的司法解释与司法政策性文件,涉及管辖、行为保全、诉讼证据、损害赔偿等。《中国知识产权司法保护纲要(2016—2020)》也已经做了初步规划,提出 8 项基本原则、8 个主要目标和 15 项重点措施。此外,为解决知识产权诉讼中的"举证难""赔偿低"等问题,许多省市地方法院实施相关调研并制订了司法性文件,广泛涉及证据披露、证据保全、司法鉴定、专家证人等主题。这些都为"知识产权特别诉讼程序法"的制订提供了一定的立法基础。

台湾地区"智慧财产案件审理法"的立法缘由指出:"先进国家多设置专责审理智慧财产案件之专业法院,并就智慧财产诉讼,设有特殊之程序规定,以兹因应",台湾地区的"智慧财产相关法律,就权利之取得及受侵害有关之诉讼,固亦设有若干特别规定,惟实际上仍有不足,无法充分符合智慧财产案件审理之需求",因此制订"智慧财产案件审理法"。[①] 我们应当借鉴台湾地区的经验,加强知识产权案件专门审判组织的建设,并建立符合知识产权审判规律的知识产权特别程序法,包括在借鉴域外经验的基础上确立符合知识产权案件特点的证据收集制度。

事实上,我国知识产权审判组织的专门化正在快速推进之中,知识产权审理的专业化程度越来越高。据初步统计,全国经过批准享有一般知识产权民事案

---

① "立法院"议案关系文书,院总第 474 号"政府提案"第 10502 号之 2,第 326 页。

件管辖权的基层法院有 176 家,享有专利等技术类一审案件管辖权的,除了北京、上海、广州设立的 3 家知识产权法院外,21 个城市(如南京、苏州、武汉、杭州、宁波)的中级人民法院设立了知识产权法庭,[①]还有 32 个高级法院知识产权法庭和未设立知识产权法庭的省会城市的大约 19 个中级法院。[②] 此外,根据 2018 年 10 月 26 日全国人大常委会《关于专利等知识产权案件诉讼程序若干问题的决定》,在北京市设立了最高人民法院知识产权法庭,统一审理全国范围内专利等专业技术性较强的上诉案件。这些发展变化促进了知识产权案件审理专门化、管辖集中化、程序集约化和人员专业化,不仅有利于实体上裁判标准的统一,也为特别程序规则(包括特别证据收集规则)的制定与适用进一步提供了组织上的条件。此外,我国知识产权诉讼代理呈现专业化发展的趋势,一大批执业经验丰富的专业律师逐渐集中于这一领域,相对于其他民商事案件,知识产权案件有律师代理的比例已呈相当高的状态,这也是知识产权诉讼中适用特别程序规则的有利条件。

综上,我国知识产权诉讼证据收集之特别规则制订已成为当务之急,立法条件也已日趋成熟。就宏观思路而言,我国应在诉讼模式与理念上从职权主义转向协同主义,以德国、我国台湾地区的相关制度作为借鉴样本,同时吸收普通法中的合理因素和制度功能,在价值取向上追求公正并兼顾效率,在一般民事证据规则的基础上构建我国知识产权诉讼证据收集的特别规则。可以预见的是,我国知识产权证据收集制度的完善,将有力地推动知识产权保护,从而促进我国国家知识产权保护战略的实施,提升外资对我国市场的信心与积极性,也有利于巩固我国在国际经贸关系中作为大国的形象和影响力。

[①] 这些中级人民法院设立的知识产权法庭不仅审理院辖区的一、二审知识产权诉讼,也审理该辖区之外的知识产权二审案件。

[②] 秦元明:《知识产权诉讼特别程序法的初步构想》,载"中国知识产权杂志网"2019 年 7 月 31 日,http://www.chinaipmagzine.com/journal-show.asp? id=3393,访问日期:2020 年 2 月 13 日。

参 考 文 献

一、中文资料

（一）中文专著

① 毕玉谦：《民事诉讼证明妨碍研究》，北京大学出版社 2010 年版。

② 风笑天：《现代社会调查方法》，华中科技大学出版社 2005 年版。

③ 风笑天：《社会调查中的问卷设计》，天津人民出版社 2001 年版。

④ 韩波：《民事证据开示制度研究》，中国人民大学出版 2005 年版。

⑤ 黄国昌：《民事诉讼理论之新开展》，元照出版社 2005 年版。

⑥ 黄松有：《中国现代民事审判权论》，法律出版社 2003 年版。

⑦ 姜世明：《新民事证据法论》，厦门大学出版社 2017 年版。

⑧ 姜世明：《举证责任与真实义务》，厦门大学出版社 2017 年版。

⑨ 姜世明：《新民事诉讼法论》（第 2 版），学林文化事业有限公司 2004 年版。

⑩ 姜世明：《任意诉讼及部分程序争议问题》，元照出版有限公司 2009 年版。

⑪ 江伟：《中国证据法草案（建议稿）及立法理由书》，中国人民大学出版社 2004 年版。

⑫ 梁昆：《社会科学证据研究》，群众出版社 2014 年版。

⑬ 秦善奎：《知识产权民事审判证据实务研究》，知识产权出版社 2018 年版。

⑭ 邱联恭：《司法之现代化与程序法》，三民书局 1992 年版。

⑮ 邵明：《民事诉讼法理研究》，中国人民大学出版社 2004 年版。

⑯ 沈冠伶：《民事证据法与武器平等原则》，元照出版有限公司 2007 年版。

⑰ 王亚新：《对抗与判定》，清华大学出版社 2002 年版。

⑱ 许士宦：《证据收集与纷争解决》，新学林出版股份有限公司 2005 年版。

⑲ 许士宦：《新民事诉讼法》，北京大学出版社 2013 年版。

⑳ 薛潮平：《毁灭证据论》，中国法制出版社 2015 年版。

㉑ 熊跃敏：《民事审前准备程序研究》，人民出版社 2007 年版。

㉒ 占善刚：《证据协力义务之比较法研究》，中国社会科学出版社 2009 年版。

㉓ 尹伟民：《国际民事诉讼中证据能力问题研究》，法律出版社 2008 年版。

㉔ 张广良：《知识产权民事诉讼热点专题研究》，知识产权出版社 2008 年版。

㉕ 张友好：《书证收集与程序保障》，中国检察出版社 2010 年版。

㉖ 周湘雄：《英美专家证人制度研究》，中国检察出版社 2006 年版。

（二）中文译著

① ［意］莫诺卡佩莱蒂：《福利国家与接近正义》，刘俊祥等译，法律出版社 2000 年版。

② ［美］约翰·W.斯特龙：《麦考密克论证据》，汤维建译，中国政法大学出版社 2004 年版。

③ ［德］罗森贝克：《证明责任论》，庄敬华译，中国法制出版社，2002 年版。

④ ［德］奥特马·尧厄尼希：《民事诉讼法》，周翠译，法律出版社 2003 年版。

⑤ ［美］杰弗里·C.哈泽德，［美］米歇尔·塔鲁伊：《美国民事诉讼法导论》，张茂译，中国政法大学出版社 1998 年版。

⑥ ［日］中村英郎：《新民事诉讼法讲义》，陈刚等译，法律出版社 2001 年版。

（三）编著、论文集

① 国家知识产权局条法司编：《专利法研究（2004）》，知识产权出版社 2005 年版。

② 国家知识产权局条法司编：《专利法研究（2013）》，知识产权出版社 2015 年版。

③ 贺荣主编：《司法体制改革与民商事法律适用问题研究》，人民法院出版社 2015 年版。

④ 蒋志培主编：《知识产权民事审判证据实务》，中国法制出版社 2008 年版。

⑤ 刘立宪、张智辉主编：《司法改革热点问题》，中国人民公安大学出版社 2000 年版。

⑥ 刘贵祥主编：《强制执行的理论与制度创新》，中国政法大学出版社 2017 版。

⑦ 钱峰主编：《中国知识产权审判研究（第 4 辑）》，法律出版社 2013 年版。

⑧ 沈德咏主编：《最高人民法院民事诉讼法司法解释理解与适用（上）》，人民法院出版社 2015 年版。

⑨ 张卫平主编：《外国民事证据制度研究》，清华大学出版社 2003 年版。

⑩ 曾德国主编：《知识产权司法鉴定》，知识产权出版社 2019 年版。

⑪ 最高人民法院民事审判第一庭编著：《最高人民法院新民事诉讼证据规定理解与适用（上）》，人民法院出版社 2020 年版。

⑫ 最高人民法院民事审判第一庭编著：《最高人民法院新民事诉讼证据规定理解与适用（下）》，人民法院出版社 2020 年版。

（四）学位论文

① 陈增懿：《智慧财产民事案件之证据保全与秘密保护——以秘密保持命令为中心》，台湾大学 2011 年硕士论文。

② 奚玮：《民事当事人证明权保障》，中国政法大学 2007 年博士论文。

③ 许少波：《民事证据保全制度研究——以法院为中心的分析》，南京师范大学 2008 年博士论文。

④ 于鹏：《民事诉讼证明妨碍研究》，中国政法大学 2011 年博士论文。

（五）中文论文

① 包冰锋：《论知识产权诉讼中的证明妨碍规则》，《朝阳法律评论》2014 年第 1 期。

② 蔡学恩：《技术调查官与鉴定专家的分殊与共存》，《法律适用》2015 年第 5 期。

③ 曹世海：《对商标侵权诉讼中市场调查报告的审查与认定》，《人民司法》2015 年第 9 期。

④ 曹纪庚、李军灵：《知识产权侵权诉讼的证据收集问题探析》，《中国检察官》2016 年第 1 期。

⑤ 曹建军：《论民事调查令的实践基础与规范理性》，《法学家》2019 年第 3 期。

⑥ 陈丹妮：《悬赏取证合法性与不合理性之博弈》，《中共太原市委党校学报》2012 年第 3 期。

⑦ 陈杭平：《"事案解明义务"一般化之辨——以美国"事证开示义务"为视角》，《现代法学》2018 年第 5 期。

⑧ 陈惠珍等：《充分发挥审判职能作用，依法加强商业秘密保护——上海浦东新区法院关于商业秘密诉讼情况的调研报告》，《人民法院报》2012 年 6 月 28 日。

⑨ 陈玮佑：《民事诉讼上事证开示与秘密保护之比较研究——以专利侵权事件为例》，《台北大学法学论丛》2017 年第 4 期(总第 104 期)。

⑩ 陈贤凯：《商标混淆调查中的关键向度》，《暨南学报(哲学社会科学版)》2013 年第 10 期。

⑪ 程雪梅、何培育：《欧洲统一专利法院的考察与借鉴——兼论我国知识产权法院构建的路径》，《知识产权》2014 年第 4 期。

⑫ 邓继好、成欣悦：《专家辅助人弱当事人主义化刍议》，《江淮论坛》2013 年第 6 期。

⑬ 丁朋超：《试论我国民事诉前证据保全制度的完善》，《河南财经政法大学学报》2015 年第 6 期。

⑭ 杜颖：《商标纠纷中的消费者问卷调查证据》，《环球法律评论》2008 年第 1 期。

⑮ 段文波、李凌：《证据保全的性质重识与功能再造》，《南京社会科学》2017 年第 5 期。

⑯ 冯震宇：《掌握品牌争战决胜力：市场调查证据法，避免商标"撞衫"》，《能力杂志》2013 年 12 月。

⑰ 冯震宇：《市场调查可否用于判断商标混淆误认?》，《月旦法学教室》2015 年第 7 期。

⑱ 傅宏宇：《美国〈保护商业秘密法〉的立法评价》，《知识产权》2016 年第 6 期。

⑲ 郭寿康、李剑：《我国知识产权审判组织专门化问题研究》，《法学家》2008 年第 3 期。

⑳ 郭伟：《论证据保全措施在商业秘密侵权案件中的适用及完善》，《电子知识产权》2014 年第 11 期。

㉑ 韩波：《论证据收集力强弱与证明责任轻重》，《证据科学》2009 年第 2 期。

㉒ 韩旭：《〈刑法修正案(九)〉实施后如何善待律师权利——兼论泄露案件信息罪和扰乱法庭秩序罪的理解与适用》，《法治研究》2015 年第 6 期。

㉓ 湖南省高级人民法院民三庭、长沙市中级人民法院民三庭：《确定知识产权侵权损害赔偿数额常见证据的认定》，《人民司法》2006 年第 11 期。

㉔ 黄国昌：《"公正裁判确保"与"营业秘密保护"的新平衡点——简介智慧财产案件审理法中之秘密保持命令》，《月旦民商法》2008 年第 21 期。

㉕ 黄国昌：《营业秘密在知识产权诉讼之开示与保护——以秘密保持命令之比较法考察为中心》，《台北大学法学论丛》2008 年第 4 期(总第 68 期)。

㉖ 黄松有：《证据开示制度比较研究》，《政法论坛》2000 年第 5 期。

㉗ 黄砚丽：《论知识产权诉讼中"陷阱取证"的效力——基于民事非法证据排除规则分析》，《法律适用》2013 年第 9 期。

㉘ 江晨：《民事书证取得机制比较研究及启发》，《江淮论坛》2008 年第 4 期。

㉙ 金海军：《调查统计方法在商标诉讼案件中的应用——以商标混淆可能性的认定为视角》，

《知识产权》2011年第6期。
㉚ 赖安国、沈泰宏:《智慧财产权证据保全制度——探讨实务上对于“确定事物现状型”证据保全必要性之判断》,《全国律师》2018年10月。
㉛ 黎淑兰:《商业秘密侵权案件审理的难点问题及对策思考》,《东方法学》2012年第6期。
㉜ 李浩:《民事诉讼非法证据排除规则探析》,《法学评论》2002年第6期。
㉝ 李浩:《民事诉讼非法证据的排除》,《法学研究》2006年第3期。
㉞ 李浩:《回归民事诉讼法——法院依职权调查取证的再改革》,《法学家》2011年第3期。
㉟ 李素华:《智慧财产诉讼之文书提出义务——以德国专利侵权诉讼之证据开示请求权及智慧财产法院103年度民专诉字第66号民事判决为中心》,《月旦法学杂志》2019年第10期。
㊱ 李素华:《从智慧财产法院105年度民商诉字第36号民事判决谈专利及营业秘密诉讼之证据保全与证据开示》,《万国法律》2019年第226期。
㊲ 李响:《秩序与尊严——民事诉讼强制措施重构刍议》,《法治研究》2011年第8期。
㊳ 李学军、朱梦妮:《专家辅助人制度研析》,《法学家》2015年第1期。
㊴ 李峣、冀宗儒:《知识产权诉讼中的保密令制度比较研究》,《知识产权》2015年第11期。
㊵ 李永泉:《功能主义视角下专家辅助人诉讼地位再认识》,《现代法学》2018年第1期。
㊶ 林发立:《专利侵害鉴定与司法审判实务(一)》,《万国法律》2003年第131期。
㊷ 梁坤:《社会科学证据在美国的发展及其启示》,《环球法律评论》2012年第1期。
㊸ 林广海、张学军:《完善我国司法鉴定法律制度之管见》,《科技与法律》2008年第3期。
㊹ 刘海洋:《论知识产权侵权诉讼中的悬赏取证规则》,《河北法学》2015年第11期。
㊺ 刘孔中:《论市场调查在商标法及公平交易法之应用》,《台大法学论丛》1997年第26卷第2期。
㊻ 刘孔中等:《专利证据保全及智慧财产权人资讯实体请求权之研究》,《月旦法学杂志》2014年第3期。
㊼ 刘文:《知识产权诉讼中计算机软件侵权的“陷阱取证”》,《法治论丛》2015年第1期。
㊽ 刘晓:《证明妨碍规则在确定知识产权损害赔偿中的适用》,《知识产权》2017年第2期。
㊾ 罗亚男:《简析联邦德国专利诉讼法律系统的优缺点》,《法学杂志》1988年第2期。
㊿ 吕光:《智慧财产权案件证据保全实务》,《全国律师》2013年10月。
(51) 马浩:《我国悬赏执行制度的“兴”与“行”》,《兰州学刊》2013年第11期。
(52) 马龙:《论德国民事诉讼中的证明妨碍制度——以德国联邦法院的判例为考察对象》,《证据科学》2015年第6期。
(53) 潘福仁、徐亚丽、徐俊:《TRIPS对建立中国知识产权诉讼证据披露规则的影响》,《法学》2001年第9期。
(54) 裴跃、施小雪:《知识产权侵权诉讼中“陷阱取证”的合法性认定》,《中国知识产权报》2013年12月18日。
(55) 江苏省高级人民法院课题组:《知识产权诉讼中防范商业秘密泄露问题研究》,《法律适用》2018年第9期。

(56) 石必胜:《知识产权诉讼中的鉴定范围》,《人民司法》2013 年第 11 期。
(57) 施卫忠、许江:《司法鉴定制度改革刍论》,《南京大学法律评论》2001 年第 1 期。
(58) 沈冠伶:《智慧财产民事诉讼之新变革》,《月旦民商法杂志》2008 第 3 期(总第 21 期)。
(59) 沈冠伶:《智慧财产权保护事件之证据保全与秘密保护》,《台大法学论丛》2007 年第 36 卷第 1 期。
(60) 沈冠伶:《证据保全制度——从扩大制度机能之观点谈起》,《月旦法学杂志》2001 年第 9 期。
(61) 沈健:《比较与借鉴:鉴定人制度研究》,《比较法研究》2004 年第 2 期。
(62) 宋健:《专家证人制度在知识产权诉讼中的运用及其完善》,《知识产权》2013 年第 4 期。
(63) 宋亦淼:《专利侵权诉讼证据开示制度研究》,《中国发明与专利》2017 年第 1 期。
(64) 孙海龙:《司法鉴定与专家辅助人制度研究——以知识产权审判为视角》,《人民司法》2008 年第 3 期。
(65) 孙艳:《知识产权侵权诉讼中的事案解明义务》,《人民司法》2016 年第 22 期。
(66) 唐丹:《借安东·皮勒禁令鉴我国民事诉前证据保全制的构建》,《前沿》2010 年第 16 期。
(67) 涂舜、陈如超:《司法鉴定管理的体制变迁及其改革方向:1978—2018》,《河北法学》2020 年第 1 期。
(68) 汪彤、胡震远:《知识产权案件中的专家证人制度》,《知识产权》2003 年第 2 期。
(69) 王桂玥、张海东:《论我国专家辅助人制度及其完善》,《中国司法鉴定》2013 年第 4 期。
(70) 王琳:《知识产权侵权诉讼中的证据收集问题研究》,《河北北方学院学报》2013 年第 6 期。
(71) 王戬:《"专家"参与诉讼问题研究》,《华东政法大学学报》2012 年第 5 期。
(72) 王伟霖:《论智慧财产案件审理法规定的秘密保持命令》,《法令月刊》2007 年第 58 卷第 7 期。
(73) 王杏飞、刘洋:《论我国民事诉讼中的律师调查令》,《法治研究》2017 年第 3 期。
(74) 王亚新:《民事诉讼中的证人出庭作证》,《中外法学》2005 年第 2 期。
(75) 吴从周:《我国智慧财产事件证据保全之裁判分析(上)》,《台湾法学杂志》2012 年第 213 期。
(76) 吴从周:《我国智慧财产事件证据保全之裁判分析(中)》,《台湾法学杂志》2013 年第 215 期。
(77) 吴从周:《我国智慧财产事件证据保全之裁判分析(下)》,《台湾法学杂志》2013 年第 217 期。
(78) 吴晖:《透视悬赏取证》,《证据法论坛》2004 年第 1 期。
(79) 吴如巧等:《论中国文书提出命令制度适用范围的扩张》,《重庆大学学报(社会科学版)》2017 年第 1 期。
(80) 肖海棠等:《知识产权民事诉讼证据保全的适用》,《人民司法》2007 年第 19 期。
(81) 谢国廉:《智慧财产案件之证据保全——我国法与欧盟法之比较》,《法令月刊》2007 年第 7 期。
(82) 谢铭洋:《智慧财产法院之设置与专利商标行政救济制度之改进》,《月旦法学杂志》2006

年第12期(总139期)。
(83) 谢晓尧:《商标混淆的科学测度——调查实验方法在司法中的运用》,《中山大学学报》2013年第5期。
(84) 熊跃敏:《大陆法系民事诉讼中的证据收集制度论析》,《甘肃政法学院学报》2004年第4期。
(85) 许少波:《台湾地区民事证据保全制度改革及其借鉴意义》,《当代法学》2007年第2期。
(86) 许少波:《证据保全制度的功能及其扩大化》,《法学研究》2009年第1期。
(87) 许士宦:《起诉前之证据保全》,《台大法学论丛》2003年第6期。
(88) 许晓芬:《智慧财产诉讼中之文书提出义务——以法国专利侵权诉讼上信息请求权为中心并兼评智慧财产法院104年度民专诉字第94号判决》,《月旦法学杂志》2019年第9期(总292期)。
(89) 许义明:《论智慧财产法院组织法与案件审理法之技术审查官制度》,《万国法律》2006年6月,第147期。
(90) 杨海云、徐波:《构建中国特色的技术性事实查明机制》,《中国司法鉴定》2015年第6期。
(91) 杨静:《我国民事诉讼中悬赏取证问题探讨》,《广西政法干部管理学院学报》2009年第3期。
(92) 杨建成、黄雪梅、刘婕:《知识产权民事诉讼证据保全制度理论探析》,《人民司法》2007年第21期。
(93) 姚建军:《申请诉前证据保全应在法律规定的边界内行使——陕西西安中院裁定催化公司申请华浩轩公司侵害专利权诉前证据保全案》,《人民法院报》2016年9月8日。
(94) 余晖:《知识产权诉讼证据保全制度研究》,《人民司法》2010年第9期。
(95) 余敏友、廖丽:《欧盟〈知识产权执法指令〉述评》,《欧洲研究》2009年第6期。
(96) 于鹏:《民事诉讼证明妨碍救济与制裁比较研究》,《法律适用》2013年第12期。
(97) 袁秀挺:《专利侵权诉讼举证制度之审视与重构》,《中国发明与专利》2018年第10期。
(98) 岳礼玲:《德、美证据排除规则的比较——我国确立刑事证据规则之经验借鉴》,《政法论坛》2003年第3期。
(99) 占善刚:《证据协力义务之比较法分析》,《法学研究》2008年第5期。
(100) 占善刚:《证明妨害论——以德国法为中心的考察》,《中国法学》2010年第3期。
(101) 张爱国:《评技术调查意见的不公开——以民事诉讼法的基本原理为视角》,《知识产权》2019年第6期。
(102) 张爱国:《商标消费者调查的正当性研究——从49份商标侵权纠纷民事判决书谈起》,《知识产权》2011年第2期。
(103) 张广良:《举证妨碍规则在知识产权诉讼中的适用问题研究》,《法律适用》2008年第7期。
(104) 张立平:《中国民事诉讼不宜实行非法证据排除规则》,《中国法学》2014年第1期。
(105) 张玲玲:《我国知识产权诉讼中多元化技术事实查明机制的构建》,《知识产权》2016年第12期。
(106) 张铭晃:《知识产权诉讼之秘密保护程序》,《法官协会杂志》2007年12月,第9卷2期。

⑩⑦ 张少平、沙丽：《简述知识产权商业维权中"陷阱取证"的证据效力》，《人民司法》2014 年第 1 期。

⑩⑧ 张泽吾：《举证妨碍规则在赔偿确定阶段的适用及其限制——兼评新〈商标法〉第 63 条第 2 款》，《知识产权》2013 年第 11 期。

⑩⑨ 赵盛和：《论我国民事诉讼中商业秘密程序性保护制度的完善》，《知识产权》2015 年第 5 期。

⑩⑩ 张卫平：《当事人文书提出义务的制度建构》，《法学家》2017 年第 3 期。

⑪⑪ 张友好：《论证明妨碍法律效果之择定——以文书提出妨碍为例》，《法律科学》2010 年第 5 期。

⑪⑫ 张宇枢：《评析"智慧财产案件审理法"草案中与秘密保持命令相关的规定——兼论美国实务之运作模式》，《月旦法学杂志》2006 年第 12 期。

⑪⑬ 郑飞：《论中国司法专门性问题解决的"四维模式"》，《政法论坛》2019 年第 3 期.

⑪⑭ 郑金雄、薛潇：《"保密令"：破解商业秘密举证的两难困境》，《人民法院报》2011 年 2 月 19 日。

⑪⑮ 周家贵：《商标问卷调查在英美法院商标侵权案件中的运用》，《知识产权》2006 年第 6 期。

⑪⑯ 周琨：《我国问卷调查证据的法律适用》，《中国应用科学》2017 年第 5 期。

二、外文资料

（一）专著、编著

① Angelo N. Ancheta，Scientific Evidence and Equal Protection of the Law，Rutagers University Press，2006.

② Manual's Board of Editors，Manual for Complex Litigation (4th edition)，Federal Judicial Center，2004.

③ Bryan A. Garner，Black's Law Dictionary (8th edition)，Thomson West，2004.

④ Charles Alan Wright，et al.，Federal Practice & Procedure (2d edition)，Westlaw，1994.

⑤ Craig Bradley，Criminal Procedure：A Worldwide Study，Carolina Academic Press，1999.

⑥ George Cumming et al.，Enforcement of Intellectual Property Rights in Dutch，English and German Civil Courts，Kluwer Law International，2008.

⑦ Gregory J. Battersby and Charles W. Grimes，Patent disputes：litigation forms and analysis，Aspen Publishers，2003.

⑧ Jamie S. Gorelick et al.，Destruction of Evidence，Aspen Publishers，1995.

⑨ Johann Pitz et al.，Patent Litigation in Germany，Japan and the United States，Hart，2015.

⑩ J. Moore，Moore's Federal Practice (3rd edition)，Matthew Bender，1997.

⑪ Kevin M. Clermont，Principles of civil procedure (2nd edition)，Thomson West，2009.

⑫ Kimberly A. Moore et al.，Patent litigation and strategy (4th edition)，Thomson West，2013.

⑬ Margaret M. Koesel et al.，Spoliation of Evidence：Sanctions and Remedies for Destruction of Evidence in Civil Litigation (2nd edition)，American Bar Association，2006.

⑭ Peter S. Menell et al.，Patent Case Management Judicial Guide，Federal Judicial Center，2009.

⑮ Thomas Dreier，Durchsetzung von Rechten des geistigen Eigentums，GRUR Int，1996.

⑯ Wolrad Prinz Zu Waldeck Und Pyrmont，et al. Patents and Technological Progress in a Globalized World：Liber Amicorum Joseph Straus，Springer，2009.

（二）论文

① Abraham D. Sofaer，Sanctioning Attorneys for Discovery Abuse Under the New Federal Rules：On the Limited Utility of Punishment 57 St. John's L. Rev. 680(1983).

② Alex Reese，Employee and Inventor Witnesses in Patent Trials：The Blurry Line between Expert and Lay Testimony，16 STAN. TECH. L. REV. 423(2013).

③ Andreas Schulz，Constantin Kurtz，Germany：Surveys a Powerful Tool，M. I. P. 171 (2007).

④ Andrew Hebl，Spoliation of Electronically Stored Information，Good Faith，and Rule 37 (e)，29 North Illinois University Law Review 79(2008).

⑤ Ashish Prasad，the Importance of Keeping Secrets：the use of protective orders during patent litigation，29(8) the Computer & Internet Lawyer25(2012).

⑥ Christopher Heath，Discovery Orders and the Protection of Trade Secrets，48(8) IIC International Review of Industrial Property & Copyright Law 997(2017).

⑦ Bradley Kuxhausen，An E-Discovery Model Order：Saving the Golden Goose of Patent Litigation One Golden Egg at a Time，4Cybaris250(2013).

⑧ Charles Gielen，Trade Secrets and Patent Litigation，in Wolrad Prinz Zu Waldeck Und Pyrmont，et al.，Patents and Technological Progress in a Globalized World：Liber Amicorum Joseph Straus，Springer，2009.

⑨ Clayton L. Barker，Discovery of Electronically Stored Information，64 J. MO. B. 12(2008).

⑩ Complex Litigation Committee of the American College of Trial Lawyers，Anatomy of a Patent Case，Federal Judicial Center，2009，available at https://www.fjc.gov.

⑪ Daniel B. Garrie and Candice M. Lang，The Evolution of E-Discovery Model Orders：The E-Discovery Dance for Patent Litigation，28 Syracuse Sci. & Tech. L. Rep. 121(2013).

⑫ Daniel L. Kegan，Survey Evidence in Copyright Litigation，32 J. Copyright Society U.S.A. 283(1985).

⑬ David Rauma and Donna Stienstra，the Civil Justice Reform Act Expense and Delay Reduction Plans：A Sourcebook，Federal Judicial Center publication，1995，available at https://www.fjc.gov.

⑭ Drew D. Dropkin，Linking the Culpability and Circumstantial Evidence Requirements for the Spoliation Inference，51(6) Duke Law Journal 1803(2002).

⑮ Ellisen S. Turner，Swallowing the Apple Whole：Improper Patent Use by Local Rule，100

MICH. L. REV. 640(2002).

⑯ Evan Brown, Shaking out the "Shakedowns": Pre-Discovery Dismissal of Copyright Infringement Cases after Comparison of the Works at Issue,9Washington Journal of Law, Technology & Arts 69(2013).

⑰ Gregory R. Baden, Third-Party Assistance in Determining Obviousness, 89(5) Texas Law Review 1203(2011).

⑱ Elizabeth I. Rogers, The Phoenix Precedents: The Unexpected Rebirth of Regional Circuit Jurisdiction Over Patent Appeal and The Need for A Considered Congressional Response, 16(2) Harvard Journal of Law & Thechnology 411(2003).

⑲ European Observatory on Counterfeiting and Piracy, Evidence and Right of Information: Analysis, Recommendations and Best Practices, in Evidence and Right of Information in Intellectual Property Rights Cases, 2010.

⑳ Huei-Ju Tsai, The Practice of Preventive Proceeding and Preservation of Evidence in Intellectual Property Civil Actions, 1 NTUT J. Of Intell. Prop. L. & Mgmt 105(2012).

㉑ Irina D. Manta, In Search of Validity: A New Model for the Content and Procedural Treatment of Trademark Infringement Surveys, 24 Cardozo Arts & Ent L J. 1027(2007).

㉒ Jacob Jacoby, Survey and Field Experimental Evidence, in Saul M. Kassain and Lawrence S. Wrightsman, the Psychology of Evidence and Trial Procedure, SAGE Publications, 1985.

㉓ Jacob Jacoby and Amy H. Handlin, Nonprobability Sampling Designs for Litigation Surveys, 81 Trademark Rep. 169(1991).

㉔ James R. McKown, Discovery of Trade Secrets, 10 Santa Clara Computer & High Tech. L.J. 35(1994).

㉕ James Ware, Patent Rules of Evidence, 23 Santa Clara Computer & High Tech. L.J. 749 (2007).

㉖ James Ware and Brian Davy, the History, Content, Application and Influence of the Northern District of California's Patent Local Rules, 25 Santa Clara Computer & High Tech.L.J.965(2009).

㉗ James Y. Go, Patent Attorneys and the Attorney-Client Privilege, 35 SANTA CLARA L. REV. 611(1995).

㉘ Jay P. Kesan & Gwendolyn G. Ball, A Study of the Role and Impact of Special Masters in Patent Cases, Federal Judicial Center, 2009, available at https://www.fjc.gov.

㉙ Jeffrey Gregory Sidak, Court-appointed neutral economic experts, 9 (2) Journal of Competition Law and Economics359(2013).

㉚ Johanna Coutts, Protective Orders in Intellectual Property Litigation, 18 CAN. INTELL. PROP. Review. 395(2001).

㉛ Josh Hartman and Rachel Krevans, Counsel Courts Keep: Judicial Reliance on Special Masters, Court-Appointed Experts, and Technical Advisors in Parent Cases, 14 Sedona

Conf. J. 61(2013).

㉜ John Langbein, the German Advantage in Civil Procedure, 52University of Chicago Law Review823(1985).

㉝ Joshua R. Nightingale, An Empirical Study on the Use of Technical Advisors in Patent Cases, 93 J. Pat. & Trademark Off. Society 400(2011).

㉞ Kate Swaine et al., The value and treatment of Survey Evidence in different Jurisdictions, 100 Trademark Rep. 1373(2010).

㉟ Klaus Grabinski, Inspections and Access to Evidence in Patent Litigation: German Approach, 10th Annual Conference on Intellectual Property Law & Policy at Fordham IP Law Institute, April 12th 2012, New York.

㊱ Laurence H. Pretty, Boundaries of Discovery in Patent Litigation: Privilege, Work, Product and Other Limits, 18Aipla Q.J. 101(1990).

㊲ Lawrence B. Solum and Stephen J. Marzen, Truth and Uncertainty: Legal Control of the Destruction of Evidence, 36 Emory L. J. 1085(1987).

㊳ Lester Horwitz and Ethan Horwitz, Discovery in Patent Cases, Intellectual Property Counseling & Litigation 5(2013).

㊴ Louis S. Sorell, In-House Counsel Access to Confidential Information Produced during Discovery, 27John Marshall Law Review 657(1994).

㊵ Lydia Pallas Loren and Andy Johnson-Laird, Computer Software-Related Litigation: Discovery and the Overly-Protective Order, 6 (1) the Federal Courts Law Review75 (2012).

㊶ Peter J. Corcoran, Strategies to Save Resources and Reduce E-Discovery Costs in Patent Litigation, 21 Tex. Intell. Prop. L.J. 103(2013).

㊷ Reto M. Hilty et al., Comments on the Preliminary Set of Provisions for the Rules of Procedure of the Unified Patent Court, Max Planck Institute for Intellectual Property and Competition Law Research Paper No.13 – 16, October 1, 2013.

㊸ Roberta L. Jacobs, Survey Evidence in Trademark and Unfair Competition Litigation, 6 ALI-ABA Course Materials 97(1981 – 1982).

㊹ Ronny Hauck, The Unified Patent Court: claims for information and protection of confidential information,8(10) Journal of Intellectual Property Law & Practice791(2013).

㊺ Roscoe Pound, The Causes of Popular Dissatisfaction with the Administration of Justice, 8 (1) Baylor Law Review1(1956).

㊻ Seven Timmerbeil, The Role of Expert Witnesses in German and U.S. Civil Litigation, 9 (1) Annual Survey of International and Comparative Law163(2003).

㊼ Setsuko Asami, Japan-U.S. Patent infringement Litigation Practice: A Visit to the United States Court of Appeals for the Federal Circuit, 5(3) CASRIP Newsletter 9(1998).

㊽ Shari Seidman Diamond, Reference Guide on Survey Research, in Federal Judicial Centre,

Reference Manual on Scientific Evidence (3nd edition), the National Academies Press, 2011.

㊾ Takanori Abe and Li-Jung Hwang, Protective Order in Japan Waves from U.S., towards Taiwan, in Bernd Hansen and Dirk Schossler-Langeheine, Patent Practice in Japan and Europe, Wolters Kluwer, 2010.

㊿ Thomas E. Willging et al., Special Masters' Incidence and Activity: Report to the Judicial Conference's Advisory Committee on Civil Rules and Its Subcommittee on Special Masters, Federal Judicial Center, 2000, available at https://www.fjc.gov.

(51) Wayne F. Reinke, Limiting the Scope of Discovery: the Use of Protective Orders and Document Retention Programs in Patent Litigation, 2 ALB. L. J. SCI. & TECH. 175 (1992).

关 键 词 索 引

后　记

　　本书是我主持的教育部社科青年基金项目的最终结题成果，也是我学术生涯的第三本个人专著。本书的写作缘于我对比较法视野下的证据问题一直以来的研究兴趣，在着手此研究之前已具备一定的研究基础。在 2013 年下半年，教育部课题申报的准备工作已经启动，单位领导建议我申报一下关于知识产权方向的课题，以便融入本单位的知识产权科研团队。基于之前的研究兴趣，我一开始就打算将知识产权和证据问题相互结合进行研究。通过查找资料，我发现知识产权诉讼实践中"举证难"问题较为突出，尽管学者、实务界人士撰写了相当数量的文章，仍然存在很大的创作空间，于是决定以本书题目进行教育部课题申报，最终幸运立项。

　　本书的写作并非一帆风顺，断断续续历经 6 年时间最终得以完成，其间甚至产生过放弃的念头，只因心有不甘，才得以一次次继续下去。着手写作之初，我才发现这一课题兼具较强的理论性与实践性，比起预期更不容易把握。为此，我不得不花费大量精力深入挖掘资料，随着时间的推移，相关文献尤其是德国、美国、我国台湾地区的相关资料逐渐得以丰富，心里才渐渐有了底气。在 2014 年 11 月至 2015 年 10 月期间，我获得机会赴宁波市中级人民法院全职挂职，主审或参与审理了相当数量的商事案件，在一线的司法实践尤其是法院同事们的指点帮助我相对深刻地理解证据问题的理论与立法。随着我对这一课题的研究不断深入，在 2017 年以后写作逐渐上了轨道，在此后的时间发生了很多的事，包括工作岗位的调动、二宝的出生、新冠疫情的爆发，我都没有受到太大的影响，仍然能够笔耕不辍，最终完成书稿。

　　对于本书的及时出版，很多人都付出了辛苦的努力。感谢上海交通大学出版社的工作人员，特别是吴芸茜女士，对于本书的编辑出版进行的耐心和艰辛的工作。

　　感谢家人无条件的支持。感谢我的爱人黄筠洁女士，她 10 多年来默默地陪伴与付出,对我工作给予了莫大的理解和支持,承担了家庭的大部分事务。在我此前攻读博士期间,皓铭的出生和养育耗费了她大量的心血。在本书撰写期间,馨月的降临使得她承担了更多的家庭重担,她始终未曾有过怨言。感谢我的岳父岳母,一直为我们的家庭提供支持和帮助,为我们解除了后顾之忧。也感谢我的两个孩子,他们的出生与陪伴给了我更大的生活动力和更多努力工作的理由。

崔起凡

2020 年春于宁波寓所